I0876814

Kohlhammer

Gero Waßweiler

Katastrophen und Hoffnung

Riskante Liturgien und ihre Predigten angesichts Krisensituationen

Verlag W. Kohlhammer

1. Auflage 2019

Gesamtherstellung: W. Kohlhammer GmbH, Stuttgart

Print:
ISBN 978-3-17-034964-3

E-Book-Format:
pdf: ISBN 978-3-17-034965-0

Inhaltsverzeichnis

Vorwort

> *Die Liturgie hat etwas an sich, was an die Sterne erinnert, an ihren ewig gleichen Gang, ihre unverrückbare Ordnung, ihr tiefes Schweigen, an die unendliche Weite, in der sie stehen. Die Liturgie scheint aber nur sich um das Handeln und Streben und den sittlichen Stand der Menschen so wenig zu bekümmern. Denn in Wirklichkeit weiß sie sehr wohl: wer in ihr lebt, wird wahr, gesund und befriedet in seinem innersten Wesen.*
>
> Romano Guardini[1]

Die vorliegende Arbeit wurde im Juli 2018 von der University of South Africa (UNISA) am Department of Philosophy, Practical and Systematic Theology als Dissertation angenommen. Sie ist eine Analyse von Gottesdiensten und Predigten, die im Rahmen öffentlicher Gedenkveranstaltungen nach katastrophalen Krisenereignissen gehalten wurden. Untersucht wurde die Frage, wie angesichts einer heterogenen Gesellschaft und einer breiten Öffentlichkeit, in öffentlichen Trauergottesdiensten Trost gegeben, und von Hoffnung geredet wurde. In Thesen werden mögliche Kriterien gegeben, wie in ähnlichen Situationen angemessen von der christlichen Hoffnung geredet werden kann. Die Schlussfolgerung ist, die Predigt als Teil des Gesamt-geschehens wahrzunehmen und den Gottesdienst, mit der Musik, den Liedern, Lesungen und Ritualen, als eine Art Gesamtkunstwerk und auch als kontextualisiertes Antwortgeschehen an die Teilnehmenden unterschiedlichen Hintergrunds zu verstehen. Die Predigt, profiliert in der christlichen Botschaft, soll respektvoll die Unterschiede in Gesellschaft, Glaube und Person achten. Der reiche Schatz des biblischen Kanons kann in der Predigt, im Gebet, Gesang und in den Ritualen reflektiert werden, insbesondere durch die Psalmen mit ihrer formulierten Klage, und mit der christlichen Hoffnung ins Gespräch gebracht werden.

Die Untersuchung hatte zunächst lediglich die Analyse von Predigten zum Gegenstand. Beeinflusst durch Impulse und Gespräche während der Tagung der Arbeitsgemeinschaft für Homiletik 2016 in Breklum zum Thema *„Wir müssen reden." Die Predigt und ihre Kontexte* rückte der Kontext der Predigten deutlicher in den Fokus der Analyse. Ich bin dankbar für die im Rahmen des Studiums an der Goethe-Universität in Frankfurt gewonnenen Einsichten. Die drei Jahre der Abfassung der Dissertation haben das Zusammenspiel von Forschung, Familie und pastoralem Dienst in der Kirchengemeinde herausgefordert. Dankbar bin ich,

1 Vom Geist der Liturgie (Guardini 1997: 88).

dass dies in angemessener Form gelungen ist. Neben meiner Familie bedanke ich mich bei denen, die mich während der Anfertigung dieser Arbeit unterstützt und motiviert haben, ganz besonders den Lektoren. Neben meiner Familie gilt mein aufrichtiger Dank Prof. Dr. Dr. Elsabé Kloppers (UNISA).

Für die Veröffentlichung wurden weiterführende Fußnoten ergänzt und die Anordnung des Forschungsstandes wurde angepasst. Auch wurden manche Passagen verdichtet und gekürzt. Es sei noch angemerkt, dass aus Gründen der besseren Lesbarkeit auf die gleichzeitige Verwendung verschieden geschlechtlicher Sprachformen verzichtet wurde.

Offenbach, März 2019

Gero Waßweiler

ORCID ID: 0000-0002-2697-6680

A Hinführung

In den letzten Jahren hat es zahlreiche Gedenkgottesdienste nach krisenhaften Ereignissen gegeben. So gab es ökumenische Gedenkgottesdienste nach den Terroranschlägen in Paris (2015) und Berlin (2016). Nach dem durch den Suizid des Piloten verursachten Absturz der Germanwings-Maschine in Südfrankreich wurde ein zentraler ökumenischer Gottesdienst abgehalten, der im Fernsehen übertragen wurde. In den zentralen Gedenkgottesdiensten wurde versucht, die Situation zu klären. Obwohl es einen breiten gesellschaftlichen Rückzug bis hin zum Traditionsabbruch aus den Kirchen gibt, sind gerade Trauer- und Gedenkgottesdienste von besonderem gesellschaftlichem und medialem Interesse geprägt. Hier wird der Kirche und den dort Agierenden zugetraut, genau die Brückenfunktion zwischen Tod und Leben auszufüllen.

Nach dem einschneidenden Terrorangriff in Berlin kurz vor Weihnachten am 21.12.2016, bei dem ein Lastkraftwagen durch einen Weihnachtsmarkt gelenkt wurde, gab es einen Tag später einen ökumenischen Gedenkgottesdienst mit Teilnahme verschiedener Politiker. Zu den Gästen gehörten neben der Bundeskanzlerin Angela Merkel auch Berliner Imame, die gemeinsam mit der jüdischen Gemeinde den Gottesdienst mitgestalteten. In der Zeitung *Die Zeit* hieß es dazu, dass „obwohl das Gedenken christlich geprägt ist, [...] hier in der Gedächtniskirche das interreligiöse Berlin zusammen [sitzt]“ (Zeit Online 21.12.2016). Es war eine Hoffnungsbotschaft in mehrfacher Hinsicht, die hier verkündigt wird. Zum einen durch den katholischen Erzbischof von Berlin, Heiner Koch, mit der Botschaft „Ihr werdet uns mit eurem Terror nicht überwältigen“ und weiterhin durch den evangelischen Bischof Markus Dröge: „Wir werden unbeirrt bezeugen, dass die Kraft der Versöhnung stärker ist“. Er hob mit dem Nagelkreuz von Coventry, welches auch in der Kaiser-Wilhelm-Gedächtniskirche hängt, die damit verbundene Botschaft hervor: das Kreuz als Zeichen der Versöhnung. „Mit dieser Botschaft werden wir die Gewalt überwinden“ (Zeit Online 21.12.2016). Es waren dann vor allem die Weihnachtspredigten in 2016, die trotz der Ereignisse von Hoffnung redeten. So titelte die Zeitung *Die Zeit*:

> Predigen gegen den Terror. [...] In den Kirchen betonen viele Geistliche nach dem Anschlag auf einen Berliner Weihnachtsmarkt in ihren Predigten die Botschaft der Hoffnung in der Weihnachtsgeschichte (Zeit Online 24.12.2016).

1 *Forschungsbegründung und Forschungsfrage*

Es ist Aufgabe der Prediger, angesichts verschiedener krisenhafter Ereignisse zu sprechen und an die Situation und das Geschehene anzuknüpfen. Vom Gottesdienst wird auch angesichts der Sprachlosigkeit, die manche Ereignisse erzeugen, von den Gottesdienstbesuchenden erwartet, dass Worte gesprochen werden, die angemessen weiterführen und wieder gefühlvoll aus der Erstarrung zu einer neuen Sprachfähigkeit herausführen.

Bei dieser Arbeit im Bereich der Homiletik in der Praktischen Theologie handelt es sich um eine Untersuchung von Predigten im gottesdienstlichen Kontext. Sie beschäftigt sich mit Predigten, die angesichts konkreter krisenhafter Ereignisse in Gedenkgottesdiensten gehalten wurden. Die erste Frage dieser Arbeit ist daher, wie in krisenhaften Situationen Prediger versucht haben, in der Predigt die jeweils spezifische Krisensituation mit dem in der Bibel offenbarten Wort Gottes und dem Glauben und Unglauben der Menschen ins Gespräch zu bringen und mögliche Antworten zu formulieren, die die christliche Hoffnung verkünden und Anteilnahme und Trost zum Ausdruck bringen. Zweitens wird gefragt, wie die christliche Botschaft im öffentlichen Kontext angesichts dramatischer Ereignisse und in Krisensituationen situativ angemessen gepredigt werden kann, ohne die christliche Heilsbotschaft in einer pluralisiert-säkularen Welt aufzugeben und diese zugleich gerade im Angesicht von Unheil profiliert zu benennen.

Angesichts der breiten Öffentlichkeit, die in weiten Teilen entkirchlicht[2] ist, stellt sich weiter die Frage, wie der Gottesdienst für möglichst viele Menschen verständlich und konkret zugleich sein kann. Wie kann die christliche Botschaft in diesem Kontext Hoffnung und Trost geben? Daher betrifft diese Frage verschiedene Bereiche der Gottesdiensttheorie, der Lieder, Rituale und des Ortes der Liturgie, in dessen Kontext die Predigt ein Teil ist und auch nur so verstanden werden kann.

2 *Forschungsziele*

Um festzustellen, wie in krisenhaften Situationen Prediger konkret versucht haben, in der Predigt Krisensituationen mit dem in der Bibel offenbarten Wort Gottes und dem Glauben und Unglauben der Menschen ins Gespräch zu bringen, wurden Predigten und Gottesdienste kritisch darauf hin analysiert, wie die Pre-

---

2 Siehe dazu → B. 5.2. Kirchlich-religiöse Situation in Deutschland.

diger mögliche Antworten formuliert haben, die christliche Hoffnung verkünden und Anteilnahme und Trost zum Ausdruck zu bringen. Darüber hinaus wurde in den Texten analysiert, wie Menschen zu einem neuen Verhalten motiviert wurden, dass ein gemeinsames Zusammenleben in Frieden ermöglicht. In Folge der Sichtung der vorhergehenden Forschung und der Analysen der Predigten und Gottesdienste werden anschließend normativ mögliche Thesen für eine gelungene Hoffnungspredigt in Gedenkgottesdiensten erarbeitet. Die Thesen liefern Kriterien für die Gestaltung von Predigten.

3 *Methode der Forschung*

3.1 Literaturübersicht

Praktische Theologie und speziell die Gottesdienste, die angesichts von Krisenereignissen geschehen, können nicht losgelöst vom Kontext der jeweiligen Situation untersucht werden – daher wird zuerst ein kurzer Überblick über praxisbezogene Forschung in der Praktischen Theologie gegeben. Dazu werden die Perspektive und das Verständnis des Gottesdienstes in der Praktischen Theologie als Kommunikation des Evangeliums dargestellt und der ritualtheoretische Kontext des Gottesdienstes aufgegriffen. Auch die Predigt geschieht im Rahmen der Liturgie und wird daher im Kontext des Gottesdienstes betrachtet. Als Grundlage für die Diskussion der Gedenkgottesdienste werden aktuelle praktisch-theologische, ritualtheoretische und sozialwissenschaftliche Forschungen zu Trauerfeiern und Ritualen nach Großkatastrophen herangezogen.

3.2 Einschränkung und Abgrenzung

Diese Arbeit befasst sich mit sieben Predigten aus vier Gottesdiensten. Bei dreien handelt es sich um ökumenische Gottesdienste, die nach einer Krisensituation in Deutschland stattgefunden haben und im öffentlich-rechtlichen Fernsehen übertragen wurden. Als vierter Gottesdienst wird der Gottesdienst zum Anschlag in London 2017 als internationaler Gottesdienst in den Blick genommen. Jeder Gottesdienst wird dabei als Ganzes betrachtet und seine Elemente in Bezug auf die Fragestellung untersucht. Auch wenn die gesamte Liturgie dabei Eingang in die Analyse findet, wird der Schwerpunkt auf der Predigt liegen.

3.3 Analyse der Predigten und Gottesdienste

Die Methodik der Predigtanalyse wird in → *C. Methodische Grundlegung: Analyse und Auswertung* der *Predigten* konkretisiert. Folgende Kernaspekte werden dabei betrachtet:

- *Kommunikation des Evangeliums*: Hoffnung predigen heißt Evangelium kommunizieren. Welche Konzepte finden sich in der aktuellen Homiletik zur Kommunikation des Evangeliums? Welche Rolle kommt einzelnen Elementen, wie Liedern, Predigt und Gebeten zu? Wie kann die jeweils spezifische Krisensituation mit dem in der Bibel offenbarten Wort Gottes und dem Glauben und Unglauben der Menschen angesichts einer religiös pluralen Gesellschaft angemessen zur Sprache gebracht werden?
- *Öffentlichkeit*: Die betrachteten Gedenkgottesdienste stehen aufgrund der Situation auch medial in einer besonderen Öffentlichkeit. Durch diese Öffentlichkeit wird an die Gottesdienste ein anderer Anspruch gestellt als an den regelmäßigen Gemeindegottesdienst, der sich hauptsächlich an die Kerngemeinde richtet. Unter diesem Aspekt wird zu klären sein, wie ein Gottesdienst im Auftrag der Gesamtgesellschaft, vertreten durch den Auftrag des Staates, ein christlich profilierter Gottesdienst „für alle" sein kann, der nicht unangemessen vereinnahmt oder Unterschiede nivelliert. Diese Öffentlichkeit als Gruppe gilt es wahrzunehmen und es ist zu klären, wie Teilnehmende verschiedener Religionen und Weltanschauungen daran partizipieren und angesprochen werden können, anstatt Zuschauer zu sein.
- *Situationsbezug*: Der Gedenkgottesdienst findet aufgrund einer spezifischen Situation statt. Die Krisensituation schafft einen besonderen Rahmen für den Gottesdienst, der in der Gestaltung der Liturgie nicht ausgeklammert werden kann und diese prägt. Wie ist dieser Gottesdienst als spezifischer Kasus in der Praktischen Theologie einzuordnen und inwieweit hat die Situation Einfluss auf die Gestaltung des Gottesdienstes?
- *Liturgie und ihr Kontext*: Der Gottesdienst, hat verschiedene Handlungen, Elemente und Rahmenbedingungen, die Einfluss aufeinander und auf die Wahrnehmung der Gottesdienstbesucher haben. Er findet an einem spezifischen Ort statt. Daher gilt es, die Bedeutung der Lieder, Rituale und Symbole, des Raumes und der Predigt miteinander in Bezug zu setzen. Was hat die Liturgie mit der Hoffnungspredigt zu tun, und wie ist alles miteinander verknüpft? Welche Ausgestaltung muss eine öffentliche Liturgie haben, damit sie mit ihren Liedern, Ritualen und Symbolen verständlich wird? Können Lieder und gemeinsame Symbole eine Verbindung schaffen und wie ermöglichen sie die Kommunikation des Evangeliums?

- *Der Raum und Ort*: Die Gottesdienste finden an einem Ort bzw. in einem spezifischen Raum statt. Es ist ein Unterschied, ob der Gottesdienst in einer Kirche, auf dem Vorplatz der Kirche, einem anderen öffentlichen Platz oder der Stadthalle stattfindet. Welcher Raum wird betreten, auch geistlich? Wie spricht der Raum und welche Ansage macht er?
- *Rituale*: In Trauergottesdiensten findet eine Vielzahl von *Ritualen* statt. Was ist die Aufgabe dieser, und wie müssen die Rituale beschaffen sein, damit sie nicht äußerliche Form bleiben und sich ihre Funktion für die Teilnehmenden entfalten kann? Inwiefern sind Rituale bei der Bewältigung der Krisensituation hilfreich?
- *Lieder und Musik*: Zum Ritus des Gottesdienstes gehören Lieder. Lieder werden nicht einfach gesungen. Sie haben im Rahmen der Verkündigung eine besondere Funktion und sie sprechen durch Melodie, Emotionen und durch Texte. Gleichzeitig sind kirchliche Lieder auch herausfordernd und zuweilen unverständlich. Wie wirkt sich Gesang im Rahmen eines Gedenkgottesdienstes aus?
- *Predigt*: Die Predigt als spezifische Form der Kommunikation des Evangeliums nimmt in Gottesdiensten einen breiten zeitlichen und hervorgehobenen Raum ein. Wie verhält sich eine Predigt zum Gesamtkunstwerk der Liturgie und welche Kriterien gibt es für eine *gelungene Predigt* in Gedenkgottesdiensten?
- *Person des Predigers*: Der Prediger und die Predigerin sind herausgefordert zu predigen, auch wenn sie selbst als Teil der Gesellschaft von den Ereignissen betroffen sind. Sie sollen versuchen, die Situation so gut wie möglich zu klären. Dabei ist es ihre Aufgabe, biblische Offenbarung mit der aktuellen Situation ins Gespräch zu bringen und Hoffnung zu verkünden. Wie soll der Prediger der übertragenen Verantwortung der Gesellschaft im öffentlichen Kontext und zugleich dem Anspruch an sein Amt als Verkündiger einer spezifisch christlichen Hoffnungsbotschaft gerecht werden? Wie sieht hierbei eine angemessene Rede aus?

3.4 Thesenbildung

Die Thesenbildung zu Liturgie und Predigt findet anhand der analysierten Gedenkgottesdienste statt. Aus der Vielfalt der exemplarischen Gedenkgottesdienste werden, in Diskussion mit der Literatur, Thesen für Predigten in Gedenkgottesdiensten erarbeitet.

B Stand der Forschung

1 *Gedenkgottesdienste als „riskante Liturgien“*

Die Rede von „riskanten Liturgien“ hat sich in der neueren Forschung durchgesetzt und wurde durch Kristian Fechtner und Thomas Klie (2011) mit ihrer gleichnamigen Veröffentlichung geprägt. Dieser Begriff beschreibt das Wagnis der Liturgie in der gesellschaftlichen Öffentlichkeit, in dem das Evangelium durch seine Kommunikation öffentlich aufs Spiel gesetzt wird (Fechtner & Klie 2011: 8). Gerade für Ausdrucksformen der öffentlichen Trauer und Klage nach Katastrophen, Gewalttaten und Unglücksfällen führen sie den Begriff als gottesdienstliche Gattung ein (Fechtner & Klie 2011: 10). Gerade da, wo Kirche ihren Auftrag liturgisch wahrnehme und gegenüber dem Gemeinwesen als Anspruch artikuliere (missionarisch, moralisch, religiös), riskiere sie zu scheitern. Dabei gründe die Verortung der Gottesdienste im öffentlichen Leben nicht in der Liturgiepflichtigkeit, sondern in der Liturgiebedürftigkeit der Gesellschaft (Fechtner & Klie 2011: 13). Im Folgenden erfolgt eine Annäherung an die besondere Form der Gottesdienste.

1.1 Ökumenische Gottesdienste nach Großkatastrophen

Der Aufsatzband „Trauerfeiern nach Großkatastrophen“ bietet verschiedene Zugänge zur Thematik an. Es wird gefragt, welche Funktion diese öffentlichen Liturgien in einer säkularen Gesellschaft haben. Es handelt sich beim Band um eine Publikation im Anschluss an eine Tagung in Erfurt, die sich mit Trauerfeiern nach Großereignissen beschäftigte. Die Tagungsbeiträge fragen danach, wie die Erwartungen „in Gesellschaft, Staat, Kirchen an solche Trauerfeiern sind [und wie] Trauer, Klage, Trost und Hoffnung in diesen Feiern zur Sprache kommen“ (Benz 2016: 7). Behandelt werden Fragen nach den besonderen Kennzeichen von Liturgie im öffentlichen Raum (Kranemann 2016: 21–39) ebenso wie die Besonderheiten von Trauerfeiern in einem säkularisierten Umfeld (Benz 2016: 9–20). Die Trauerfeiern werden weiterhin zivilreligiös eingeordnet (Mandry 2016: 124–139; Schieder 2016: 140–154). Eine wichtige Frage ist, warum gerade Kirchen beauftragt werden, den staatlichen Trauerakt mit einem Gottesdienst zu verbinden, da Trauerakte nach Großereignissen zunächst Aufgabe des Staates sind, der solche konfessionsunabhängig für die gesamte Gesellschaft ausrichten muss. Aufschlussreich ist der Abschlussartikel, der die Frage nach der

Angemessenheit einer kirchlich geprägten Trauerfeier stellt (Karger-Kroll 2016: 185–194).

1.1.1 Eine ökumenische Trauerfeier mit Konfessionslosen

In Auseinandersetzung mit der Trauerfeier zum Amoklauf in einer Erfurter Schule 2002 beschäftigt sich Brigitte Benz mit dem Gesichtspunkt der Konfessionslosigkeit bei ökumenischen Trauerfeiern. Die besondere Herausforderung der Trauerfeier war, dass sie in einer Region stattfand, in der die Mehrheit der Bevölkerung keiner Kirche angehört. Die Herausgeberin fragt im Rahmen ihres Forschungsprojektes insbesondere nach dem Ablauf und der Verantwortung der Vorbereitung, der Trauerfeier und weiteren Besonderheiten. Sie kommt zu dem Schluss, dass „es in einer hoch säkularisierten Umwelt möglich [ist], einen Gottesdienst innerhalb der Trauerfeier so zu gestalten, dass viele der Teilnehmer durch diesen angesprochen werden“ (Benz 2016: 20). Für die Verantwortlichen gehöre dazu ein Bewusstsein für eben dieses Umfeld, in dem sich besonders in der angemessenen Auswahl der Symbole besondere Herausforderungen zeigen.

1.1.2 Öffentliche Theologie und Liturgie in der Öffentlichkeit

Jeder Gottesdienst ist von seiner Grundkonstitution öffentlich. In Trauergottesdiensten geht es darüber hinaus explizit um eine gesamtgesellschaftliche Öffentlichkeit, die über den regelmäßigen Gottesdienst hinausgeht. Daher wird auch der Begriff der „Öffentlichen Theologie“ in Grundzügen in die Analyse einbezogen. Im Englischen ist der Begriff der *Public Theology* geläufig. Auch wenn der Ausgangspunkt der US-amerikanischen und der deutschen Debatte unterschiedlich ist, geht es beiden im Kern „um die politische Bedeutung religiöser Inhalte“ (Höhne 2015: 27). Die Definitionen dessen, was als *Öffentliche Theologie* bezeichnet wird, sind vielfältig mit unterschiedlichen Schwerpunktsetzungen. Nach Höhne (2015: 35, mit Bezug auf Smit 2007: 443) besteht keine interkontextuell einheitliche, autoritative und normative Definition für die Arbeit Öffentlicher Theologie. Bedford-Strohm nennt Öffentliche Theologie (in Höhne 2015: 36):

> Öffentliche Theologie bezieht sich danach [...] auf die partikulare christliche Tradition als ihre Quelle. Sie bemüht sich um öffentliche Verständlichkeit, um Zweisprachigkeit. Um sachgemäß reden zu können, nimmt sie am interdisziplinären Dialog teil. Sie verhält sich gegenüber den Strömungen in der Gesellschaft kritisch-konstruktiv. Öffentliche Theologie versteht sich im globalen Kontext.

Öffentliche Theologie hat eine hermeneutische, interpretierende Aufgabe und versucht, die eigene Tradition mit der aktuellen gesellschaftlichen Wirklichkeit ins Gespräch zu bringen. Die eigenen Texte und Normen (biblisch, theologisch und dogmatisch) werden auf Fragen von öffentlichen Interesses bezogen (Höhne 2015: 39). Zielrichtung ist dabei die gesellschaftliche, mitgestaltende Teilhabe und die Veränderung „von Denken, Fühlen, Handeln und Strukturen" (Höhne 2015: 40).

Das Themenfeld der Öffentlichen Theologie ist interdisziplinär. Die verschiedenen Disziplinen beschäftigen sich mit der Rolle der institutionalisierten Kirche ebenso wie mit der Frage nach gemeinsamen Wahrheitskriterien und dem öffentlichen Charakter des theologischen Diskurses. Ein weiterer Themenschwerpunkt ist die Frage nach der Ausgestaltung der Theologie in einer pluralen, liberalen Gesellschaft sowie die „inhaltlich-theologische Auseinandersetzung mit den gegebenen Problemen des öffentlichen Lebens" im Kontext innertheologischer Vielfalt (Höhne 2015: 41). Hier sind auch die in dieser Arbeit untersuchten Gottesdienste einzuordnen – es geht um die Ausgestaltung der Theologie im besonderen Rahmen des Gottesdienstes in der Öffentlichkeit. Trauerfeiern nach Großkatastrophen greifen die Betroffenheit Einzelner und der Gesellschaft auf. Benedikt Kranemann (2016) fragt anhand ausgewählter Trauerfeiern nach Gemeinsamkeiten und Unterschieden zwischen diesen. Anders als beim „Normalfall" Gottesdienst, richten sich die Liturgien der Kirchen bei Trauerfeiern nach Großkatastrophen an eine breite Öffentlichkeit (Kranemann 2016: 21). Kranemann hebt den öffentlichen Charakter der Trauerfeiern hervor, der durch die Medienpräsenz hergestellt wird. Die weltanschaulich plurale Gesellschaft ist dabei eine Herausforderung. „Eine eindeutig konfessionell- oder auch ökumenisch-christlich bindende Form des Totengedenkens in der Öffentlichkeit stößt immer deutlicher an ihre Grenzen, ohne dass sie aber ausgeschlossen wäre" (Kranemann 2016: 22). Kranemann betont ebenfalls die Bedeutung einer Formen- und Zeichensprache, die möglichst breit nachvollziehbar ist und die christliche Hoffnung in diesem Rahmen bekennt, „Hoffnung zuspricht und über den Alltag hinaus eine Lebensperspektive eröffnet" (Kranemann 2016: 22). Trauerfeiern sind Teil eines komplexen Trauerprozesses, bei dem die Liturgiewissenschaft ihren Beitrag leiste, dem Suchprozess „einem angemessenen Umgang der Gesellschaft mit Leid und Trauer" (Kranemann 2016: 23) zu geben. Im Vergleich von Trauerfeiern seit Bestehen der Bundesrepublik 1949 kommt er zu folgenden Gemeinsamkeiten: Die Trauerfeiern finden in der Regel innerhalb einer Woche bzw. kürzer nach dem Unglück statt und werden meist in ökumenischer Verantwortung wahrgenommen. Sie werden üblicherweise medial übertragen. Ein wichtiges Symbol in den Gottesdiensten der vergangenen 15 Jahre waren Kerzen. Sie kamen in verschiedener Form vor (hereintragen, entzünden, ...). und stehen für „Trauer wie für Hoffnung" (Kranemann 2016: 24). „Ein Grundbestand aus biblischen Texten, Gebeten, insbesondere Fürbitten, Ansprachen, Gesängen und Musik sowie dem genannten Umgang mit Kerzen kann unterschiedlich angeordnet und situativ um neue Elemente ergänzt werden" (Kranemann 2016: 24). Bisweilen wurde dies mit dem Symbol des Engels getan. Die Trauerfeiern zeichneten sich weiterhin durch

Anwesenheit von Vertretern des öffentlichen Lebens aus Politik, Kirche und Gesellschaft aus. Wichtig ist, dass bei den Trauerfeiern meist auf eine „klare Trennung von kirchlicher Liturgie und Staatsakt geachtet" (Kranemann 2016: 25) wurde.

In der systematisierenden Beobachtung hält Kranemann fest, dass in der Überantwortung der Feiern an die christlichen Kirchen deutlich werde, dass die „säkulare Gesellschaft offensichtlich auf Religion angewiesen" (Kranemann 2016: 32) sei, weiterhin finde eine Ritualisierung der Ereignisse statt, was sich nicht zuletzt in dem rituellen Repertoire der Kirchen begründe und auch an der Wahl der Orte wie Kirchenräume oder auch kirchennahe Orte deutlich werde.

1.1.3 The Function of Ritual Use after Disasters

Im Artikel „The function of ritual use after disasters" setzen sich Hans Stifoss-Hanssen und Lars Johan Danbolt aus praktisch-theologischer Sicht mit dem funktionalen Umgang mit öffentlichen Ritualen nach Katastrophenereignissen auseinander. Dabei nehmen sie die Trauerbewältigung nach den dramatischen Ereignissen in Oslo/Utøya im Juli 2011 in den Blick. Rituale stellen ein dynamisches Phänomen dar. Auf der einen Seite gespeist aus der Tradition werden auch stets neue Rituale kreiert. Kirchen haben Erfahrung in der Ritualisierung von signifikanten Ereignissen und Lebenspassagen und sind immer noch erste Anlaufstellen (Stifoss-Hanssen & Danbolt 2016: 43). Stifoss-Hanssen und Danbolt stellen fest, dass die Kerzensymbolik und die Verlesung der Namen der Opfer eine zentrale Rolle spielen (Stifoss-Hanssen & Danbolt 2016: 44). Für viele Menschen stellen Krisen und Traumata eine Hinterfragung der Sinnhaftigkeit dar und lassen viele Fragen unbeantwortet. In Interaktion der gemeinsamen rituellen Praxis eröffnen sich Sinndeutungspotenziale. Funktionierende Rituale haben einen sozialen, strukturellen und bedeutungsorientierenden Charakter (Stifoss-Hanssen & Danbolt 2016: 46). Rituale können als symbolische Handlungen mit Bedeutung auf dem Weg der Heilung hilfreich sein. Die Autoren halten fest, dass es die Aufgabe der Kirche sei, den Menschen Wort und Sakrament, Heilung und Fürsorge anzubieten. Die Ausgestaltung von Ritualen nach Krisenereignissen sei zentrale und wichtige Aufgabe der Kirchen. Dabei gehe es besonders um die Einbindung der verschiedenen Gruppen (Stifoss-Hanssen & Danbolt 2016: 49). Sie merken an, dass der christlich geprägte Gottesdienst transparent und offen sei, ohne eine versteckte Agenda im Hintergrund zu haben. Es sollte keinen Anlass geben zu vermuten, dass der Gottesdienst stattfinde, um Werbung für die Kirche zu machen. Es gehe um die Heilung von und Fürsorge für die beteiligten Menschen. Diesen gehe die freie Teilnahme an den angebotenen Ritualen ermöglicht werden (Stifoss-Hanssen & Danbolt 2016: 49).

1.1.4 Jenseits von Normalliturgie und Normalglauben

Besondere Ereignisse fordern besondere Liturgien. Normale Liturgien sind auf den Alltag ausgerichtet. Sie rechnen nicht mit Extremereignissen. Hans-Joachim Sander thematisiert die Liturgien, die in der Differenz zwischen dem Erwarteten und den Katastrophen stehen und diese auffüllen. Die Sprachlosigkeit steht in Spannung mit dem Bekenntnis, wie es auch in der Bibel vorkommt. Sander stellt das Bedürfnis der *public religion* heraus, „die auch dort sprachfähig ist, wo sie an ihre Grenze stößt" (Sander 2016: 76). Die Handlungsbereiche, in denen sich Liturgien angesichts von Großkatastrophen bewegen, sind durch drei Dimensionen geprägt: „einräumen und zumuten, ausräumen und ermutigen, sowie [...] in Demut aufräumen" (Sander 2016: 77–78). Sander stellt die Frage, inwieweit die Aussagen und Rituale der Liturgie mit den extremen Ereignissen zurechtkommen, die die „Normalität von Leben und Glauben" (Sander 2016: 81) außer Kraft setzen. Mit dem *Gesetz der kleinen Zahl* begründet er, dass man nach solchen Ereignissen nicht auf bewährte liturgische Tradition zurückgreifen könne. Übliche Rituale könne man daher nicht verwenden, sondern müsse „etwas Eigenes, auf den Anlass Bezogenes entwickeln" (Sander 2016: 82–83). Es geht ihm um das Bekennen der eigenen Ohnmacht als Liturgie selbst und nicht bloß Teil der Liturgie. Die biblischen Narrative bieten Anknüpfungspunkte, um die herum sich Liturgie bauen lässt. Anschließend geht Sander auf die Orte ein, die mit den Unglücken verbunden sind und für die Beteiligten zum Verlust der eigenen Utopien führen können. Durch das Unglück werden sie zu heterotopen, existenten Orten. Sie drängen sich in den Liturgien auf und man könne ihnen nicht ausweichen. Die Bewältigung könne nicht mit Utopien geschehen, aber die Utopien müssen angesprochen werden, um sie in Ritualen zu bearbeiten. Auch hier benennt er die Möglichkeit der biblischen Narrative, die dabei helfen können, mit den Orten umzugehen. Zum Schluss hält er fest, dass es einer demütigen Herangehensweise in der Liturgie bedürfe: „Das Risiko, an diesem Ereignis liturgisch zu scheitern, ist so außerordentlich groß, dass man sich eben nicht auf die normale Tradition verlassen kann" (Sander 2016: 88). Dazu gehöre als Risikovorsorge die Fähigkeit, sich selbst liturgisch zu relativieren.

1.1.5 Biblisch begründete Gott-Rede angesichts von Großkatastrophen

Stephan Winter hebt in seinem Aufsatz „... ‚Oder bleibt nichts?' – Zu Herausforderungen biblisch begründeter Gott-Rede angesichts von Großkatastrophen." die Situationsgebundenheit von Ritualen hervor. „Vom Verständnis biblisch begründeter rituell-gottesdienstlicher Praxis her zeigt sich darin eine wesentliche Eigenschaft Gottes [...]: seine unverbrüchliche Treue. Darin wurzelt die spezifische theologische Bedeutung der Situationskategorie" (Winter 2016:

89). Winter betrachtet Thematik mithilfe von Theorieansätzen aus der philosophischen Anthropologie mit Fokus auf Grenzsituationen, um diese dann „auf das Beispiel des Trauer- und Gedenkgottesdienstes [...] anlässlich des Absturzes einer Germanwings-Maschine in den französischen Alpen" (Winter 2016: 89) anzuwenden. In der Grundlegung erarbeitet er Situativität als Wesenszug des Gottesdienstes. Er begründet dies mit der radikal situativen Offenbarung Gottes in Jesus. „Er bindet sich ausdrücklich an Situationen und will sich in jedem Moment der Raum-Zeit selbst mitteilen, als liebender Gott erfahren und erkannt werden" (Winter 2016: 91). Der Gottesdienst ist daher Ort der situativen Begegnung mit Gott. Aus philosophischer und soziologischer Perspektive hält er fest, dass es nach Karl Jaspers grundsätzlich „kein menschliches Sein außerhalb von Situationen gibt" (Winter 2016: 93). Zum Schluss hält er drei Richtungsanzeigen fest, die weitergedacht werden können. Zunächst Situativität als „genuine Dimension rituell-gottesdienstlichen Handelns mit Bezug auf den biblisch bezeugten Gott im Gespräch u.a. mit philosophischen und soziologischen Ansätzen zur Theorie der Situation" (Winter 2016: 103). Dazu gehöre zweitens die Klärung, was die rituell-gottesdienstliche Situation nach solchen Ereignissen spezifisch ausmache. Für die liturgisch-rituelle Praxis gelte es ferner, die Situationskompetenz weiterzuentwickeln, die durch den Anlass infrage gestellt wird. „Dabei müsste u.a. die Korrelation mit der situativ angelegten Praxis Jesu Christi ein zentrales Lernfeld sein" (Winter 2016: 103).

1.1.6 Deutungen riskanter Liturgien

Interessant ist ein Beitrag von Thomas Klie zur öffentlichen Trauer in theologischer Deutung. Über die Ausgangsfrage „Wer, wenn nicht wir?" geht er auf die an die Kirchen herangetragene „Deutungsnötigung" heran (Klie 2016: 104–105). In größtmöglicher Öffentlichkeit werden Kirchen ebenso genötigt zu deuten, wie auch nicht-kirchliche Institutionen. Klie spricht von „riskanten Liturgien", die das deuten sollen, „was der Fall war" (Klie 2016: 104). Als Eingangsthese formuliert er, dass eine sichere Deutung in einer unsicheren Lage erkannt werde. Dabei bemerkt er, dass „[d]ie älteste Institution der Welt [...] eine solche Deutungsnötigung nicht unvorbereitet treffen [kann], verdankt sie sich doch immerhin der kollektiven Katastrophenerfahrung eines gekreuzigten, gestorbenen und begrabenen Gottes" (Klie 2016: 105). Er stellt fest, dass jede Liturgie riskant sei. „Im Gottesdienst, in dem Menschen zusammenkommen und sich Gott namhaft präsent macht, wird das Evangelium kommuniziert und damit öffentlich aufs Spiel gesetzt" (Klie 2016: 108). Biblische Texte werden in verschiedener Form vergegenwärtigt und im Kontext der „Lebenserfahrung in Szene gesetzt" (Klie 2016: 108–109). Dieser Gedanke korrespondiert mit dem von Ernst Lange aufgeworfenen Auftrag der Anwaltschaft an den Liturgen und Prediger (Lange 1982). Er ist zugleich Anwalt für den Hörer wie auch Anwalt der biblischen Überlieferung. Das ist ein Wagnis. Theologisch gesehen ist dieses Risiko jedoch kein Manko, da die Liturgie mit ihrer Wirkung unter pneumatologischem Vorbehalt steht. Bezüglich des Öffentlichkeitscharakters hält Klie fest, dass Liturgie in einem gewissen Spannungsfeld zwischen Sicherheitserwartung und dem Eintritt des Katastrophenfalls stehe, der diese Erwartung infrage stelle. In öffentlich gelebter Religion in der Liturgie gehe es um die Belange des Gemeinwesens. „Die von solchen Ereignissen veranlassten Gottesdienste sind gleichsam Anwälte eines Lebens, das sich selbst - ad hoc - als gefährdet erfährt. Darum hat hier Liturgie ein *öffentliches* Amt wahrzunehmen“ (Klie 2016: 111). Er stellt fest, dass es unzeitgemäß sei, dass Kirchen für diese Aufgabe gefragt werden, da in diesen Liturgien ein „spätvolkschristliches Christentum öffentliche Religion im säkularen Staat stellvertretend repräsentiert“ (Klie 2016: 111). Klie wirft weiter die Frage nach der Deutungshoheit im öffentlichen Klagegeschehen auf. Die Beteiligten sprechen in unterschiedlichem Namen und haben unterschiedliche Geltungsansprüche. Ein Bischof unterscheidet sich vom Politiker, auch wenn politische und religiöse Rede nicht immer trennscharf voneinander abzugrenzen sind, was er an verschiedenen Beispielen expliziert (Klie 2016: 111).

> Liturgie als öffentlicher Dienst [...] im und am Gemeinwesen ist riskant, weil Kirche - will sie diesen Dienst nicht schuldig bleiben - sich fremden, staatstragenden Zwecken aussetzt, um *das* zu sagen, was ihr aufgegeben ist. Wo Kirche die Aufgabe liturgisch wahrnimmt, riskiert sie auch ihr Scheitern. [...] Deutungen können dagegen gelingen, wenn sie im Horizont des christlichen Glaubens in einer Situation Worte finden und Zeichen setzen, die sonst nicht gehört, und Gesten, die anders nicht gezeigt werden können (Klie 2016: 112).

1.1.7 Die Ästhetik der Trauerfeiern nach Großkatastrophen

Albert Gerhards beschäftigt sich mit der Frage nach den angemessenen ästhetischen Anforderungen an die Trauerfeiern, da die Bedürfnissee einer pluralen Gesellschaft vielfältig sind. Er spricht sich für eine Ästhetik der Reduktion aus, was auf die Sprache, Symbole und den Raum Auswirkungen hat. Als besondere Herausforderung benennt er in der Zusammenarbeit das „Verhältnis von kirchlicher und politischer Repräsentanz“ (Gerhards 2016: 114) mit der Frage nach „Akzeptanz verschiedener Religiosität und möglicherweise weltanschaulicher Neutralität“ (Gerhards 2016: 114). Traditionelle christliche Rituale können für viele eine Hilfe sein. Kirche habe hier eine gewisse Sprachfähigkeit, die bei der Verarbeitung helfen könne. Allerdings sollen diese Sinnangebote bleiben und niemandem aufgedrängt werden. „Sind die Komponenten stimmig, kann die Trauerfeier eine heilsame Kraft entfalten, unabhängig vom religiösen Status der Teilnehmenden“ (Gerhards 2016: 123).

1.2 Der Gedenkgottesdienst als Kasualie

Es ist interessant, dass gerade in Anbetracht von Krisenereignissen Gottesdienste und Rituale als kirchliche Handlungen gefordert und gestaltet werden. Kirche scheint hier den Menschen eine Gestaltungsmöglichkeit zu bieten, einen ritualisierten Umgang mit der Krisenerfahrung zu finden. In der Regel finden diese Gottesdienste unter reger Beteiligung bzw. Teilnahme der politischen und gesellschaftlichen Vertreter statt. Derartige Gedenkgottesdienste sind zumeist ökumenisch gestaltet und werden ausführlich in der Presse besprochen. Der Kirche wird „in der Situation von Sterben, Tod und Trauer [...] – unisono von sogenannten Kirchentreuen wie Kirchenfremden – eine besondere *religiöse Kompetenz* zugetraut“ (Fechtner 2011: 54). Im Rahmen der Grundformen der religiösen Rituale ist der Gedenkgottesdienst am ehesten im Rahmen der Kasualie als *religiöses Ritual der Lebenskrise* zu verorten. Auch wenn es sich nicht konkret um einen Gottesdienst zur Bestattung handelt, wird der Kasus der Lebenskrise aufgegriffen. Es geht hier um die „Bearbeitung von spezifischen Lebensfragen“ (Friedrichs 2015: 67). Die Kasualien sind spezifisch auf die Lebenswelt der Menschen bezogen „und versuchen, diese im Horizont der biblisch-christlichen Tradition zu deuten. Sie haben den Ausgangspunkt in dem, was gegenwärtig der Fall ist“ (Friedrichs 2015: 67). Der Gottesdienst angesichts eines solchen Ereignisses ist somit als ein Angebot zur Lebensdeutung und Krisenbewältigung an die Teilnehmenden ungeachtet des jeweiligen religiösen Hintergrunds gerichtet. Die Kasualien eröffnen einen Raum, „in dem die gemeinschaftliche Feier den Menschen bei der Deutung eines wichtigen Übergangs im Leben hilft“ (Grethlein 2012: 349). Finden die meisten (regulären) Trauerfeiern im familiären Rahmen statt, ist der öffentliche Gedenkgottesdienst nach gesellschaftlichen Krisenereignissen als Kommunikationsgeschehen nicht hauptsächlich auf die Angehörigen bezogen, sondern auf eine breite Öffentlichkeit. Er hat die Aufgabe der gesamtgesellschaftlichen Trauerbewältigung. Die eigentlichen Trauergottesdienste und die Bestattung der einzelnen Opfer finden gesondert im Rahmen privater Trauerfeiern statt. Es handelt sich bei den öffentlichen Gedenkfeiern um gesonderte, gesellschaftliche Akte der Trauerbewältigung, welche der eher privaten spezifischen Trauer in den jeweiligen konfessionellen Gottesdiensten vorgelagert sind. Die Gedenkgottesdienste versuchen, sowohl der gesellschaftlichen als auch der individuellen Trauer Raum zu geben. Die individuellen Biografien der Opfer werden dabei jedoch kaum bzw. nicht aufgegriffen. In der klassischen Vierteilung des Bestattungsrituals lässt sich der Gedenkgottesdienst dem Schauplatz des öffentlichen Lebensraums ebenso zuordnen wie dem kirchlichen. Dabei ist der Gedenkgottesdienst eine spezifisch ökumenische Trauerfeier, in der neben evangelischen auch katholische, und bei interreligiösen/multireligiösen, auch Opfer anderer Religionen bedacht werden.

> In seiner voll ausgebauten Gestalt spielt das Bestattungsritual nicht nur auf dem Friedhof, sondern an verschiedenen, lebensweltlich wie dramaturgisch deutlich voneinander abgegrenzten und in zeitlicher Abfolge einander zugeordneten Schauplätzen: zuerst im Privathaus, dann im öffentlichen Lebensraum und schließlich im Kirchengebäude und auf dem Friedhof (Steck 2011: 247).

Die Kasualie als öffentliche Gedenkfeier hat einen besonderen Charakter, da sie stellvertretend für die öffentliche Gesellschaft versucht, diese Situation zu klären und den verschiedenen Erwartungen gerecht zu werden. Dass dies sehr anspruchsvoll ist, drückt sich bisweilen in der „Säkularisierung der Kasualienkultur" aus (Steck 2011: 254). Säkulare und kirchliche Trauerfeiern verhalten sich reziprok zueinander. So sind säkulare Trauerfeiern durch Elemente des *klassischen* Gottesdienstes geprägt, aber auch aktuelle kirchliche Trauerfeiern übernehmen Elemente und Gestaltungsformen, die nicht genuin kirchlich sind (Steck 2011: 254). Der katholische Liturgiewissenschaftler Steck bestätigt die Beobachtung der Veränderung der Kasualienkultur und die von Hermelink geäußerte These, dass es gerade der protestantischen Trauerrede zunehmend schwerfalle, sich von ihrem weltlichen Pendant zu unterscheiden.

> Unter den neuzeitlichen Verstehensbedingungen redet auch die durchschnittliche pastorale Predigt vor allem vom Sinn des Diesseits. Von der Auferstehung, vom letzten Gericht und ewigem Leben, also von spezifisch christlichen Antworten auf die religiöse Grundfrage ‚Wo bleiben Tote?‘ scheint kaum noch verständlich oder gar plausibel zu sprechen zu sein (Hermelink 2000: 79; in: Steck 2011: 254).

Dass die genuin christlichen Antworten in den Predigten tatsächlich nicht bzw. kaum vorkommen und geradezu unsagbar sind, konnte in der Analyse dieser Arbeit nicht bestätigt werden.

1.3 Gedenkgottesdienste und ihre Typologien

Immer mehr Trauerfeiern werden allein schon aufgrund der Lebenssituation konfessions- bzw. religionsverschiedener Partner übergreifend begangen. Dazu hat die *Liturgische Konferenz* der *Evangelischen Kirche Deutschlands (EKD)* 2006 eine Arbeitshilfe unter dem Titel „Mit Anderen feiern – gemeinsam Gottes Nähe suchen. Eine Orientierungshilfe der Liturgischen Konferenz für christliche Gemeinden zur Gestaltung von religiösen Feiern mit Menschen, die keiner christlichen Kirche angehören“ herausgegeben. Auch vom katholischen *Deutschen Liturgischen Institut* gibt es eine Handreichung mit dem Titel *Ökumenische Gottesdienste.* Beide Veröffentlichungen beschäftigen sich gesondert und unterschiedlich ausführlich mit Gedenkfeiern angesichts einer Katastrophe. Anknüpfungspunkte der Trauerfeiern sind zum einen das Bekenntnis der Verstorbenen, zum anderen das der Hinterbliebenen. Gedenkfeiern mit Verunglückten aus unterschiedlichen Kulturen und religiösen Hintergründen unter Einbezug einer diversen Öffentlichkeit gibt es seit vielen Jahren. Durch die breite Einwanderungsbewegung seit dem Zweiten Weltkrieg fanden bereits im Bergbau nach Grubenunglücken einige multireligiöse Feiern statt. „Ein Grubenunglück, wie es etwa im Oktober 1963 in Lengede geschehen ist, nötigte die Verantwortlichen dazu, Formen für religiöse Feiern angesichts der Katastrophe zu entwickeln, die nicht nur den christlichen, sondern auch der großen Zahl muslimischer Arbeiter gerecht werden" (Liturgische Konferenz 2006: 26).

Im Juni 1988 wurde in Borken angesichts eines Grubenunglücks ein christlich-islamischer Gottesdienst gehalten. Diese Gottesdienste berücksichtigten in besonderer Weise die intensive Gemeinschaft der Arbeiter unter Tage. Die Gottesdienste hatten weniger das Gemeinsame der Religionen im Blick, sondern vielmehr das Nebeneinanderstehen. Verschiedene Religionsvertreter sprachen im liturgischen Verlauf (Liturgische Konferenz 2006: 26). Die multireligiösen Gedenkgottesdienste angesichts des Anschlags auf das World Trade Center am 11. September 2001 in New York hoben das gemeinsame Gedenken noch einmal besonders hervor. In einer weltweit medial übertragenen Gedenkfeier kamen nicht weniger als fünf verschiedene Glaubensgemeinschaften zu Wort. Auch hier fand ein Nebeneinander der Religionen statt. Die Beteiligten trauerten gemeinsam als Gesellschaft mit ihren jeweils unterschiedlichen religiösen Ausprägungen.

> Letztlich haben religiöse Feiern in Krisensituationen aber ganz ähnliche Funktionen wie die religiösen Feiern in den anderen [...] Lebenssituationen: Sie unterstützen Menschen in der Suche nach Sinn, in den Fragen nach einer größeren Wirklichkeit und in der Feier des Lebens in seinen unterschiedlichsten Facetten (Liturgische Konferenz 2006: 27–28).

Bei der Analyse der Gedenkgottesdienste ist die Frage nach der Art der Involviertheit verschiedener Religionen und Konfessionen interessant. Gibt es eine *Hauptreligion*, in deren Name das Gedenken stattfindet? Oder stehen alle religiösen Ausdrucksformen und Äußerungen gleichberechtigt nebeneinander?

Von katholischer Seite entscheidend für die Art und Verantwortlichkeit des Gottesdienstes „sind die konfessionellen Bindungen der Betroffenen und der Ort, an dem der Gottesdienst stattfinden soll" (Deutsches Liturgisches Institut 2014: 63). Weiterführend heißt es: „Sind auch Angehörige anderer Religionen oder Weltanschauungen betroffen, ist zu klären, wie diese einbezogen werden können" (Deutsches Liturgisches Institut 2014: 63). Diese Aussage geht davon aus, dass es sich zunächst um einen konfessionellen Gottesdienst handelt. Daran entscheidet sich, ob es sich um eine ökumenische oder um eine multireligiöse Feier handelt. Sie weisen darauf hin, dass gerade bei solchen Gottesdiensten viele Menschen beteiligt und betroffen sind, die ansonsten mit Gottesdiensten wenig vertraut sind. Deshalb empfehlen sie eine „klare, einsichtige und durchschaubare Gestaltung und eine allgemein verständliche Sprache" (Deutsches Liturgisches Institut 2014: 63).

> Besondere Bedeutung kommt den musikalischen Elementen zu, weil Gesang und Musik den Umgang mit einer emotional angespannten Situation erleichtern (Deutsches Liturgisches Institut 2014: 63).

Die Autoren legen Wert auf eine stimmige Dramaturgie und Stimmigkeit des Gottesdienstes. Durch die verschiedenen und zumeist unvermeidlichen Sprechakte der Beteiligten (bspw. eine katholische, eine evangelische Predigt) kann diese gestört werden. Sie empfehlen, die Anzahl der Mitwirkenden zu begrenzen, zugunsten der inhaltlichen und formalen Qualität. Unabhängig von der konkreten Gestalt der Feier sollte klar erkennbar sein, wer die liturgische Leitung hat. Den vielfältigen nonverbalen Elementen und Symbolhandlungen wird bei diesen Gottesdiensten eine besondere Bedeutung zugesprochen (Deutsches Liturgisches Institut 2014: 63–64).

Aufgrund der verschiedenen Formen und Arten der Gottesdienstformen bietet sich die Typologisierung der EKD an, die ich hier kurz wiedergeben möchte. In diese werden die zu analysierenden Gottesdienste eingeordnet. Die Einordnung soll helfen, die verschiedenen Ausprägungen der Gedenkgottesdienste zu unterscheiden und durch die „sorgfältige Unterscheidung des multireligiösen und interreligiösen Typus der gegenseitigen Achtung Ausdruck [zu] geben und Verletzungen Einzelner [zu] vermeiden“ (Liturgische Konferenz 2006: 28).

1. Liturgische Gastfreundschaft
   Diese Form des Gottesdienstes zeichnet sich dadurch aus, dass eine Gruppe / Konfession den Gottesdienst vorbereitet bzw. leitet und Andere als Gäste teilhaben. Oft finden diese Gottesdienste dann auch in den jeweiligen konfessionellen Räumen statt, zum Beispiel in einer Kirche. Das Profil und die Liturgie der Gedenkveranstaltung ist durch den bzw. die Gastgeber geprägt. In diesen Gottesdiensten können andere Konfessionen einzelne Elemente übernehmen. Der Gottesdienst nach dem Attentat auf dem Breitscheidplatz/Weihnachtsmarkt 2016 in Berlin war ein derartiger Gottesdienst in liturgischer Gastfreundschaft. In dem evangelischen Gottesdienst haben verschiedene Vertreter aus Judentum, Islam und Christentum einzelne Wortbeiträge übernommen. Dieses Modell erfordert gerade bei Gedenkfeiern ein hohes Maß an Respekt und Wertschätzung der Menschen, die einer anderen Religion angehören. Durch die Gastgeberschaft ist klar, welche Liturgie in diesem Akt tragend ist. Allerdings hat die Liturgie den Anspruch eine Liturgie für alle Anwesenden zu sein. Die meisten christlich-ökumenischen Gedenkgottesdienste werden im Stil der liturgischen Gastfreundschaft gehalten.

2. Multireligiöse Feiern
   Diese Feiern werden in der Regel von verschiedenen Religionen gemeinsam vorbereitet. Auch diese Form eignet sich besonders für Katastrophenereignisse. Bei multireligiösen Gottesdiensten „kommen Vertreter ver-

schiedener Religionen nebeneinander zu Wort, ohne dass sie gemeinsame Gebete sprechen. Es kann jedoch »nebeneinander gebetet« werden" (Liturgische Konferenz 2006: 31). Jede Religionsgemeinschaft tritt mit ihrem eigenen Profil und der eigenen liturgischen Kleidung auf. Interessant ist hier die Frage nach dem Ort der Veranstaltung und der Beeinflussung durch diesen Ort.

3. Interreligiöse Feiern

Bei der interreligiösen Feier einigen sich die Vorbereitenden auf ein gemeinsames Programm. „Dabei wird das Verbindende der verschiedenen religiösen Standpunkte gesucht, so dass man zu gemeinsamen Texten oder Handlungen (Gebeten, Lesungen und Liedern) kommt" (Liturgische Konferenz 2006: 31). Diese Form lässt die konfessionellen Grenzen verschwimmen und vermittelt den Eindruck, dass es sich um den gleichen Gott handle, zu dem gebetet wird. Es stellt sich die Frage, wie dies jeweils wertschätzend erreicht werden kann, ohne die Unterschiede der Religionen zu nivellieren. Gerade nach Terrorakten mit Betroffenen verschiedener Religionen wird vielleicht voreilig nur auf das Gemeinsame geschaut. Dabei ist das Vereinende nicht die Religion, sondern die gemeinsame Betroffenheit als Mensch. Jede Religion kann dabei ihre eigene Antwort auf die Situation haben und hat auch das Recht dazu.

4. Religiöse Feiern für alle

Religiöse Feiern für alle sind spezifisch auf die Menschen ausgerichtet, die „zwar religiöse Lebensfragen stellen, dabei aber ohne die Antworten der Religionsgemeinschaft auskommen. Aufgrund einer gemeinsamen Lebenssituation wird nach dem Glück und der Hoffnung, nach den Normen des Zusammenlebens und nach der Verantwortung aller gefragt, manchmal aber auch Klage und Betroffenheit zum Ausdruck gebracht" (Liturgische Konferenz 2006: 32). Als Beispiele werden hier Schulfeiern und Unglücks- oder Todesfälle genannt. Verantwortlich für die Vorbereitung ist dabei die veranstaltende Institution wie zum Beispiel die Schule oder die Kommune. Im Grunde wäre es Aufgabe des Staates, angesichts von Unglücksfällen die Gedenkveranstaltungen zu gestalten bzw. für alle zu verantworten. Dieser Auftrag geht jedoch zumeist an die Kirchen über. Die hier verhandelten Gedenkgottesdienste sind mehrheitlich in den ersten Typologien einzuordnen.

2 *Gegenwärtige Diskussion in der Praktischen Theologie*

2.1 Kommunikation des Evangeliums

Christian Grethlein stellt in seinem theologischen Entwurf „Praktische Theologie" die Theorie der Kommunikation des Evangeliums in der Gegenwart in den Mittelpunkt der von ihr betrachteten Felder (Grethlein 2012). Diese Theorie steht in einer Reihe mit seinen Vorgängern Schian (1922), Haendler (1957) und Dietrich Rössler (1994). Prominent ist auch, dass er die von Ernst Lange (1927–1974) entwickelte *Hörerorientierung* programmatisch aufgreift und sie neu profiliert.

Die Hörerorientierung entwickelte sich aus der Antwort auf die dialektische Theologie Karl Barths, mit ihrer Wort-Gottes-Theologie. Diese Wort-Gottes-Theologie war eine Antwort auf die Krisenerfahrung, die sich mit dem Ersten Weltkrieg zuspitzte (Müller 1996: 131). Als eigentliche Aufgabe der Theologie benennt Karl Barth das Wort Gottes. Barth formuliert diese Dialektik: „Wir sollen als Theologen von Gott reden. Wir sind aber Menschen und können als solche nicht von Gott reden. Wir sollen beides, unser Sollen und unser Nicht-Können, wissen und eben damit Gott die Ehre geben" (Barth 1922; In: Müller 1996: 135). Barths Theologie war davon geprägt, die Schrift an zentrale Stelle der Verkündigung zu stellen (Grözinger 2008: 65 & Old 2007: 762). Es ging ihm nicht um die „Machbarkeit der Predigt durch psychologische Einfühlung, sondern das dem Prediger wie dem Hörer fremde Wort als unerwartete Anrede ist für Barth die Mitte der Predigt. Gerade als Fremdes ist das biblische Wort das Wort der Kirche" (Meyer-Blanck 2011: 195). Den Höhepunkt hatte die Wort-Gottes-Theologie mit der programmatischen Erwiderung der Bekennenden Kirche in der Barmer theologischen Erklärung von 1934, die sich gegen die Deutschen Christen wandte, die die Kirche der Diktatur des Führers unterstellten. Nach dem Zweiten Weltkrieg wurden diese im Kirchenkampf gewonnenen Ansätze weitergeführt.

Die Zeit ab etwa 1970 zeichnete sich durch eine stark veränderte Diskussionslage aus. Die weitere Diskussion in der zweiten Hälfte des Jahrhunderts war maßgeblich durch den Theologen Ernst Lange (1927–1974) bestimmt. Sein homiletisches Denken markierte die Abkehr von der Vorherrschaft einer Homiletik im Horizont der Wort-Gottes-Theologie. Dem vorherrschenden Konzept *Vom Text zur Predigt*, das nach einer sorgfältigen Exegese zu einer aktualisierten Auslegung des biblischen Textes führen sollte, stellte Lange die *homiletische Situation* entgegen (Grözinger 2008: 71).

> Unter homiletischer Situation soll diejenige spezifische Situation des Hörers, bzw. der Hörergruppe verstanden werden, durch die sich die Kirche, eingedenk ihres Auftrags, zur Predigt, das heißt zu einem konkreten, dieser Situation entsprechenden Predigtakt herausgefordert sieht. Und die Aufgabe des homiletischen Aktes ist, von daher gesehen und formal ausgedrückt, die Klärung dieser homiletischen Situation (Lange 1987: 22).

Die Orientierung am Hörer und seiner Situation stellte einen Paradigmenwechsel dar, der die Vorherrschaft des biblischen Textes auflöst. In seinem Aufsatz über die Problematik der Homiletik hat Dietrich Rössler 1966 „anhand von Predigtanalysen nachgewiesen, dass die Predigttheorie der Wort-Gottes-Theorie mit ihrem starken Fokus auf die Exegese in der Praxis nicht das leiste, was sie selbst einfordere und hatte daher eine Neubestimmung des Verhältnisses von prinzipiellen und praktischen homiletischen Fragestellungen angemahnt" (Conrad & Weeber: 190). Rössler griff den Begriff der Kommunikation des Evangeliums auf, wie ihn Ernst Lange geprägt hat, erweiterte diesen jedoch. War es bei Lange eher ein dialogischer Ansatz, der sich in seiner partizipativen Gemeindetheologie widerspiegelte, ging Rössler von einem perspektivischen Ansatz aus. Damit griff er die Differenzierungs- und Pluralisierungsprozesse des gesellschaftlichen Wandels auf. Es handelte sich bei ihm um einen perspektivischen Zugang, sensibel für die Vielaspektigkeit und Rekombinierbarkeit der Phänomene (Grethlein 2012: 141). Wenn Rössler von der multiperspektivisch erschlossenen *Kommunikation* sprach, meint er ein „mehrfach komplexes Geschehen der Verständigung von Menschen". Dies eröffnet eine nahezu unendliche Möglichkeit der Perspektiven auf Kommunikation. Er nennt dazu (um nur einige zu nennen) die psychologische, semiotische, soziolinguistische, ritualtheoretische, handlungstheoretische, technologische und andere mehr (Grethlein 2012: 156).

In diesem Zusammenhang ist nach Grethlein das, was jeweils das Evangelium ist, abhängig von der konkreten Kommunikation – der vielschichtige Akt der Kommunikation wird von der Definition des Evangeliums getrennt. Somit bleibt die Bedeutung dessen, was Evangelium für das Subjekt ist, im Kommunikationsprozess zunächst ergebnisoffen. „'Evangelium' ergibt sich kommunikativ immer wieder aufs Neue in konkreten Situationen" (Grethlein 2012: 157). Dadurch ist es möglich, die Notwendigkeit der Transformation der Kommunikation hin auf soziokulturelle Voraussetzungen selbst zu beschreiben. Unabhängig von dem, was Evangelium ist, ist der Prozess der Kommunikation immer wieder dem Prozess der Veränderung unterworfen, um zugleich den christlichen Grundimpuls zu bewahren (Grethlein 2012: 213). Die Botschaft, also das, was Evangelium ist, ist an die Botschaft Jesu von der anbrechenden und zukünftigen Gottesherrschaft gekoppelt. Dabei geht es um die liebende und wirksame Gegenwart Gottes. Diese wird nach Grethlein in drei Kommunikationsmodi vermittelt, diese sind *(1) Lehren und Lernen*, (2) *gemeinschaftliches Feiern und Mahlgemeinschaft*, sowie (3) *Lebenshilfe* (Grethlein 2012: 163). Diese Kommunikationsmodi Jesu unterscheiden sich von denen der Kirche in theologischer Hinsicht dahingehend, „dass kirchliches Handeln gegenüber Jesu Wirken ein vermittelndes ist“ (Grethlein 2012: 167). Die drei genannten Kommunikationsmodi wurden von Christen auf unterschiedliche Weise aufgenommen und weiterentwickelt.

> Dessen Inhalt, die anbrechende Gottesherrschaft, wurde auf Jesu Wirken und Geschick hin präzisiert. Lehr- und Lernprozesse, gemeinschaftliches Feiern und Helfen zum Leben bilden seitdem die wesentlichen Ausdrucksformen christlicher Nachfolge (Grethlein 2012: 169).

Dieser kirchliche bzw. menschliche Kommunikationsprozess des Evangeliums in verbaler und nonverbaler Art, der stets auf Jesu Wirken und Geschick bezogen ist, steht immer in der Gefahr zu scheitern bzw. in der Gefahr des Missverstehens. Die kulturellen und gesellschaftlichen Veränderungen und Gegebenheiten erfordern Transformation der Kommunikation. „Bereits in den neutestamentlichen Berichten zum letzten Mahl Jesu ist eine Tendenz festzustellen, die Formen symbolischer Kommunikation besonders [herausstellen]“ (Grethlein 2012: 168).

Grethlein betont die biblisch-theologische Grundlage „‚Kommunikation des Evangeliums ist [...] stets auf Jesu Wirken und Geschick bezogen‘ (Zimmermann 2015: 168). Er geht davon aus, dass es immer wieder zu „Veränderungen in der Kommunikation des Evangeliums“ (Grethlein 2012: 213) kam und formuliert, dass sich die Kommunikation in der ganzen Christentumsgeschichte transformiert habe, um den christlichen Grundimpuls zu bewahren (Grethlein 2012: 213). Die Kommunikation des Evangeliums gestaltete sich von Anfang an plural, also auch in sozialer Hinsicht. „Gemeinsam ist diesen sozial unterschiedlichen Formationen der Bezug auf Jesus Christus“ (Grethlein 2014: 2). Bei der Kommunikation des Evangeliums sind neben „transkulturellen und der Kultur überschreitenden Dimensionen eine kontextuelle Dimension“ (Sprache und auch weitere Codes) und „eine kulturkritische Dimension“ (der Kommunikation des Evangeliums entgegenstehende Elemente) zu beachten (Grethlein 2014: 2).
Grundlegend für Grethleins Ansatz ist die Einsicht, dass herausfordernde Entwicklungen für die PT eingetreten sind. Zu diesen Entwicklungen zählt er den Rückgang der Kirchenmitgliedschaft und die zunehmende Anzahl von Menschen mit anderer Daseins- und Werteorientierung ebenso, wie das Auseinanderdriften von Kirchenmitgliedschaft und Getauftsein (Grethlein 2012: 6). Die Kommunikation des Evangeliums erfordert in der Zusammenarbeit mit Angehörigen anderer Glaubensgemeinschaften einen anderen Ansatz. Er spricht sich daher für eine Differenzierung von Kirche, Christentum und Religion aus. So gibt es auch außerhalb von Kirche ein Christentum.[3] Das volkskirchliche Christentum ist in der Ausprägung früherer Zeiten nicht mehr gegeben (Grethlein 2012: 7). Auch hat sich die Form der Kommunikation von einer „Face-

3 Vgl. dazu auch „Lebenssinndeutung als Aufgabe der Theologie“ (Gräb 2016: 369).

to-Face-Kommunikation" durch neue elektronische Medien gewandelt, was Auswirkungen auf Wirklichkeitssicht, Lebensgewohnheiten und Sozialformen hat (Grethlein 2012: 8).

2.2 Der Situationsbezug der Praktischen Theologie: Praktische Theologie als „Antwortendes Handeln"

Der katholische Theologe Reinhard Feiter (2010) entwirft einen praktisch theologischen Ansatz in der Haltung einer kontextuellen Theologie. Er beschreibt seinen Ansatz in Bezug auf Bernhard Waldenfels' Theorie der Responsivität als *Antwortendes Handeln*. Dieser phänomenologische Ansatz ist gerade wegen der Berücksichtigung der verschiedenen Ansprüche, in denen die Gedenkfeier und das Reden und Handeln dieser stehen, für diese Untersuchung interessant. Feiter entwirft weiterhin einen Vorschlag zur Predigtanalyse, der auf diesem Konzept beruht. Seine Arbeit legt die Kontextualität der Praktischen Theologie von einem antwortenden Handeln her aus, das nicht voraussetzungslos ist, sondern fremde Ansprüche an das Handeln hat.

Das Verständnis von Theologie als *Antwortendes Handeln* ist ein situationsbezogenes Verständnis als eine Theologie der Anknüpfungen. Es gibt immer schon ein „Vorher" – das Handeln und Reden geschieht nicht voraussetzungslos. Es ist eine „Praxis, die anderswo beginnt" (Feiter 2010: 255). Feiter versteht die Praktische Theologie als Wissenschaft im Kontext. Sein Zugang ist dabei ein phänomenologischer. In diese Phänomenologie sortiert Feiter unter anderem Grözingers Vorschlag einer *Praktischen Theologie als Kunst der Wahrnehmung* (1995), aber auch den Entwurf von Heimbrock und Failing (1998) sowie die Forderung Stecks (2000) nach einer Neukonstituierung der Praktischen Theologie als „phänomenologische Topographie der zeitgenössischen Religionskultur," ein (Feiter 2010: 25).

Der wissenschaftstheoretische Hintergrund ist die Philosophie der Responsivität, bei der alles Erfahren, Reden und Handeln den Charakter des Antwortens bzw. des Eingehens auf einen Anspruch hat. Eine Antwort ist nicht einfach eine Aussage, die auf eine gestellte Frage eine Aussage formuliert (ein Sprache-Sprache-Geschehen). Dies ist sie nur im engeren Sinne. „Sie beruht auf der Unterscheidung zwischen der Beantwortung einer Frage, die den erwarteten Antwortgehalt (answer) vermittelt, und dem Antworten auf ein Fragen als einen Antwort- oder Erwiderungsakt (response, reply), [...]" (Waldenfels 2016: 320). Im erweiterten Sinne geht Waldenfels in Bezug auf verschiedene Sprach-, Gesprächs- und Verstehenstheorien davon aus, dass „jedes sprachliche Eingehen auf einen Anspruch, der sich in einer sprachlichen Äußerung kundtut, eine Art von Antworten bedeutet" (Waldenfels 2016: 321). Zuletzt darf jedes Eingehen auf einen Anspruch *Antworten* heißen, da sich der Anspruch ja auch nichtsprachlich äußert. Antworten ist das Eingehen auf einen Anspruch (Waldenfels 2016: 321). Eine Krisensituation ist auch ein Anspruch, der sich nicht sprachlich äußert, der aber eine „Antwort" braucht. Diesen Überlegungen folgend wird in dieser Arbeit erörtert, wie im Gottesdienst und in der Predigt Antwort gegeben wird – folglich, wie in unterschiedlichen Situationen auf einen Anspruch eingegangen worden ist.

2.3 Predigt als Kommunikation des Evangeliums im situativen Kontext

Engemann (2014) bemerkt, dass der Begriff der *Kommunikation des Evangeliums* noch erklärungsbedürftig ist, da er durch seine Breite allein schon sprachlich und syntaktisch zu Missverständnissen herausfordert. Engemann definiert vorweg, dass es sich bei dieser Art von Kommunikation nicht um einen „Einbahnverkehr von Datenströmen mit Heilsnachrichten" handele (Engemann 2014: 15). Die Kommunikation des Evangeliums sei nicht einfach als in Worte gefasste Information zu verstehen. Er definiert, dass es sich hierbei um ein komplexes Geschehen handele und nicht nur in der kirchlichen Praxis, sondern auch in der alltäglichen Glaubenskultur anzutreffen sei (Engemann 2014: 15). Dabei verbergen sich hinter dem Begriff der *Kommunikation des Evangeliums* unterschiedliche Ideen von der Aufgabe Praktischer Theologie. Engemann bemerkt, dass Grethlein davon ausgeht, dass es bei der Kommunikation in erster Linie um eine Inhaltsvermittlung, sondern um die Frage nach einer ganzheitlichen Lebensdeutung geht. (Engemann 2014: 23).

Als charakteristische Form der Kommunikation evangelischer Kirche gilt die Predigt, die in der Tradition allgemeiner Redekultur steht. Wichtigster Bezugspunkt der Predigt sind die biblischen Schriften als Grundlage „der christlichen Kommunikation über Gott", in der „in expliziter Weise die Gegenwart in biblischer Perspektive bedacht wird" (Grethlein 2012: 527-528). Dabei gilt es, mit den Hörern in den Dialog zu treten und auf spezifische Hörgewohnheiten und Erwartungen einzugehen. In diesem Spannungsfeld bewegt sich das Predigtgeschehen (Grethlein 2012: 526). Dass das Predigt- und Gottesdienstgeschehen auch durch Ansprüche geprägt ist, wird durch die Auseinandersetzung mit den verschiedenen Rollen des Predigers als *Anwalt des Textes* oder aber *Anwalt der Situation* deutlich, wie es bei Ernst Lange, aber auch bei Engemann dargestellt wird. Die rolle der verschiedenen Anwälte greift Engemann im Entwurf seiner Methode zur Predigtvorbereitung und zur späteren Analyse durch Studenten auf (→ Methodische Grundlegung).

Die explizite Ausrichtung auf die spezifische Situation des Predigtgeschehens ist ein verhältnismäßig neues Phänomen in der Praktischen Theologie, obwohl es schon auf die Reformation zurückgeht. Dies resultiert nicht zuletzt aus dem reformatorischen Verständnis von der Rolle des Predigers, die sich aus der Ablösung der Rolle als Priester ergibt. Das Heil ist nicht mehr „an das sakramentale Handeln eines Priesters gekoppelt, sondern im Kern als Kommunikation des Evangeliums [...] zwischen Prediger und Hörer [...]" (Engemann 2011: 303) zu verstehen. Somit eröffnet sich die Perspektive des Seelsorgers auch im Rahmen des gottesdienstlichen Kommunikationsgeschehens. Es geht „um das Leben des Menschen als Ganzes" (Engemann 2011: 304).

3 *Kontext der Liturgie*

3.1 Predigt im Kontext der Liturgie

Die Predigt ist nicht losgelöst vom gottesdienstlichen Gesamtgeschehen. Sie ist eng verknüpft mit den anderen Elementen des liturgischen Verkündigungsgeschehens. Hertzsch (2003) betont, dass es gerade die Zusammenhänge zwischen Predigt und einzelnen Elementen der Liturgie sind, die der inneren Einheit und der variablen Lebendigkeit des Gottesdienstes dienen. Daher wird im Folgenden der Gesamtkontext von Raum und Ort, Musik und Ritualen, die gesondert betrachtet werden, in den Blick genommen. Die Wechselbeziehung und das Aufgreifen der in der Predigt genannten Anliegen in Liedern und Fürbittengebeten lassen den Gottesdienst als lebendigen Organismus erscheinen (Hertzsch 2003: 735).

In Bezug auf Meyer-Blanck schreibt Engemann, dass nach evangelischem Verständnis der Ursprung der Liturgie „in der Vergegenwärtigung des Herrn im Wort" ist und dass die Liturgie dramaturgisch „auf die Predigt hin" und von dort wieder zurück in den Alltag führe (Engemann 2011: 348–349). Das gottesdienstliche Geschehen ist als Gesamtes auf die Kommunikation des Evangeliums ausgerichtet und die Predigt nur *eine* Sequenz. In diesem umfassenden liturgischen Geschehen bringt sich der Einzelne vor Gott zur Sprache. Die Liturgie entlastet die Predigt, da in der Predigt nicht alles gesagt oder erklärt werden muss. Die Liturgie ist eben nicht einfach nur der Rahmen für die Predigt. Und doch hat die Predigt eine herausgehobene Stellung, da in ihr, gegenüber der restlichen Liturgie, in freier Rede „der den ganzen Gottesdienst bestimmende Dialog konkret wird" (Engemann 2011: 350). Eine wichtige Frage für diese Arbeit ist daher das

Verhältnis von Predigt und Liturgie.[4] Ein ökumenischer Blick scheint angesichts der Doppelten Predigt in den meisten Gedenkgottesdiensten sinnvoll.

3.1.1 Der Gottesdienst als Ritus und Rede

Meyer-Blanck betont, dass der christliche Gottesdienst Ritus ist. Die Liturgie sei ein wiederholbarer Akt und eine Handlungsform, die erwartbaren Mustern entspricht – dies freilich nur für den Kundigen – und daher als Ritus zu verstehen ist. Von den Teilnehmenden (auch den Zuschauern) und Agierenden wird dieser Handlung ein Sinn zugeschrieben, der die reine Handlung symbolisch überschreitet (Meyer-Blanck 2014: 11).

> Sprechen im Ritus ist etwas kategorial anderes als Verständigung [...] Vielmehr wird übertragen, zeichenhaft, symbolisch geredet, so dass in der christlichen Liturgie ausgesprochene Worte als Gespräch mit Gott, als Gebet gedeutet werden. [...] Diese [Riten] sichern bzw. steigern den sozialen Zusammenhang und entlasten von den gesellschaftlich dominanten Rollenerwartungen des Alltagslebens (Meyer-Blanck 2014: 11).

Meyer-Blanck beschreibt, dass sich die Begriffe *Ritual* und *Ritus* nur schwer voneinander abgrenzen lassen, um dann weiter zu differenzieren, dass mit *Ritus* im kirchlichen Zusammenhang am ehesten „der Fachterminus für eine bestimmte Klasse von religiösen Ritualen“, beispielsweise von Liturgiefamilien gemeint sei (Meyer-Blanck 2014: 12). Er definiert den Terminus *Ritual* dann allgemein als wiederholbare, gemeinsame Handlungsgewohnheiten von Individuum und Kollektiv. Dem „Handeln als solchem wie der geplanten und bewussten Repetition [wird] individuelle und/oder kollektive Bedeutung zugeschrieben (Meyer-Blanck 2014: 12). Als Ritual hat es die Aufgabe, den Alltag zu überschreiten, aus ihm herauszutreten, um wieder auf diesen vorzubereiten. Somit ist der Gottesdienst als symbolisch-repetitive Handlungsform ein rituelles Phänomen (Meyer-Blanck 2014: 12). Neben dieser ersten ritualtheoretischen Einordnung definiert Meyer-Blanck den christlichen Gottesdienst phänomenologisch in seiner Gesamtheit als Rede. Es handle sich dabei um ein Kommunikationsgeschehen. Daher ist die angemessene Einschätzung der jeweils spezifischen Situation von entscheidender Bedeutung. Es geht ihm um das angemessene Sprechen als situative Passgenauigkeit. Bei allen Äußerungen des Ritus geht es darum, ob das Geäußerte in diesem „Rahmen des Ritus jetzt erneut wahr werden

---

4 Dazu gibt es von evangelischer Seite einen interessanten Überblicksartikel von Michael Meyer-Blanck mit einer Verhältnisbestimmung zwischen Ritus und Rede vor dem Hintergrund ökumenischer Theologie (Meyer-Blanck 2014: 11–39). Aus katholischer Sicht ist die aktuelle Schrift Homiletisches Direktorium von der Kongregation für den Gottesdienst und die Sakamentordnung interessant, in der gleich zu Anfang ausführlich die Homilie im liturgischen Rahmen eingeordnet wird (Homiletisches Direktorium 2014: 13–30).

kann" (Meyer-Blanck 2014: 13). Dabei funktionieren die repetitiven Elemente nur, wenn diese nicht als solche wahrgenommen werden, sondern die Wiederholung in den Hintergrund und das Hier und Jetzt in den Vordergrund rückt. Der Gehalt des Geschehens sei durch zweierlei konstituiert: erstens durch das Handeln des dreieinen Gottes und zweitens durch den Sprecher im Gottesdienst. Er, der Liturg, „steht für die von ihm jetzt erneut gesprochenen Worte ein. Jedes in der Liturgie ausgesprochene Wort steht auch für das Rhetorische der Situation" (Meyer-Blanck 2014: 13).

Neben dem Verständnis des christlichen Gottesdienstes als Ritus betont Meyer-Blanck zugleich auch dessen Redecharakter. Die Liturgie ist für ihn ein erkennbar rhetorisches Phänomen. Beide Dimensionen, Ritus und Rede, gilt es im Gottesdienst wahrzunehmen. Der gesamte Gottesdienst, nicht nur die Predigt, ist ein Sprachgeschehen. Dabei erfolgen auch die vermeintlich freien Sprechakte durch den „Rahmen des rituellen Regelwerks unter dem Schutz des grundsätzlich unwidersprochenen Redens" (Meyer-Blanck 2014: 16).

3.1.2 Ritus und Rede als Gegensatz

Auf der einen Seite betont Meyer-Blanck, dass alle Elemente des christlichen Gottesdienstes Ritus und Rede sind. So sind Lieder, Predigt, Gebete und Begrüßung rituell und auch als rhetorischer Akt zu verstehen. Andererseits hebt er hervor, dass beide Handlungsformen nicht identisch sind.

> Gerade weil sich die beiden Aspekte nicht analytisch sauber voneinander trennen lassen, sind sie umso deutlicher gegeneinander zu profilieren. Sie durchdringen einander in jedem liturgischen Element – und sie stehen dennoch in einem relativen Gegensatz (Meyer-Blanck 2014: 18).

Vor allem in Bezug auf die Predigt betont er, dass in ihr die rhetorische Profilierung überwiege und die rituelle nahezu außer Kraft gesetzt werde. Umgekehrt gibt es gottesdienstliche Elemente, in denen die Rhetorik kaum noch erkennbar sei. Die Predigt unterbreche das rituelle Feiern, indem ein Einzelner das Wort ergreift und die Gemeinde anspricht. Sie bringt etwas von außen ein in den Gottesdienst. „Darum ist die Predigt am besten als die Unterbrechung des Ritus im Kontext des Ritus zu beschreiben" (Meyer-Blanck 2014: 22). In der Ansprache der Gottesdienstbeteiligten hebt sich die Predigt in der Liturgie heraus und hat ihre eigene Stellung in dieser.

3.1.3 Ritus und Rede in der evangelischen Liturgik und Homiletik

Es fällt auf, dass in der neueren Geschichte der evangelischen Theologie auch mit der verstärkten Hörerorientierung nach der Wort-Gottes-Theologie Ritus und Rede kaum in Zusammenhang gebracht werden. Es kamen vermehrt praktische Konzeptionen auf, sowie mit der *Dramaturgischen Homiletik* dann eher eine ästhetische Grundorientierung. Neuere konzeptionelle Veröffentlichungen beschäftigen sich kaum mit dem Verhältnis von Liturgie und Predigt. Bei der Thematisierung des Rituals wird meist nicht an den Zusammenhang von Predigt und Ritual gedacht (Meyer-Blanck 2014: 27). Auch hat in der evangelischen Theologie der Vergangenheit die Predigt gegenüber anderen Teilen der Liturgie eine Höherbewertung erfahren. Die evangelische Liturgik hat im Zuge der ästhetischen und empirischen Wende einen gewissen Aufwind erfahren. Dabei sind verschiedene Unterdisziplinen jedoch kaum miteinander verknüpft worden.

> In einer Zusammenstellung aktueller homiletischer Konzepte, bei denen die Autoren eine eigene Predigt zum Abdruck bringen und den Entstehungsprozess theoretisch kommentieren sollten, steht die Predigt fast ohne Reflexion auf ihre rituellen Bedingungen für sich (Meyer-Blanck 2014: 28).

Meyer-Blanck stellt fest, dass „die Aufmerksamkeit für die Kategorien von Inszenierung, Form und Kommunikation auch die Berücksichtigung der rituellen Dimension der Predigt erwarten [ließe]" (Meyer-Blanck 2014: 28).

3.1.4 Ritus und Rede in der katholischen Liturgik und Homiletik

Bestärkt durch das Zweite Vatikanische Konzil ist die Predigt verstärkt in den Blick gerückt. Die Homilie sei wieder zum essenziellen Bestandteil eines Gottesdienstes geworden und solle nur aus schwerwiegenden Gründen ausfallen (Meyer-Blanck 2014: 28). Papst Franziskus hat die Predigt deutlich aufgewertet und sich in seinem Schreiben *Evangelii Gaudium* 2013 deutlich zu dieser geäußert. Meyer-Blanck geht auf dieses ein. Inzwischen gibt es mit dem *Homiletische[n] Direktorium* 2014 (HD 2014) eine neuere Veröffentlichung der Kongregation für den Gottesdienst und die „Sakramentenordnung". Die Veröffentlichung widmet prominent den ersten Teil dem Thema *Die Homilie im liturgischen Rahmen*. Die Predigt wird als fester Bestandteil der Liturgie gefasst, der nicht nur unterweisenden Zweck hat, sondern auch als Akt der Verehrung dient. Dies würde allein schon durch die sprachlich-liturgische Einbettung deutlich, die beispielsweise in den Predigten der Kirchenväter zu lesen ist. Diese beginnen oft mit einer Lobpreisung für die großen Werke Gottes und enden mit dem Amen (HD 2014: 13). Die Predigt sei Verkündigung an die Gemeinde, „dass das Wort Gottes sich durch ihr Zuhören erfüllt, und preist Gott für die Erfüllung" (HD 2014: 14). Dabei habe das Wort durch die liturgische Einbindung sakramentalen Charakter und ist „in Analogie zur Realpräsenz Christi unter den Gestalten des konsekrierten Brotes und Weines" (HD 2014: 14) zu verstehen. „Die Verkündigung des Wortes Gottes in der liturgischen Feier geschieht in der Einsicht, dass Christus selbst in ihr gegenwärtig ist und sich uns zuwendet, um aufgenommen zu werden" (HD 2014: 14). Die Predigt diene der Aktualisierung des Wortes Gottes im Hier und Jetzt, der Verkündigung dessen, wie sich dies jetzt erfüllt. Persönliche Erlebnisse des Predigers treten in den Hintergrund. In „der Homilie sollte der Glaube der Kirche und nicht die eigene Geschichte zum Ausdruck kommen" (HD 2014: 15). Da der Glaube in der Botschaft begründet ist, geht es in der Homilie um den geradezu sakramentalen Charakter der Kommunikation zwischen den Herzen. (HD 2014: 16).

Im Verweis auf das *Römische Messbuch* wird die Homilie als Teil der Liturgie hervorgehoben, in dem ein Text der Schriftlesungen bzw. ein anderer liturgischer Text dargelegt wird „unter Berücksichtigung des Mysteriums, das gefeiert wird, und der besonderen Erfordernisse der Hörer" (HD 2014: 17). Hervorgehoben werden die besonderen Erfordernisse der Zuhörer und damit die Situativität der Homilie. Neben der Heiligen Schrift können auch weitere Texte der Liturgie Grundlage der Homilie sein wie zum Beispiel liturgische Gebete oder auch Lieder. Die Homilie hat vorbereitenden Charakter auf die Eucharistie, auf die sie als zentralen Teil der Liturgie hinführt. Aufgrund des ökumenischen Charakters entfällt bei Gedenkgottesdiensten die Feier der Eucharistie, daher hat in diesen die Predigt die Aufgabe, das Geheimnis von Tod und Auferstehung zu verkünden. Dabei beruht die Wertschätzung der Predigt auf dem „eucharistischen Zusammenhang, denn sie bilde »den Höhepunkt des Gesprächs zwischen Gott und seinem Volk vor der sakramentalen Kommunion« (Meyer-Blanck 2014: 30). Dieses „Geheimnis von Tod und Auferstehung wird in Lesungen und Homilie verkündet" (HD 2014: 19). Somit wird der gesamten Liturgie verkündigender Charakter zugesprochen.

> Im Grunde ist die Dynamik der Homilie sehr einfach: Sie reflektiert die Bedeutung der Lesungen und Gebete in der jeweiligen Messfeier im Lichte des Ostergeheimnisses. Und sie bereitet die Gläubigen auf die Feier der Eucharistie vor, in der sie selbst am Ostergeheimnis teilhaben. [...] Damit wird deutlich, dass der liturgische Rahmen ein grundlegender Schlüssel für die Auslegung der Texte der Heiligen Schrift ist, die in der Messfeier verkündet werden (HD 2014: 20).

3.1.5 Zusammenfassung zu Ritus und Rede

Meyer-Blanck (2014) fasst zusammen, dass der evangelischen Höherbewertung der Predigt gegenüber anderen Elementen der Liturgie auf katholischer Seite die Höherbewertung von Ritus und Sakrament entspricht. Dies wird auch in der theologischen Ausbildung deutlich. Auf evangelischer Seite gibt es eine starke Fokussierung auf die Predigtausbildung während des Vikariats im *Predigerseminar* und das Einreichen einer Predigt bei der Visitation. Die katholische Ausbildung mit liturgiewissenschaftlichen Veranstaltungen und dem Verständnis des Priesters als Zelebrant des Ritus hat einen anderen Schwerpunkt. Auch hier ist die Predigt Teil der Ausbildung, allerdings als Bestandteil der Liturgie (Meyer-Blanck 2014: 39).

> Die theoretische Trennung von Homiletik und Liturgik wirkt sich bei den Praktikern beider Konfessionen vielfach in einer mangelnden Unterscheidungsweise beider gottesdienstlicher Genera aus. Das führt dazu, dass der Ritus im Vollzug ständig kommentiert, erklärt und erbaulich-existenziell gedeutet – also »homiletisiert« – wird, anstatt die Zeichen für sich sprechen zu lassen. Umgekehrt scheint es manchen Predigenden zu genügen, spirituell und existenziell korrekte Formeln aus der Festhaggada aneinanderzureihen [...], anstatt die schwierigen Texte fragend und experimentierend theologisch nachzusprechen, so dass die Predigt »ritualisiert« wird. Beiden Fehlentwicklungen dürfte allein dadurch zu begegnen sein, dass man Ritus und Rede sorgfältig unterscheidet, so dass man sie im Vollzug *miteinander* und *gegeneinander* profilieren kann (Meyer-Blanck 2014: 39).

Für die Analyse von Gedenkgottesdiensten heißt das, dass beides miteinander zu bedenken, jedoch auch voneinander zu unterscheiden ist. Es stellt sich die Frage, wie gerade die ökumenischen Gottesdienste gestaltet wurden und worauf Wert gelegt wurde. Die öffentlich geprägten Gottesdienste stehen eben in der Gefahr, dass Liturgie erklärt wird und die Predigt sich in Glaubensformeln verliert. Beides gilt es zu vermeiden.

3.2 Gottesdienst: Raum und Ort

Der Raum des Gottesdienstes ist in doppelter Hinsicht interessant. Zum einen sprechen wir ganz konkret vom Ort und Kontext, in dem der Gottesdienst stattfindet. Das kann wie nach dem Germanwings-Unglück im Kölner Dom sein. Nach dem Amoklauf in Erfurt fand der Gottesdienst auf dem öffentlichen Platz vor dem Dom statt. Beide Orte haben ihre genuin eigene Sprache und bilden ein eigenes Raumgeschehen. Sie sprechen unterschiedlich, wie im Folgenden expliziert wird. Neben den konkreten Ort und die Zeit des Raumgeschehens tritt auch die Liturgie selbst, der geistlich-rituelle Raum.

3.2.1 Der Raum und Ort des Gottesdienstes

Der Ort des Gottesdienstes ist von Bedeutung. Räume und Orte vermitteln Weite und Enge, erzeugen Gefühle und regen dazu an, sich zu öffnen oder aber sich zu verschließen. So werden beispielsweise U-Bahn-Stationen bisweilen nach raumpsychologischen Erkenntnissen gestaltet, um Gewalt einzudämmen.

> Räume wirken sich unmittelbar auf unsere seelische Verfassung aus. Sie laden ein zu Spiel, Entdeckung, Erholung, Rückzug und können gleichermaßen Beklemmung, Aggression und Destruktivität provozieren. Wir können sie uns erschließen, uns aus ihnen befreien, sie schützen, begrenzen oder auch zerstören. Maßgeblich sind ihre Gestaltung, Nutzung und Pflege sowie ihre Eignung als Projektionsfläche unserer Fantasien (Haslinger 2016: 17).

Was Haslinger hier speziell zum Thema von Freiräumen in der Psychiatrie schreibt, gilt auch für andere Räume. Es gibt eine Wechselwirkung zwischen Raum und Mensch. Wer einen Kirchraum betritt, wird mit einem sprechenden Raum konfrontiert. Die einen werden sich aufgrund ihrer biografischen Erfahrung zu Hause fühlen können, den anderen ist der Raum fremd. Die Auswirkungen auf die Gefühlslage können hier sehr unterschiedlich sein. Das kann sich von einer großen Geborgenheit bis hin zu starker Unsicherheit erstrecken. Kirchenräume laden ein, können aber auch überfordern oder vereinnahmen. In Anlehnung an den Soziologen Georg Soeffner weist Raschzok (2003) darauf hin, dass die Bindung des Einzelnen zu einem Kirchengebäude länger anhält als die Bindung zur Institution Kirche. Dabei verhalten sich Kirchengebäude, Kirchenraum und Gottesdienst reziprok zueinander: „Raum und Gottesdienst spielen zusammen. Der Gottesdienst gestaltet den Raum und umgekehrt der Raum den Gottesdienst. Gottesdienstliches Geschehen ist raumabhängig und raumproduktiv zugleich" (Raschzok 2003: 391).

Der Kirchbau selbst hat eine reichhaltige Geschichte und Kirchengebäude haben ihre eigene Symbolik und aussagekräftige Gestaltung. Diese Gestaltung hat historisch zwar einen Zusammenhang mit einer bestimmten gottesdienstlichen Nutzung, „bleibt jedoch immer offen für unerwartete zukünftige Nutzungen" (Raschzok 2003: 392). Dabei sind katholische Kirchen oft anders gestaltet als evangelische, zumeist schlichtere. Das ist neben den theologischen Begründungen nicht zuletzt auch durch die Entstehungszeit begründet. „Das frühe Christentum baute keine »Gotteshäuser« [...] Eine ihrer Theologie und ihrem Bekenntnis entsprechende Raumgestalt hat das Christentum erst sehr spät gefunden" (Sundermeier 1995: 78).

> Nach evangelischem Verständnis dient der äußere Raum lediglich dazu, die Darstellung des Evangeliums formal zu gewährleisten und ihm durch seine Gestaltung funktional zu entsprechen. [...] Der Versammlungsort hat „extra usum" keinerlei Bedeutung; religiös bedeutsam ist lediglich, was sich in ihm abspielt. Ein Gotteshaus ist der Ort, an dem Gottes Wort laut wird und sich Gott daraufhin dort gnädig einstellt [...] (Klie 2010: 82–83).

Nach Klie zeigt sich diese evangelische Geringschätzung des Raumes unter anderem darin, dass im Gegensatz „zu ihren katholischen Dependancen" die Kirchen außerhalb der Gottesdienstzeiten verschlossen sind und im Alltag funktions- bzw. bedeutungslos sind. Sie sind auch meist schmuckloser und funktionaler gestaltet. Allerdings ist die Wahrnehmung des Raumes auch im Evangelischen im Wandel und der Raum gewinnt zunehmend an Wertschätzung (Klie 2010: 83), was nicht zuletzt durch die Kirchenpädagogik geschieht, die versucht, „die Dimensionen des Räumlichen und Leiblichen für religiöse Bildungsprozesse zurückzugewinnen" (Klie 2010: 86).[5]

5 Vgl. dazu auch „Hybride Räume der Transzendenz" (Erne 2017).

Kirchenbauten haben eine innere Kommunikation, die durch die Innengestaltung ausgedrückt wird, ebenso aber auch eine Außengestaltung. Ein Dom im Zentrum einer Stadt ist ein Statement an die Umgebung. Der meist erhabene Bau eines Domes prägt ein Stadtbild. Nach dem Erfurter Amoklauf fand die Trauerfeier auf dem Domplatz, jedoch nicht im Dom, statt. In einer sehr säkularen Stadt bot der Ort eine Art Verbindung zwischen dem Dom als religiösen Ort und dem Platz als Ort des öffentlichen Lebens mit Festen, Veranstaltungen, Kundgebungen und Demonstrationen. Die Kirche prägte sich durch ihren Bau und der Präsenz in das öffentliche Leben hinein. Angesichts eines solchen zentralen Baus, der sich quasi aufdrängt und dessen Domstufen auf den Platz führen (oder anders herum: Vom Platz in den Dom hineinführen), ist ein Trauerakt im Angesicht des Doms anders als beispielsweise auf der freien Wiese oder aber im Dom selbst.

Interessant ist, dass Kirchen und Kirchenräume eine eigene Anziehungskraft haben. Zahlreiche Kirchen werden in Urlauben besucht, aber auch die offenen Stadtkirchen als Ort der Ruhe und Stille im Alltagstrubel haben regen Zulauf.[6] Kirchenräume haben einen Zweck und dieser drückt sich auch in der Raumgestaltung aus. Kirchenräume sind auch immer Zeichen der vorherrschenden Theologie. So sieht ein reformierter Gottesdienstraum meist schlichter und funktionaler aus als beispielsweise ein katholischer Dom. In vielen evangelischen Kirchenbauten Anfang des 20. Jahrhunderts sind die Kanzeln in die Mitte des vorderen Raumes bzw. erhöht über dem Abendmahlstisch gebaut. In katholischen Kirchenbauten steht der Altar als Zentrum der Eucharistie im Zentrum des Gottesdienstes. In neueren Kirchen wird dieser sogar in die Mitte des Kirchenraums gebaut, um den sich die Gemeinde versammelt.

Der Kirchenraum hat den Zweck, „Ritual sichtbar, hörbar und erfahrbar zu machen“ (Hollenweger 1995: 54). Dazu gibt es praktische Erwägungen wie Sichtachsen, Akustik und Bewegungsabläufe, die sich in der spezifischen Raumgestaltung auswirken. Somit ist der Raum ein theologischer und auch ein dem Gottesdienst entsprechend gestalteter. Clemens Bethge fasst mit Ingeborg Flagge exemplarisch die Raumwirkung wie folgt zusammen:

> Wer als in der Architektur Unerfahrener das erste Mal eine strenge romanische Kirche betritt und die Sonnenstrahlen beobachtet, die sich durch die kleinen Fenster einen Weg in den Dämmer des Innenraums bahnen, fühlt einen frommen Schauder. Wer sich in Gottfried Böhms großartiger Wallfahrtskirche in Neviges wie im Innern eines Kristalls erlebt, den erfasst auch als nichtreligiösen Menschen das Gefühl einer transzendenten Gegenwart und einer Einheit, in der die Zeit still steht (Bethge 2015: 13).

Bethge setzt sich mit der Wirkungsästhetik und den Verarbeitungsprozessen der Raumgegebenheiten zum Kirchenraum auseinander. Dazu legt er Wolfgang Isers Theorie ästhetischer Wirkung zugrunde, um eine praktisch-theologische Theorie des Kirchenraums zu entwickeln. In seinem Forschungsüberblick nimmt er

6 Vgl. dazu auch „Kirchengebäuden in urbanen Gebieten“ (Keller 2016: 25–26; 79–82).

wahr, dass die Frage nach dem Kirchenraum seit einigen Jahren „verstärkt in den Fokus theologischer Betrachtung gerückt" ist (Bethge 2015: 16). Er verortet das Thema in der Liturgiewissenschaft und der Praktischen Theologie. Dazu stellt er verschiedene protestantische Kirchenraumkonzeptionen (Josuttis, Schwebel, Mertin, Woydack) dar, denen gemein ist, dass sie danach fragen, „wie der Kirchenraum zu verstehen ist bzw. was der Kirchenraum ist" (Bethge 2015: 17). Protestantische Theologie arbeitet sich „immer auch an der Frage nach einer Heiligkeit oder Sakralität des Kirchengebäudes und wie diese – wenn überhaupt – zu denken sei" ab (Bethge 2015: 37). Diese Frage wird konzeptionell höchst unterschiedlich beantwortet; hier kann nur ein Ausschnitt wiedergegeben werden. Bethge nimmt den Kirchenraum als Text wahr, als Kirchenraumlektüre. Er kommt im Anschluss an seine Untersuchung zum Schluss, dass „Kirchenraum [...] als ästhetischer Gegenstand in der Interaktion zwischen Raumtext und Rezipient [entsteht] und [...] in einem Ineinander von Aufnehmen, Hervorbringen und Kommunizieren [erfahren wird]" (Bethge 2015: 308). Es liegt an der Sinnkonstruktion des Einzelnen, des Rezipienten, den Kirchenraum als ästhetischen Gegenstand herauszubilden. Daher gibt es eine unendliche Anzahl von Lesarten für den Kirchenraum.

Für „die Rede einer Heiligkeit oder Sakralität" (Bethge 2015: 308) hat die individuelle Herausbildung des Kirchenraums als ästhetischen Gegenstand Folgen. Die Raumbedeutung als *Heiliger Raum* kann nur vom Rezipienten so erfahren werden. Diese Zuschreibung ist nicht per se gegeben. Der Kirchenraumtext zeichnet diese religiöse Dimension vor, „der so das Potenzial zu einer Selbst- und Weltvergewisserung birgt und über seine Textzeichen und seine Atmosphäre religiöse Sinnfindung anstößt" (Bethge 2015: 308). Es liegt an der Interaktion zwischen Kirchenraumtext und dem Rezipienten, diese religiöse Ausdeutung zu erfahren.

> Dass sich der ästhetische Gegenstand Kirchenraum als heiliger Raum darstellt, hängt aufs Engste damit zusammen, welche Erfahrung sich in dem beschriebenen Lektüreprozess einstellt: Kirchenraum ist heiliger Raum, *wenn er als solcher erfahren wird*, und das bedeutet: wenn eine in ihm gemachte religiöse Erfahrung im Erleben des Rezipienten unauflöslich mit dem Raum verbunden ist bzw. wenn die beschriebene ästhetische Erfahrung, die sich im Verlauf der Kirchenraumlektüre einstellt, selbst als religiöse zu charakterisieren ist (Bethge 2015: 308–309).

Interessant ist der weitere Bezug des Kirchenraumtextes als eine Art Predigtgeschehen. In Bezug auf Hans-Ulrich Gehrings Gedanken, dass Predigt Katharsis ist, also die reinigende und verwandelnde Funktion des Wortgeschehens, das sich in der Predigt ereignet, schreibt er dies auch dem Kirchenraumtext zu. „Freilich ist dieses als Verwandlung zu charakterisierende Ereignis in der protestantischen Theologie klassischerweise auf das Wortgeschehen in der Predigt und Sakrament beschränkt worden" (Bethge 2015: 311). Dies auch deshalb, weil im Kirchenraumtext das Wortgeschehen medial vorhanden ist, weil dieser auf „den gottesdienstlichen Verwendungszusammenhang zurückverweis[t]" (Bethge 2015: 311). Der Kirchenraumtext ist durch das liturgisch-gottesdienstliche Repertoire eingebunden in das Wortgeschehen. Dabei ist die Erfahrung des Heiligen unverfügbar und nur aus Gnade möglich (Bethge 2015: 313).

3.2.2 Gottesdienst als ‚geistlicher' Ort

Die Liturgie eröffnet einen Erfahrungs- und Gebetsraum, der mit der Gegenwart Gottes rechnet. Sie ist, wie Romano Guardini schreibt, „Kunst gewordenes Leben" (Guardini 1997: 68), das als Kunstwerk in dem Zusammenhang des ganzen Lebens gestellt werden muss, um voll zur Geltung zu kommen. Der katholische Liturgiewissenschaftler Stephan Winter spricht von der Liturgie als Gottes Raum und der Liturgiewissenschaft als Ästhetik des liturgischen Raumes. (Winter 2013: 75). Er versteht den Gottesdienst als Lebensform des Christen: „Gottesdienstliche Handlungen *zielen nicht darauf ab*, bestimmte Haltungen zu generieren – und dennoch bzw. gerade deshalb vollzieht sich eine Neuausrichtung (*adjustment*)" (Winter 2013: 75).

> In der Ästhetik der Liturgie wird die Lebenswelt, in der sich die Feiernden sonst vorfinden, zwar aufgenommen, aber nicht einfach abgebildet, sondern in der Schönheit der Liturgie tritt ihr die Herrlichkeit Gottes als *verwandelnde* Kraft gegenüber. Darin liegt das gegenüber der Lebenswelt kritische Potential liturgischer Ästhetik (Winter 2013: 76).

Winter spricht von der hermeneutischen Vorordnung der lex orandi vor der lex credendi (das Gesetz des Betens entspricht dem Gesetz des Glaubens), die das lex bene operandi (das Gesetz des guten Tuns) prägt. Dabei ist das Ziel der Liturgie, den einzelnen Gottesdienstteilnehmer und „die Glaubensgemeinschaft als Ganze mit allen Lebensvollzügen, mit all ihren Erfahrungen für die Begegnung mit der Transzendenz [zu] öffnen und neu zum Glauben einzuladen" (Winter 2013: 77). Es handelt sich dabei um einen inneren und äußeren Glaubensvollzug. Zweites ereignet sich bereits in der Liturgie, die sich in der neu gewonnenen Wahrnehmung der Wirklichkeit im Alltag ausdrückt. Der Zweck der Liturgie ist nicht die Veränderung der Menschen, sondern hat das Anliegen, in das Gebet zu führen. Es geht in ihr um die Darstellung des Erlösungswerkes, das in Jesus Christus geschehen ist, „daß die Glaubenden ihn in seiner Nähe wahr-nehmen [sic!], im Glauben in sich aufnehmen und bezeugend weitergeben können" (Winter 2013: 77; In: Wohlmuth 1992: 32). Somit dient der Gottesdienst als Ganzes der „unverstellten Wahrnehmung der Präsenz Gottes" (Winter 2013: 77), die die situative Hingabebewegung des Logos Gottes mitvollziehen lässt.

Die Liturgie ermöglicht dabei eine neue Qualität der Wahrnehmung der gesamten Wirklichkeit und somit Neuausrichtung. Winter sieht in der Liturgie ein Geschehen, ein ästhetisches Gebilde, eine Performance, „in die Menschen 'einverleibt' werden" (Winter 2013: 77). Liturgie ist ein räumlicher Ort der

Widerfahrnis Gottes. Der Betende tritt in den Raum des Gebets ein. Liturgie erschafft einen Raum der Wahrnehmung der Transzendenz Gottes: „Der symbolische Raum der Liturgie wird hierbei bei jeder individuellen Feier neu konstituiert. Liturgie ist Performance auch *im Sinne eines situativ einmaligen und unwiederholbaren Geschehens*“ (Winter 2013: 78). So gesehen ist der liturgische Raum eine Heterotopie, ein Anders-Ort (Vgl. Foucault 1992:34–46). Jede Gotteserfahrung des Menschen kann nur räumlich erfahren werden. Dabei kann jeder Mensch sich näher oder weiter weg von Gott platzieren.

> Die Platzierung des Menschen kann irgendwo zwischen den Extremen des gläubigen Bekenntnisses, das ggf. sogar in mystischer Vereinigung mit dem Göttlichen gipfelt, und explizit und definitiv gelebter Verneinung der Existenz Gottes angesiedelt sein. Entscheidend ist jedenfalls, dass die Rede von einer „(An)Ordnung“ theologisch gesehen primär auf die ordnende Leistung *Gottes* verweist: Gott strukturiert die gesamte Wirklichkeit qua seines Schöpfungs- und Beziehungshandelns. Dem entspricht sekundär, dass Menschen sich auf diese göttliche Ordnung einlassen dürfen bzw. von Gottes' Gnade her in diese Ordnung eingefügt werden und sie auch als solche zu erkennen vermögen (Winter 2013: 135).

Gedenkgottesdienste sind in dieser Hinsicht ein besonderer liturgischer Raum. Hier führt die Liturgie in einen Raum, der mit der Präsenz Gottes rechnet und jeden Teilnehmenden dieser Präsenz aussetzt. Theologisch ist die Möglichkeit der Gottesbegegnung allein Gnade Gottes, wie es auch in der reformatorischen Tradition verstanden wird (sola gratia). Dass Gott begegnet, ist *seine* Sache. Die Ausgestaltung der Liturgie schafft dieser Begegnung Raum und gestaltet diesen durch Elemente des Gebets und der Begegnung mit dem Logos Gottes.

Nicht jeder, der an dem Gottesdienst teilnimmt, rechnet mit der Gottesbegegnung und nicht jeder möchte sich dieser aussetzen. Allein liturgisch wird zu Anfang eines Gottesdienstes mit dem trinitarischen Votum Gottes liturgischer Raum angekündigt und eröffnet: Jetzt geht es um Gottesbegegnung in Liedern, Gebet, Lesungen und Predigt. Die Begegnung in diesem Raum mit dem Heiligen kann verändern. Im Segen wird dieser liturgische Raum wieder *geschlossen* bzw. verlassen, um in der jeweiligen Lebenswelt mit dem Erfahrenen umzugehen.

3.2.3 Gottesdienst als Ort der Hoffnung und der Transformation

3.2.3.1 Biblisch-theologische Erschließung des christlichen Hoffnungsbegriffs

Wenn danach gefragt wird, wie in einer Zeit der Krise von Hoffnung gepredigt werden kann, stellt sich zwangsläufig die Frage nach dem biblischen Hoffnungsbegriff, der der christlichen Hoffnung zugrunde liegt. Begrifflich kommt

Vokabular infrage, das im deutschen mit „warten, harren, vertrauen, sich verlassen usw. wiedergegeben werden [kann]“ (Bietenhard 1989: 543). Dabei kann biblisch generell zwischen der Hoffnung im Alten und Neuen Testament differenziert werden. Im AT gibt es eine ganze Bandbreite des Topos der Hoffnung, die mit verschiedenen Begriffen aufgegriffen wird. Geeignet scheint ein Zugang über das Verb קוה (qwh), das den Vorgang der Hoffnung ebenso beschreibt, wie das Erhoffte selbst und somit mit dem deutschen *Hoffnung* Ähnlichkeit hat. Das griechische ἐλπίς meint dagegen einseitig das Erhoffte (Westermann 1976: 621). Im hebräischen Text des AT gibt es keine eindeutige Terminologie, die dem griechischen ἐλπίς bzw. ελπίζειν in der Septuaginta und im NT direkt entsprechen würde (Bidmon 2016: 48). Im AT ist die Hoffnung untrennbar mit dem Gottesnamen יהוה (JHWH) verbunden und im NT mit Jesus Christus und der universalen Herrschaft Gottes (Vorgrimler 2000: 294).

3.2.3.2 Die Hoffnung Israels im anvertrauten Gottesnamen יהוה

In der Dornbuschepisode (Exodus 3, 1–17) offenbart Gott Mose als Auskunft für seine Identität „Ich werde sein, der ich sein werde!“ (Ex 3, 14) und auf Nachfrage den Gottesnamen יהוה und verbindet mit diesem die Geschichte der Väter und die Verheißung an das Volk Israel. Die verheißene Hoffnung wird in der bisher erlebten Erfahrung von Schutz und Führung begründet (Vorgrimler 2000: 294). Gott eröffnet die „heilsgeschichtliche Perspektive auf sein Gottsein über das Volk Israel“ (Utzschneider & Oswald 2013: 116). Mose wird nach Ägypten geschickt, um das Volk aus der Unterdrückung in das von Gott verheißene Land zu führen. Die Hoffnung, die im AT Ausdruck findet, ist eine Hoffnung auf יהוה und sein Heilshandeln in Geschichte und Zukunft mit dem Ziel der endgültigen Königsherrschaft und der damit verbundenen Umkehr der Völker (Jes 25, 9; 29, 11; 49, 6; 65, 17ff; Jer 31, 31ff; Hos 3, 5). Dieses Heilshandeln hat exemplarisch und im Angesicht der Völker bereits in der Hinausführung aus der Sklaverei Ausdruck gefunden. Daran wird im Sch'ma Israel und Dekalog erinnert (Ex 20,2–17; Dtn 5, 6–21). Im Dekalog wird die allein auf יהוה ausgerichtete Hoffnung mit der Forderung nach Alleinverehrung als Hauptgebot ausgedrückt, zu der alle anderen Arten der Hoffnung im Gegensatz stehen (Kaiser 2000: 1823). Die Hoffnung hat auch existenzielle Auswirkungen. So sind Ehe und Kindersegen mögliche Hoffnungsziele. Grundsätzlich wird die Hoffnung im AT als Hoffnung auf etwas Positives gedeutet und mit Begriffen wie „Heil, Rettung, Licht, Wende der Not“ (Bietenhard 1989: 543) in Verbindung gebracht. Hoffnung, die sich auf menschliche und egozentrische Erfüllung wie zum Beispiel persönlicher Reichtum, eigene Gerechtigkeit, Machtmittel und dem Menschen berechenbares und Verfügbares, richtet, wird abgelehnt (Bietenhard 1989: 543). Der Verlust der Hoffnung wird im AT auch damit gedeutet, dass der Leidende gottlos ist. Dies wird besonders in Hiob deutlich. In Hiob wird auch die Erfahrung verarbeitet, dass eine Hoffnung enttäuscht werden kann und Leid erlebt werden kann, obwohl jemand fromm ist. Die auf יהוה gewiesene Hoffnung ist eine Hoffnung auf Gottes unverfügbares Gnadenhandeln, „die aber nicht enttäuscht, da sie in der Bundestreue [...] wurzelt“ (Bietenhard 1989: 543). Das auf יהוה bezogene Verb קוה (hoffen) mit seinen Ableitungen kommt hauptsächlich in den Psalmen und bei den Propheten vor. Etwas mehr als die Hälfte der Stellen die Verben des Hoffens und des Harrens beinhalten, sind auf יהוה bezogen. Von 33 der auf יהוה bezogenen Stellen gehören 26 der Psalmensprache an (Westermann 1976: 620). In den Stellen, in denen der Begriff negativ genutzt wird, geht es meist um eine enttäuschte oder verlorene Hoffnung. In diesem Zusammenhang wird die negative Hoffnung nie auf Gott bezogen. Die auf Gott bezogenen Sätze beinhalten das Bekenntnis der Zuversicht im Sinne von „ich hoffe auf dich“. Erst im 3. Jahrhundert v. Chr. kam die Hoffnung auf einen Gerichtstag mit der damit verbundenen Unsterblichkeit der Gerechten auf (Kaiser 2000: 1823). Zunächst galt die Vorstellung, dass Gottes Gericht und Strafe jeden Einzelnen schon zu Lebzeiten trifft. „Gott richtet die, die auf seine gnädige Fürsorge nicht angemessen antworten und sein Gesetz vernachlässigen“ (Schwarz 2002: 27). Diese Gerichtbarkeit geht über das Volk Israel hinaus, da Gott Schöpfer der Welt und der Völker ist. Amos sagt das Strafgericht beispielweise auch den anderen Völkern an (Schwarz 2002: 27). Amos verkündigt auch die völlige Zerstörung Israels und der anderen Völker, verbunden mit der Heilszusage (Am 9, 11ff). Im Jesaja-Buch wird diese Endzeithoffnung verstärkt, indem dort von einer vollständigen Zerstörung Israels und ein über Israel hinausgehendes Heil angekündigt wird. Diese eschatologische Erwartung weicht immer mehr der vergeistlichen Vorstellung, die dem einzelnen Menschen zugesprochen wird und dass Gott etwas völlig Neues schaffen wird. Im Jesaja-Buch werden „Parallelen zwischen der bevorstehenden Heilszeit, der Schöpfung am Anfang und dem Auszug aus Ägypten (Jes 51,9f.) [gezogen]“ (Schwarz 2002: 29). In der Heilszeit wird Gottes ewiger Bund aufgerichtet und die an David ergangene Verheißung erfüllt. Aus NT Sicht geschieht dies dann durch Jesus Christus, der den Titel Sohn Davids trägt (Mt 1,1; Mk 10, 47; Lk 18, 38).

3.2.3.3 Die in Jesus Christus begründete Hoffnung im NT

Inbegriff der Hoffnung im NT ist die Hoffnung auf die universale Herrschaft Gottes. Dies findet verdichtet im Vaterunser Ausdruck (Vorgrimler 2000: 294). Das Wort ἐλπίς fehlt in den Evangelien und kommt außerhalb der Paulusbriefe am häufigsten in der Apostelgeschichte vor (achtmal). Im Allgemeinen wurde ελπίζειν im Griechischen „neutral (erwarten), negativ (fürchten), oder positiv (hoffen) verwendet“ (du Toit 2000: 1824). Im NT wurde ελπίζειν immer positiv genutzt und ist im Zusammenhang der Briefe theologisch durchreflektiert. Die profane Bedeutung kommt im NT eher als Ausnahme vor. Hoffnung gehört zur Wesensstruktur der Christen, die auf Hoffnung hin gerettet sind (Röm 8, 24) und „ihre ganze Existenz [ist], im Gegensatz zum Heidentum (1Thess 4, 13; Eph 2, 12), durch die H[offnung] qualifiziert. Zusammen mit dem Glauben und der Liebe (1 Kor 13, 13; 1 Thess 1 3; 5,8; Kol 1, 4–5) konstituiert sie das christliche Sein" (du Toit 2000: 1825). Dabei ist die Hoffnung nicht spannungsfrei und steht zwischen Gottvertrauen und Zweifel. Einem Defizit an Hoffnung wird mit dem Aufruf der Erneuerung dieser geantwortet. Dieses in der Hoffnung begründete Sein erfordert „geduldiges Erwarten (Röm 8, 25; 1Thess 1,3) dessen, was nicht zur sichtbaren Welt gehört (Mayer 1980: 1069). Die Hoffnung zielt eschatologisch auf die Herrlichkeit Gottes ab, die sich bereits in Gottes Liebe und der durch Jesus Christus vollzogenen Rechtfertigung und Versöhnung erwiesen hat. Tiefster Grund der Hoffnung ist Gott (Apg 24, 15; Röm 15, 13; 2 Kor 1,10), der sich in Jesus Christus offenbart hat. Er wird zum Inbegriff der Hoffnung und wird als die Hoffnung der Christen benannt (Kol 1, 27; 1 Röm 1, 1). Auch im NT gilt die Hoffnung als menschlich unverfügbar und Gnadengabe Gottes. Der Heilige Geist ist der Mittler dieser unverfügbaren Hoffnung, die die menschliche „Furcht und Verzweiflung zur Ruhe [bringt]" (du Toit 2000: 1826). Exemplarisch kann der neutestamentliche Hoffnungsbegriff an Epheser 17–23 verdeutlicht werden:

> 17 [...] Der Gott unseres Herrn Jesus Christus, der Vater der Herrlichkeit, gebe euch den Geist der Weisheit und der Offenbarung, ihn zu erkennen. 18 Und er gebe euch erleuchtete Augen des Herzens, damit ihr erkennt, zu welcher Hoffnung ihr von ihm berufen seid, wie reich die Herrlichkeit seines Erbes für die Heiligen ist 19 und wie überschwänglich groß seine Kraft an uns ist, die wir glauben durch die Wirkung seiner mächtigen Stärke. 20 Mit ihr hat er an Christus gewirkt, als er ihn von den Toten auferweckt hat und eingesetzt zu seiner Rechten im Himmel 21 über alle Reiche, Gewalt, Macht, Herrschaft und jeden Namen, der angerufen wird, nicht allein in dieser Welt, sondern auch in der zukünftigen. 22 Und alles hat er unter seine Füße getan und hat ihn gesetzt der Gemeinde zum Haupt über alles, 23 welche sein Leib ist, nämlich die Fülle dessen, der alles in allem erfüllt (Epheser 1, 17–23).

Ausgangspunkt und Quelle der durch Paulus verkündigten Hoffnung ist Gott selbst. Diese wird an Jesus Christus gebunden. Die Unverfügbarkeit der Gabe durch den Heiligen Geist wird insbesondere dadurch deutlich, dass Gott selbst die Augen des Herzens erleuchten soll. Dieses Erkennen ist dabei ein ganzheitliches, das nicht auf äußere Worte begrenzt ist, sondern aus der Gottesbegegnung kommt. Die hier verkündigte Hoffnung betrifft die ganze menschliche Existenz. Diese Berufung zur Hoffnung ist Wesenszug der Christen, die damit nicht zu einer Trostformel wird, sondern zu einem existenziellen Beziehungsgeschehen. Die Erkenntnis dieser Hoffnung beruht in der Erkenntnis der übergroßen Kraft Gottes, die Christus von den Toten auferwecken konnte. Was steht der so verkündigten Hoffnung im Weg, die auf die Kraft Gottes vertraut, die im Tod keine Grenze hat? Es ist eine befreiende Hoffnung, die über die Grenzen der Reiche und alle Macht dieser Welt hinausgeht.

3.2.3.4 Hoffnung aus homiletischer Perspektive

Für die Homiletik ergeben sich aus diesem Exkurs zur christlichen Hoffnung verschiedene Inhalte, die sich auf die zu verkündigende Hoffnungsbotschaft auswirken. Zunächst ist es eine Hoffnung, die untrennbar mit dem Gott Israels verbunden ist und in Jesus Christus erfüllt wurde und wird. Sie geht über das Volk Israel hinaus und ist allen Völkern verheißen (Mt 28, 19).

Die Hoffnungsbotschaft ist eine gute Nachricht, Evangelium, das die Herrschaft Gottes herbeisehnt und in seiner endgültigen Herrschaft über die Mächte und Völker der Welt ihr Ziel hat. Es ist eine doppelte Hoffnung, die neben der Herrschaft Gottes über die Welt auch die Hoffnung der Herrschaft über die persönliche Existenz beinhaltet und in beidem auf Gottes Neuschöpfung hofft. In Jesus Christus hat sich die Rechtfertigung aus dem Glauben ereignet, die durch die Offenbarung im Heiligen Geist und unverfügbar die Anerkennung der Gottesherrschaft im eigenen Leben wirkt. Die Hoffnung wird im Glauben an Tod und Auferweckung Jesu erfahrbar. Da Gott mächtiger ist als der Tod, gibt es keine Kraft die stärker ist als die Kraft Gottes, die neues Leben schaffen kann. Der Glaube und die damit verbundene Hoffnung sind unverfügbar. Hoffnung ist geistgewirkt und geschieht durch Gottes gnädiges Handeln im gesamten Vollzug der Liturgie. Für die christliche Verkündigung ist die Hoffnung nicht auf die alttestamentliche Hoffnung begrenzt, sondern hat ihren Kern in der Verkündigung des Heilshandelns in Christus. Eine christliche Hoffnungspredigt nimmt daher die ganze Bandbreite der in AT und NT verheißenen Hoffnung wahr.

Systematisch kann an die reformatorische Einsicht angeknüpft werden, die die Rechtfertigung des Einzelnen allein aus Glauben (Sola Fide) und ohne weiteres Zutun schafft (Rö 3, 28). Dies wird in der ganzen Schrift (Sola Scriptura) verkündigt (2 Tim 3, 16–17), an der sich die verkündigte Botschaft zu messen hat und dessen Mitte Jesus Christus (Solus Christus) mit seinem Heilshandeln ist (1 Tim 2, 5–6). Diese Hoffnung ist Gottes Geschenk und geschieht aus Gnade (Sola Gratia) und zielt auf die Anerkennung der Ehre und Herrschaft Gottes (Soli Deo Gloria).

Für die Hoffnungspredigt ergeben sich aus biblischer Perspektive drei Kernbereiche. Zunächst der politisch-gesellschaftliche. Die verkündigte Hoffnung hat Auswirkung auf das aktuelle und zukünftige Miteinander. So wie Amos die Gerechtigkeit des Volkes eingefordert hat (Am 4,1) wird mit der Auswirkung der Hoffnung im hier und jetzt gerechnet, die mit der Veränderung des Einzelnen und seiner Handlung aus dem Ritual des Gottesdienstes rechnet. Gottes Gerechtigkeit hat eine ethische Dimension mit der Hoffnung auf Veränderung und Verbesserung. Das Handeln impliziert die Hoffnung auf Gottes kraftvolles Eingreifen, das stärker ist, als die eigenen Begrenzungen und auf ihn vertraut und Hoffnung nicht als Utopie predigt (Mt 14,13-21).

Der zweite Bereich ist der persönlich-existenzielle. Die Predigt hofft auf die persönliche und heilsame Begegnung Gottes. Sie rechnet mit Gottes Gegenwart und ist eine Hoffnung auf Gott. Die Predigt hofft auf das In-Beziehung-Setzen des Einzelnen mit Gott selbst, der durch seinen Heiligen Geist Glauben wirkt. Dieses Beziehungsgeschehen mit Jesus Christus ist Hoffnung (1 Tim 1,1).

Dritter Bereich ist der heilsgeschichtliche, eschatologische. Die christliche Hoffnung geht über die durch den Tod begrenzte Lebenszeit hinaus. Im Ostereremgnis wird das Ewige Leben und die Schaffung der Neuen Welt und der endgültigen Herrschaft Gottes begründet. Gerade weil der Tod mit all seinen Facetten das Leben bedroht und infrage stellt, ist es die Hoffnung auf die Auferstehung und das Ewige Leben, die über das erfahrene Leid hinauswirkt. Die verkündigte Hoffnung beschränkt sich nicht auf die politisch-gesellschaftliche und lebenszeitlich-existenzielle, sondern verkündigt Gottes zukünftiges Heilshandeln (Offb 21). Paulus eröffnet diese Dimension:

> 19 Hoffen wir allein in diesem Leben auf Christus, so sind wir die elendesten unter allen Menschen. 20 Nun aber ist Christus auferweckt von den Toten als Erstling unter denen, die entschlafen sind. 21 Denn da durch einen Menschen der Tod gekommen ist, so kommt auch durch einen Menschen die Auferstehung der Toten. 22 Denn wie in Adam alle sterben, so werden in Christus alle lebendig gemacht werden (1 Kor 15, 19–22).

3.2.3.5 Hoffnung als Ziel des Gottesdienstes im Ganzen

Das Ziel des Gottesdienstes ist im Kern die Begegnung mit Gott. Alle von außen herangetragenen Erwartungen sind diesem Wesen des Gottesdienstes fremd (Cornehl 2006: 66). Allerdings ist die Begegnung mit Gott folgenlos. Sie kann Hoffnung schaffen. Das Zentrum der christlichen Hoffnung ist die Auferstehungshoffnung, die ihre Grundlegung im Tod und in der Auferweckung Jesu hat (Beißer 2000: 1827). „In dieser Auferweckungshoffnung kommt zum Ausdruck, daß das Ende der menschlichen Möglichkeiten nicht zugleich das Ende der Möglichkeiten Gottes darstellt" (Kümmel et al. 1986: 485).[7] Zielrichtung der christlichen Hoffnung ist weiterhin das „Wiederkommen des Herrn" (Beißer 2000: 1827). Damit verbunden ist auch die Hoffnung auf Gerechtigkeit. Die eschatologische Gerechtigkeit erscheint bei Paulus als „gegenwärtig im Modus der Hoffnung" (Beißer 2000: 1827). Somit hat die christliche Hoffnung als Zukunftseinstellung Gegenwartsrelevanz und ist „intensiv auf das Jetzt und die Welt bezogen" (Kümmel et al. 1986: 486). Das Künftige wird ins Jetzt hereingeholt. Dogmatisch wird der Grund der Hoffnung im Ostergeschehen gesehen und richtet sich allein auf den lebendigen Gott (Kümmel et al. 1986: 485). Die christlich begründete Hoffnung ist eine paradoxe Zuversicht trotz aller Widerstände, die Sorge und Angst als Widerfahrnis nicht aufhebt. Der Glaube eröffnet eine Hoffnung, „die stärker ist als die Furcht, und die von Sorge befreit" (Beißer 2000:

7 Vgl. zur Rede von Tod und Auferweckung im Trauergottesdienst: „Die Realität der Auferweckung in, nach und mit den Schriften des Neuen Testaments (Alkier 2009: 243).

1827). In der Ethik spielt die Hoffnung eine Rolle als „motivierende Kraft menschlicher Handlungen, die ihre Gegenspieler Furcht [...], Verzweiflung und Resignation überwindet" (Moxter 2000: 1828).

Der Gottesdienst ist ein Wechselgeschehen zwischen Zuspruch von Heil, Gnade und Vergebung und ein Antwortgeschehen der sich versammelten Gemeinde (Cornehl 2006: 66). Schleiermacher definiert den Zweck des Gottesdienstes als darstellendes Handeln: „Der Zweck des Cultus ist die darstellende Mitteilung des stärker erregten religiösen Bewusstseins" (Schleiermacher 1850: 75). „Dabei ist der Gottesdienst nicht einfach abstrakte Darstellung. Schleiermacher verortet dieses Geschehen in den Bereich der Kunst, „denn diese [ist] im engeren Sinn [...] auch ohne eigentlichen Zweck; sie ist mittheilende [sic!] Darstellung und darstellende Mittheilung [sic!]" (Schleiermacher 1850: 75). Cornehl schreibt von der Funktion des Kultes an sich, da dieser von Menschen in konkreten Lebenslagen vollzogen wird. Somit ist der Gottesdienst „zugleich Ausdruck der menschlichen Not und Feier der Befreiung" (Cornehl 2006: 67). Begründet wird der Kult in den Lebenslagen und den alltäglichen Erfahrungen der Menschen.

> Der Kult ist Zeichen einer heillosen Welt, die auf Erlösung und Versöhnung angewiesen ist. Die Menschen wissen, dass sie sich das Heil nicht selbst beschaffen können. Darum wenden sie sich an Gott, erflehen von ihm wie ihre Väter und Mütter Rettung und Erlösung. Und sie erleben im Kult, dass ihnen im Namen Gottes Heil und Segen zugeeignet werden. Die Ursituation des Kultus ist die Erfahrung der Übermacht der Negativität und das Wunder ihrer Aufhebung (Cornehl 2006: 67).

Im Angesicht krisenhafter Ereignisse hat der Gottesdienst eben diese Funktion. Cornehl unterscheidet dabei vier Grundfunktionen des Kultus. Zum einen gibt er in einer undurchschaubaren Situation Orientierung. Des Weiteren hat er eine expressive Funktion, indem er im kultischen Handeln Sprache verleiht, um Bedrängendes und Beglückendes auszudrücken. Weiterhin hat er eine affirmative und integrative Funktion. Als affirmativ wird der eigentliche Kern, der performative Akt des Rituals bezeichnet. Hier findet der Moment des pneumatischen Geschehens, der heilenden Gottesbegegnung, statt. „Die Gemeinde geht im Gottesdienst einen Weg – von der Klage zum Lob, vom Bekenntnis der Schuld zum Zuspruch der Vergebung, durch den Tod hindurch zum Leben" (Cornehl 2006: 70). Mit der vierten, der integrativen Funktion ist das Ziel gemeint, die „zerbrochene Gemeinschaft wieder zusammenzufügen und die von Gott neu geschenkte Einheit öffentlich darzustellen" (Cornehl 2006: 71).

Die Gottesdienste anlässlich der Krisenereignisse haben ihren Ort in der Grenz- bzw. Zwischenphase zwischen Krisenereignis und der Verarbeitung der Situation. In der Ritualtheorie von Victor Turner (1967) wird dieser Zwischenzustand *Liminalität* genannt. Es ist ein Dazwischensein, der Zustand zwischen zwei Status. In dieser Phase ergibt sich kurzzeitig „ein fruchtbarer Spielraum für eine «analytische Zerlegung der Kultur in Faktoren», für eine kreative symbolische Umkehrung sozialer Eigenschaften oder gar für eine Dekonstruktion symbolischer Zuordnungen" (Bachmann-Medick 2014: 117). Die Struktur und Ordnung der Wirklichkeit wird im geschützten Rahmen des Rituals eine Art Schwellenzustand. Damit verbunden ist die im Ritual erzeugte *Communitas*, wie es Turner benennt. Im Ritual ist die Phase des Schwellenbereichs die Phase, in der die am Ritual Teilnehmenden eine Verbundenheit jenseits aller Rangunterschiede eingehen. Gottesdienste weisen die genannten Aspekte der *Liminalität* und der *Communitas* auf verschiedener Weise auf. Derart interpretiert können in Ritualen auch kulturelle wie religiöse Schranken überwunden, die Gesellschaft in ihrer Differenziertheit geeint, sowie Krisen gemeinschaftlich bearbeitet werden. Durch den dem Ritus innewohnenden Schwellenzustand ermöglichen Rituale Neuordnung und Veränderungen.[8]

Beim Gottesdienst handelt es sich um einen performativen Akt[9], der sich im Ritus ebenso wie im Akt des Sprechens selbst vollzieht. Mit Performativität soll das Phänomen begrifflich erfasst werden, dass durch den Vollzug Wirklichkeit erzeugt wird. So wird eine Sitzung bspw. zu einer Sitzung, indem sie mit Worten eröffnet wird: „Die Sitzung ist eröffnet" (Volbers 2014: 1). Im Gottesdienst gibt es mit dem trinitarischen Votum im Grunde eine ähnliche Formel. Bei der Beschreibung eines Aktes als performativ geht es nicht darum, dass sich etwas ändert, sondern „dass sich kulturelle Prozesse und Dynamiken auf eine *bestimmte* Weise vollziehen, die von anderen Vorgängen und Entwicklungen abzugrenzen ist. [...] Demnach erzeugen performative Handlungen bestimmte *Verständnisse* oder *Sinnstrukturen* der Wirklichkeit, also neue sinnhafte Perspektiven" (Volbers 2014: 3). Bezogen auf die Gedenkgottesdienste wäre das die Perspektive der Hoffnung, die sich in der Krisensituation durch den Gottesdienst als neue Wirklichkeit eröffnet.

Dass die performative Inszenierung ihre Wirkung entfaltet, kann nur unter der Bedingung geschehen, „dass ihr Vollzug von den konkreten Teilnehmern *als* performativer Akt akzeptiert wird" (Volbers 2014: 52). Volbers bezieht sich hierbei auf die Ausführungen Bourdieus zu performativem Handeln. Bourdieu (1990) hebt hervor, dass zu dem Vollzug durch die Handelnden zugleich die Legitimation gehört (Bourdieu 1990: 81). Derjenige, der beispielsweise eine Sitzung eröffnet, muss dazu institutionell befugt sein. Im religiösen Rahmen übernehmen zum Beispiel Pfarrer (Ordination), Rabbis oder Imame eine solche Aufgabe, indem sie stellvertretend für ihre spezifische Gruppe agieren.

> Der wirkliche Ursprung der Magie der performativen Aussage liegt im Mysterium des „Ministeriums", des Amtes, das heißt in jener Delegation von Macht, aufgrund

---

8 Vgl. zur Transformativität von Predigt und ihrem liminalen Charakter: „Predigt als Praxis der Veränderung" (Stetter 2018).

9 In Bezug auf Performativität des Gottesdienstes vgl. „Zeichen und Spiel" (Klie 2003) oder „Gottesdienst als Textinszenierung Perspektiven einer performativen Ästhetik des Gottesdienstes" (Plüss 2007).

> derer ein einzelner Akteur – König, Priester, Wortführer – ermächtigt ist, im Namen der in ihm und durch ihn konstituierten Gruppe zu sprechen und zu handeln (Bourdieu 1990: 82).

Damit ein solcher Akt performative Wirkung haben kann, muss die individuelle Zuschreibung der Legitimation erfolgen. Für den im öffentlichen Kontext gestalteten Gottesdienst kann das heißen, dass die Beauftragung durch den Staat mit der institutionell-religiösen und der spezifisch individuellen der Teilnehmer zusammenkommt.

Sprechakten kommt in der Sprachphilosophie eine gesonderte Rolle zu. So können auch die Sprechakte als Handlungen und damit performativ verstanden werden. Sprache ist in diesem Sinne nicht einfach beschreibend, sondern sie erschafft Wirklichkeit, „die *ohne* das Sprechen nicht eintreten könnte" (Völbers 2014: 21). Fischer-Lichte (2012) fasst darunter beispielsweise auch den Sprechakt des Taufens und des Segnens (Fischer-Lichte 2012: 113). Performative Äußerungen sind Handlungen, in denen etwas gesagt wird und das Benannte durch Kraft der Äußerung hergestellt wird (Völbers 2014: 21). Das Glücken des Sprechaktes ist von einer Reihe verschiedener Umstände und Bedingungen abhängig (Völbers 2014: 22). Die Nutzung oder Fruchtbarmachung der Sprechakttheorie in der Theologie ist ein Versuch, die Dimension des reformatorischen Wortverständnisses in seiner menschlichen Unverfügbarkeit und Unkontrollierbarkeit als wirksames Wort aufzugreifen (Cornelius-Bundschuh 2001: 185). Wird die Kommunikation des Evangeliums in Predigt als performativer Sprechakt verstanden, so ist jedoch festzuhalten, dass dieser Sprechakt nicht allein durch die Handlungsintention des Sprechenden gelingt und letztlich unverfügbar bleibt. Die Legitimation des Predigers durch Institution, Gruppe und Individuum zieht nicht zwangsläufig eine Wirkung nach sich: „Ob es 'funktioniert', liegt nicht in der Hand des Predigers allein, sondern *ubi et quando visum est deus*" (Dober 2015: 171).

Gräb begründet die Performativität der Predigt in ihrer Form, die er als eine Form religiöser Rede deutet. Ihr Ziel ist die Erbaulichkeit, die in Form der Auslegung eines biblischen Textes die christliche Botschaft zur Sprache bringt, um zum grundlosen Vertrauen, dem Vollzug des Glaubens, zu werden. Um dies zu erreichen, muss religiöse Rede zu erbaulicher Rede werden (Gräb 2013: 268).

> Als religiös affektiver Sprechakt bewirkt sie, dass Menschen sich in dem, was sie in religiöser Hinsicht bewegt und beschäftigt, nicht nur verstanden fühlen, sondern in ihrem religiösen Gefühlsbewusstsein gestärkt, zum Glauben angehalten, zur Liebe befähigt und zur Hoffnung ermutigt finden (Gräb 2013: 268).

Im besten, positiven Sinn will der Gottesdienst mit all seinen Elementen Veränderung bei den Teilnehmenden hervorrufen: Ihre Erschrockenheit und Hoffnungslosigkeit soll sich durch das Gottesdienstgeschehen zu einer neuen Hoffnung verändern. Der Gottesdienst wird zum Akt der Veränderung und Transformation in dem Sinne, dass er den Menschen in Kult und Ritus, im Wortgeschehen des Gottesdienstes mit Gottes Verheißung in Beziehung setzt, sodass sich durch die Gottesbegegnung etwas verändern kann. Dieser Akt der Veränderung ist als genuin religiöser Akt jedoch wie dargestellt unverfügbar.

3.3 Musik in der Liturgie

Musik und Gesang prägen seit jeher christliche Gottesdienste. Dabei nimmt der Gesang als kommunikatives und kontemplatives Geschehen auch im Rahmen der Verkündigung einen wichtigen Platz ein. Prominentes Beispiel sind die überlieferten Psalmen, die dem Ritus zugeordnet werden und mit ihren Anklagen, Trost, Zuspruch und Lobpreis eine große Bandbreite darstellen. Ein Gottesdienst predigt auch durch seine Lieder. Dies wird allein schon durch den reichhaltigen Schatz der Psalmen deutlich. Der Gesang ist auch bei Trauerfeiern ein wichtiges Element der Krisenbewältigung. Der Autor erlebt in seiner pastoralen Praxis bei Trauergottesdiensten, dass immer weniger Menschen die Lieder kennen, geschweige denn diese singen können. In manchen Trauerhallen gibt es nicht einmal mehr ein Instrument, sondern nur ein Abspielgerät für Medien. Oft werden aktuelle, säkulare Lieder gespielt, die mit dem Verstorbenen und seiner Lebenszeit in Zusammenhang gebracht werden. Es gibt auch hier einen gewissen Traditionsabbruch, bei dem auch nicht mehr auf kirchlich geprägtes Liedgut mit seiner eigenen Verkündigung zurückgegriffen wird.

> Auch im Angesicht des Todes verstummten die Stimmen der Christen nicht, besonders derjenigen in der Frühzeit der Kirche. In Gesängen – besonders den Psalmen – kündeten sie von der Hoffnung auf die Auferstehung. Das 21. Jahrhundert hingegen scheint sich mit solch einer naheliegenden österlichen Hoffnung schwer zu tun. Der Tod selbst ist den Menschen zum Problem geworden: Das Sterben hat keinen Raum mehr im Umfeld von Menschen, die sich beziehungsmäßig nahe stehen. Anonyme Bestattungen lassen nicht mehr den Gedanken aufkommen, dass der Tod die Vollendung des menschlichen Lebens ist. (Hofmann 2004: 1)

Umso schlagartiger muss gerade der abrupte Tod in die Leben der Trauernden einschneiden. Viele nichtkirchliche Trauerredner beschränken sich in der Trauerrede mit der Würdigung des Lebens des Verstorbenen. Je dramatischer ein Tod ist und je kürzer das Leben war, umso schwerer wird es jedoch, den Sinn des Lebens in der Lebensspanne selbst zu suchen. Neben professionellen, säkularen Trauerrednern werden immer noch häufig Kirchen für die Bewältigung der Trauer und der Krise des Todes angefragt. „Viele Menschen, die im Todesfall Kontakt mit der Kirche aufnehmen, [...] erwarten oftmals in dieser krisenhaften Situation des Verlustes eine Deutung ihrer Lebensumstände [...]" (Hofmann 2004: 1). Die Herausforderungen für Kirche sind vielfältig. Lebenssinndeutung als Aufgabe der Theologie bedarf der religiösen Deutungs- und Kommunikationskompetenz (Gräb 2016: 377).

Dietmar Hofmann beschäftigt sich mit der Liturgie im Angesicht des Todes und der Bedeutung der Musik in ihrer Dimension der Verkündigung. Nach einem kurzen anfänglichen Überblick zur Frage des Stellenwerts der Musik hinsichtlich der Verkündigung erschließt er den Ursprung der „Idee einer Verkündigung durch Musik im deutschen Protestantismus des 16. und 17. Jahrhunderts" (Hofmann 2004: 3). Das Bewusstsein für den eigenständigen Verkündigungscharakter der Musik ist in der reformatorischen Tradition um Martin Luther deutlich früher gewachsen als in der katholischen Kirche. Martin Luther hat „der Musik eine ebenbürtige Rolle neben dem Wort zuerkannt" (Hofmann 2004: 2). Hofmann spannt in seiner Arbeit einen Bogen von Martin Luther über die kirchenmusikalische Erneuerungsbewegung. Sie konkretisiert dann, „ausgehend von einem eher allgemeinen Verständnis von Verkündigung [...] das Verständnis dessen, was Verkündigung in Bezug auf Musik ausmacht" (Hofmann 2004: 2). Durch Herangehen an verschiedene Aspekte der Theologie und Musik kommt er zum Schluss, dass Transzendenz, Symbolik, Sprache und Ästhetik „als Grunderfahrungen beide Bereiche" den der Theologie und den der Musik berühren (Hofmann 2004: 169). Besonders gewichtet er den Aspekt der Sprache und der Ästhetik.

> Nicht zuletzt dann, wenn beispielsweise die Sprache die bewegende Mitte darstellte, zeigte sich in der Verbindung zur Musik diese in ihrer symbolischen Kraft und transzendenten Verwiesenheit. Die Sprache im Klanggewand wird selbst zum Symbol für eine Wirklichkeit, die zwar im Diesseits erklingt, jedoch in ihrer Offenheit auf Transzendenz in ein Jenseits verweist (Hofmann 2004: 169).

Gerade der letzte Aspekt fordert dazu heraus, die Inhalte der Lieder im Gottesdienst in den Blick zu nehmen. Hofmann betont, dass die Musik, die angesichts des Todes die anthropologischen Bedingungen wahrnimmt, diese jedoch auch überschreiten muss. Derartige Lieder bleiben nicht im Hier und Jetzt der ausweglosen Situation stehen. Er nennt dies „menschenfreundliche Musik", die den Menschen ernst nimmt und „aufgrund der eschatologischen Hoffnungsbilder – also unter dem Aspekt einer Sprache, die Transzendenz eröffnet – ein Vertrauen des Menschen in die rettende Nähe Gottes möglich [macht]. Die Musik im Kontext der Sprache [...] wird zur Verkündigung einer christlichen Hoffnung" (Hofmann 2004: 169). Diese enge Verzahnung von Musik und Sprache lässt die liturgisch-musikalischen Elemente zu einem verkündigenden Ganzen werden.

Besonders herausfordernd ist die Tatsache, dass die in den Liedern benutzte Sprache heute oft nicht mehr verstanden wird. Dabei ist zum einen die Sprache an sich, aber auch die Sprache der musikalischen Ausgestaltung gemeint. Wer mit Konfirmanden alte Choräle durchgegangen ist, wird die Schwierigkeit des Verstehens feststellen können; auch im Seniorengespräch tritt dies auf. Theologische Inhalte wurden in klingende Musik übertragen und übersetzt. Diese Verbindung von Musik und Inhalt als „Klangrede" ist Garant für das „Gelingen der Verkündigung im umfassenden [Sinn]" (Hofmann 2004: 169). „Die musikalischrhetorischen Figuren dienten dabei als eine Art 'Insidersprache', denn ohne Wissen konnten die Inhalte nicht verstanden werden" (Hofmann 2004: 169). Die Voraussetzungen der Hörer haben sich geändert. Musik wird heute anders wahrgenommen und konsumiert.[10] Für den Verkündigungsaspekt der Musik ist diese Veränderung eine besondere Herausforderung. Vor allem kann man fragen, ob eine Insidersprache angesichts einer öffentlich verantworteten Theologie angemessen ist, soll die Musik nicht einfach ein Klangerlebnis sein.

> Hierbei zeigt sich deutlich der geschichtlich bedingte Verstehenskontext, der ein hermeneutisches Erschließen im 21. Jahrhundert zu einer kaum lösenden Schwierigkeit werden lässt. Ein „geistliches Verstehen" (Meinrad Walter) einer Musik, die unter den Vorzeichen einer rhetorisch geschulten Hörerschaft entstand, stellt eine nicht zu gering zu schätzende Herausforderung für die Hörgewohnheiten des heutigen Menschen dar. Dennoch könnte eine Wegbereitung – in Parallele zu einem „mystagogischen Geschehen" – in einer „geistlichen Atmosphäre" die Musik in ihrer Verkündigung offenbaren (Hofmann 2004: 169).

Bei einer rein als „geistliche Atmosphäre" verstandenen Musik würde der Inhalt des liturgischen Gesangs jedoch deutlich in den Hintergrund treten. Eine weitere Möglichkeit, Musik weiterhin in ihrer Rolle als Verkündigung Raum zu geben, besteht in der Einfachheit und Eingängigkeit ihrer Texte. Wenn schon musikalisch-rhetorische Figuren und die Sprache der Lieder für viele heute nicht mehr oder kaum verständlich sind, sollten diese sich durch Verständlichkeit und Einfachheit in der Kommunikation auszeichnen, ohne dabei theologisch simplifiziert zu werden. Vielleicht ist das ein Grund für die Popularität moderner Lobpreislieder. Auch wenn manche theologisch nicht derart durchdacht sind wie ältere Lieder, scheinen sie eine Art mystagogisches Geschehen zu eröffnen und gleichzeitig sprachlich und inhaltlich eingängig zu sein. Es bleibt für diese Arbeit festzuhalten, dass der Aspekt der Verständlichkeit gerade für Lieder im Gedenkgottesdienst wichtig ist. Zugleich ist die Musik auch Ausdruck des Unsagbaren. Nicht alles kann gesagt werden und die Ästhetik der Musik und der sich dadurch eröffnende Raum hat seine eigene Dimension im Verkündigungsgeschehen. Hofmann spricht sich dafür aus, dass die Musik im Rahmen der Totenliturgie „ein eigenständiges Gewicht erhalten soll [und dazu] die Möglichkeiten weitaus mehr ausgelotet werden [müssten]" (Hofmann 2004: 172).

> Die Musik als „Stimme der Sehnsucht und Klang des Unsagbaren" (Bretschneider) müsste somit auch (wieder) in den Mittelpunkt des Interesses der Theologie selbst rücken, damit der Kern der christlichen Botschaft von Tod und Auferstehung Jesu

---

10 Die Hörgewohnheiten haben sich auch im Zuge der dauernden und günstigen Verfügbarkeit von Musik (bspw. Smartphone) stark gewandelt. Musikstücke sind durchschnittlich kürzer und vielfach zu einem Konsumgut geworden. Dies gilt wahrscheinlich nicht für jedes Genre der Musik. Kirchliche Musik tritt dabei von der Art und der Zahl der potenziell Zuhörenden allgemein eher in den Hintergrund. Neueres geistliches Liedgut versucht auf aktuelle Hörgewohnheiten einzugehen, ist jedoch vielfach selbst eine Art Insidermusik.

> Christi, *das* Kerygma, die Herzen der Menschen, gerade in der Trauersituation, erreicht. Dazu bedarf es einer verantworteten Intervention, um den Menschen aus der Verschlossenheit herauszuholen, damit die Hoffnung anfänglich wieder keimen kann: Geheimnis des Glaubens, im Tod ist das Leben (Hofmann 2004: 172).

Die Aufgabe der Musik ist also mehrschichtig. Neben der Klagefunktion stellt Musik auch eine Intervention dar. Singen und auch die Musik verändern die Situation, dies wird beispielsweise in den Psalmen deutlich. Darüber hinaus kommt der Musik durch inhaltliche und musikalische Sprache eine verkündigende Funktion zu. Durch unterschiedliche Hörgewohnheiten ist dieser Aspekt jedoch nicht einfach zu erreichen. Musik kann auch die Aufgabe haben, Menschen in ihrer Situation abzuholen. Sie kann in der Sprachlosigkeit der Situation durch ihre ureigene Art der Tonbildung, Symbolik und dem gemeinschaftlichen Erleben des Singens wieder sprachfähig machen. Sie kann aber auch durch Unangemessenheit in und an der konkreten Situation scheitern. Musik kann einerseits selbst Verkündigung der Hoffnung sein, andererseits im Rahmen der Gesamtliturgie zu dieser beitragen. Die Analyse der Gottesdienste wird die Musik und Lieder mit in den Blick nehmen müssen, um die zugrundeliegende Fragestellung angemessen zu beantworten. Wie sieht diese musikalische Intervention in den zu analysierenden Gottesdiensten aus? Dazu wird vor allem nach der Liedauswahl und den Inhalten der Lieder zu fragen sein, um diese in die Gesamtschau mit einzubeziehen. Konkret wird hier nach der situativen Angemessenheit und dem Inhalt der verkündigten Hoffnung gefragt. Die geänderten Hörgewohnheiten führen dazu, dass in der Gottesdienstanalyse dem Sprechakt der Predigt ein deutlich größeres Gewicht gegeben wird.

4 *Rituale und Symbole angesichts einer Krise*

Schefold (2012) bezeichnet als Krise einerseits einen abgegrenzten Wirklichkeitsbereich, und andererseits Wendepunkte. Bei Erstem geht es um die Erschütterung der Struktur oder Ordnung durch interne oder externe Ereignisse, sodass diese in ihrem Fortbestand oder der Ordnung gefährdet sind (Schefold 2012: 248). Krisen können beispielsweise Krankheiten, Unfälle und Katastrophen sein. Krisen als Wendepunktereignisse führen eine Scheidung herbei oder erfordern eine bewusste oder faktische Entscheidung (Schefold 2012: 248). Dabei können Krisen individuell oder kollektiv erfahren werden. Zur individuellen Erfahrung einer Krise gehört nicht nur die objektiv beschreibbare, sondern auch die subjektive Einstellung und Erfahrung des Betroffenen. Die individuell erfahrene Krise kann dabei Teil der kollektiv erfahrenen sein (Klosinski 2005: 261). Traumatisch erlebte Krisen bedrohen durch ein plötzlich eintretendes Ereignis verschiedene Bereiche der „fundamentalen Befriedigungsmöglichkeiten“ der Existenz. Dazu zählen „soziale Sicherheit, soziale Kontakte, psychische Identität, physische Gesundheit“ (Klosinski 2005: 261; Schefold 2012: 248). Solche Krisen können das Bekanntwerden von Krankheiten, Arbeitsplatzverlust, Tod und Trennung und äußere Katastrophen sein. Durch das Erleben solcher Ereignisse kann es zu Sinn- und Wertekrisen kommen, die zu einer religiösen Offenheit bis hin zur Konversion „als Evidenz- und Krisenlösungserfahrung“ führen (Klosinski 2005: 262).

> Die Frage nach dem Warum der erlebten Bedrohung führt zur Frage nach einer religiösen Vorsehung (→Theodizee), zur Frage nach dem Schuldigwerden und -sein. Sühne und Bestrafungstendenzen im Kontext bisheriger religiöser Überzeugung können aktualisiert werden (→Buße). Lebenskrisen führen häufig zu religiösen Suchbewegungen und ermöglichen mitunter die religiöse Konversion (Klosinski 2005: 262).

Grethlein (2001) bezieht den Begriff der Krise in zweifacher Weise in seine praktisch-theologische Ausarbeitung ein. Zunächst nimmt er wissenschaftshistorisch die eigenständige Entwicklung der wissenschaftlich systematisierten Form der Reflexion für Kirchenleitung und pastorale Praxis wahr. So kann „die Binnendifferenzierung der Praktischen Theol. ebenfalls (teilweise) als Reaktion auf krisenhafte Erscheinungen in Kirche und Gesellschaft verstanden werden“ (Grethlein 2001: 1777). Darüber hinaus thematisiert er den Umgang mit der Krise in den praktisch-theologischen Handlungsfeldern, beispielsweise in Seelsorge und Kasualien. Hier „werden Menschen an – potentiell krisenhaften – Übergängen im Lebenslauf liturgisch begleitet“ (Grethlein 2001: 1778). Grethlein sieht die enge Verbindung der Praktischen Theologie mit Krisen als Problem und Chance zugleich. „Sie enthält die Gefahr, daß die theolog. Tradition hinter den gesellschaftlichen und/oder individuellen Problemen der Gegenwart zurücktritt; zugleich eröffnet sie aber die Möglichkeit dazu, die aktuelle Relevanz der Theol. zu erweisen“ (Grethlein 2001: 1778).

Bei einer Analyse von Gedenkgottesdiensten sind insbesondere Rituale zur Krisenbewältigung zu betrachten. Ein umfangreiches Forschungsprojekt an der *Royal Dutch Academy of Arts and Science* (Post et al. 2003) erforschte die Bandbreite von Ritualen nach Katastrophen. Die Studie gehört in den Bereich der ritual studies und versteht sich als Erste ihrer Art: „This study is intended as a first exploration of the complex ritual repertoire of rites after a disaster" (Post et al. 2003: 7). Schwerpunkt der Studie sind Fallstudien im Zeitraum der 90er Jahre in den Niederlanden. International wurden darüber hinaus das Schiffsunglück der *Estonia* in Schweden 1994 und kurz der *11. September* in den Blick genommen (Post et al. 2003). Die Autoren legen dar, dass sich Menschen nach Krisenereignissen verstärkt Ritualen zuwenden. In Folge habe sich ein reichhaltiges Repertoire an Ritualen entwickelt. „This general interest in rites and symbols seems to be focused around rituals at transitional points in life – rites de passage – and crisis rituals. Obvious examples are rites accompanying death, in particular in cases felt to be undeserved, sudden death" (Post et al. 2003: 5). In der Studie wurde der Fokus auf die kollektiven, öffentlichen bzw. halb-öffentlichen Rituale gelegt und nicht auf die soziale und persönlich-individuelle Dimension (Post et al. 2003: 7–8).

4.1 Definitionen: Desaster und Ritual

Die niederländische Studie analysiert verschiedene Definitionen des Begriffs *Desaster* und bietet eine auf der Analyse aufbauende Arbeitsdefinition des Begriffs, die folgend in eigener Übersetzung wiedergeben werden (Post et al. 2003: 24).

4.1.1 Definition von Desaster / Katastrophen

a) Es handelt sich um große, umfangreiche Zerstörung und menschliches Leiden. Neben Schäden und menschlichem Leiden, in der Regel in Form des Verlustes des menschlichen Lebens, sind die große Anzahl, der Umfang und das Ausmaß des Ereignisses hier zentral. Diese Faktoren liegen hinter dem fast stereotypen Adjektiv ‚national'. Wir sprechen von ‚nationalen' Katastrophen. In den Medien begegnet man fast keinen lokalen oder regionalen Katastrophen.
b) Damit eng verbunden steht die Tatsache, dass das Unglück von kollektiver Natur ist. Es geht nicht um das Individuum, sondern immer um die größere Gruppe.
c) Drittens geht es bei Katastrophen um ein plötzliches, unerwartetes Auftreten. Eine Katastrophe tritt in dieser Form nicht regelmäßig auf.
Diese Definition erweist sich auch für die vorliegende Studie als sinnvoll und ergänzt die bereits gegebene Definition der im Rahmen der gesamten Gesellschaft auftretenden Krise. Sie nimmt weiterhin die Dimension und Einzigartigkeit des Ereignisses in den Blick.

4.1.2 Definition von Ritual

Die Erarbeitung des Begriffs *Ritual* wird von den Autoren der zitierten Studie als umfangreicher und schwieriger beschrieben. Sie begründen dies mit der langen Geschichte und der Verbindung der verschiedenen Begriffe (ritual, rite, ritualising, rituality, ...) mit diversen Theorien (Post et al. 2003: 28–29). Die Autoren schlagen eine der Semiotik entlehnte Definition des Rituals vor. „Zeichen funktionieren, indem sie von Subjekten kommuniziert werden und entwickeln gerade im Gebrauch ihre Eigenmächtigkeit und Eigensinnigkeit" (Meyer-Blanck 2008: 7). Indem auf der Basis von Zeichen kommuniziert wird (z. B. Worte, Schrift, Gesten, Symbole, Gegenstände, Haltungen, Bewegungen ...) wird dem Inhalt des Evangeliums in konkreten Situationen Gestalt gegeben.

> Die durchweg zeichenbezogene Praxis menschlicher Kommunikation setzt voraus, dass die miteinander Kommunizierenden an gemeinsamen Codes partizipieren (eine „gemeinsame Sprache" sprechen) oder zumindest durch das Kommunikationsgeschehen selbst zur Interpretation der Zeichen befähigt werden (Engemann 2007: 138).[11]

Im Zusammenspiel von Zeichen, Symbol, Ritus und Mythos entstehen Riten. *Zeichen* und *Symbol* werden von Post so definiert: „A sign is any form, linguistic or physical, a word or thing, that calls a particular content up in our mind. A symbol is a sign with added value. Every symbol is a sign, but not every sign is a symbol. Three dimensions determine this symbolic added value" (Post et al. 2003: 31–32). Die erste der drei Dimensionen ist, dass das Symbol Partizipation, Engagement und eine gewisse Offenheit voraussetzt. Die Symbolik, das Spiel mit dem rituellen Akt, erwartet eine bestimmte Haltung bzw. ein bestimmtes Setting. Es geht hier um die Begegnung, und das Zusammenführen von verschiedenen Dingen oder Personen. Als zweite Dimension wird die Ikonizität genannt, die aus dem Zeichen ein Symbol macht. Ein Symbol existiert, weil es eine Korrespondenz gibt, die in die symbolische Dimension zwischen dem, was hervorgerufen wird oder in der Referenz vorhanden ist und dem, durch das dies geschieht, erreicht wird. Zuletzt werden Symbole in einem hohen Grade durch bestehende Konventionen definiert. In Ritualen kommt Symbolen eine wichtige Rolle zu (Post et al. 2003: 31–32).

4.1.3 Zur Funktion von Ritualen

Rituale haben mehrere Funktionen bzw. Aufgaben. Zunächst ist es die entlastende, kanalisierende Funktion. Rituale unterstützen bei der Bewältigung von Gefühlen und Emotionen und haben einen vermittelnden und Orientierung gebenden Einfluss. Sie bieten Zusammenhalt bzw. Ordnung und können uns helfen, eine Perspektive zu formulieren. Weiterhin haben Rituale eine ethische Funktion, indem die tiefere Realität, die in den Ritualen liegt, unser Handeln beeinflusst (Post et al. 2003: 41). „It is never without obligations; there is always risk. Ritual is the expression, source and norm for authentic human conduct" (Post et al. 2003: 41). Zur ethischen gehört auch die soziale Funktion:

> A ritual is linked with a group or community, and rites also give this group individuality and identity. Nations, sports fans, associations and business constantly acknowledge this function. Here rites and symbols consciously or unconsciously play a key role, through songs, flags, ritual signposting in time and space (Post et al. 2003: 41–42).

Im Gottesdienst ist diese Bezugsgruppe meist die christliche Gemeinschaft. Da der Gottesdienst eine öffentliche Veranstaltung ist, ist jedoch immer auch die

---

11 Vgl. zur Präsentation, Rezeption und Interpretation von Zeichen in der gottesdienstlichen Kommunikation des Evangeliums (Bieritz 2004: 36–55).

erweiterte gesellschaftliche Gruppe Teil des Geschehens, ganz besonders bei einem medial präsenten Gedenkgottesdienst. Es mag eine gewagte These sein, dass durch eine fortschreitende Säkularisierung, einhergehend mit dem Verlust gemeinsamer Rituale, auch die gemeinsame ethische Grundlage infrage gestellt werde. Wird diese jedoch erst einmal mitgetragen erklärt sich die These der riskanten Liturgien. Vor dem Hintergrund der Annahme, die Inhalte der gemeinsamen Normen und Werte differieren oder werden erklärungsrelevant in der Gesellschaft, dienen Rituale somit der gemeinsamen Vergewisserung und dem gemeinsamen Zusammenhalt. Dies wird allerdings erschwert, wenn das Ritual des Gottesdienstes und die Rituale im Gottesdienst nur von etwa 60% der Partizipierenden als relevant wahrgenommen werden. Das Ritual im Gottesdienst ist daher tatsächlich riskant und steht unter besonderer Herausforderung, sich relevant zu machen und sich verständlicher ritueller Sprache zu bedienen. Es benötigt Symbole, die eine gemeinsame Bedeutung in sich tragen bzw. solche, die durch den liturgischen Kontext verständlich werden. Dies kann beispielsweise in der Predigt geschehen. Eng verbunden mit der genannten kanalisierenden Funktion ist die prophylaktische, mit der Rituale helfen, die allgegenwärtige Kontingenz des Lebens zu bewahren. Die Bandbreite lebensbegleitender Rituale ist vielfältig und begegnet uns bei Geburt, Heirat, Tod, Unfällen und anderen Situationen, bis hin zu Initiationsritualen wie Konfirmation oder Jugendweihe. Dieses Ritualrepertoire hilft, bei den wiederkehrenden Bedrohungen jedes Lebens zu begegnen (Post et al. 2003: 41).

Für das Verständnis von Ritualen ist die expressive Funktion von Ritualen fundamental, so helfen sie Emotionen, Gefühle und Überzeugungen auszudrücken. Rituale geben einen geschützten Handlungsrahmen, in dem Gefühle ihren Raum haben und ausgedrückt werden können. In Ritualen wird eine komplexe und komplizierte Realität verdichtet. Dadurch wird sie handhabbar und scheint im Ritual weniger komplex (Post et al. 2003: 41). Zuletzt nennen die Autoren die rekreative Funktion des Rituals, wenn jenes Erleichterung und Kontrast bietet. Im Ritual soll Berechnung, Instrumentalisierung beiseitegelegt werden. Jedes Ritual ist eine Pause, eine Zeit anderer Ordnung, die sich auf einer anderen Ebene abspielt. Ritual ist unterbrechendes Verhalten, eine Verbindung mit einer anderen Zeit – echte Freizeit (Post et al. 2003: 42). Gottesdienste unterbrechen in diesem Sinn, indem sie eine eigene Zeitansage machen. Bereits beim trinitarischen Votum wird Gottes Zeit angesagt und eine Zeit, in der sich eine andere Ordnung, Gottes Ordnung mit unserer verspricht. Das *Sein*, ohne Handeln zu müssen, gerät in den Vordergrund. „Kunst und Wirklichkeit ist eins im übernatürlichem Kindsein vor Gott [...] Vor Gott ein Spiel zu treiben, ein Werk der Kunst – nicht zu schaffen, sondern zu sein, das ist das innerste Wesen der Liturgie" (Romano Guardini 1997: 102).[12]

12 Vgl. dazu „Predigende Bilder. Was die Homiletik von der Kunst lernen kann" (Hermelink & Plüss 2017).

4.1.4 Sakrale Dimensionen und Aspekte der Ritualität

Es gibt eine unspezifische, grundlegende Sakralität, die in Mensch und Kultur verwurzelt ist. Rituale sind mit der sakralen Dimension eng verbunden, die sich in Ort, Person, Dingen und Objekten zeigt, auch wenn es *entsakralisierende* Tendenzen gibt. Nach Post scheint es einen generellen anthropologischen und kulturellen Bestand des Sakralen zu geben, das auf das Transzendente hinausweist und uns hilft, über das Banale und Normale hinauszuwachsen (Post et al. 2003: 44). Mit Bezug auf R. Englert weitet Post die allgemeine Struktur des Sakralen aus, und benennt vier Dimensionen bzw. Funktionen:

- *Symbolische Dimension:* Bei der symbolische Dimension geht es um die Fähigkeit der Identitätsstiftung und der Profilierung einer Gruppe. Riten und Symbole schaffen Gruppenidentität durch den Verweis auf sakrale Werte und Bilder.

> Persons, heros [sic!] and idols play an important role here. They are linked with the identity of the group. Sports or pop music stars stand for particular group cultures, as do certain saints for a nation (for example, St. Patrick and Ireland). (Post et al. 2003: 45)

- *Kulturelle Dimension*: Der Kultus ist fundamental für die heilige Ordnung. Das Heilige wird immer vermittelnd erfahren, durch Symbole, symbolische Handlungen, durch Personen, Vermittler und *Anwälte* (Post et al. 2003: 45).
- *Rituelle Dimension*: Die allgemeine Dimension des Kultus erhält im Ritual konkrete Gestalt durch geordnetes, strukturiertes Handeln.
- *Mythische Dimension*: Als letztes grundlegendes Strukturelement in der sakralen Ordnung gibt es erinnernde, anamnetische Qualität. Rituale, die der kultischen Dimension konkrete Form in stilisiertem Handeln geben, haben im Allgemeinen eine unterstützende Erzählstruktur.

> In rites and symbols an old story becomes a present reality, with an eye to the future. In this way the past, present and future are bound together into a meaningful whole. Myth provides connection or order in the enormously broad and compartmentalised ritual repertoire. Many scholars in the humanities have identified a yearning in our culture for such anamnestic qualities and the connection and cohesion they introduce (Post et al. 2003: 45).

Der Gottesdienst selbst ist der Ort der geordneten und strukturierten Vermittlung für das Heilige. Hier wird in Symbolen und durch Personen vermittelt. In gewisser Weise ist es gerade die Predigt, die die Aufgabe übernimmt, die *alte Story* mit der Gegenwart zu verknüpfen und einen hoffnungsvollen Ausblick in die Zukunft zu wagen. Im christlichen Bereich ist es die Person des dreieinigen Gottes, auf den der Gottesdienst in der Regel bereits mit dem trinitarischen Votum verweist.

4.2 Fallstudien Niederlande

Die von Post durchgeführte Studie beschäftigt sich mit zwei verschiedenen Fallstudien. Der erste Schwerpunkt liegt auf der Verarbeitung von sieben niederländischen Katastrophen. Dabei stellen sie zunächst allgemein fest, dass die Gedächtnisfeiern im Zuge der medialen Verarbeitung nicht mehr an einen Ort gebunden sind. "[...] it is precisely the electronic superhighway that links many at the moment of disaster. Digital condolence registers are opened, digital candles lit, and digital roses offered" (Post et al. 2003: 64). Einige Formen der an Unglücksorten zurückgelassenen Objekte der Trauerbekundung wie Kerzen, Fotos, Briefe und andere persönliche Gegenstände werden von vielen Menschen mit Gedenkstätten aus ihren Urlaubsorten im Süden assoziiert. Es hat den Anschein, dass bei den Trauer- und Gedenkritualen das Repertoire der Trauerbekundung und Verarbeitung einfach da war, dass es sich gebildet hatte, und dass nur noch die Details mit den verschiedenen Katastrophen variiert wurden (Post et al. 2003: 64). Durch die mediale Verbreitung werden Rituale weitergegeben und bei anderen Katastrophen *wiederverwendet*.

> The role that the news media (and television in particular) played at the international level in shaping collective opinion, but also in the potential borrowing process of referral process within ritual repertoires, first became visible during the Vietnam war and the growing protest against it (Post et al. 2003: 66).

Für die Niederlande stellt die Studie besonders die rituelle Verarbeitung durch eine *Stille Prozession* mit ihren Spezifika heraus, die sich gerade in den Niederlanden etablierte und bei anderen Unglücken wiederholt und angepasst wurde. Immer wieder kommt nach verschiedenen Katastrophen die Entzündung von Kerzen in unterschiedlichen Ritualformen vor.

> In light of all this, it would appear that the phenomenon of the silent procession has become a fixed component of expressions of public sentiment after disasters and senseless violence. But silent processions have also been organised to express sympathy and protest on other occasions, such as against the violence in Molucca Islands, and following the execution of a Nigerian environmental activist (Post et al. 2003: 70).

Bei den verschiedenen Phänomenen wie *Stille Prozession*, Blumenteppiche, Kerzen, Stofftieren und ähnlichem können die Autoren nicht konkret festhalten, wann diese zuerst als Massenphänomen auftraten und ob diese nur durch die Medien verstärkt verbreitet wurden. Sie verweisen darauf, dass es sich vornehmlich um westliche Phänomene in Westeuropa und Nordamerika handelt, die sich in innerhalb relativ kurzer Zeit verbreiteten (Post et al. 2003: 73). Speziell zur kirchlichen Rolle stellen sie fest, dass Katastrophenrituale kein abgeschlossener Bereich sind. Die Rolle der Kirchen als alleiniger *Rettungsring (life buoys)* in Momenten der Krise als Anbieter und Versorger mit *Ritual-Szenarios*, als Experten in trauriger Musik sowie Anbieter von offenen Häusern in Momenten des kollektiven Bedürfnisses, schien lange vorbei zu sein (Post et al. 2003: 74): „The colourful visibility of forms of handling grief from foreign cultures also feed into memorial services, silent processions and funeral culture, providing new stimuli for their development" (Post et al. 2003: 74).

Die kirchliche Verarbeitung scheint also als ein Teil des gesamtgesellschaftlichen Verarbeitungsprozesses eines Katastrophengeschehens zu sein. Die verschiedenen Teile des rituellen Repertoires stehen nicht für sich allein, sondern sind Teil der aufkommenden Rituale.

4.3 Fallstudie international

In einer internationalen Fallstudie beschäftigt sich die Studie mit dem Schiffsunglück der „Estonia" in Schweden 1994. In Schweden hat die Kirche einen besonderen gesellschaftlichen Stellenwert. Sie hat nationalen Charakter (ehemalige Staatskirche) und ihr gehören aktuell etwa 63% der Bevölkerung an (die Studie geht 2000 noch von etwa 83% aus).Die Besuchszahlen sind, ähnlich wie in anderen europäischen Ländern, deutlich im einstelligen Prozentbereich (Post et al. 2003: 187).

> For the majority of people, the most important functional role of the church is to provide rituals and life-interpretation in 'liminal' situations, especially in the context of birth and death. In these significant situations the church provides sacred buildings, symbols, rituals, words and interpretations which can be described as various forms of services fulfilling people's needs at crucial times in their lives (Post et al. 2003: 187–188).

Die Abnahme der Mitgliederzahl ist mit der Situation in Deutschland in etwa vergleichbar. Auch in Schweden ist die Bedeutung der Kirche im Wandel und nicht jeder erwartet sich Lebensdeutung durch die Kirche. Die Kirche ist in Schweden wie auch in Deutschland in geografische Parochien aufgeteilt. Eine Untersuchung hat ergeben, dass in 44% der Parochien am Abend der Katastrophe die Kirchengebäude offengehalten wurden, um persönliches Gebet und das Entzünden von Kerzen zu ermöglichen. 60% haben spezielle Gottesdienste arrangiert, an denen mehr Menschen teilgenommen haben als an regulären Gottesdiensten. Im Kontext dieses Unglücks wurde die Rolle der Kirche für die Gesamtbevölkerung deutlich und diese Rolle wurde ihr auch zugesprochen (Post et al. 2003: 191–192).

> Throughout the media the Church of Sweden was presented as an institution that serves all people in the hour of need, similar to the role of the medical service, the police or the social services [...] This public and common role of institutional religion in the shape of the majority church is not thought of as plausible in everyday Swedish life, but was unquestioned and even expected in the face of this major disaster (Post et al. 2003: 188).

Von der Kirche wurde erwartet, dass sie die richtigen Mittel für die individuelle und gesellschaftliche Bewältigung von Gefühlen der Trauer in der Krisensituation haben. Die Studie stellt fünf exponierte kirchliche rituelle Bereiche dar, die regelmäßig in den Medien aufgetaucht sind. Zunächst sind die Kirchengebäude genannt, zu denen ein Großteil der Bevölkerung eine positive Verbindung hat, die durch ritualisierte liturgische Formen bei Geburt (Taufe) und Tod (Beerdigung) geprägt ist. In der Zeit der Katastrophe waren die Kirchengebäude ein vertrauter und willkommener Ort für individuelle und kollektive Trauer und symbolische Handlungen. „All three studies show that church buildings had the function of being important places for tranquillity, nearness, togetherness and contracted experience" (Post et al. 2003: 193). Neben den Kirchengebäuden ist die Funktion der Priester als symbolische Repräsentanten und als rituell Handelnde besonders herausgestellt. Sie kamen in verschiedenen Medien explizit vor und wurden als Repräsentanten der lokalen Gemeinschaften befragt und als wichtige Personen wahrgenommen.

> In a similar way as the church buildings, the priests of the Church of Sweden have central functions in the context of life rites, especially in the context of children's baptism and burial ceremonies. Thus priests are in a way 'loaded' with a 'holiness' character linked to birth and death, in a similar way to church buildings. Since priests are important ritual actors in certain occasions on an individual level, this can be an explanation of the broad acceptance of priests having a public role on collective level in the context of major death and crisis (Post et al. 2003: 194).

Hier wird deutlich, was in der Erarbeitung des Ritualbegriffs bereits genannt wurde. Priester nehmen eine sakral vermittelnde Rolle ein. Sie kennen sich im Ritus aus und müssen diesen nicht neu erfinden. Auch kennen sie den Umgang mit kritischen Lebensphasen und verstehen sich darauf, dies rituell zu gestalten. Mit kritischen Lebensphasen umzugehen ist eine Fähigkeit, die nicht zum alltäglichen Repertoire, aber zum professionellen Repertoire eines Priesters gehört. Sehr interessant ist das in der medialen Berichterstattung immer wiederkehrende Ritual der Entzündung von Kerzen. Dies ist bereits an verschiedenen Stellen begegnet und wird in der Studie hervorgehoben. 21% der schwedischen Bevölkerung hat nach dem Estonia-Unglück zu Hause oder in einer Kirche eine Kerze entzündet. Bilder von leuchtenden Kerzen sind in den verschiedenen Medien abgebildet worden (Post et al. 2003: 195). Das Ritual der Kerzenentzündung kommt nicht allein im kirchlichen Kontext vor und ist somit ein Ritual ist, welches in kirchlichem und säkularem Kontext verstanden wird bzw. dem in beidem ähnliche Bedeutung zugemessen wird. Auch in deutschen Gedenkgottesdiensten kommen häufig Kerzen häufig vor und werden medial aufgegriffen. Als weiteres Element wird das Läuten der Kirchenglocken genannt. Die Glocken haben eine symbolische und ritualisierte Funktion. Wenn sie landesweit zur selben Zeit läuten, haben sie eine rituell verbindende Funktion und drücken landesweite Trauer aus. Zum Estonia-Unglück haben in Schweden an einem Sonntag 3300 Kirchen zeitgleich ihre Glocken geläutet (Post et al. 2003: 195). Das letzte

Element ist das Gebet, welches als natürlicher Umgang mit Trauer und den aufkommenden Fragen beschrieben. In Zeitungen wurden Gebete aus den Gedenkgottesdiensten abgedruckt und auch die Verbindung der Gebete mit dem Entzünden von Kerzen wurde dargestellt (Post et al. 2003: 196).

Die Studie zeigt, dass in Schweden die Kirche in vielfältiger Weise eine gesellschaftliche Funktion in der Bewältigung der Krise hatte. Sie hat dabei auf ein reichhaltiges kirchliches Repertoire an Ritualen zurückgegriffen. Die medialen und gesellschaftlichen Reaktionen im Kontext des Unglücks zeigen das Bedürfnis nach rituellen Mustern, um die individuelle und auch gesellschaftliche Not zu verarbeiten. Dabei wurden die kirchlichen Strukturen, Gebäude und ihre Professionalisierung gerne in Anspruch genommen.

> Previously established individual relationships with the church as provider of ritual buildings, ritual actors and ritual behavioural patterns were re-established occasionally and made public on a collective and national level. The resources of the ritual experts and the church were used as a public service function that was taken for granted (Post et al. 2003: 196).

5 *Historisch-gesellschaftlicher Kontext der analysierten Gottesdienste*

5.1 Gedenkgottesdienste in Deutschland

In den letzten Jahren fanden weltweit einige Gedenkgottesdienste statt, in dieser arbeit wird der Fokus mit einer Ausnahme auf Gottesdienste in Deutschland gelegt. Ein Vergleich mit Gottesdiensten anderer Kirchen und Länder stellt ein interessantes an diese Arbeit anschließendes Arbeitsfeld dar. So stellt bereits die Verfasstheit der Church of England mit der Königin als Supreme Governor eine andere Rahmenbedingung für die Gestaltung und Aufgabe der Kirche als die deutsche Situation dar.

5.2 Kirchlich-religiöse Situation in Deutschland

In dieser Arbeit soll eine religionssoziologische Perspektive auf den möglichen heutigen Hörer, den Menschen in der Gesellschaft, anhand der nachfolgenden Vertiefungen eröffnet werden.

5.2.1 Ein säkulares Zeitalter, eine heterogene Gesellschaft

Charles Taylor beschäftigt sich in seinem monumentalen Werk *Ein säkulares Zeitalter* mit der Behauptung, dass wir in einem säkularen Zeitalter leben würden und damit, worin diese Säkularität eigentlich bestehe. Er beschreibt die Entwicklung des religiösen Bewusstseins von 1500 bis heute. Dabei zeichnet er die heutige Trennung der Kirche von staatlichen Strukturen nach und die Entwicklung der Religion als Teil des Privaten. „Die politische Gesellschaft wird als eine Gesellschaft gesehen, der religiöse Menschen (jeglicher Couleur) genauso angehören wie nichtreligiöse" (Taylor 2012a: 11). Taylor arbeitet drei Bedeutungen von Säkularität aus. Die erste ist „durch Bezugnahme auf das Öffentliche definiert" (Taylor 2012a: 13). Die zweite Bedeutung besteht darin, „daß der religiöse Glaube und das Praktizieren der Religion dahinschwinden; daß sich die Menschen von Gott abwenden und nicht mehr in die Kirche gehen" (Taylor 2012a: 14).

Weiterhin nennt Taylor eine dritte Form, die er selbst entwickelt. Sie „steht in enger Verbindung mit der zweiten und ist nicht ohne Zusammenhang mit der ersten" (Taylor 2012a: 14). Hier geht es „vor allem um die Bedingungen des Glaubens" (Taylor 2012a: 14.45–46). In einem Essay beschäftigt sich Taylor mit der These, dass Säkularität nicht nur ein religiöses Problem sei. Säkularität meine für ihn nicht einfach einen Gegenentwurf zu allem Religiösen. Das Problem mit dem Säkularen habe damit zu tun, dass wir in einer gemeinsamen Welt leben, ohne über allgemein geteilte Absoluta zu verfügen oder über allgemein geteilte Begriffe dessen, was diese Weltlichkeit transzendiert (Taylor 2012b: 53–88).

Ich folge der Annahme Taylors, dass wir es vermehrt mit einer solchen säkularen und heterogenen Gesellschaft zu tun haben. Die religiöse Heterogenität fordert den Wahrheitsanspruch einer einzelnen Religion heraus. Wer einen exklusiven Wahrheitsanspruch formuliert, schließt gleichzeitig andere Konzepte des Seins aus. Ein Gottesdienst für die Gesellschaft hat somit eine heikle Aufgabe. Das zentrale Thema von *Religion und Öffentlichkeit* ist daher die Frage nach der Legitimität von absoluten Glaubensaussagen in einer pluralen Gesellschaft, wie sie sich in Europa und speziell auch in Deutschland darstellt. Wie weit sollte Toleranz Einfluss auf die eigene Glaubensäußerung haben? Der ehemalige EKD Ratsvorsitzende Huber greift die vorauseilende Rücksicht auf, wenn er sagt:

> Üblich ist es derzeit in manchen Kreisen – gerade auch unter Protestanten –, die eigenen Überzeugungen aus Rücksicht gegenüber den Überzeugungen anderer zurücktreten zu lassen. Das nennt man dann – fälschlicherweise – Toleranz. In Wahrheit setzt Toleranz jedoch eine geklärte eigene Identität voraus; wo es daran fehlt, pflegt die Intoleranz sich besonders vehement auszubreiten. Auskunftsfähigkeit über die eigene Haltung muß sich mit dem Respekt vor der Haltung des andern verbinden. (Huber 2004: 13–14)

Zu einer ähnlichen Aussage kommt Ulrich Mann, der sich mit dem Christentum als absoluter Religion befasst. Er geht von der Prämisse aus, dass, wenn das

Christentum eine Religion ist und einen Absolutheitsanspruch enthält, es diesen auch erheben muss. Dabei kann dieser „nur erhoben werden, wenn er zugleich verbunden ist, mit einer unbedingten und das heißt absoluten Toleranz" (Mann 1970: 1). Nach Carl-Heinz Ratschow (1999) gehört „[d]ie Überzeugung von der ‚Absolutheit der eigenen Religion' [...] zum unmittelbaren Eindruck des ‚eigenen' Gottes, der in seinem Hervortreten als ‚der' Gott – Grund und Grenze allen Seins, Sinn und Freude allen Daseins wie Möglichkeit und Zukunft allen wahren Lebens – wirksam wird" (Ratschow 1999: 305). Er verbindet mit diesem Absolutheitsanspruch, dass ein reflektiertes Urteil über eine andere Religion nicht möglich sei, da man neben dem eigenen Gott die Gottheit anderer Götter nicht erfassen könne. Die Behauptung der Göttlichkeit bzw. der Absolutheit einer anderen Religion stelle sogar eine Dämonisierung der eigenen Religion dar (Ratschow 1999: 304).

> Ein Gott ist als Gott der absolute Herr wie die absolute Wahrheit wie der einzig absolute Halt im Leben und im Sterben. Er besitzt diese absolute Geltung unter denen, die seine Epiphanie betraf. Alle anderen Menschen vermögen seinen absoluten Anspruch weder einzusehen, noch anzuerkennen. Wem ein Gott nicht widerfuhr, der sieht seine Gottheit nicht ein! Der Absolutheitsanspruch der Religionen ist daher für die eigene Religion unabweisbar, für jede fremde Religion nicht nachvollziehbar. Der Absolutheitsanspruch einer Religion ist rein theoretisch und rational, d.h. von jenseits aller Religionen geurteilt, unbegreiflich und töricht (Ratschow 1999: 305).

Dabei unterscheidet Ratschow zwischen zweierlei Art der Toleranz. Zunächst nennt er die Toleranz der „»milden« Zulassung aller möglichen religiösen Einfälle, wie die Aufklärung sich das vorstellte" und stellt dem gegenüber die „Toleranz im religiösen Sinne", welche mit der „Ehrfurcht vor der unübersehbaren und unzugänglichen Hoheit fremder Götter" beginnt. Für ihn „quillt [die Toleranz] aus der Tiefe der eigenen Gotteserfahrung" und beginnt da, wo „der fremde Gott in seiner ganzen Unzulänglichkeit respektiert ist" (Ratschow 1979: 127). In seinem Artikel über „Toleranz und Intoleranz – Erbe der Reformation?" schreibt Hellmut Zschoch, dass es in Diskursen um Toleranz auch um die Wahrheit gehe und diese Diskussionen das Element der Intoleranz haben. Ihr sachliches Gewicht bezögen diese gerade daraus, dass die eigene Wahrheit nicht beliebig relativierbar sei (Zschoch 2014: 52). Für heutige Diskussionen benennt Zschoch als Kennzeichen der Toleranz „Dialog, Respekt, Sensibilität, Hör- und Veränderungsbereitschaft, Verzicht auf Zwangsmittel zur Durchsetzung der eigenen und zur Unterdrückung der anderen Wahrheit" (Zschoch 2014: 52). Dies bedeute jedoch nicht, auf das Vertreten des eigenen Standpunkts und auf Auseinandersetzung, zu verzichten (Zschoch 2014: 53).

5.2.2 Die Kirchliche Situation in Deutschland

Mehrfach ist nun schon das Verhältnis von Kirche und Staat genannt worden. Seit 1918 ist in der Weimarer Reichsverfassung verankert, dass es keine Staatskirche gibt (Grundgesetz Art. 137). Kirche und Staat sind damit rechtlich und organisatorisch getrennt. Dabei ist diese Trennung nicht laizistisch wie in Frankreich, die weltanschauliche Neutralität des Staates bedeutet auch keine religiöse Indifferenz. Sie wird als positive Neutralität verwirklicht in einem vielfältigen Beziehungsgeflecht der Zusammenarbeit, das unterschiedliche Gebiete gemeinsamen Interesses umfasst. Aufgrund des Grundgesetzes ist der Staat zu weltanschaulicher Neutralität verpflichtet, kann aber zu verschiedenen Religionsgemeinschaften ein partnerschaftliches Verhältnis entwickeln (Staatskirchenverträge). Dieses partnerschaftliche Prinzip unterscheidet sich vom französischen, welches die Trennung und Unabhängigkeit stärker betont, ebenso wie vom britischen System, das eine spezifische Kirchenform privilegiert. Die Freiheit des Einzelnen gründet in der Religionsfreiheit, weltanschaulicher Neutralität des Staates und der Selbstbestimmung aller Religionsgemeinschaften. Der Staat darf sich mit keiner Religionsgemeinschaft identifizieren, sondern hat die Aufgabe, die freie Religionsausübung zu gewähren, sofern diese nicht andere Rechte des Grundgesetzes beeinträchtigt. Es ist die Pflicht des Staates, die freien Kräfte in der Gesellschaft nicht nur zu dulden, sondern sie bei ihrer Entfaltung aktiv zu unterstützen. Die Kirchen nehmen gesellschaftlich soziale und diakonische Aufgaben wahr, die staatlich bezuschusst werden. Dazu gehören Kindergärten, Altenpflege, soziale Dienste, Entwicklungshilfe und vieles mehr. In den staatlichen Schulen haben die Kirchen die Möglichkeit, konfessionsgebundenen Religionsunterricht zu geben (unter staatlicher Aufsicht, aber in inhaltlicher Verantwortung der Kirchen).

5.2.3 Religiöse Situation in Deutschland

Die religiöse Situation in Deutschland stellt sich regional sehr unterschiedlich dar. Es gibt gerade in den ostdeutschen Bundesländern eine verstärkte Konfessionslosigkeit, die durch die Zeit der DDR geprägt ist, und bis heute Auswirkungen hat.[13] In einem Aufsatzband zu *Konfessionslosigkeit heute* schreibt Gert Pickel (2014) aus religionssoziologischer Perspektive zur Thematik der Religion, Religiosität, Religionslosigkeit und religiösen Indifferenz im vereinten Deutschland, dass für einen breiten Teil der Bevölkerung Kirche nicht mehr selbstverständlicher Teil der religiösen Biografie sei.

13 Vgl. z. B. die aktuell erschienene Arbeit Kerstin Menzels zum Kirchenbild auf dem ostdeutschen Land: „Kleine Zahlen, weiter Raum“ (Mezel 2019).

> Leere Kirchen, jährliche Austrittszahlen in der Höhe mittlerer Großstädte, immer weniger Taufen und christliche Eheschließungen – all dies sind Indizien dafür, dass die Zugehörigkeit zu einer christlichen Kirche nicht mehr »ganz natürlich« und »normal« ist. Nun muss dies nicht »Gottesvergessenheit«, »Gottesferne« oder Areligiosität bzw. gar Antireligiosität bedeuten, dies kann es aber (Pickel 2014: 45).

Seit Jahren steigt die Zahl derer, die in Deutschland aus vielfältigen Gründen aus einer der verfassten Kirchen austreten. In der katholischen wie in der evangelischen Kirche übersteigt die Zahl der Austritte 2015 jeweils 200'000.[14] Neben der Angabe rein finanzieller Gründe (Kirchensteuer) ist nach der aktuellen *Erhebung der EKD über Kirchenmitgliedschaft* (KMU) ein deutlicher Relevanzverlust bei den Mitgliedern und ehemaligen Mitgliedern auszumachen. Ein Artikel in der Zeitung *Die Welt* beschreibt:

> Ganz oder gar nicht. Entweder glauben die Menschen fest an Gott und beteiligen sich am kirchlichen Leben – oder sie sind komplett unreligiös. Diese zunehmende Polarisierung bei gleichzeitigem Rückgang einer mittleren Mentalität von trägen „Weihnachtschristen" ist der zentrale Befund der neuen „Erhebung über Kirchenmitgliedschaft", die von der Evangelischen Kirche in Deutschland (EKD) durchgeführt und am Donnerstag vorgestellt wurde.
> So ergibt sich beim Vergleich mit der vorherigen Untersuchung aus den Jahren 2002 bis 2004, dass mittlerweile deutlich weniger Protestanten von sich sagen, sie fühlten sich ihrer Kirche „etwas verbunden" (Die Welt 06.03.2014).

In der KMU heißt es weiterhin über Gründe für einen Austritt aus der Kirche, dass Kirche schlichtweg „gleichgültig" sei oder aber, dass Religion im Leben nicht gebraucht werde. Interessant ist zunächst ein Blick auf die Gesamtverteilung der Bevölkerung und ihrer Religionszugehörigkeit, um dann einen genaueren Blick auf die Konfessionslosen zu werfen. Die Religionszugehörigkeit verteilt sich prozentual in einem von der Forschungsgruppe Weltanschauungen in Deutschland (FOWID 2017) erstellten Diagramm wie folgt:

14 Nach online veröffentlichen Statistiken des Kirchenamtes der EKD und der Deutschen Bischofskonferenz.

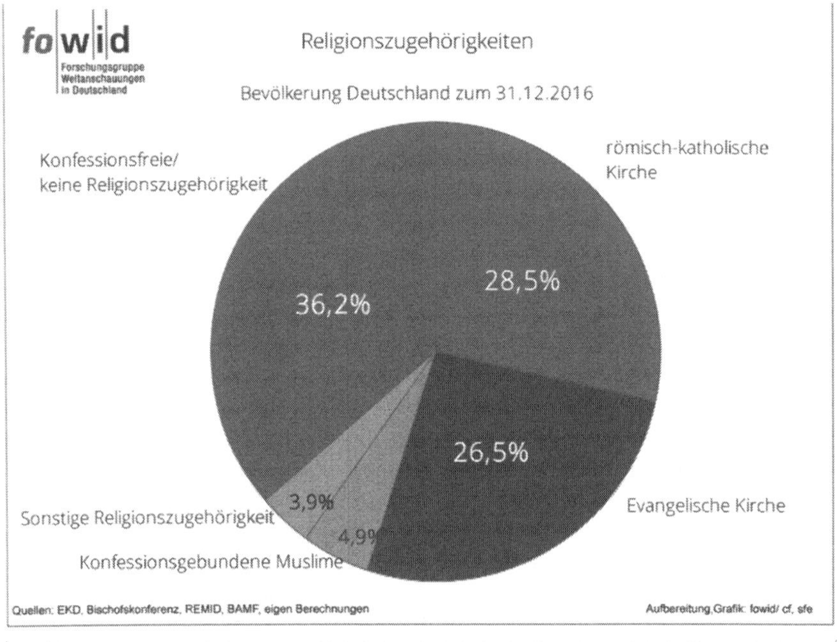

Deutschland. Religionszugehörigkeit der Bevölkerung , 31.12.2016

	2016		2015		2016 zu 2015	
	Anzahl	Prozent	Anzahl	Prozent	Absolut	Prozent
Römisch-Katholische Kirche (2016)	23.580.000	28,5	23.760.000	28,9	-180.000	-0,8
Evangelische Kirche, EKD (2016)	21.930.000	26,5	22.270.000	27,1	-340.000	-1,5
Konfessionsgebundene Muslime (2016)	4.050.000	4,9	3.600.000	4,4	+450.000	+12,5
Sonstige Religionszugehörige (2012-2016)*	3.250.000	3,9	2.960.000	3,6	+290.000	+9,8
Keine Religionszugehörigkeit (2016)	29.990.000	36,2	29.610.000	36	+380.000	+1,3
Summe (Bevölkerung)	82.800.000	100	82.200.000	100	+600.000	+0,7

* Sonstige Religionszugehörige: Orthodoxe Kirchen 1,9 % / Sonstige christliche Gemeinschaften (u. a. Freikirchen, Neuapostolische Kirche, Zeugen Jehovas, Mennoniten, u. a. m.) 1,1 % / Judentum 0,1 % / Buddhismus 0,2 %, Hinduismus 0,1 %, Jesiden 0,1 % / Weitere 0,4 %.

Quellen: Bischofskonferenz, EKD, REMID, BAMF, eigene Berechnungen

Den Daten ist zu entnehmen, dass 2016 36,2% der Bevölkerung als konfessionslos galten. Die Entwicklung in den letzten Jahren zeigt, dass diese Gruppe zügig ansteigt. 1970 waren noch 92% der Bevölkerung Mitglied der evangelischen bzw. röm.-katholischen Kirche, 1990 waren es noch 72% und Ende 2016 nur noch 55%. Dem Trend folgend wird die Zahl der Mitglieder einer der beiden großen Kirchen in zehn Jahren die 50%-Marke unterschreiten. Die Zahlen sind im Bereich der Religionszugehörigkeit der Muslime nicht ganz genau, da diese Daten schwer zu erheben sind, was versucht wurde zu berücksichtigen. FOWID nimmt weiterhin wahr, dass auf muslimischer Seite eine fortschreitende Säkularisierung zu beobachten ist (FOWID 2017).

Inzwischen spricht man in der Religionssoziologie eher von *religiöser Indifferenz* als von *Religionslosigkeit*. „Sie kennzeichnet eine Haltung der Menschen zur Gottesfrage, die sich weniger durch Ablehnung als vielmehr durch Unentschiedenheit – aber oft auch Gleichgültigkeit – auszeichnet“ (Pickel 2014: 45).

Pickel fragt danach, ob man in Deutschland überhaupt von einer voranschreitenden Säkularisierung oder von einer Wiederkehr des Religiösen sprechen kann, die sich beispielsweise jenseits der klassischen kirchlichen Strukturen oder auch als individualisierte Religiosität vollzieht. [15]Er beschreibt mit Säkularisierung das Phänomen des „sozialen Bedeutungsverlust[es] von Religion in sich modernisierenden Gesellschaften“ (Pickel 2014: 49).

> Dies umfasst Prozesse der funktionalen Differenzierung, zum Beispiel sichtbar in der Trennung von Kirche und Staat, Prozesse einer Privatisierung des Religiösen, aber auch eine geringere Befolgung von religiös bestimmten Normen (Pickel 2014: 49).

Da in Deutschland Kirche und Staat getrennt sind, werden die Gottesdienste meist getrennt vom Staatsakt mit den Reden der politischen Vertreter durchgeführt. So beispielsweise im Kölner Dom nach dem Germanwings-Absturz im Jahr 2015. Allerdings finden diese oft im gleichen Raum, zeitlich eng verbunden, nahezu übergangslos statt. Auch die Beauftragung der Kirchen durch den Staat ist in dieser Hinsicht interessant. Casanova geht von der „Wiederkehr der Religion mit Bezug auf deren steigende oder relevant gebliebene öffentliche Bedeutung“ aus (Pickel 2014: 51). Die Gedenkgottesdienste können ein Ausdruck eben dieser öffentlichen Bedeutung sein. Pickel nennt die Säkularisierung neben anderen Modellen (Individualisierungsthese des Religiösen, Religiöses Marktmodell) als die dominierende Entwicklung in der Gesellschaft. Die Konfessionslosigkeit stelle zunächst einmal nur den strukturell-organisatorischen Status im Verhältnis zur Institution Kirche dar. Er nennt vier Typen von Konfessionslosen: gläubige Konfessionslose (11%), tolerante Konfessionslose (17%), (Normal-) Konfessionslose (21%) und volldistanzierte Atheisten (51%). *Gläubige Konfessionslose* sind religiöser Erfahrung und Spiritualität nicht abgeneigt. Allerdings erleben sie eine Differenz zwischen Kirche und Religion und betonen die Möglichkeit des Religiösen auch außerhalb der Kirche und haben eine potenziell höhere Offenheit gegenüber anderen Religionen. Diesen Typus fände man vorwiegend in Westdeutschland. „Der nach Religiosität und Spiritualität suchende Konfessionslose ist eher eine Ausnahme“ (Pickel 2014: 71).

Eine stärkere Distanz zur Religion nähmen die *toleranten* bzw. *normalen Konfessionslosen* ein. Für ihr Alltagsleben habe Religion keine wesentliche Bedeutung. „Beide Gruppen sind als Produkte der gesellschaftlichen Säkularisierung zu verstehen. Bei über 40% waren bereits die Eltern konfessionslos“ (Pickel 2014: 71). Im Unterschied zu toleranten Religionslosen sei „für den normalen Konfessionslosen jede Form von Religion und Spiritualität uninteressant“ (Pickel 2014: 72) oder gar überflüssig. Die Mehrheit der Konfessionslosen seien *volldistanziert.* Sie lebten hauptsächlich in den Bundesländern auf dem Gebiet der ehemaligen DDR. Für sie sei Religion irrational und sie stehen Kirchen generell sehr kritisch

15 Ebenso Gräb, der nicht von Säkularisierung ausgeht, sondern von einer Veränderung der Religiosität. Ähnlich bereits bei Henning Luther: „Religion und Alltag“ (Luther 1992), sowie „Impulse für eine praktische Theologie der Spätmoderne“ (Luther 2013).

gegenüber. „Oftmals findet man bei ihnen eine weit zurückreichende Tradition der *Areligiosität* bis *Antireligiosität*" (Pickel 2014: 72) Pickel begründet den stärkeren Anteil in den ostdeutschen Bundesländern zum einen mit der Geschichte der DDR, andererseits damit, dass die Bevölkerung der ehemaligen DDR gegenüber den *alten Bundesländern* wenig hatte, in denen sie sich gleichwertig oder überlegen fühlen konnten. „Einer von diesen [Lebensbereichen] scheint ihnen eine antireligiöse Haltung, welche positiv gewertet und als moderner, rationaler und aufgeklärter angesehen wird, also all das, was die Westdeutschen noch werden müssen" (Pickel 2014: 72–73). Pickel hebt schließlich hervor, dass die vermehrte Konfessionslosigkeit als Schritt in die säkular geprägte Gesellschaft aufzufassen sei. Diese konfessionelle Pluralität, das langsame Verblassen religiöser Bindungen und der soziale Bedeutungsverlust von Religionen kennzeichne die europäische Moderne (Pickel 2014: 73).

> Folgt man den empirischen Befunden, dann beschreibt der Prozess der Säkularisierung die Zukunft des europäischen Christentums. Aller Skepsis und alternativer Deutung zum Trotz nimmt die Bindung an das Christentum ab, der Glaube wird diffuser (und/oder individualistischer) und religiöse Normen verlieren genauso an Bedeutung für den Alltag der Menschen wie die Ausführung religiöser Praktiken (Pickel 2014: 75).

Diese Wahrnehmung hat Auswirkungen auf die öffentlichen Gottesdienste, die mit ihren Zeichen, Liedern, Symbolen und der geprägten Sprache für einen großen Teil der Bevölkerung schwer bis gar nicht verständlich sind. In weiten Teilen der Bevölkerung gibt es wenig christliche bzw. religiöse Anknüpfungspunkte. Die Gedenkgottesdienste haben hier die Aufgabe, bekannte Symbole aus der Lebenswelt der Menschen zu nutzen und somit sprachfähig zu werden, indem diese aufgegriffen werden. Die Symbolik von Lichtern und Kerzen ist ein Beispiel für eine solche Übertragungsleistung. Ähnlich wie Paulus es in seiner Rede auf dem Areopag tat, indem er den unbekannten Gott der Athener aufgriff (Apg 17,16-34), gilt es die christliche Botschaft erneut mit der Lebenswelt in Bezug zu bringen.

6 *Fazit des Forschungsstandes*

Es lässt sich festhalten, dass Gedenkgottesdienste in einem breiten öffentlichen Kontext stehen und als Ganze gefordert sind, profiliert auf die verschiedenen Ansprüche einzugehen. Dabei gilt es, den verschiedenen Anspruchsgruppen (Gesamtgesellschaft, Kirche, ...) Antworten zu geben. Dies ist eine heikle Aufgabe, zumal an dieser Stelle der christliche Glaube als Ganzes infrage gestellt und danach befragt wird, ob er sich dieser angesichts der Situation als tragfähig erweist. Der Forschungsüberblick hat gezeigt, dass die Rolle der Predigt in Gedenkgottesdiensten kurz ausfiel. Und doch sind es die Predigten, die später in den Medien zitiert und zur Sprache gebracht werden, wie beispielsweise Predigten im Rahmen des Weihnachtsfestes 2016 zeigen, die durch die vorherigen Geschehnisse des Attentats in Berlin geprägt waren. In Predigten geschieht im liturgischen Kontext eine kommunikative Verknüpfung der spezifischen Krisensituation mit der biblischen Botschaft. Im Predigtgeschehen erfolgt die dialogischste Form der Ansprache und des Versuchs, Antwort zu geben innerhalb er Liturgie. Freilich ist diese in den Kontext der Liturgie mit ihren Symbolen, Sprechakten und Liedern eingebettet. Der Gottesdienst spricht als Ganzes. Daher kann die Predigt nur in Bezug zur Liturgie betrachtet werden.

Aus den Ergebnissen können mit Blick auf die Forschungsziele folgende Thesen für die Hoffnungspredigt in einer Zeit der Krise gebildet werden, die im weiteren Verlauf mit den Gottesdiensten diskutiert werden:

- Gedenkgottesdienste angesichts krisenhafter Ereignisse stehen als spezifische Expression öffentlicher Theologie in einem besonderen Kontext. Gegenüber dem regulären Sonntagsgottesdienst hebt er sich durch die spezifische Öffentlichkeitsorientierung in einem diversitären Umfeld hervor. In diesem Gottesdienst kommen Kulturen, Religionen und Menschen unterschiedlicher Biografie und Herkunft zusammen. Die besondere Herausforderung liegt in der Spannung zwischen Beauftragung der Gestaltung für die gesamte Gesellschaft auf der einen Seite und als Kirche mit der eigenen, spezifischen Profilierung andererseits.
- Die Kirchen werden beauftragt, in diese Krisensituation hinein Antwort zu geben und zu helfen, sprachfähig zu werden und mit der Trauer umzugehen. In diesem öffentlichen Moment der liturgischen Gestaltung übernehmen sie Verantwortung für alle Beteiligten. Es ist ein Versuch des respektvollen und profilierten Antwortgebens, das die vielfältigen Ansprüche ernst nimmt und verantwortungsvoll anwaltlich vertritt. Menschen, die glauben, sollen ebenso Raum für ihre Situation und Trauer haben und anknüpfen können wie diejenigen, die mit Kirche und Glaube für sich persönlich nichts verbinden. Die Kirchen werden aus unterschiedlichen Gründen beauftragt, diese Situation zu gestalten. Sie bekommen diesen Auftrag am Dienst an der Öffentlichkeit durch staatliche Organe als Vertretung der Gesellschaft übertragen. Die Begründungen hierfür sind vielfältig. Hauptsächlich ist der Auftrag darin begründet, dass den Kirchen durch ihre Erfahrung und Sprachfähigkeit in Wort und Ritual zugetraut wird, diese Situation zeitnah angemessen zu gestalten. Der Staatsakt findet meist getrennt, jedoch räumlich und zeitlich eng miteinander verwoben statt. Durch die Beauftragung der Kirchen wird der Trauerakt als spezifischer christlicher Gottesdienst ausgestaltet. Diese Liturgie hat die Aufgabe, die verschiedenen Ansprüche aufzugreifen und an diese angemessen anzuknüpfen. Dabei ist die

jeweilige Frage nach der jeweiligen Typologie des Gottesdienstes wichtig. Ein Gottesdienst, der aus dem Gepräge der liturgischen Gastfreundschaft gestaltet ist, wird ein anderes Profil haben als ein bewusst multireligiös gestalteter. Dabei ist die Frage nach dem Ort des Gottesdienstes für das typologische Selbstverständnis interessant. Ein Gottesdienst in einem katholischen Dom spricht anders als eine Gedenkfeier in einem Stadion.

- Der genuin kirchliche Anspruch ist die Kommunikation der christlichen Hoffnungsbotschaft. Dazu dient die Liturgie als Ganzes. Im liturgischen Gesamtgeschehen bringt sich der Einzelne mit Gott und Gott mit dem Einzelnen zur Sprache. Dabei ist diese Kommunikation ein riskantes Unterfangen. In solchen spezifischen Situationen geht es um das Ganze des Evangeliums, das auf dem Prüfstand steht und danach befragt wird, ob diese biblisch begründete Gott-Rede mit der Botschaft der Hoffnung tragfähig ist. So gesehen ist die Liturgie tatsächlich in der Einmaligkeit ihres Vollzuges riskant – sie kann nicht wiederholt werden.
- Jedes Element der Liturgie bringt zur Sprache und kommuniziert. Lieder, Symbole, Rituale, Personen, Texte und die Predigt kommunizieren auf ihre jeweils eigene Art. Gerade bei einem Gottesdienst mit Menschen, die diesen nicht gewohnt sind, ist die Frage nach der führenden Gestaltung und der klaren Symbolik wichtig. Angesichts der weltanschaulich pluralen Gesellschaft bedarf es einer breit nachvollziehbaren Formen- und Zeichensprache. So ist es hilfreich, wenn bekannte Symbole und Riten (bspw. die Entzündung von Kerzen) vorkommen. Die religiöse Sprachfähigkeit hat jedoch deutlich abgenommen. Lieder und Inhalte der christlichen Botschaft sind weiten Teilen der Bevölkerung unbekannt (bspw. in den östlichen Gebieten der BRD). Daher bedarf es eines stimmigen Gesamtkonzepts mit einer offenen, freiheitlichen und transparenten Gestaltung. Es bedarf Rituale und Symbole, die eine gemeinsame Bedeutung in sich tragen bzw. solcher, die sich durch den liturgischen Kontext verständlich machen. Dies kann beispielsweise auch in der Predigt geschehen.
- Die gesellschaftliche und kirchliche Situation in Deutschland erfährt einen starken Wandel. Obwohl Kirchen partnerschaftlich vielfältige Aufgaben der Gesellschaft wahrnehmen und ihr soziales und diakonisches Engagement positiv erlebt wird, haben sie für einen Großteil der Bevölkerung immer weniger Bedeutung für das persönliche Leben. Von den Kirchen wird erwartet, dass sie die richtigen Mittel für die individuelle und gesellschaftliche Bewältigung von Gefühlen von Trauer in der Krisensituation haben. Als Profis im Umgang mit dem Ritus nehmen Geistliche eine sakral vermittelnde Rolle ein und sie wird ihnen auch zugesprochen. Gerade im Umgang mit den kritischen Lebensphasen

verstehen sie sich darauf, damit umzugehen und dies rituell zu gestalten. Das sind Fähigkeiten, die nicht zum alltäglichen Repertoire gehören und hier professionalisiert sind.

- Obwohl Kirchen den Ritus für die gesamte Gesellschaft gestalten, können sie selbstbewusst und profiliert von ihrer Hoffnung und ihrem Wahrheitsanspruch reden. Dies allerdings nur in dem Bewusstsein, dass einzelne Teilnehmende es anders sehen können. Daher bedarf es einer sensiblen Sprache, die einladend vom eigenen Wahrheitsanspruch redet. Der Gottesdienst ist ein Teil mehrerer Trauerbewältigungsrituale und steht nicht für sich. Da Kirche jedoch als Institution gefragt wird, ist sie auch gefragt, ihre Sicht der Dinge ins Spielfeld zu bringen, zu besprechen und wirken zu lassen. Dass wahr wird, was das Mysterion des Glaubens ist, ist trotzdem unverfügbar und ist von der Gnade Gottes abhängig. Ein Gottesdienst ist vom ersten Wort, dem ersten Lied, ja bereits beim Betreten des Raumes eine Ansage. Absolute Glaubensaussagen sind also möglich und sollten nicht aufgrund falsch verstandener Toleranz unterlassen werden, sofern sie mit Ehrfurcht und Respekt vor dem jeweils Anderen geschehen. In diesem Sinne ist Toleranz ein gegenseitiges Zulassen der Wahrheitsansprüche. Ein christlich verantworteter Gedenkgottesdienst kann also profiliert von der eigenen Glaubenswahrheit sprechen und doch Andersglaubende respektvoll mit einbinden, ohne sie vorschnell zu mit der christlichen Botschaft zu erreichen. Unter dieser Voraussetzung hat auch der christliche Gottesdienst das Recht der Glaubensäußerung wie auch der Nichtchrist mit seiner jeweiligen Überzeugung. In diesem Sinne bekommt der Gottesdienst einen deutlicheren Angebotscharakter und eröffnet die Möglichkeit, die eigene Glaubenswahrheit ins Spiel zu bringen und Hoffnung zu predigen.
- Die Liturgie steht als Ganzes, als Gesamtkunstwerk. In dieser hat gerade die Predigt eine herausgehobene Stellung. Verknüpft mit den anderen Elementen des liturgischen Verkündigungsgeschehens bringt sie, als sprachlich-dialogische Sequenz, etwas zur Sprache. Entlastet durch den gesamten liturgischen Rahmen wird hier ausgesprochen, was empfunden wird, wofür es keine Worte gab – auch menschliche Sprachlosigkeit angesichts der Ereignisse wird anerkannt. Hier verdichten sich die Ansprüche, Anknüpfungen werden miteinander verbunden und miteinander zur Sprache gebracht. Die biblischen Texte und die durch die Liturgie getragene Kommunikation des Evangeliums werden hier mit der Situation der Menschen *versprochen*. Die Predigenden übernehmen in dem Sprechakt die Anwaltschaft für das gefährdete Leben ebenso wie für die Hoffnungsbotschaft. Zugleich sind sie Anwalt der breiten Öffentlichkeit, aus der sie selbst stammen und sind selbst Betroffene der Situation. Sie riskieren die reflektierte Gott-Rede, die sich aus den

Quellen der christlichen Tradition speist, als Antwort auf diese spezifische Situation.

- Die Herausforderung von Liturgie und der Predigt als ein Teil dieser ist, dass sie bisweilen nicht immer dieselbe Sprache wie die Teilnehmenden sprechen. Der Inhalt der christlichen Botschaft, die Liturgie, Lieder und Symbole sind vielen Menschen nicht bekannt und bisher irrelevant. Daher bedarf es der sorgfältigen Suche nach den gemeinsamen Codes, sodass eine gemeinsame Sprache gesprochen wird und eine Kommunikation, die Partizipation ermöglicht. So, wie Paulus dies bei seiner Areopag Rede gemacht hat (Apg 17,16–34). Die Predigt kann dabei helfen, dass die Teilnehmenden zur Interpretation der Zeichen befähigt werden, und ist selbst gefordert, die gemeinsame Sprachebene zu finden.
- Gerade weil der christliche Gottesdienst heute mit seinen Zeichen, Riten und Symbolen bisweilen unverständlich (geworden) ist, bedarf es des zuspitzenden Wortes, das miteinander ins Gespräch und zur Sprache bringt und dabei die Interpretation der Zeichen ermöglicht. Für den Gottesdienst heißt das, dass bekannte Riten wie zum Beispiel das Anzünden von Kerzen oder das Singen bekannter Lieder. Für die Predigt heißt das, wie hoffentlich auch im regulären Gemeindegottesdienst, dass die *Sprache Kanaans*, die Insidersprache der Christen, und Floskeln vermieden werden sollten.

C Methodische Grundlegung: Analyse und Auswertung der Predigten

1 *Vorgehen*

Hauptbestandteil der vorliegenden Studie ist eine Inhaltsanalyse von Gottesdiensten mit Predigten, die aus Krisensituationen antworteten. Es wird keine vollständige Analyse aller Gedenkgottesdienste innerhalb der letzten 10 Jahre angestrebt. Es werden vielmehr exemplarisch einige öffentlich ausgestaltete und medial verbreitete Gottesdienste herangezogen. Diese sollen möglichst ökumenischen Charakter haben.

2 *Datenerhebung und Auswahl der Gedenkgottesdienste*

Als Datengrundlage dienen fünf Gedenkgottesdienste nach Krisenereignissen. Zu diesen gibt es oft digitale Videoaufzeichnungen und teilweise auch schriftliche Daten die auf den Internetseiten der Kirchen online veröffentlicht wurden. Da die Datenlage sehr unterschiedlich ist, bieten sich vor allem Gottesdienste an, die komplett als Video vorliegen, da hier die Gesamtliturgie deutlich wird. Die Gottesdienste sollten zeitnah zum Geschehen stattgefunden haben, sowie ökumenisch sein. Bei den ökumenischen Gottesdiensten sind meist zwei Predigten gehalten worden. Die Predigten wurden zur Analyse transkribiert. Folgende Gottesdienste wurden analysiert und werden im Folgenden dargestellt – hier chronologisch aufgelistet:

- Gedenkgottesdienst am 31.07.2010 anlässlich des Love-Parade Unglücks am 24.07.2010 in Duisburg (zwei Predigten)
- Gedenkgottesdienst am 17.04.2015 anlässlich des Germanwings Absturzes am 24. 03. 2015 (zwei Predigten)
- Gedenkgottesdienst am 31.07.2016 anlässlich des Amoklaufs in München im Olympia Zentrum am 22.07.2016 (zwei Predigten)
- Gedenkgottesdienst (A Service of Hope at Westminster Abbey following the Westminster terror attack) am 05.04.2017 anlässlich des Terroranschlags in London 22.03.2017 (eine Predigt)

Manche Gottesdienste sind online über verschiedene öffentliche Videodienste verfügbar. Für diese Arbeit wurden die Videos auf DVD mit den entsprechenden Lizenzen von den Sendeanstalten erworben.

- Gedenkgottesdienst Love-Parade-Unglück
  Mitschnittservice des Westdeutschen Rundfunks,
  WDR mediagroup dialog GmbH, Ludwigstr. 11, 50667 Köln
- Gedenkgottesdienst Germanwings Absturz:
  Mitschnittservice des Westdeutschen Rundfunks,
  WDR mediagroup dialog GmbH, Ludwigstr. 11, 50667 Köln
- Gedenkgottesdienst anlässlich des Amoklaufs in München:
  Mitschnittservice des Bayerischen Rundfunks
  BRmedia Service GmbH, Hopfenstraße 4, 80335 München
- A Service of Hope at Westminster Abbey
  BBC Active Video for Learning
  Mezzanine, 80 Strand, London, WC2R 0RL, United Kingdom

3 *Vorgehen bei der Analyse*

Für die Analyse der Gottesdienste werden die Ergebnisse des Forschungsüberblicks mit den Gedenkgottesdiensten ins Gespräch gebracht und diskutiert. Unterschiede werden benannt und versucht zu deuten. Bestätigendes wird wahrgenommen und beides miteinander abgewogen. Aus in Kapitel B dargelegten Gründen werden die Predigten nicht isoliert betrachtet, sondern innerhalb des Gesamtkontextes und des spezifischen Gottesdienstes, in dem sie gehalten wurden, analysiert. Daher empfiehlt sich folgendes Vorgehen:

1. Beschreibung der spezifischen Krisensituation
2. Beschreibung des Gedenkgottesdienstes mit liturgischen Besonderheiten
   - Raum und Ort(e)
   - Ablauf, Einzug, ...
   - Rituale, Lieder
3. Diskussion liturgischer Elemente mit den Ergebnissen aus dem Forschungsüberblick
4. Analyse der Predigten
   Predigtanalyse
      Beschreibung
      Transkript
      Anknüpfungen

Gewinnung von Thesen zur Fragestellung

4 *Datenanalyse/Predigtanalyse*

Für die Analyse der Predigten gibt es eine Fülle von Analyseanätzen. Einen Überblick über verschiedene methodische Ansätze seit 1945 bietet Stefanie Wöhrle in ihrer Dissertation (Wöhrle 2006). Jan Hermelink listet, nach verschiedenen Kategorien sortiert, eine Bibliografie zur Predigtanalyse von 1945 bis 1989 auf (Hermelink 1989). Engemann stellt sechs unterschiedliche Ansätze dar und stellt fest, dass es sich dabei noch nicht um eine systematische Erschließung handelt. Sein Kriterium für die Auswahl ist, dass diese homiletisch begründet, methodisch klar sind und ein theoriegeleitetes Interesse haben. Aus diesen Gründen entfällt für ihn beispielsweise die „Heidelberger Methode“, da es sich für ihn um eine zu umfassende Methode handelt, die mittels einer Checkliste versucht, die Predigt „auf alles das hin zu befragen, was homiletisch überhaupt erörtert werden kann“ (Engemann 2011: 364). Er folgt bei der Auflistung der Entwicklungsgeschichte. Er systematisiert die von ihm dargestellten Methoden entlang von ihm so genannter „semiotischer Aspekte“.

> Bei der Integration semiotischer Aspekte in die Homiletik geht es dementsprechend um die Frage, wie so gepredigt werden kann, dass das jeweils Gesagte nicht für sich selbst im Raum stehen bleibt, sondern dass es fortgesetzt, ergänzt und im Bezug auf die Lebenssituation der einzelnen Hörer durch diese selbst konkretisiert werden kann (Engemann 2011: 196).

Engemann unterscheidet zwei unterschiedliche Ansätze der Methoden. Der Erste sei an dem Inhalt der Predigt interessiert, der zweite an der Interaktion zwischen Prediger und Hörer auf Basis der Tiefen-, Kommunikations- und Pastoralpsychologie sowie Empirie. Als weiteren Ansatz nennt er das Predigtnachgespräch.

Für die Zielsetzung dieser Arbeit bietet sich eine Methode an, die die Predigt nicht als geschlossenen Akt der Rede, sondern als gesamtkontextuelles Geschehen im Gottesdienst wahrnimmt – den Gottesdienst also als „Gesamtkunstwerk“ versteht (Kloppers 2003; Kennel 2004; Plüss 2007: 23–28). Weiterhin sollte die Predigtanalyse den verschiedenen Situationsbezügen und den verschiedenen Ansprüchen, wie der theologischen Deutung, dem Predigttext, den Gottesdienstteilnehmenden und dem Zeitgeschehen gerecht werden und diese im Gesamtgeschehen würdigen.

Ein interessanter, vielversprechender Ansatz der Predigtanalyse, der die Textgestalt ebenso in den Blick nimmt wie die jeweiligen Anspruchsgruppen, findet sich bei Reinhard Feiter. Er verbindet im Vorgehen die contentanalytische und semantische Herangehensweise, ohne allein in diesen verhaftet zu bleiben. Weiterhin ist sein Ansatz explizit auf den schriftlichen Text bezogen. Ich halte die Herangehensweise einer *Predigtanalyse der Anknüpfungen* nach Feiter für diese Arbeit für sinnvoll, da sie ermöglicht, die verschiedenen unausgesprochenen und ausgesprochenen Anspruchsgruppen in einem Gedenkgottesdienst nach einer Katastrophe wahrzunehmen und im Geschehen phänomenologisch zur Geltung und zu Wort kommen zu lassen. Es wird versucht zu analysieren, welche Antworten gegeben werden und wo angeknüpft und somit auf die unausgesprochenen Fragen geschlossen wird. Die in den Predigten aufgegriffenen Symbole und liturgischen Elemente werden ebenfalls in die Analyse einbezogen. Weiterhin liegt dieser Analyse somit ein stimmiges, nachvollziehbares und überprüfbares wissenschaftstheoretisches Modell zugrunde.

In einem Artikel zur Erarbeitung der Predigt in einem homiletischen Seminar schlägt Engemann vor, dass zur späteren Auseinandersetzung mit der Predigt in einem Predigtnachgespräch verschiedene *Anwälte* eingesetzt werden. Diese haben die Aufgabe, Plädoyers zu halten. Er nennt den Anwalt des Predigers, der Hörer, des Textes bzw. der Theologie und der Sprache. Ihre Aufgabe ist nicht die zu Urteilen oder zu verteidigen, sondern die jeweilige Anspruchsgruppe zu vertreten. Der jeweilige Anwalt soll erkunden und darlegen, in welcher Weise seine Anspruchsgruppe zur Geltung kommt (Engemann 2009: 411). Sie haben bei der Predigtanalyse „darauf zu achten, daß Person, Text, Situation zu ihrem Recht kommen und daß die Sprache angemessen verwendet und nicht mißbraucht wird" (Engemann 2006: 421). Sie vertreten also Ansprüche, nach deren Antworten sie suchen. Engemann benennt dieses Vorgehen die *Problematisierung der Predigtaufgabe als Basis homiletischer* Reflexion. Es beginnt im ersten Teil mit der Predigterarbeitung. Beide Teile sind geprägt von verschiedenen Leitfragen. Diese Vorgehensweise, die gut in einem Seminar zu leisten ist, eignet sich unverändert nicht als systematischer Zugang für eine Predigtanalyse, macht jedoch deutlich, dass die Predigtaufgabe mit verschiedenen Ansprüchen und Anspruchsgruppen zu tun hat, denen der Prediger gerecht zu werden versucht. Von daher bietet sich der Bezug zu dem bereits vorgestellten wissenschaftstheoretischen Hintergrund der Praktischen Theologie als *Antwortendes Handeln* an.

Feiter (2013) hat einen Artikel geschrieben, der sich mit den Vorüberlegungen zu einer Predigtanalyse beschäftigt. Er nennt diese Herangehensweise *Anknüpfungen*. Feiters Entwurf ist im Zuge einer interdisziplinären Arbeitsgruppe zu einer eschatologischen Fragestellung entstanden, wurde jedoch aus finanziellen Gründen nicht ausgeführt. Mit Feiters Herangehensweise soll versucht werden, mit den verschiedenen Interessen aus exegetischer, systematischer und praktischer Theologie Predigten zu einer bestimmten Perikope in einschlägigen Predigtzeitschriften zu analysieren und den unterschiedlichen Interessen Raum zu geben. Predigt bezieht „sich nicht nur [...] in dieser oder jener Weise auf Bibeltext und Lehrtradition, sondern [auch die Lehrverkündigung] rekurriert [...] auf biblische Traditionen, die selbst als aktuelle Verkündigung für die Hörerinnen und Hörer ihrer Zeit verstanden werden können" (Feiter 2013: 78). Auch wenn diese Herangehensweise speziell für das

Projekt im konkreten Rahmen erarbeitet wurde, kann sie für andere Predigtanalysen herangezogen werden. Feiter bezieht sich explizit auf die Philosophie der Responsivität. In der Predigt entscheide der Predigende in Form der Anknüpfungen über das was, wonach und woraufhin sich die spezifische Rede darstelle. Dieses Anknüpfen geschehe in doppelter Weise. Zunächst in der Auswahl, was aufgenommen oder was fallen gelassen oder gar nicht in den Blick genommen wird. Andererseits beinhalten nicht alle Predigten zur ähnlichen Situation oder zum gleichen Text „dieselben Anknüpfungen, doch selbst wo dieselben Anknüpfungspunkte auftreten, geschieht das Anknüpfen nicht in derselben Weise. Das eine ist, dass an diesem oder jenem angeknüpft wird, das andere, wie oder - was im Folgenden im Fokus der Überlegung stehen wird - wozu daran angeknüpft wird" (Feiter 2013: 79–80).

> Formal gesprochen ist Anknüpfung ein responsives, antwortendes Geschehen, worin ich zwar nicht erfinde, worauf ich antworte, aber bis zu einem gewissen Grad stets, was ich antworte (Feiter 2013: 80).

Die Anknüpfungskategorien und die Analyse der Zielrichtung von Feiter können nicht ohne Weiteres übernommen werden. Für Analyse im Rahmen dieser Studie bedarf es verschiedener Anknüpfungskategorien, die sich aus der Fragestellung und Zielrichtung der Arbeit ergeben. Der Gedenkgottesdienst knüpft an eine konkrete Krisensituation an, die diesen überhaupt erst nötig macht. Weiterhin gibt es bei den Unglücken Opfer und häufig auch Täter.
Kern der Analyse werden die folgenden Anknüpfungskategorien sein:

- Anknüpfung an die Situation
  Es ist die spezifische Situation, die die kirchliche Rede herausfordert. Wie wird diese Situation in der Predigt aufgegriffen und gedeutet?
- Anknüpfung an Fragen
  Die Situation wirft verschiedene offene Fragen auf. Welche werden in der Predigt formuliert und aufgegriffen?
- Anknüpfung an Emotionen
  Die Situation ist emotional aufgeladen. Welche Emotionen werden vom Predigenden genannt und aufgegriffen? Welche bestimmen sein Bild von der Gemeinde?
- Anknüpfung an Elemente der Liturgie
  Die Predigt geschieht im Kontext des Gottesdienstes. Wie werden die verschiedenen Elemente wie Lieder, Raum etc. in der Predigt miteinander verwoben?
- Anknüpfung an Lieder und Musik
- Anknüpfung an rituelle Handlungen
  Wie bereiten die Rituale (Beispiel: Kerzenritual) die Predigt vor bzw. nach und wie werden diese eventuell aufgegriffen und gedeutet?
- Anknüpfungen an den Kirchenraum
- Anknüpfung an biblische Texte

Knüpft die Predigt an einen biblischen Text an? Wie kommt er vor? Wie wird er „benutzt“?
- Anknüpfung an Theologie und Kirche
  Die Predigt geschieht nicht aus dem Nichts, sondern steht in der Tradition der Kirche und der theologischen Deutungen. Wie kommt die Theologie der Kirche in der Predigt vor?
- Anknüpfung an liturgische Texte
- Anknüpfung an christliche Hoffnung
  Was ist die Hoffnung, von der in der Predigt geredet wird?
- Anknüpfung an Schuld
  Wie wird von Schuld geredet? Wie wird sie theologisch gedeutet?
- Anknüpfung an Personen
- Anknüpfung an Gemeinde und Angehörige
  Wie kommen die Gemeinde und die Angehörigen in der Predigt vor? Werden sie explizit angesprochen?
- Anknüpfung an Täter
  Die Unglücke haben oft eine verursachende Komponente. Es gibt Menschen, die aneinander schuldig werden. Wie wird in der Predigt Schuld und Schuldigsein aufgegriffen? Werden Menschen verurteilt oder wird auch ihnen Hoffnung zugesprochen?
- Anknüpfung an Opfer
  Was ist mit den Opfern des Unglücks? Wie wird ihr Schicksal gedeutet?
- Anknüpfung an die eigene Person
  Der Predigende redet auch als Person. Welche Anknüpfungen bietet er mit seiner eigenen Rede über sich?
- Anknüpfung an Signifikanten
  Bei manchen Predigten ist eine zusätzliche semantische Analyse ausgewählter Signifikanten sinnvoll, beispielsweise in der Predigt von Annette Kurschus in der Trauerfeier zum Germanwings-Flugzeugabsturz. Sie arbeitet stark mit dem Symbol der Tränen. Hier ist eine Analyse der Interpretanten interessant, um die Dimensionen der Predigt zu erfassen. Diese werden durch die letzte Anknüpfung mit in den Blick genommen.

Somit ergibt sich folgender Codierbaum:

- Situationsbezug
- Fragen
- Emotionen
- Elemente der Liturgie
  - Lieder und Musik
  - Rituelle Handlungen

- Kirchenraum
- Biblische Texte und Theologie
  - Liturgische Texte
  - Hoffnung
  - Schuld
- Personengruppen
  - Gemeinde und Angehörige
  - Täter
  - Opfer
  - Eigene Person
- Weitere Signifikanten

Bei der Analyse werden die Anknüpfungskategorien den einzelnen Texteinheiten zugeordnet, um diese dann qualitativ auszuwerten und zu diskutieren.

D Auswertung der Predigten im liturgischen Kontext

1 *Gedenkgottesdienst anlässlich des Love-Parade-Unglücks*

1.1 Beschreibung der spezifischen Krisensituation

In den Jahren von 1989 bis 2010 fand in Deutschland regelmäßig eine Technoparade mit zwischenzeitlich etwa 1,5 Millionen Teilnehmern statt. Ursprünglich als kleiner Straßenumzug der Berliner Technoszene entstanden, entwickelte sich diese zu einer internationalen Veranstaltung, die an wechselnden Orten in Deutschland stattfand. Während der Veranstaltung in Duisburg kam es am 24. Juli 2010 zu einem Unglück. In einem Zugangsbereich zum Gelände kam es aufgrund hoher Besucherströme und wohl durch Planungsfehler zu einem Gedränge und zur Panik. Hierbei starben 21 Menschen und über 500 Menschen wurden schwer verletzt. Insgesamt kamen dreizehn Frauen und acht Männer aus sieben Ländern zu Tode. Die genauen Umstände werden aktuell noch gerichtlich aufgearbeitet. Es stehen verschiedene Vorwürfe gegenüber dem Veranstalter und Angestellten der Stadt im Raum. Aufgrund von Vorwürfen nahmen der damalige Oberbürgermeister der Stadt Duisburg, Adolf Sauerland, und auch der Veranstalter Rainer Schaller nicht am Gedenkgottesdienst teil. Die Berichterstattung der internationalen Medien wurde später in Teilen als unangemessen wahrgenommen. Auffällig war, wie bereits am selben Abend der Katastrophe und in den nächsten Tagen gegenseitige Schuldzuweisungen die Meldungen beherrschten. Die Love-Parade findet seit dem Unglück nicht mehr statt.

1.2 Beschreibung des Gottesdienstes mit liturgischen Besonderheiten

Der zentrale ökumenische Gedenkgottesdienst fand sieben Tage nach dem Unglück in der evangelischen Duisburger Salvatorkirche statt. Die Gemeinde ist Teil der Evangelischen Kirche im Rheinland (EKiR). Die Kirche ist historisch bekannt, da in ihr im September 1610 die erste Reformierte Generalsynode stattfand.

Diese prägt noch heute die presbyterial-synodale Kirchenstruktur der EKiR. Anwesende waren der amtierende Bundespräsident Christian Wulff (2010–2012), Bundeskanzlerin Angela Merkel (seit 2005), Parlamentspräsident Norbert Lammert (seit 2005) und die Ministerpräsidentin des Landes Nordrhein-Westfalen Hannelore Kraft (2010–2017). Geleitet wurde der Gottesdienst vom Präses der Evangelischen Kirche im Rheinland Nikolaus Schneider (2003–2013), dem Bischof von Essen Franz-Josef Overbeck (seit 2009) und dem Pfarrer der Salvatorkirche Martin Winterberg. Vor dem Gottesdienst läuteten in ganz Duisburg die Kirchenglocken. Eingeleitet wurde der Gottesdienst durch Orgelspiel und er endete offiziell mit dem Segen. An diesen schloss sich nach einem Instrumentalstück die Trauerrede der Ministerpräsidentin an, an deren Ende wiederum Musik erklang.

1.2.1 Typologische Einordnung

Typologisch handelt es sich am ehesten um die Form der christlich-ökumenischen liturgischen Gastfreundschaft, da der Gottesdienst in einem evangelischen Kirchengebäude stattgefunden hat und auch darin, dass es zwei Predigten gab. Der Gottesdienst war gemischt konfessionell unter katholischer Beteiligung gestaltet, jedoch nicht inter- bzw. multireligiös. Im Rahmen der Liturgie kamen keine anderen Glaubensvertreter zu Wort. Die Begrüßung fand durch den Pfarrer der Gemeinde statt.

1.2.2 Beschreibung Raum und Orte

Bei diesem Gottesdienst können verschiedene Orte identifiziert werden, die im liturgischen Kontext Bedeutung haben: Der Ort des Unglücks, die Kirche und die Orte, an denen der Gottesdienst miterlebt werden konnte.

Der Ort des Unglücks war seit dem Unglück ein wichtiger Anlaufpunkt für Trauernde. Hier wurden Blumen niedergelegt, Kerzen entzündet und es gab die Möglichkeit, sich in Kondolenzbücher einzutragen. Es war ein Ort der gemeinsamen Trauer und der Begegnung. Dieser Ort und das dort stattfindende Ritual wurden mit dem Ort des Gottesdienstes verbunden, indem Kerzen und Kondolenzbücher am Anfang hineingetragen, vorne auf einem dafür vorgesehenen Tisch abgelegt wurden und im Gottesdienst eben diese Kerzen für die Opfer entzündet wurden. Symbolisch wurden so die Trauer und Anteilnahme der vielen Besucher des Unglücksortes mit in den Gottesdienst hinein genommen (→ Rituale).

Neben dem Ort des Unglücks ist die Kirche der zentrale Ort des Gedenkens und vor allem der Liturgie. Das Glockengeläut kündigt den Ritus im öffentlichem Raum an. Die Teilnehmerzahl in der dreischiffigen, spätgotischen Salvatorkirche war begrenzt. Die alte Stadtkirche hat etwa 550 Plätze, von denen 100 für geladene Gäste reserviert waren und 250 für Familien und Angehörige der Opfer. Es wurde Wert darauf gelegt, dass 200 offene Plätze für Teilnehmende aus der Bevölkerung reserviert waren.

Der Name der Kirche drückt bereits eine Botschaft aus. Die heute evangelische Kirche wurde Christus, dem *Salvator mundi*, dem *Erlöser der Welt* geweiht. Die Innenausstattung ist schlicht, verhältnismäßig bzw. reformiert schmucklos, ohne Bilderschmuck. Ein einfacher Altartisch mit Bibel und Kreuz, umrahmt von zwei Kerzen, steht im Chor. Links davor befinden sich ein Lesepult aus einfachen Streben und rechts eine leicht erhöhte Kanzel. Der einzige Schmuck sind die Antependien, die nicht den liturgischen Farben entsprechen. Vermutlich liegt dies am reformierten Hintergrund, der in der Gemeinde historisch besonders prägend ist. In der Salvatorkirche fand 1610 die erste Reformierte Generalsynode statt. Das Antependium am Altar hat am oberen Rand einen roten Querbalken. Darunter verziert ein goldgelber Faden das weiße Tuch. An der Kanzel befindet sich ebenso ein Parament, wobei hier der Querbalken gelb ist und neben dem goldgelben Faden, dem drei blaue Balken entspringen, ein schwarzer Rahmen um das Tuch gearbeitet ist. Die Bedeutung der Antependien ist nicht erkennbar und könnte einfach eine künstlerische Gestaltung sein.

Ein zentraler Gedenkort ist das Stadion des lokalen Fußballvereins mit einer Kapazität von 31000 Zuschauern. Dies wurde geöffnet und die Liturgie auf Großleinwand übertragen, um einer großen Anzahl Menschen gemeinsam die Teilnahme am Gottesdienst zu ermöglichen. Etwa 2600 Leute fanden sich hier ein, um am Gottesdienst teilzunehmen. Auch wenn dies nicht wenige sind, blieb die Teilnehmerzahl deutlich unter den Erwartungen und das Stadion wirkte für diesen Anlass etwas zu groß. In der TV-Übertragung wurde nach dem Gottesdienst geäußert, dass vor der Salvatorkirche vereinzelt Menschen verärgert waren, weil sie keinen Platz in der Kirche hatten. Das Stadion war für sie keine Alternative, weil es nicht als der richtige Rahmen für ihre Trauer empfunden wurde. Vielleicht hängt es damit zusammen, dass das Stadion, die MSV-Arena, mit Sport, Spiel und Freude in Zusammenhang gebracht wird. Ein Interview mit den Teilnehmenden im Anschluss ergab, dass sie den Gottesdienst als Ruhemoment empfanden, dass ihnen die gemeinsame Trauer und Solidarität gut tat und sie dies auch im Stadion empfunden haben. Ein weiterer Grund für die Abwesenheit wird, neben der wahrscheinlich zu hohen Erwartung an den Ort, vielleicht auch gewesen sein, dass nach einer Massenpanik viele Menschen größere Ansammlungen erst einmal meiden. Hinzu kommt, dass der Gottesdienst auch in verschiedene andere Kirchen in Duisburg übertragen wurde.

Neben der Übertragung auf Großleinwand fand im Stadion zeitgleich zum Entzünden der Kerzen in der Kirche ein Kerzenritual statt. Dabei wurden die Kerzen auf ein großes, in der Mitte des Stadions liegendes schwarzes Kreuz gestellt. Das Kreuz setzt dem Spiel und der Freude sozusagen eine Unterbrechung entgegen. Entzündet wurden die Kerzen durch einen evangelischen Pfarrer im Talar und einem katholischen Priester in Chorkleidung. Somit wurde dieser Ort bewusst als liturgischer Ort gestaltet und nicht einfach als Übertragungsort wahrgenommen. Die Kerzen wirken auf die Entfernung und bei Tageslicht anders als in der Kirche. Das Licht kann bei der Helligkeit kaum wahrgenommen werden. Das Stadion wurde wahrscheinlich aus Zeitgründen und aufgrund der Ungewissheit über die Zahl der Teilnehmenden gewählt. Andere Hallen in Duisburg hätten für 2600 Teilnehmende kaum Platz gehabt. Und doch stellt sich beim Stadion die Frage nach der Angemessenheit des Ortes, auch wenn mit den beiden Liturgen und dem gestalteten Ritual der gottesdienstliche Raum eröffnet wird und in das Stadion hineinbricht. Einerseits wird hier die Spannung zwischen Leben und Tod besonders deutlich, andererseits wirkt das leere, große Stadion weit und diffus.

Ein weiterer Ort ist vor den privaten Fernsehern. Die Übertragung des Gottesdienstes erreichte bundesweit laut MediaControl 170000 Zuschauer, eine Einschaltquote von 2,3%. Was die Teilnehmerzahl angeht, ist dies beachtlich. Die Wahrnehmung und Teilhabe vor dem Fernseher unterscheidet sich in vielerlei Hinsicht von der in der Kirche, allein schon durch die Gestaltung der Übertragung. Es gibt Moderatoren, die zum Gottesdienst hinführen und zwischendurch eine Erklärung geben. Es gibt Texteinblendungen mit Namen oder Liedtiteln, die somit den gedruckten Ablauf zum Teil ersetzen. Auch die Auswahl der Bilder, das Umschwenken der Kamera und der Wechsel der Sichten löst die statische Haltung der Teilnehmenden auf. Die Bilder während der Predigt können auch (evtl. ungewollt) deutende oder unterstützende Funktion haben, wenn zum Beispiel auf das Kreuz geschwenkt wird. Die Kameras sind die Augen der Zuschauer, wobei sie im Gegensatz zu den Teilnehmenden im Kirchenschiff selbst nicht wegschauen, hinschauen, aushalten müssen. Sie können ihren Platz sogar verlassen oder hin- und herlaufen. Somit haben die übertragenden TV-Sender eine besondere Verantwortung dem Zuschauer gegenüber. Während des Gottesdienstes selbst wurde nur sehr wenig kommentiert. Der Schwerpunkt lag auf der Berichterstattung und Hinführung vor und nach dem Gottesdienst. Dieser wurde durch Kommentatoren und einführende Sequenzen eingeordnet. So wurde vorher an verschiedene Orte geschaltet, Interviews gegeben und erklärende Videos gezeigt, um das Unglück und die Woche danach zu beschreiben. Für die Gestaltung des Gottesdienstes stellt sich die Frage, inwieweit die Liturgen die Zuschauer in den Blick nehmen und auch ansprechen. Werden diese begrüßt und erwähnt?

1.2.3 Beschreibung der Liturgie

Die Liturgie wird im Gottesdienstblatt als „Ökumenischer Gottesdienst zum Gedenken an die Opfer des Unglücks bei der Loveparade [...]“ angekündigt. Es handelt sich also um einen gemeinsamen Gottesdienst von Christen verschiedener Konfession. In der Regel ist der ökumenische Gottesdienst angelehnt an den Ablauf des evangelischen Predigtgottesdienstes bzw. der katholischen Wort-Gottes-Feier. Die wenigsten Bistümer und Kirchen haben konkrete Vorgaben zum Ablauf gemacht und sprechen eher von Empfehlungen. In der Evangelischen Kirche im Rheinland wird der reguläre Gottesdienst nach der *Agende für die Evangelische Kirche der Union und für die Vereinigte Evangelisch-Lutherische Kirche Deutschlands* gefeiert. Ein Vergleich des Ablaufs mit diesen Liturgien ist interessant. Dies geschieht hier und auch bei den weiteren Gottesdiensten als kommentierter Ablauf in den drei Teilen *Eröffnung und Anrufung*, *Verkündigung und Bekenntnis* und zuletzt *Sendung und Segen*. Danach werden *Musik und Lieder*, *liturgische Texte* und *Rituale* genauer betrachtet, um dann das Verhältnis von Gottesdienst und Staatsakt zu betrachten.

1.2.3.1 Ablauf des Gottesdienstes

Eröffnung und Anrufung

Der Gottesdienst wird durch Glockengeläut angekündigt und bekannt gemacht. Zum Eingang wird Musik gespielt (→ Musik und Lieder). Zum Orgelstück *Erbarm dich mein, o Herre* (J. S. Bach) ziehen die am Gottesdienst Mitwirkenden ein. Die Gemeinde erhebt sich. Vorweg gehen der katholische Bischof in Chorkleidung mit schwarzer Stola und Zucchetto, daneben der evangelische Präses in schwarzem Talar. Dahinter folgt der Pfarrer der Gemeinde ebenfalls im Talar und neben ihm die Lektorin in Zivil mit der Bibel in der Hand.

Vorne angekommen bleiben sie kurz vor dem Altar stehen und gehen an die linke Seite des Altars. Hinter ihnen folgt eine Frau der Notfallseelsorge in Dienstkleidung und eine Frau in Zivil. Sie bringen die große Kerze und die Kondolenzbücher vom Unglücksort mit nach vorne und stellen beides auf einen Tisch unter der Kanzel. Die Liturgen und die Gemeinde setzen sich, während die Musik weitergespielt wird. In direktem Anschluss geht es über in das gemeinsam gesungene Lied *Aus der Tiefe rufe ich zu dir* (GL 283/ EG 655/ in Anlehnung an Psalm 130).

Der Gemeindepfarrer beginnt als Gastgeber zentral von vorne mit dem trinitarischen Votum und einer Begrüßung der Menschen in der Kirche, im Stadion, der Menschen vor dem Fernseher und dem Radio. Er hat neben den Teilnehmenden in der Kirche die erweiterte Gemeinde im Blick. Kurz erwähnt er, was geschehen ist und geht auf das Kondolenzbuch und die Kerze ein. Direkt nach ihm stimmt der Bischof nach einer kurzen Hinführung und der Aufforderung gemeinsam mit der Gemeinde in das Kyrie ein. Anschließend spricht der Bischof ein Gebet. Ein Eingangspsalm wird nicht gesprochen.

In gewisser Weise nimmt das gemeinsame, anrufende Eingangslied die Funktion des Introitus ein. Auch das Gloria Patri entfällt. Wenn als Eingangslied ein Psalmlied gesungen wird, entfallen in evangelischen Gottesdiensten die nachfolgende Psalmlesung und gegebenenfalls das Gloria Patri (EGb 2009: 38).

Verkündigung und Bekenntnis

Die Lektorin liest an dieser Stelle die ersten zwölf Verse von Psalm 139 aus der Einheitsübersetzung an Stelle der üblichen Lesungen aus dem Alten und Neuen Testament (AT, Epistel, Evangelium). Es findet eine Reduktion statt, was aus zeitlichen Gründen und aufgrund der Ungeübtheit mancher Teilnehmenden hilfreich sein kann.

Es folgt die Predigt des Präses Nikolaus Schneider. Nach einer musikalischen Improvisation über Psalm 34 schließt sich eine weitere Predigt von Bischof Franz-Josef Overbeck an. Beide Ansprachen sind mit einer Länge von etwa sechs Minuten recht kurz. Die Kürze der Ansprachen kommt den unterschiedlichen Hörgewohnheiten sicherlich entgegen, obwohl zwei Predigten durchaus ungewöhnlich sind und auch viel Aufmerksamkeit erfordern.

Es folgt der Übergang zum Kerzenritual. Bischof Overbeck verlässt die Kanzel. Währenddessen geht Präses Schneider mit einer kleinen Kerze in der Hand zum Altar, um diese an der Altarkerze zu entzünden. Instrumentalmusik setzt ein (J. S. Bach, Cellosuiten). Schneider bringt die Kerze zum Tisch vor der Kanzel, auf dem bereits die Kondolenzbücher und die große Kerze vom Unglücksort stehen. Eine Frau der Notfallseelsorge in Dienstkleidung steckt an der brennenden kleinen Kerze eine andere an. Weitere Kerzen werden durch verschiedene Menschen in unterschiedlicher Dienst- sowie Zivilkleidung an der kleinen Kerze entfacht.

Der TV Kommentar setzt ein: „Die Kerzen laden zum stillen Gedenken und zum Gebet ein. Nicht nur hier in der Salvatorkirche, zeitgleich werden auch im Stadion 21 Kerzen angezündet. Und auch in vielen anderen Kirchen beten die Menschen jetzt für die Toten." Als Letztes entzündet Bischof Overbeck eine Kerze an der großen Kerze an und bleibt nach dem Abstellen dieser auf dem Weg zum Sitz kurz vor dem Altar stehen.

Noch während die Instrumentalmusik gespielt wird, geht Präses Schneider zum Lesepult. Andere Beteiligte stellen sich für die Fürbitte neben ihn, während die Musik noch über eine Minute spielt. Sieben Sprecher beten nacheinander. Die Fürbitten werden mit dem gemeinsamen Vaterunser abgeschlossen, zu dem sich die Gemeinde erhebt.

Sendung und Segen

Es folgt als gemeinsames Lied *Von guten Mächten* (GL 430/ EG 65), wobei nur die Strophen 2–5 gesungen werden.

Zum Segen stellen sich Bischof Overbeck und Präses Schneider nebeneinander vorne in die Mitte und sprechen nacheinander mit erhobenen Händen als Segenshandlung den Segen. Präses Schneider spricht den Aaronitischen Segen,

Bischof Overbeck ergänzt mit dem trinitarischen Votum und zeichnet dreimal das Kreuz über die Gemeinde. Beide Liturgen wenden sich um zum Altar und verbeugen sich.

Die Orgel setzt mit dem Choralvorspiel *O Welt, ich muss dich lassen* von Johannes Brahms ein. Die Liturgen verlassen den Altarraum in die Sakristei und legen dort die liturgischen Gewänder ab. Die TV-Moderatoren weisen darauf hin, dass mit dem Choral der Gottesdienst endet und direkt im Anschluss Ministerpräsidentin Hannelore Kraft in der Kirche eine Ansprache halten wird. Nach dem Orgelspiel verlassen die Gottesdienstbeteiligten den Altarraum. Sie setzen sich mit in die erste Reihe der Gottesdienstgemeinschaft. Die Ministerpräsidentin steht auf und geht nach vorne.

Staatsakt

Es folgt die Ansprache der Ministerpräsidentin vom Lesepult aus. Anschließend setzt Cellomusik vom Chorraum aus sowie mit einem Basston von der Orgel auf der anderen Seite ein. Es handelt sich um ein Violoncello mit einer Improvisation über Svyati von John Tavener (1944–2013). Während der Musik schwenkt die Kamera auf das Kreuz, die Orgel, das Kondolenzbuch, den Cellosolisten und die Gemeinde. So wird der Kirchenraum für die Zuschauer der Übertragung zum Mitsprecher gemacht. Zum Ende der Musik erhebt sich die Gemeinde.

1.2.3.2 Musik und Lieder

Die Anzahl der Lieder ist übersichtlich. Insgesamt gibt es während des Gottesdienstes vier Instrumentalstücke von Orgel, Cello und Bassklarinette und zwei gemeinsame Gesangslieder. Ein weiteres Instrumentalstück wird nach der Ansprache der Ministerpräsidentin gespielt. Der Schwerpunkt liegt insgesamt auf dem Hören der Instrumentalstücke. Die gesungenen Lieder sind die in den Gesangbüchern für den ökumenischen Gebrauch gekennzeichneten.

1. Musik: J. S. Bach: Erbarm dich mein, o Herre

Mit diesem frühen Choralstück von Johann Sebastian Bach beginnt der Gottesdienst. Es hat die Art einer Prozession und passt somit auch zum Einzug. Es ist ein ruhiges, getragenes Stück. Eine hohe Sopranmelodie liegt über schweren Bassakkorden. Es ist eine einfache Melodie, die jedoch Gewicht bekommt und tragende Tiefe hat.

Der Text wird nicht gesungen und ist auch nicht abgedruckt. Der Text handelt von der Erkenntnis der eigenen Schuldhaftigkeit, dem Flehen nach Gottes Sündenvergebung und seinem barmherzigem Erbarmen. Es ist zu vermuten, dass bei denen, die das Werk kennen, der Text mitgeklungen hat.

> Erbarme dich mein, o Herre Gott,
> Nach deiner grossn Barmherzigkeit.
> Wasch ab, mach rein mein Missetat,
> Ich kenn mein Sünd und ist mir leid.
> Allein ich dir gesündigt hab,
> Das ist wider mich stetiglich;
> Das Bös vor dir nicht mag bestahn,
> du bleibst gerecht, ob du urteilst mich.

Durch seine Getragenheit holt das Lied die Menschen ab und schafft mit den hohen Tönen den Kontrast zwischen Trauer und Erwartung den Übergang hinein in den Gottesdienst.

2. Gesang: Aus der Tiefe rufe ich zu dir (GL 283/ EG 655)

Mit diesem Lied werden im Gottesdienst die ersten Worte gesprochen. Der Gemeindegesang wird nach und nach stärker. Es handelt sich um ein Lied, das auf Psalm 130 basiert, einem Klagepsalm. Der Psalm hat ursprünglich das Motiv „Bitte um Vergebung der Schuld", was im Lied jedoch nicht explizit vorkommt. So bekommt das Lied mehr den Charakter der Leidensklage. Der Textdichter (Uwe Seidel, um 1981) hat vor allem den ersten Teil des Psalms in Worte gefasst und die Melodie von Oskar Gottlieb Barr (1981) unterstützt den Text musikalisch.

Der Liedtext arbeitet mit der Symbolik von „oben" und „unten". Der Mensch ruft aus der Tiefe mit dem Erleben der Verlorenheit nach oben zu Gott und fleht darum, dass dieser das Klagen hört und die Ohren öffnet. Dabei drückt er seinen Willen aus, nicht unterzugehen. Die Melodie gibt dem Rufen von unten nach oben Ausdruck, indem sie selbst tief beginnt und immer höher wird. In jeder Strophe kommt das „Aus der Tiefe rufe ich zu dir" zweimal vor.

Das Lied eignet sich ganz besonders als Eingangslied für diesen Gottesdienst. Melodie und Text können die Besucher in ihrer aktuellen Gemütslage abholen und artikuliert die Gefühle von Hilflosigkeit, Verzweiflung und Angewiesenheit. Dabei kommt in ihm der Charakter des Gottesdienstes zum Ausdruck, dass Gott angerufen wird, um Antwort zu geben. Dass es nicht nur um Klage geht, zeigt der Wechsel, der in der vierten Strophe stattfindet. Aus der Klage wird in der vierten Strophe mit „nur dir will ich vertrauen" und „auf dein Wort will ich bauen" ein Vertrauensruf. Wie in vielen Psalmen wandelt sich im Vollzug des Gebets der Charakter. Aus dem Anklagenden wird ein vertrauensvoll Betender, der von Gott Antworten erhofft und erfährt.

3. Musik zwischen Predigten: Improvisationen über Psalm 34

Bei den Improvisationen handelt sich um ein Instrumentalstück, gespielt von einem Solisten auf einer Bassklarinette. Dass auch Instrumentalmusik ohne Texte bei der Verarbeitung des Geschehenen Unglücks hilft, beschreibt der Interpret Markus Emanuel Zaja auf seinem Blog eindrücklich mit den Worten:

> persönlich unvergeßlich wird mir eine in der ersten reihe direkt vor mir sitzende mutter bleiben, die der teils extremen klangentfaltung der baßklarinette gänzlich folgte. erst die allerleiseten töne brachten entspannung und ruhigen atem.
> es ging bei dem improvisierten solo um eine deutung des psalm 34, 19: „der herr ist nahe bei denen, die zerbrochnen herzens sind, und hilft denen, die ein zerschlagen gemüt haben.“ (Zaja 2010; Kleinschreibung im Original)

4. Musik nach den Predigten J. S. Bach: Cellosuiten

Bei diesem Instrumentalstück handelt es sich um die Cello-Suite Nr. 3 in C Dur, IV. Sarabande. Im Liedblatt abgedruckt ist lediglich, dass es sich um eine Cellosuite von J. S. Bach handelt. Die Musik setzt nach der zweiten Predigt ein und das Cello spielt, während die Kerzen durch die verschiedenen Beteiligten angezündet werden. Dieses Stück ist sehr getragen und hat eine deutliche Basslinie. Da während des Stücks die Kerzen angezündet werden, verhilft die leicht dynamische Musik zur Bewegung, dass die Situation trotz aller Ernsthaftigkeit nicht zu schwermütig wirkt.

5. Gesang: Von guten Mächten (GL 430/ EG 65)

Dieses Lied hat Dietrich Bonhoeffer als Gedicht im Dezember 1944 während seiner Gefangenschaft geschrieben und an seine Braut und Familie geschickt, etwa vier Monate vor seiner Hinrichtung. Er befand sich zu der Zeit im Gefängnis. Es ist das letzte der zehn aus dem Gefängnis geschmuggelten Gedichte.

Das Lied im Gottesdienst beginnt erst mit der zweiten und endet mit der fünften von insgesamt sieben Strophen. Die eigentliche erste Strophe beginnt mit „Von guten Mächten treu und still umgeben, behütet und getröstet wunderbar, ...“. Der erste Teil wiederholt sich im Refrain, jedoch entfällt das „behütet und getröstet wunderbar“. Wahrscheinlich schien die erste Strophe nicht passend, da sie im zweiten Teil von dem „Neuen Jahr“ spricht. Die zweite Strophe handelt von der Last und der spürbaren Aussichtslosigkeit und erfleht Gottes Heil, das er bereits geschaffen hat. Mit dem bitteren (Gethsemane-)Kelch in Strophe drei besingt Bonhoeffer die ausweglose Situation, der er sich nicht entziehen kann und betont die Abhängigkeit in der Gottesbeziehung.

Die vierte Strophe bedenkt das Leben, auch an das Vergangene und die letztmalig von Gott geschenkte Freude mit der Konsequenz, dass das Leben zuletzt ganz Gott gehört. Die letzte gesungene Strophe beschreibt die warmen, hell leuchtenden Kerzen, die Gott in die Dunkelheit gebracht hat. Hier klingt deutlich das bevorstehende Weihnachtsfest mit seiner Botschaft an, dass Jesus als Licht dieser Welt gekommen ist und Gottes Licht in der Finsternis scheint. Es fordert Gott auf, dass er die Kerzen warm und hell aufflammen lasse. Bonhoeffers Text ist eine hoffnungsvolle Botschaft (Thust 2012: 65). Das Hoffnung gebende Lied greift die Lichtmetaphorik aus dem Ritual direkt auf und macht sie erfahrbar. Somit bezieht sich das Lied auf Elemente aus dem Gottesdienst und führt diese mit der Hoffnungsbotschaft zusammen.

6. Musik nach dem Segen: O Welt ich muss dich lassen (Brahms)

Bei diesem Orgelstück handelt es sich um eines von Brahms letzten Stücken, den elf Chorale Preludes (Op 122). Brahms schrieb nur wenig Orgelstücke, die zu seinen Lebzeiten nicht veröffentlicht wurden, und notierte diese im Angesicht seiner angeschlagenen Gesundheit. Die Noten entstammen seinem Nachlass und wurden posthum veröffentlicht. Diese elf Stücke thematisieren großteils den Tod, jedoch ist auch das berühmte „Es ist ein Ros entsprungen" eines dieser Stücke. Das im Gottesdienst gespielte Orgelvorspiel „O Welt ich muss dich lassen" thematisiert Glückseligkeit und Transzendenz.

7. Musik nach der Ansprache, Improvisationen über Svyati

Bei diesem Instrumentalstück von Sir John Kenneth Tavener (1944–2013) handelt es sich um ein Violoncello, hier ohne den im Original vorgesehenen Chor. Der Titel *Svyati* ist abgeleitet von russ. *Svyátuiee*, dem Ausdruck für *Heiliger Gott*. Es handelt sich um das Trisagion (Τρισάγιον, dreimal heilig) und entspricht dem liturgischen Sanctus.

> Englisch: Holy God, Holy Strong, Holy Immortal, have mercy on us.
> Griechisch: Ἅγιος ὁ Θεός, Ἅγιος ἰσχυρός, Ἅγιος ἀθάνατος, ἐλέησον ἡμᾶς.

Über das Werk schreibt der Komponist Tavener:

> I began to write Svyati in early 1995: while sketching it, I learned that John Williams, father of Jane, my dear friend and publisher, was dying. I could not refrain from dedicating it to Jane and to the memory of her father." The text is in Church Slavonic, and it is used at almost every Russian Orthodox service, perhaps most poignantly after the congregation have kissed the body in an open coffin at an Orthodox funeral. The choir sings as the coffin is closed and borne out of the church, followed by the mourners with lighted candles. The cello represents the priest or icon of Christ, and should play at a distance from the choir, perhaps at the opposite end of the building. As is [sic!] Greek drama, choir and priest are in dialogue with each other. Since the cello represents the icon of Christ, it must be played without any sentiment of a Western character, but should derive from the chanting of the Eastern Orthodox Church (Tavener 2017).

Dieses Werk ist in der Auswahl, vor allem nach dem Staatsakt, sehr interessant. Es ist ein religiöses Werk, obwohl sich der Staatsakt als säkular versteht. Dem Großteil der Anwesenden dürfte das Werk unbekannt sein. Und doch wird mit diesem Werk nach dem Staatsakt in Kombination mit dem Kirchenraum und der Akustik gepredigt. Dieses Werk nimmt Anteil an der Verkündigung – vor allem durch die Rolle des Cellos als Priester ohne Worte. Allerdings entfällt in diesem Gottesdienst der Chorgesang. Es findet ein musikalischer Dialog statt. Die Orgel übernimmt den Basston. Das Lied wirkt sehr getragen, schwermütig und hebt zugleich empor. Es hat etwas Meditatives.

Interessant ist die Deutung des TV-Kommentators: „Mit dieser Trauermusik endet der offizielle Teil, dieser Trauergottesdienst [...]". Dem Empfinden nach endet der Gottesdienst erst hier, auch wenn der Segen bereits gesprochen wurde und die Liturgen in Zivil (evangelisch) bzw. ohne Chorkleidung (katholisch) in der Reihe der Teilnehmenden sitzen.

1.2.3.3 Liturgische Texte

1. Begrüßung

Die ersten Worte des Liturgen sind das trinitarische Votum, welches die Situation durchbricht und ansagt, in wessen Namen der Gottesdienst stattfindet und auf den dreieinen Gott verweist.

Durch die darauffolgenden Worte macht er deutlich, warum dieser Gottesdienst gefeiert wird: um der Opfer zu gedenken. Durch die Wortwahl, dass die Erlebnisse und Bilder „vor Augen stehen“, aktualisiert er die Situation und verstärkt dieses Bild mit dem Bild der Zeit nach dem Unglück, „als die Welt stille zu stehen schien“. Das Ritual der Verbindung von Unglücksort und Gottesdienst greift der Liturg auf, indem er erklärt, dass das Kondolenzbuch und die Kerze vom Unglücksort im Tunnel in die Kirche getragen wurden, und somit auch die dort erfahrenen Gefühle „Bitterkeit und Hoffnung, Wut und Trost, Fassungslosigkeit und Erkenntnis, Zweifel und Gewissheit“ Teil des Gottesdienstes sind.

In die Begrüßung eingeschlossen werden auch die Menschen an anderen Übertragungsorten. Somit gewinnt der gottesdienstliche Raum einen über das Gebäude hinaus verbindenden Charakter. Zuschauer und Teilnehmer sind Teil der angesprochenen Menschen, die als „fassungslos und entsetzt [...] von Trauer und Sorge bedrängt“ charakterisiert werden und „nach dem Warum fragen“. Durch wenige Worte erzeugt der Liturg eine Erlebensgemeinschaft, der sich viele anschließen können. Wichtig ist auch, gerade im Hinblick auf die Schuldzuweisungen und Vorwürfe nach dem Unglück, dass er diejenigen mit anspricht, „die von Selbstvorwürfen gequält werden“. So haben Schuldgefühle und Schuld auch einen Raum in der Begrüßung. Allerdings wird diese Schuld im Gottesdienst nicht weiter aufgegriffen, was sich auch im fehlenden Sündenbekenntnis zeigt.

Es sind sorgsam gewählte Worte, die versuchen, die vielen unterschiedlichen Menschen zu begrüßen und das Unglück, das erlebte Leid sowie die gemeinsam erlebten Gefühle der Ohnmacht als Grundlage der Gemeinschaft hervorzuheben. Hier können wahrscheinlich viele mit einstimmen.

> Voller Ohnmacht schauen wir auf das Leid, das sichtbare und das unsichtbare. Mit Hoffnung schauen wir auf Jesus Christus. In seiner Liebe sind wir geborgen im Sterben, im Leben und im Sterben aufgehoben auch im Tod. Wir wissen uns in Gott getragen. Die Trauer und die Traurigkeit verbinden uns über alle Länder und über alle Religionen hinweg.

Gleichzeitig macht der Liturg eine Ansage. Er verweist darauf, dass die Teilnehmenden mit Hoffnung auf Jesus Christus schauen, in dessen Liebe wir im Leben und Sterben geborgen und auch im Tod aufgehoben sind. Und er verweist auf das Wissen darum, dass die Teilnehmenden in Gott getragen sind. Dieses Bekenntnis als Antwort auf das genannte Widerfahrnis der Ohnmacht am Ende der Begrüßung ist eine verkündigende Ansage, in die vielleicht nicht jeder einstimmen kann. Und doch wird hier auf Jesus Christus als Antwort auf die Ohnmacht verwiesen. Nach dieser deutlichen Aussage eröffnet der Liturg im Schlusssatz wieder das, was alle über Länder und Religion hinweg verbindet, die gemeinsame Trauer und Traurigkeit. Es ist ein Spagat zwischen deutlicher, profilierter Glaubensaussage und Glaubenszusage und der zugleich geäußerten Wahrnehmung, dass es unter den Teilnehmenden auch Angehörige anderer Religionen gibt.

2. Kyrie und Tagesgebet

Mit wenigen Worten führt Bischof Overbeck zu den Christusrufen hin. Auch er greift die Gefühlslage auf, um dann nach dem „Warum" zu fragen und festzustellen, dass menschliche Antworten an ihre Grenzen stoßen und dass die letzten Antworten und der letzte Trost nicht von Menschen zu erwarten sind. Er verweist auf das, was alleine bleibt, die Hoffnung, dass Gott hört.

> Letzten Trost und letzte Antworten können wir von Menschen auch nicht erwarten. So bleibt uns nur die Hoffnung, dass Gott unser Klagen und Fragen hört, dass Er unser Leid und unsere Trauer sieht.

Diese Hinführung zum Kyrie verweist auf Gott und gibt nicht vorschnell Glaubensantworten. Er lädt ein, mit dem „alten Ruf der christlichen Kirche" Gott um sein Erbarmen zu bitten, dass er „uns allen in dieser Stunde nahekommt und uns gibt, was Menschen nicht geben können". Der Bischof stellt hier die Abhängigkeit und die Unverfügbarkeit der Zuwendung Gottes heraus.
Es folgt das κύριε ἐλέησον als Wechselgebet in Deutsch. Der Liturg klagt Gott die Situation und wiederholt die genannten Einsichten. Zum Schluss endet das Kyrie mit der Aufforderung zum gemeinsamen Gebet. Der dreimalige κύριε Ruf kann an den Blinden in Jericho erinnern, der um das Erbarmen Jesu schrie, damit er von seiner Blindheit geheilt werde. Dieser Zuwendungsruf stellt die Abhängigkeit des Bittenden heraus und rechnet mit der barmherzigen Zuwendung Gottes. Das nach dem Kyrie übliche Gloria, der dankende Lobgesang auf Gott, entfällt in Zeiten der Trauer wie beispielsweise in der Karwoche; so auch hier.

Das Tagesgebet ist von der Glaubensgewissheit geprägt und stellt so gesehen eine veränderte Situation nach dem Bittruf heraus. Die vorher erflehte Gewissheit liegt nun als Wissen um die Gnade Gottes dem Gebet zu Grunde und begleitet die eigene Erfahrung des Betenden und die Suche nach Antworten auf das Erlebte.

> Lasset uns beten. Gott, du schenkst Erbarmen und Gnade. Du bist der Garant des Lebens, der Liebe und der Hoffnung. Und dennoch erleben wir, wie plötzlich das Leben und die Liebe enden, und wie schnell Hoffnungen zerbrechen.

> Wir erfahren, dass unsere Welt nicht frei ist von Unheil, und dass wir Menschen nicht alles sichern und regeln können.
> Wir suchen Antworten auf unsere Fragen und Trost in unserer Bedrängnis. Sei du unsere Kraft und Stärke, richte du uns auf und schenke uns Hoffnung und Zuversicht. Darum bitten wir dich im Heiligen Geist durch Jesus Christus, unseren gekreuzigten und auferstandenen Herrn, der mit dir lebt und herrscht, Gott von Ewigkeit zu Ewigkeit. Amen

Dieses Kollektengebet entspricht der üblichen Form. Es richtet sich, wie in der Schlussformel genannt, durch den Sohn im Heiligen Geist an Gott. Es fasst zusammen und bringt die Anliegen der Gemeinde und die Art des Gottesdienstes mit zur Sprache.

3. Lesung und Predigt

Die Lesung durch die Liturgin ist aus Psalm 139 und umfasst die ersten zwölf Verse. Die üblichen Lesungen aus dem AT bzw. den neutestamentlichen Briefen mit dem darauffolgenden Evangelium fehlen. Die Entscheidung, einen Psalm zu nehmen, ist ungewöhnlich, scheint aber sinnvoll, da es sich hierbei auch um den Predigttext handelt.

Psalm 139 ist eine Hymne, ein Lobpsalm, mit dem Motiv der Klage, die dreigliedrig entfaltet wird. Es handelt sich im Psalm um die Unschuldbeteuerung des Beters, der zu Unrecht von anderen angeklagt wird. Daher verweist der Beter auf die tiefe Kenntnis, die Gott über ihn hat. Die ausgewählte erste Psalmhälfte geht auf diese Einsicht ein, um dann von Geborgenheit zu sprechen. Die Mitte des Psalmes ist ein staunendes Innehalten vor der Größe des Schöpfergottes. Dieses Nachdenken mündet im Psalm in ein Gotteslob und schließt den Rahmen der Unschuldsbeteuerung mit dem Wunsch, dass die gottlosen Feinde des Beters durch Gott gerichtet werden (Westermann 2011: 188–189). Es ist Evangelium für den Einzelnen, das noch der Ergänzung durch das Evangelium, der Guten Nachricht, bedarf, dass „Christus auch für die Gottlosen, auch für die Feinde Gottes gestorben ist und deshalb vom Kreuz für sie um Vergebung bat" (Westermann 2011: 190).

Diese Auswahl der Lesung lässt den Kontext des Psalmes außer Acht, um sich auf die Gegenwart Gottes zu konzentrieren, die auch die Tiefen des Seins erfasst, erforscht und der man sich nicht entziehen kann. Es stellt sich die Frage, wie dies in den Predigten aufgegriffen wird, wie die aktuelle Situation und der Anspruch der biblischen Überlieferung zur Geltung kommen und wie die beiden doch unterschiedlichen Situationen und Anliegen der Beter miteinander ins Gespräch kommen. Dies wird im Rahmen der Predigtanalyse zu klären sein (→ Analyse der Predigten).

4. Fürbitten und Vaterunser

Insgesamt werden sieben Fürbitten gesprochen. Manche Gebete werden durch Personen in Zivilkleidung, andere durch die Polizeipfarrerin und auch von Vertretern der Notfallseelsorge gesprochen. Präses Schneider beginnt mit dem Gebetsruf, dass die Betenden mit ihrem Leid vor Gott stehen und der Bitte um Gottes Erbarmen.

Die ersten drei Fürbitten beginnen alle mit den Worten „Sieh an das Leid ...“ und die folgenden drei mit „Sieh auf ...“. Bei den ersten drei Bitten wird zunächst der Fokus auf das Leid der durch das Unglück direkt Betroffenen und ihren Angehörigen gelegt. In den Bitten handelt es sich um den Wunsch nach Menschen ihrer Seite, Mut und Lebenskraft sowie die körperliche Heilung und seelische Verarbeitung.

Die zwei folgenden Bitten legen den Fokus auf die Helfer und Rettungskräfte sowie Polizeibeamte. Die Bittenden loben zunächst die Taten mit Worten wie „unermüdlich im Einsatz“, „Großes geleistet“ und „alles in ihrer Macht Stehende getan“, um Menschenleben zu schützen. Für die Helfer wird um Hilfe zur Verarbeitung der Erfahrungen, der Ohnmacht und für Stärke im weiteren Dienst gebetet.

Die letzte Fürbitte ist von der Art her etwas anders. Das „Sieh auf ...“ wird auf die Verantwortlichen „für das, was geschehen ist“ bezogen. Hier wird die Schuldfrage aufgegriffen und somit indirekt eine Antwort auf das „Warum“ des Geschehens gegeben. Es gibt Menschen, die für das Geschehene verantwortlich sind. Die Fürbitte bittet um „Klarheit und Wahrhaftigkeit, um die Ursachen des Unglücks aufzudecken“. Es greift die Sehnsucht nach Wahrheit auf. Dies ist aus der Erfahrung der Woche mit Verurteilungen in verschiedener Richtung eine anklagende Fürbitte. Sie klagt neben der Verantwortung für das Geschehen auch eventuelle Lügen an. Gleichzeitig greift der Beter die Schuld der Verantwortlichen auf, indem er für sie um Gottes Barmherzigkeit bittet, damit sie an der Schuld nicht zerbrechen. Zum Schluss bittet er noch um Bewahrung, dass Menschen nicht vorschnell verurteilt werden, „damit Wut und Zorn nicht die Stadt regieren“. Das Verurteilen generell wird nicht angeprangert, nur das frühe Vorverurteilen. Es stellt sich die Frage, ob spätere Verurteilungen nicht auch in Wut und Zorn münden und ob eine Fürbitte hier eine andere Zielrichtung haben kann. Das Fürbittgebet mündet in ein gemeinsam gebetetes Vaterunser.

1.2.4 Beschreibung der Rituale

Neben dem Gottesdienst gab es weitere ritualisierte Formen der Trauer. An der Trauerstätte wurden Kerzen entzündet, Blumen und Texte abgelegt und es bestand die Möglichkeit, sich in ein Kondolenzbuch einzutragen. Ebenfalls legten am Unglücksort verschiedene Vertreter der Gesellschaft Kränze ab.

Am Tag des Gedenkgottesdienstes fand am Nachmittag nach dem Gottesdienst ein Trauermarsch (silent procession) statt, an dem etwa 2000 Menschen aus verschiedenen Ländern teilnahmen. Sie hielten in aller Stille Plakate der Anteilnahme hoch. Der Marsch startete am Hauptbahnhof und hatte den Ort des Unglücks, an dem Blumen und Kerzen abgelegt wurden, zum Ziel. Während des Trauermarsches wurden in Gedenken an die Toten 21 schwarze und in Gedenken an die Verletzten 511 weiße Luftballons steigen gelassen. In diesem Gesamtrahmen ist der Gottesdienst, der Ritus selbst eine Form der rituellen Verarbeitung.

Der Gottesdienst ist intensiv mit dem Unglücksort und den Ritualen außerhalb des Gottesdienstes verbunden. Die beiden Kernrituale, die den Gottesdienst geprägt haben, waren das Hereintragen der Kerze und der Kondolenzbücher vom Unglücksort und das Ritual des Entzündens der Kerzen für die 21 Opfer. So wurde durch das Hineintragen die Gemeinschaft der trauernden Menschen wahrgenommen, die sich während der Woche am Unglücksort versammelt hatten. Auch die Gebete, Texte und Beileidsbekundungen wurden symbolisch mit dem Gottesdienst verknüpft. Die Gedanken und Gefühle wurden vor Gott gebracht.

Am Unglücksort entzündeten viele Menschen Kerzen. Im Gottesdienst wurde dies noch einmal konzentriert nachempfunden. Entzündet wurden die Kerzen durch verschiedene am Unglück beteiligte Personen. Das Leid der Opfer und der Anteilnehmenden wurde rituell miteinander verbunden. Besonders hervorgehoben wurde in der TV-Übertragung das Glockengeläut vor dem Gottesdienst. Mit dem Glockengeläut wird der Gottesdienst öffentlich bekannt gemacht und die Menschen zu diesem gerufen. Es deutet somit auf den Öffentlichkeitscharakter des Gottesdienstes hin und verbindet den öffentlichen Raum mit dem Gottesdienstlichen; es wird vermittelt, dass alle willkommen sind.

1.3 Diskussion ausgewählter liturgischer Elemente

1.3.1 Ablauf und liturgische Texte

Der Ablauf des Gottesdienstes folgt im Grunde der agendarischen Grundform, die jedoch der Situation angepasst wurde. So wurde der Anfang gekürzt. Es fand kein Psalmgebet statt. Der Psalm wurde gesungen und griff die Situation und Gefühlslage inhaltlich auf, sodass er einen abholenden Charakter hatte. Die üblichen Schriftlesungen aus dem Alten und Neuen Testament entfallen und werden durch eine Psalmlesung ersetzt. Hier wird bereits deutlich, dass der Charakter im Rahmen des anrufenden Gebets ist. Die gelesenen und gesungenen Texte sind alle den Psalmen entnommen. Auch die Predigten kommen ohne Evangelientext aus. Die Lesungen sind fester Bestandteil der evangelischen und auch katholischen Gottesdienste. Einer der Texte ist dann in der Regel Grundlage der Predigt (was hier nur bei der zweiten gehaltenen Predigt der Fall ist). Hintergrund für die Lesungen ist auch, dass das Wort aus der Bibel im Gottesdienst frei und ohne Auslegung zur Geltung kommen soll (Zippert 2005: 70–72).

> Das für den christlichen Glauben grundlegende Hören ist das Hören eines schriftgemäßen Wortes bzw. ein Hören der Schrift, d.h. der schon im Akt des Lesens – und nicht erst des Auslegens – applizierten biblischen Texte. (Schmidt-Lauber 2003: 711–712).

Dass dies hier, bis auf die Psalmlesung, nicht geschieht, ist eine deutliche Reduktion. Dabei ist nicht klar, ob dies aus Rücksicht auf die nicht geübten Hörer oder aus anderen Gründen geschehen ist.

Auf die Lesung folgen zwei Predigten. Eine Nachfrage beim Bistum Essen hat ergeben, dass es zwar üblich ist, dass beide „leitenden Geistlichen im Rahmen des Gottesdienstes eine Ansprache halten", dass diese in der Regel jedoch nicht zwei Predigten sind, „sondern einer der Liturgen spricht am Anfang eine etwas ausführlichere Begrüßung, und der andere spricht nach der Lesung aus der Heiligen Schrift" (E-Mail Bistum Essen vom 9.07.2017). Die Predigt nach der Lesung übernimmt nach der Antwort meist der Gast, die Begrüßung hingegen der Gastgeber. Dass dies hier nicht der Fall war, begründet das Bistum wie folgt:

> Begründet ist diese Praxis zweier „Predigten" aus meiner Sicht einerseits in dem Wunsch des jeweiligen Bischofs und Präses, das Ereignis, das den Anlass für den Gottesdienst gegeben hat, für die Mitfeiernden geistlich zu deuten. Gleichzeitig entspricht es meines Erachtens auch der Erwartung der Mitfeiernden, dass ein Bischof und ein Präses jeweils in ihren eigenen Worten diese geistliche Deutung anbietet (E-Mail Bistum Essen vom 9.07.2017).

Dass zwei Predigten gehalten werden, die in sich eigenständig und abgeschlossen sind, und an die gleiche Trauergemeinde adressiert sind, nimmt gerade durch die Doppelung Gewicht von der jeweils anderen Predigt, obwohl beide für sich Autorität und Gewicht beanspruchen. Auch erschwert dies das Zuhören bei denen, die selten oder gar nicht gewohnt sind, eine Predigt zu hören. Infolge kommt die Frage auf, ob nicht beide Predigten gegeneinander abgewogen werden und, ob eine einzelne Predigt nicht mehr Gewicht gehabt hätte. Welche Botschaft gilt auch für die Teilnehmenden, die keiner Kirche angehören, wenn die eine Predigt der anderen widerspricht? Müsste nach der Begründung des Bistums nicht konsequenterweise auch eine Rede für alle anderen gehalten werden, die nicht evangelisch oder katholisch sind (auch wenn dies ein evangelisch-katholischer Gottesdienst ist)? Ob es den Mitfeiernden entspricht, dass sie von beiden eine „geistliche Deutung" erwarten, ist nicht nachprüfbar. Die Doppelung der Predigt ist auch im Zuge der erfolgten gemeinsamen Erklärung der Rechtfertigungslehre aus dem Jahr 1999 theologisch kaum begründbar, höchstens im Sinne des unterschiedlichen Amtsverständnisses. Dass zwei Predigten gehalten werden, verstärkt in diesem ökumenischen Gottesdienst, der der gemeinsamen Trauer dient, die Trennung der Kirchen. Jedoch wird in den sehr unterschiedlichen Predigten dieses Gottesdienstes im Inhalt kein Unterschied zwischen evangelischer und katholischer christlicher Botschaft gemacht, wenn von „wir Christen" gesprochen wird (Overbeck).

Der weitere Ablauf ist geprägt vom intensiven Kerzenritual (→ Rituale) und einem ausführlichen Fürbittgebet, bei dem viele Helfer der letzten Tage beteiligt sind. Dadurch gewinnt das Gebet einen situativen Charakter durch die Personen. Es wird mit dem gemeinsamen Vaterunser abgeschlossen.

Darauf folgt der gemeinsam nacheinander gesprochene Segen durch die beiden Kirchenvertreter. Auch hier muss gefragt werden, warum der Segen doppelt gesprochen wird, da es doch der Segen des gleichen dreieinen Gottes ist, unter dem der Gottesdienst begonnen hat. Es geht auch nicht um eine jeweils spezifisch katholische oder evangelische Deutung oder einen spezifisch katholischen oder evangelischen Segen. Gerade im Sinne einer klaren Symbolik bei jedem Element der Liturgie wäre es hilfreich, hier weniger Doppelungen zu haben, oder diese mehr aufeinander abzustimmen.

Direkt nach dem Segen fand nahezu ohne Übergang die Traueransprache der Ministerpräsidentin Hannelore Kraft statt. Lediglich ein Orgelstück nach dem Segen trennte die Liturgie vom Staatsakt, der in der Kirche stattfand. Nach dem Orgelspiel verließen die Gottesdienstbeteiligten den Altarraum. Sie setzten sich mit in die erste Reihe der Gottesdienstgemeinschaft. Die Ministerpräsidentin stand auf und ging nach vorne an das Lesepult. Im Anschluss an die Ansprache wurde ein Violoncello gespielt (→ Lieder). Für die Teilnehmenden vor dem Fernseher stellten die Kommentatoren nach dem Segen heraus, dass mit dem Orgelspiel der Gedenkgottesdienst zu Ende ging. Im Gottesdienst wurde dazu nichts gesagt. Eine Teilnehmerin aus dem Gottesdienst antwortete auf eine Interviewfrage nach dem Empfinden des Gottesdienstes, dass der emotional empfundene Gottesdienst und auch die Rede von Hannelore Kraft „sehr rührend" waren. Der Übergang von Gottesdienst zum Staatsakt war trotz Segens und trotz des Ortswechsels der Liturgen auch durch die musikalische Gestaltung fließend. Da die Rede der Ministerpräsidentin in der Kirche stattfand und diese auch durch ein kirchliches Lied an Orgel und Cello beschlossen wurde, liegt es nahe, dass die Empfindung verstärkt wurde, der Gottesdienst ende erst mit dem letzten Ton. Durch diese Abfolge verknüpft sich die gottesdienstliche Botschaft mit der Rede der Ministerpräsidentin. Die Theologie des Gottesdienstes ist eine Theologie, die sich in der Öffentlichkeit bewegt und in den öffentlichen Diskurs und Kontext gesetzt ist.

1.3.2 Musik und Lieder

Die Musik des Gottesdienstes ist aufeinander und auch auf den Kontext abgestimmt. Die Gewichtung liegt bei vier Instrumentalstücken und nur zwei gemeinsamen Gesangsliedern deutlich auf dem Hören und der Selbstdeutung. Die beiden gemeinsam gesungenen Lieder bilden einen inhaltlichen Spannungsbogen, der Bittruf am Anfang des Gottesdienstes „Aus der Tiefe rufe ich zu dir“ wird mit dem gesungenen Zuspruch am Ende in „Von guten Mächten treu und still umgeben, behütet und getröstet wunderbar, ...“ verbunden. Die Inhalte der Lieder sprechen in die Situation. Die wenigen Gesanglieder pointieren den Gottesdienst und wirken durch die geringe Zahl intensiver und dem Umstand gerecht, dass es wahrscheinlich für einige Teilnehmende ungewohnt ist, zu singen. Die wohl gewählten instrumentalen Stücke unterstützen den Gesamtcharakter des Gottesdienstes. Hilfreich ist auch, dass nur wenige unterschiedliche Komponisten interpretiert werden. Die Komponisten Brahms und Bach haben auch außerhalb des kirchlichen Kontextes weite Verbreitung. Für die Teilnehmenden können die gespielten Stücke also potenziell bekannte Melodien sein.

Die Wahl des Schlusswerkes nach dem Staatsakt, das den Heiligen Gott besingt, ist interessant. Der profane Staatsakt wird mit diesem Werk mit dem Heiligen verbunden und das Heilige hat das letzte Wort.

1.3.3 Rituale

Der Gottesdienst ist durch zwei markante Rituale geprägt: am Anfang durch Hereintragen der Kerzen und Kondolenzbücher und später dem Entzünden der 21 Kerzen, die jeweils für ein Opfer des Unglücks stehen. Die Rituale haben einen verbindenden Charakter. Der Gottesdienst beginnt vom Ablauf her schon vor dem offiziellen Beginn mit dem trinitarischen Votum. So wird der Gottesdienst konkret mit dem Unglücksort und den vielen Trauernden verknüpft, die während der Woche vor Ort getrauert haben. Ihre Stimmen und Äußerungen werden mit dem Kondolenzbuch hinein in den Gottesdienst genommen. So verdeutlicht das Ritual im Gottesdienst, dass dieser in der Reihe der verschiedenen Prozesse und Rituale der Trauerbewältigung steht. Er versteht sich nicht als einzige Form der Bewältigung, was ihm zum einen eine gewisse Last nimmt, zum anderen aber auch eine profilierte Kontextualisierung schafft.

Die Kerzen, die nicht nur im zentralen Gottesdienst, sondern auch im Stadion angezündet wurden, nehmen ein Ritual auf, welches bei vielen anderen Unglücken in ähnlicher Form stattgefunden hat (Vgl. Post et al. 2003; Kranemann 2016). Der Gottesdienstraum wird durch die gleichzeitige Gestaltung an mehreren Orten erweitert. Das bekannte Ritual und das Bedürfnis der Menschen, Kerzen zu entzünden, gewinnt mit den erklärenden Schlussworten aus der Predigt Bedeutung. Mit den Kerzen wird ein Element aufgegriffen, was vielen Teilnehmenden bekannt und wichtig ist (Stifoss-Hanssen & Danbolt 2016: 44). Kerzen sind ein bekanntes Symbol aus der Lebenswelt, dem im säkularen und im kirchlichen Kontext die Bedeutung von „Trost und Hoffnung“ zugesprochen wird (Post et al. 2003: 195; Kranemann 2016: 24). Das Deutungsangebot, was mit dem Entzünden der Kerzen verbunden ist, wird durch die Predigt und den gottesdienstlichen Rahmen erweitert:

> Wir werden jetzt für jede Verstorbene und jeden Verstorbenen ein Licht anzünden: zum Zeichen des Gedenkens, als Gebet und Bitte, als Hoffnungszeichen für ewiges Leben, zum Trost für alle Trauernden und Fragenden, als Zeichen menschlicher Liebe, die bleibt und auf Gott verweist. Gott, der die Liebe ist und alle mit seiner Liebe umfängt. In dieser Liebe leben die Toten und einst, wenn wir sterben, wir auch selbst (Overbeck).

Die Lichtmetaphorik mit ihren verschiedenen Deutungen wird aufgeladen mit der Botschaft der christlichen Hoffnung. Die Kerzen werden somit Teil der Kommunikation der christlichen Botschaft, die mit einer bekannten Symbolik verbunden wird. Wurden schon viele Kerzen am Unglücksort entzündet, tun dies nun stellvertretend die verschiedenen Helfer und Liturgen.

1.4 Analyse der Predigten

1.4.1 Predigtanalyse Predigt A

1.4.1.1 Beschreibung

Die erste von Präses Nikolaus Schneider gehaltene Predigt beginnt mit dem liturgischen Kanzelgruß. Sie hat eine Sprechlänge von etwa 6 Minuten. Das Transkript ist aus dem Video-Mitschnitt entstanden.

1.4.1.2 Transkript

> Gnade und Friede von Gott unserem Vater und von unserm Herrn Jesus Christus sei mit uns allen. Amen.
> Die Loveparade wurde zum Totentanz, liebe Gemeinde. Mitten hinein in ein Fest überbordender Lebensfreude hat der Tod uns allen sein schreckliches Angesicht gezeigt. Schreckensbilder besetzen unser Denken und Fühlen. Junge Menschen, die verzweifelt um ihr Leben kämpfen. Fassungslose Menschen, die ihrer Trauer und Wut ungefiltert Ausdruck geben. Erschütterte Helferinnen und Helfer, Polizistinnen und Polizisten, die selbst Hilfe und Ermutigung brauchen. Aber auch Menschen, die wie versteinert Verantwortung von sich weg schieben.
> Trauer und Verzweiflung, Hilflosigkeit und Wut halten uns wie Ketten gefangen. Wir alle ringen um Fassung und suchen nach Trost, nach Verstehen und Verständnis. Auch unser Vertrauen in Gottes Gerechtigkeit und Liebe hat Risse bekommen. „Hat Gott vergessen, gnädig zu sein, oder sein Erbarmen in Zorn verschlossen?" (Ps. 77, 10). Warum mussten 21 junge Menschen so plötzlich sterben, die doch nur ihrer Lebensfreude Ausdruck geben wollten, warum ließ Gott das zu? Und wie verlangt Gott Rechenschaft von denen, die Verantwortung für das Unglück zu tragen haben? Die Loveparade wurde zum Totentanz.
> Aber unser Gottvertrauen und unseren Lebensmut wollen wir deshalb nicht einfach preisgeben, liebe Gemeinde. Wir halten dagegen: Stärker als der Tod ist die Liebe!
> Es gilt: Stärker als der Tod ist die Liebe von uns Menschen zu einander.

Der Tod kann unsere Liebe zu den Menschen, die wir verloren haben, nicht auslöschen. Aber unsere Liebe braucht neue Wege und neue Formen. Blumen und Kerzen gehören dazu, ein solches Kondolenzbuch.
Wir können unsere Verstorbenen nicht mehr körperlich spüren. Wir können nicht mehr gemeinsam mit ihnen lachen und weinen, streiten und uns versöhnen. Aber wir tragen sie in unseren Herzen und in unseren Gedanken.
Und auch unsere Tränen und unsere Trauer sind ein Band der Liebe, das uns mit unseren Verstorbenen verbindet. Unsere Bänder der Liebe brechen die Macht des Todes: das Zuhören, das Umarmen, das tröstende Wort; die Notfallversorgung und die Umsicht der Rettungskräfte; die spontane Hilfe fremder Menschen. Das bleibt gültig.
Und es gilt: Stärker als der Tod ist Gottes Liebe!
Unser Glaube an Gott ist keine Versicherung gegen die Erfahrung von Leid und Tod. Aber wir können darauf vertrauen: Gottes liebevolle Gegenwart auf allen unseren Wegen ist uns zugesagt. Unser Gottvertrauen bewahrt uns nicht vor Schmerzen und Tränen, auch nicht vor Zweifel. Aber unser Glaube schenkt uns die Gewissheit, dass Gott unsere Schmerzen mitfühlt und unsere Tränen zählt.
Gottes Gerechtigkeit im irdischen Leben ist immer nur ein Versuch, eine Annäherung. Wir bemühen uns und das muss auch sein. Aber endgültig und so, dass wir alle vollkommen zufrieden sind, wird es erst einmal sein, in Gottes Reich. Dann kriegt auch unser „Warum“ eine endgültige Antwort gegenüber den vorläufigen Antworten, die wir nur jetzt geben und finden können, die aber nötig sind.
Ein für alle Mal und an einem Menschen für alle Menschen hat Gott uns durch Jesus Christus offenbart: Unsere schrecklichen Erfahrungen mit dem Tod, ja unser Tod selbst sind nicht das letzte Wort über uns und unser Leben. Jesu Kreuz und seine Auferstehung versprechen: Das Leben, das Gott uns schenkt, ist stärker als der Tod. Unser Tod auf der Erde ist gleichzeitig das offene Tor zu einem neuen Leben in Gottes Reich. Deshalb können wir auch sagen: Unsere Toten sind nicht tot. Der Totentanz wandelt sich zu einem Fest unzerstörbaren Lebens. Auch das bleibt gültig. Verlasst Euch darauf, auch heute.
Hier in Duisburg und überall gelten die Verheißungen des Psalmisten: "Der Herr ist nahe denen, die zerbrochenen Herzens sind, und hilft denen, die ein zerschlagenes Gemüt haben.“ (Ps. 34, 19)
Amen

1.4.1.3 Ergebnis der Anknüpfungen

Eröffnet wird die sechsminütige Predigt mit einer starken Bildthese:

> Die Loveparade wurde zum Totentanz, liebe Gemeinde. Mitten hinein in ein Fest überbordender Lebensfreude hat der Tod uns allen sein schreckliches Angesicht gezeigt.

Die Predigt kann in vier aufeinander aufbauende Teile gegliedert werden. Der dominanten Aussage über den Totentanz (1) wird entgegengehalten, dass die Liebe der Menschen zueinander stärker ist als der Tod und dass auch Gottes Liebe stärker ist als dieser (2). Danach geht der Prediger auf den Glauben an Gott ein, um dann den Wandel des Totentanzes hin zu einem „Fest unzerstörbaren

Lebens" festzustellen (3). Zum Schluss erfolgt ein Zuspruch der Nähe durch einen Psalmvers (4).

Der erste Teil wird gerahmt durch die Aussagen, dass die Love-Parade zum Totentanz wurde. Darauf folgt der zweite Teil, der mit der axiomatischen Aussage „Es gilt: Stärker als der Tod ist die Liebe von uns Menschen zu einander (sic!)" beginnt. Er endet mit der Aussage, dass „unsere Bänder der Liebe" die „Macht des Todes" brechen und der Verstärkung „Das bleibt gültig". Der dritte Teil beginnt mit dem Axiom „Und es gilt: Stärker als der Tod ist Gottes Liebe!", um dann mit der Aussage zu schließen, dass sich der „Totentanz [...] zu einem Fest unzerstörbaren Lebens [wandelt]". Der letzte Abschnitt, der an sich nur aus einem Zuspruch eines Psalmverses besteht, beginnt wiederum mit „Auch das bleibt gültig".

1. Anknüpfung an die Situation

Die Predigt hat zu Anfang, im ersten Teil, einen deutlichen Situationsbezug. Dieser wird hergestellt durch die Darstellung des Geschehens. Dabei wird die negative Situation aufgegriffen, indem der Lebensfreude der Tod als Person gegenübergestellt wird. Begrifflich wird dies dramatisch verdeutlicht, indem der Prediger den Wandel von der Love-Parade zum Totentanz konstatiert, um dies dann weiter auszuführen:

> Mitten hinein in ein Fest überbordender Lebensfreude hat der Tod uns allen sein schreckliches Angesicht gezeigt. Schreckensbilder besetzen unser Denken und Fühlen. Junge Menschen, die verzweifelt um ihr Leben kämpfen. Fassungslose Menschen, die ihrer Trauer und Wut ungefiltert Ausdruck geben. Erschütterte Helferinnen und Helfer, Polizistinnen und Polizisten, die selbst Hilfe und Ermutigung brauchen. Aber auch Menschen, die wie versteinert Verantwortung von sich weg schieben.

Deutlich ist die Anknüpfung an die Schreckensbilder, die vierfach benannt werden. Der Prediger knüpft damit an die Emotionen der Teilnehmenden an. Die in der Predigt abstrakt aufgenommenen Schreckensbilder rufen zum Teil auch die in der Woche des Unglücks durch die Medien verbreiteten Bilder in Erinnerung. Als Ursache dieser Schreckensbilder wird der Personale, schrecklich anzusehende Tod benannt. Er hat ein Gesicht, das sich durch Schreckensbilder im Denken und Fühlen manifestiert.

Als erstes Schreckensbild werden zunächst die verunglückten Teilnehmenden der Love-Parade genannt, die als verzweifelte „Junge Menschen" Erwähnung finden. Das zweite Schreckensbild sind die Menschen, die ihrer Trauer und Wut ungefiltert Ausdruck geben. Im dritten Schreckensbild wird die Situation nach dem Geschehen dargestellt, in der die beteiligten Helfer selbst zu Bedürftigen der Hilfe wurden. Manche von ihnen sind Teil der Gottesdienstgemeinde.

Als letztes Schreckensbild des Todes werden die Menschen benannt, die „wie versteinert Verantwortung von sich weg schieben“. Dies greift die diffuse Situation nach dem Unglück auf, in der direkt in den ersten Tagen Rufe nach einem Rücktritt des Bürgermeisters laut wurden[16] und Schuldeingeständnisse von Veranstalter und anderen institutionellen Beteiligten gefordert wurden. Klare Verantwortlichkeiten konnten noch nicht benannt werden. Der Predigende scheint allerdings die Situation nicht nur aufzugreifen, sondern auch eine Tendenz anzudeuten. Implizit könnte dies als Forderung nach einem raschen Verantwortungseingeständnis gehört werden. Verdeutlicht wird dies, da die Ablehnung der Verantwortungsübernahme in diesem Kontext als Schreckensbild des Todes gedeutet wird. (→ Anknüpfungen an Personengruppen: Täter und Schuld)

Es ist auffällig, dass die konkrete Situation des Unglücks und der beteiligten Personengruppen nur am Anfang im ersten Teil der Predigt vorkommt. Im weiteren Verlauf wird die trauernde Gemeinde mit ihren Gefühlen dargestellt und adressiert.

2. Anknüpfung an Fragen

Direkt zu Anfang werden drei Fragen durch den Prediger gestellt. Nach der Feststellung, dass das „Vertrauen in Gottes Gerechtigkeit und Liebe [...] Risse bekommen [hat]“, stellt er zunächst die Frage, (a) ob Gott es vergessen hat, gnädig zu sein, oder sein Erbarmen in Zorn verschlossen hat. Zweitens fragt er (b) nach dem Warum des Geschehens und warum Gott dies überhaupt zuließ. Zuletzt wird gefragt (c), wie Gott Rechenschaft von denen verlangt, die das Unglück zu verantworten haben. Auf die Fragen antwortet der Prediger erst kurz vor Schluss im dritten Abschnitt damit, dass Gottes Gerechtigkeit „im irdischen Leben immer nur ein Versuch, eine Annäherung“ sei und dass die vollkommene Zufriedenheit aller erst in Gottes Reich sein wird. Dort würde dann auch die im Leben nur vorläufig beantwortete Frage nach dem *Warum* endgültig beantwortet.

Bei der ersten Frage, ob Gott vergessen habe, gnädig zu sein oder ob er sein Erbarmen in Zorn verschlossen habe, wurde nicht sofort deutlich, wer Objekt dieser Gnade bzw. des Erbarmens sein soll. Die dritte Frage nach der Rechenschaft derer, die das Unglück verantworten, lässt darauf schließen, dass bei (a) die Opfer gemeint sind. Wenn dies der Fall ist, dann folgt daraus, dass das Unglück eventuell auf Grund der Entsagung von Gnade und Erbarmen bzw. aus Gottes Zorn heraus geschehen sei. Das zeugt von einem Bild Gottes als strafen-

16 Einige Medien berichteten über diese Forderungen. Am 12.2.2012 wurde der Oberbürgermeister Sauerland dann per Bürgerentscheid abgewählt worden (Spiegel.de: Love-Parade-Katastrophe Duisburger wählen Oberbürgermeister Sauerland ab. 12.02.2012).

den Gott: Gott, der auf Grund von Zorn gegenüber den Opfern das Unglück zulasse. Ein Tun- Ergehen Zusammenhang würde hier aufgerissen. Es ist zu bezweifeln, dass das die Frage der Angehörigen ist. Es handelt sich um eine rhetorische Frage, die auch im weiteren Verlauf kaum Relevanz hat. Sie eröffnet vielmehr den Gedankengang, dass das Unglück auf Grund persönlicher Schuld der Opfer geschehen sein könnte bzw. dass Gott sein gnädiges Handeln in Form von „am Leben lassen“ vergisst. Somit ist diese Frage für die Predigt wenig zielführend. Es sei denn sie ist ein empathisches Hören der Theodizee-Fragen der Angehörigen. Die Antwort auf die zweite Frage nach dem *Warum* des Geschehens und des Zulassens Gottes wird in das Reich Gottes verschoben. In der Predigt wird darauf nicht weiter eingegangen.

Die dritte Frage, wie Gott Rechenschaft von den Verantwortlichen verlangt, ist interessant. Sie knüpft zum einen an das Empfinden derer an, die diese Rechenschaft selbst fordern, zum anderen sind es vielleicht auch die Verantwortlichen selber, die sich fragen, wie sie mit dem Geschehenen umgehen sollen. Es ist eine gute Chance, hier anzuknüpfen und beiden Personengruppen entsprechend zu ermöglichen, Antwort zu geben. Leider wird dies im weiteren Verlauf nicht getan. So verklingt die Frage anklagend, vor allem vor dem Hintergrund des vorher geäußerten *Schreckensbild*es derer, die die Verantwortung „von sich weg schieben“.

Die gestellten Fragen knüpfen höchstens situativ an die Fragen der Hörenden an, ohne im weiteren Predigtverlauf responsiv zu werden. Die Fragen wecken Gottesbildassoziationen (Zorn und Ungnade gegenüber den Opfern), die der Prediger im weiteren Verlauf weder bestätigt, noch verneint und wirken daher verwirrend.

3. Anknüpfung an Emotionen

Die Predigt greift zum Anfang und in der Mitte Emotionen auf und beschreibt diese. Dies geschieht zunächst beim Anknüpfen an die Unglückssituation und der Woche danach, indem Menschen beschrieben werden, die in der Zeit fassungslos ihrer Trauer und Wut Ausdruck gegeben haben. Weiterhin werden erschütterte Helfer und Polizisten genannt.

Dann greift der Prediger aktuelle Emotionen auf, indem er Trauer, Verzweiflung, Hilflosigkeit und Wut benennt, die „uns wie Ketten gefangen“ halten. Dieses Bild verknüpft er mit dem Ringen um Fassung, dem Suchen nach Trost und Verstehen und Verständnis. Er knüpft auch an die Erfahrung an, dass die Verstorbenen eine Lücke hinterlassen, da es nicht mehr möglich sei, gemeinsam zu lachen und zu weinen, zu streiten und sich zu versöhnen. Als Antwort auf diese Erfahrung setzt er die Hoffnung, dass die Verstorbenen in Gedanken und Herzen, also in den Formen der emotionalen und mentalen Erinnerung weiter getragen werden können.

Eine wichtige Emotion, die der Prediger aufgreift, ist Liebe. Unter der Prämisse, dass die Liebe der Menschen zueinander stärker sei, als der Tod, baut der Prediger eine Metapher auf, indem er die Tränen und die Trauer als *Band der Liebe* bezeichnet, das die Zurückgebliebenen mit den Verstorbenen verbinde.

Neben der Aussage über die menschliche Liebe, die stärker ist als der Tod, steht gleichwertig, dass Gottes Liebe stärker ist als der Tod. Da die Liebe zwischen Menschen als den Tod überdauernd qualifiziert wird, wirkt Gottes Liebe durch die Formulierung „Und es gilt: Stärker als der Tod ist Gottes Liebe" wie eine nahezu unnötige Ergänzung zur menschlichen Liebe.

Hier wäre eine deutlichere Unterscheidung zwischen der menschlich empfundenen Emotion der Liebe und der existenziellen Dimension des absoluten Lebensabbruchs hilfreich. Erstere kann durchaus den Tod überdauern, was auch neue Ausdrucksformen braucht. Den Lebensabbruch kann die Emotion jedoch nicht rückgängig machen, egal wie stark die menschliche Liebe auch ist. In diese hinein spricht dann die Liebe Gottes, die den Tod durch die Auferstehung von Jesus Christus als Hoffnungsbotschaft durchbricht. Dies macht der Prediger im weiteren Verlauf der Predigt deutlich.

Das Bild vom verbindenden Band der Liebe erweitert er mit den Erfahrungen von Zuhören, Umarmung, tröstenden Worten und Notfallversorgung. Zuletzt benennt er, dass die Bänder der Liebe die Macht des Todes brechen, und dass dies „gültig [bleibt]". Dieses Bild kann an seine Grenze kommen, da Tränen versiegen und Trauer verarbeitet sein kann. Auch die anderen genannten Erfahrungen nehmen mit zunehmendem zeitlichen Abstand in der Regel ab. Ist das Band der Liebe dann weg? Was ist dann noch gültig? Auch durchbrechen diese Erfahrungen nicht die Macht des Todes, da dieser weiterhin als real erfahren wird. Die christliche Hoffnungsbotschaft lautet nach meiner Sicht, dass das Band der Liebe und derjenige, der die Macht des Todes bricht, Jesus Christus ist. Diese Botschaft wird in der Predigt nicht genügend vermittelt.

Die emotionalen Anknüpfungen greifen das situative Erleben auf. Die gegebenen Antworten sind theologisch und aufgrund der gewählten Metaphorik eingeschränkt. Es stellt sich die Frage, ob die aufgegriffenen Emotionen als Antwort und Lösung für das Erleben genutzt werden können. Die Antwort und Hoffnungsbotschaft auf die Emotionen und das Geschehen liegen weniger in den Gefühlen selbst, sondern benötigen eine Antwort außerhalb dieses Erlebens, die sich nicht in sich selbst sucht.

4. Anknüpfung an Elemente der Liturgie

Die Predigt nimmt weder Bezug auf die Lieder und die Musik noch auf den Kirchenraum. Einziger Bezug sind die rituellen Handlungen. Hier benennt der Prediger die Blumen und Kerzen sowie das Kondolenzbuch als neue Wege und Ausdrucksformen der persönlich empfundenen Liebe gegenüber den Opfern. Die rituelle Handlung der Trauerbewältigung wird in der Predigt als Ausdrucksform der fortdauernden Liebe benannt. Weitere Deutungen finden sich nicht in der Predigt. Weitere Deutungsmöglichkeiten hätten in der Predigt Raum gehabt und Resonanz finden können. Zum Beispiel, dass ein Beziehungsabbruch in Form des Todes als Realität des Lebens auch rituelle Formen des Abschiednehmens bedarf und dass gerade bei plötzlichen Unglücken mit jungen Menschen der zuvor nicht erfolgte Abschied Raum benötigt.

5. Anknüpfung an biblische Texte und Theologie

In der Predigt werden zwei biblische Texte erwähnt. Die Lesung aus Psalm 139 findet in der Predigt keine Berücksichtigung. Der erste erwähnte biblische Bezug ist ein Vers aus Psalm 77. Es ist die bereits erwähnte Frage danach, ob Gott vergessen hat, gnädig zu sein oder ob er sein Erbarmen in Zorn verschlossen hat.

> Hat Gott vergessen, gnädig zu sein, hat er sein Erbarmen im Zorn verschlossen? (Psalm 77,10)

Dass es ein Psalmwort ist, wird lediglich aus dem später veröffentlichten Predigtmanuskript deutlich, in dem der Psalm in Klammern vermerkt ist. Während der Predigt findet der Bezug keine Erwähnung. Der Vers wird auch ohne weitere Ausdeutung des biblischen Kontextes zitiert, was zu den Irritationen führt, die bei den Anknüpfungen an die Fragen deutlich wurde. Für die Hörer ist der biblische Bezug so nicht hörbar.

Der 77. Psalm selbst ist nach Art eines Klagepsalms gestaltet und thematisiert die Suche nach Gott und seinem Trost in erlittener Not. Der Psalmbeter fragt danach, ob Gott ihn ewig verstoßen wird und seine Güte und Treue ein Ende hat. In seinem Fragen blickt er zurück und sinnt über die früheren Wunder Gottes und sein Tun nach, um dann festzustellen: Gottes Weg ist heilig, unergründlich. Er stellt fest, dass dieser in der Vergangenheit machtvoll gehandelt hat. Das mächtige Wirken Gottes wird im Rückblick ersichtlich, jedoch bleiben seine Wege verborgen. Diese Deutung des Psalms wird in der Predigt nicht aufgegriffen oder weitergeführt. Lediglich die einzelne fragende Klage, ob Gott vergessen habe. Die einzelne Aussage aus dem Psalm wird hier nicht genannt, um eine Antwort zu geben die der Psalm durchaus anbietet, sondern lediglich, um diese Frage aufzuwerfen.

Der zweite biblische Text bezieht sich auf einen einzelnen Vers aus Psalm 34, einem Lobpsalm. Der Vers kommt am Schluss der Predigt, ohne groß eingeleitet oder ausgelegt zu werden. Auch die Bibelstelle wird nicht angesagt. Lediglich der wiederholte Verstärker „das bleibt gültig" steht vorweg – dieser steht allerdings in einer Verbindung mit der vorigen Aussage, dass sich der Totentanz zu einem Fest unzerstörbaren Lebens wandelt. Die Aussage, dass „Hier in Duisburg und überall" die Verheißungen des Psalmisten gelten, erfolgt unvermittelt. Direkt nach dem Vers wird die Predigt mit Amen abgeschlossen.

Es folgt eine kurze musikalische Improvisation, die im Liedblatt mit „Improvisation über Psalm 34" benannt ist. In diesem Sinne ist zwar eine Verknüpfung von den beiden liturgischen Elementen gegeben, die jedoch nicht unmittelbar ersichtlich ist.

> Der HERR ist nahe denen, die zerbrochenen Herzens sind, und hilft denen, die ein zerschlagenes Gemüt haben. (Psalm 34,19)

Die ersten zehn Verse des Psalms bilden einen Hymnus und die letzten zwölf eine Art Predigt. Der Psalm beginnt damit, dass der Psalmbeter David gelobt, den Herrn zu preisen, und dann andere auffordert, dasselbe zu tun. Die Verse 5–8 erzählen seine Erfahrung, dass Gott ihn beschützt und errettet hat, als er ihn suchte.

In den Versen 9–11 ermahnt er die Frommen zur Standhaftigkeit im Glauben. Dazu führt er aus, welche Auswirkung Gottes Hilfe auf die Frommen hat: Sie werden strahlen vor Freude. Wer Gott vertraut, der wird vom Engel des Herrn begleitet. Er fordert auf, Gott zu fürchten, in deren Folge der Fromme keinen Mangel haben wird. Der Prediger greift aus diesem Psalm einen Vers heraus, um Trost zuzusprechen. Er sagt weiter, dass die Verheißungen des Psalmisten weiter Gültigkeit haben. Allerdings lässt er dabei den Kontext des Verses innerhalb des Psalms außer Acht. Vor allem die Aussage, dass die Gottlosen durch Unglück getötet werden, wirkt unangemessen, wenn sie nicht in den Gesamtkontext der biblischen Verheißung gestellt wird.

Die Anknüpfung an die biblischen Texte findet nur punktuell statt, um eine Aussage als Frage bzw. als Antwort in die Situation hinein zu geben. Dabei wurden die Verse losgelöst von ihrem eigenen Kontext benutzt. Es scheint, dass ein Bezug zu einem der Predigt zugrundeliegenden Text, beispielsweise aus der Lesung, der Anknüpfung und der möglichen Antwort hilfreicher gewesen wäre. So kommen die biblischen Überlieferungen kaum zur Geltung.

Die Predigt ist durch zwei liturgische Wendungen abgegrenzt, zu Anfang durch den Kanzelgruß und am Ende durch das Amen. Weitere liturgische Formeln sind nicht erkennbar.

Die Hoffnungsbotschaft, an die der Prediger anknüpft, ist die Antwort auf die Aussage, dass die Love-Parade zum Totentanz wurde (→ Totentanz). Der durch die Erfahrung des Todes erlebten Anfechtung des Gottesvertrauens und Lebensmutes setzt der Prediger die Liebe entgegen. Als Antwort auf den Tod der Verunglückten verweist er darauf, dass die Liebe der Lebenden und auch die Liebe Gottes stärker sind als der Tod. Die Liebe von Menschen zueinander gleichwertig neben die Liebe Gottes zu den Menschen zu stellen ist in dieser Form problematisch. In einer derartigen Analogie erscheint der Kreuzestod irrelevant. Die menschliche Liebe, von der der Prediger im ersten Teil spricht, die stärker sei als der Tod, wird jedoch rein emotional beschrieben. In der existenziellen Form der Liebe verweist er auf Gott. Beide Formen werden jedoch nicht prägnant unterschieden, da er bei beiden Ausführungen das verstärkende „es gilt" vorsetzt.

Ein Verständnis, das den Tod durch die „Bänder der Liebe" der Menschen zu ihren Toten durchbrochen weiß, unterläuft die Dramatik und Realität des tatsächlichen Todes. Es schwächt den Tod als conditio humana ab. Emotional mag es sein, dass der Tod nicht als Abbruch aller Beziehungen erscheint und die Lebenden totzdem ihre Toten in liebender Erinnerung behalten. Diese Liebe mag auch stark sein, aus christlich-theologischer Perspektive ist es jedoch allein die Liebe Gottes, die durch sein Versöhnungshandeln im Kreuzesgeschehen den Tod überwindet. Der Tod kann zwar die Liebe der Menschen zu ihren Toten nicht auslöschen, wie es auch der Prediger sagt, jedoch fehlt ihr der Resonanzraum im Gegenüber des Toten.

> Der T. führt den Menschen vielmehr in eine letzte Passivität ..., die nur Gott selbst mit neuer Aktivität zu beleben vermag. Alle ethischen Konsequenzen dieses Todesverständnisses haben ihre Pointe darin, daß Gott allein der Herr über den T. ist. Der Glaube hat deshalb den T., wo er in das Leben als »unzeitiger T.« einzubrechen und das beziehungsreiche Leben beziehungslos zu machen versucht, zu bekämpfen, aber die natürliche Angst vor dem T. in Vertrauen auf Gottes den T. überwindende Liebe zu verwandeln, die die → Würde des Menschen auch durch den T. nicht antasten läßt. (Heller et al. 2005: 441)

Diesen Verweis auf die Liebe Gottes, die den Tod überwindet, macht der Prediger. Er knüpft diese durch Gott erfahrbare Liebe indirekt an den Glauben, indem er von „unser Gottvertrauen" und „unser Glaube an Gott" spricht. Dabei bewahrt der Glaube nicht vor dramatischen Lebensereignissen, sondern ist die Zusage der „liebevollen Gegenwart auf allen unseren Wegen". In diese Situation hinein ist der geschenkte Glaube Gewissheit, dass Gott mitfühlt. Diese Aussage wird verstärkt durch den Schlusssatz in Form eines Psalmverses. Inhalt dieses Glaubens ist die Zusage, dass es in Gottes Reich Gerechtigkeit geben wird, die zu Lebzeiten nur als versuchte Annäherung zu haben ist. Daher findet die Frage nach dem „Warum" auch erst dann eine zufriedenstellende Antwort.

Der Prediger verweist auf die „ein für alle Mal" geschehene Offenbarung Gottes in Jesus Christus, die zum Inhalt hat, dass die Erfahrungen mit dem Tod und die existenzielle Erfahrung des Todes selbst „nicht das letzte Wort" über das Leben haben. Er setzt dem entgegen, dass durch das Kreuzesgeschehen mit der Auferstehung von Jesus Christus das von Gott geschenkte Leben stärker ist als der Tod. Dies ist eine deutliche Aussage, die die Verheißung der Hoffnung in den Glauben an das Kreuzesgeschehen koppelt.

Der Prediger folgert, dass der „Tod auf der Erde [...] gleichzeitig das offene Tor zu einem neuen Leben in Gottes Reich [ist]". Diese Aussage, die im Glauben begründet ist, ergänzt er durch die Worte „Deshalb können wir auch sagen: Unsere Toten sind nicht tot. Der Totentanz wandelt sich zu einem Fest unzerstörbaren Lebens". In diese Feststellung schließt er implizit auch die Toten ein, die anderen Religionen angehörten. Ob diese Vereinnahmung angemessen ist, kann hier nicht beurteilt werden, jedoch nivelliert sie die Unterschiede. Hier wird der

Hoffnungszuspruch als Rede zu einer Glaubensgemeinde (welche er konkret angesprochen hatte) ergänzt mit der Rede über die Hoffnung der Toten.

Die Hoffnungsrede wird mit dem starken Bild des mittelalterlichen Totentanzes, welches seinen Ort an sich in der Bußpredigt hat, verbunden. Dieser Bußcharakter wird vorliegend zwar nicht bedient, schwingt aber unterschwellig mit, sofern die Hörenden das Bild in seinem Kontext verstehen. Dass sich der Tanz der Toten zu einem "Fest unzerstörbaren Lebens" wandelt, ist also ein Hoffnungszuspruch für die Toten im Reich Gottes.

Die Gruppe der nicht Glaubenden wird nicht konkret angesprochen. Ebenfalls nicht thematisiert wird, ob und wie Menschen, die nicht glauben, Anteil am Reich Gottes und dieser Hoffnung haben können.

Es wird auch nicht deutlich, ob die eventuell Verantwortlichen, die in der Predigt selbst nicht persönlich angesprochen werden, auch Anteil an der Hoffnung haben. Es wird nur danach gefragt, wie Gott von ihnen Rechenschaft verlangt und das Bemühen um Gerechtigkeit wird auf die Zeit im Reich Gottes verschoben. Haben die Verantwortlichen auch Anteil daran, wenn es heißt, dass „alle vollkommen zufrieden sind“? Die Schuld wird in der Predigt eher anklagend aufgegriffen.

6. Anknüpfung an Personengruppen

Zunächst angesprochen ist mit „liebe Gemeinde“ konkret die Gemeinde. Dieser Begriff wird in der Regel für die versammelte Gemeinde der Christen verwendet, kann aber auch im erweiterten Sinn als Anrede an die anwesenden Teilnehmenden des Trauergottesdienstes gelten. Auch wenn der Prediger Nichtchristen ebenfalls ansprechen möchte, ist der Begriff im Kontext des Gottesdienstes in seiner Bedeutung exklusiv:

> Eine G. ist eine Gemeinschaft von Menschen, die durch das Evangelium von Jesus Christus erreicht und durch das Wirken des Geistes in die Lebensbewegung des Glaubens hineingezogen wurden. Sie erkennen und erfahren sich bei aller Verschiedenheit der Herkunft, sozialen Stellung, kulturellen Prägung und individuellen Beschaffenheit als die durch Gott geliebten und Befreiten. (Kehrer et al. 2005: 614)

Die Aussagen an die Gemeinde im weiteren Verlauf gehen von einem exklusiven Verständnis aus, und Nichtchristen werden nicht konkret in den sprachlichen Fokus genommen. So wird von „unser Gottvertrauen“ und auch von „unser Glaube“ gesprochen. Die Möglichkeit, nicht Teil der christlichen Gemeinde zu sein, kommt in der Predigt nicht vor.

Neben der angesprochenen Gemeinde werden auch andere Personengruppen in den Blick genommen. In der Anknüpfung an die Situation zunächst die Opfer, die als „Junge Menschen, die verzweifelt um ihr Leben kämpfen“ beschrieben werden. Sie kommen dann noch als die Menschen vor, „die wir verloren haben“. Zum Schluss werden sie noch einmal erwähnt, wenn ihr existenzieller Zustand in Bezug auf das Reich Gottes beschrieben wird: „unsere

Toten sind nicht tot". Weiterhin sind die Helfer am Unglücksort und in der Nachbereitung Teil der Anknüpfung an die Situation. Sie werden als diejenigen benannt, „die selbst Hilfe und Ermutigung brauchen". Einige nehmen als Vertreter ihrer Gruppen an dem Gottesdienst Teil oder gestalten die Liturgie mit. Sie werden in der Predigt nicht direkt angesprochen.

Die Verantwortlichen des Unglücks sind die dritte Gruppe, die Erwähnung findet. Auch sie werden im Rahmen der Schreckensbilder des Unglücks erwähnt. Sie werden als diejenigen beschrieben, die die Verantwortung von sich wegschieben. Ein hartes Urteil, so früh nach dem Unglück. Ob dies angemessen ist, ist an dieser Stelle kaum zu beurteilen. Da noch sieben Jahre nach dem Unglück nach der Verantwortung gefragt wird, ist zu vermuten, dass auch damals bereits das Empfinden einiger ähnlich war.

Zuletzt ist es der Prediger selbst, der in der Predigt vorkommt und an den angeknüpft wird. Sprachlich kommt das „ich" in der Predigt nur in der gemeinsam gedachten Form des „uns" und „wir" vor.[17] Durchgehend werden Emotionen und Inhalte an Gemeinde und Prediger gemeinsam gekoppelt. Dies kann auf der einen Seite identifizierend wirken, andererseits auch vereinnahmend. Durch die Anrede als Gemeinde und dem durchgehenden inklusiven Sprachgebrauch identifiziert sich der Prediger bei allen genannten Emotionen und auch Glaubensinhalten als Teil der Gemeinde.

Die Predigt knüpft an verschiedene Personengruppen an. der Anschluss an Alle gelingt ihr aber nicht. Damit auch die vielen Nichtchristen bei einer derartigen Predigt im öffentlichen Raum mitgehen können und sich als Empfänger der Hoffnungsbotschaft empfinden, ist es hilfreich weniger exklusive Anrede zu nutzen.

7. Anknüpfung an weitere Deutungsbilder

Die Auseinandersetzung mit dem Tod nimmt viel Raum ein. Angeknüpft an diese existenzielle Erfahrung werden verschiedene Bilder bemüht. Dabei wird der Tod personal inszeniert. Der Tod ist derjenige, der „[m]itten hinein in ein Fest überbordender Lebensfreude ... sein schreckliches Angesicht" gezeigt hat. Dem Tod wird mehrfach die stärkere Kraft der menschlichen und göttlichen Liebe entgegengesetzt, die in ihren Taten wirksam werden. Diese personale Darstellung des Todes wird in der zweifachen Aussage, dass die Love-Parade zum Totentanz wurde, inszeniert.

17 Diese Formen sind in der Homiletik hoch diskutiert (Vgl. Gräb, Heimbrock, Nicol). Engemann reflektiert beispielsweise den möglichen unangemessenen Gebrauch in der Predigt. Zunächst benennt er die Signalisierung, dass der Prediger sich hinter dem gemeinsamen „uns allen" verstecke und auch die Möglichkeit einer versteckten Hörerschelte. Für den Kontext dieser Analyse interessant ist die bei ihm genannte Nutzung des „Wir", um einen „Zustand des Einklangs" zu suggerieren, der nicht gegeben sei (Engemann 2011: 19–20).

Die erste Aussage zum Totentanz als erster Satz und Anrede an die Gemeinde löst unter Umständen Irritationen aus, da es sich um ein Bild handelt, dessen Bedeutung heute wahrscheinlich kaum bekannt ist. Der Totentanz ist eine Bildgattung: der Darstellung von tanzenden Toten, die die Lebenden zum Tanz auffordern. Es handelt sich um Bilder, Lieder und Texte, die die überragende Gewalt des Todes zum Inhalt haben. Sie sind in einer Zeit entstanden, in der nicht nur der Tod zum alltäglichen Erleben gehörte, sondern vor allem auch der Kontakt mit den Toten. Das direkte Erleben des Sterbens nimmt ab und geht mit einer Entfremdung vom Sterben einher. Gestorben wird heute weniger im häuslichen Kontext als in Institutionen wie Krankenhaus und Hospiz. Zu den damaligen Erlebnissen gehörte wahrscheinlich auch die Erfahrung der Massensterben im 14. Jahrhundert, als etwa ein Drittel der europäischen Bevölkerung durch die Pest und Unterernährung verstarb. In den Bildern von den tanzenden Toten wurden verschiedene volkstümliche Motive verarbeitet:

> [Der Totentanz] verwertet volkstümliche Vorstellungen vom nächtlichen Tanz der Toten als Fegfeuerqual und wurde als Mahnung zu rechtzeitiger Buße zuerst von den Dominikanern verbreitet ... Die *Bilder* zeigen Vertreter aller Stände als Sterbende (Neuverstorbene) wechselweise mit halbverwesten Toten im Reigen vereint, nach der Pfeife des Todes tanzend. (Rosenfeld 1986: 957)

Die pastorale Funktion lag historisch im Bereich der Bußpredigt, bei der durch das angstmachende Bild zur rechtzeitigen, lebenszeitlichen Buße und Umkehr aufgefordert wurde. In den verschiedenen Drucken und Texten wird der Sinn dahingehend gedeutet, dass „es jedem einzelnen [sic!] so ergehen kann, wie den ungerechtfertigten Widergängern, die als Tote nicht zur Ruhe kommen, weil sie bis zum Jüngsten Tag die Sünder zum Tanze auffordern müssen“ (Imorde 2005: 498–500).

Vor diesem geschichtlichen Bedeutungshorizont ist die Nutzung des Bildes für die Loveparade problematisch. Was heißt es dann, dass die Love-Parade zum Totentanz wurde? Sollen die Hörenden mit diesem drastischen Bild zur Buße aufgefordert werden? Der Prediger deutet den Totentanz zunächst nur mit wenigen Worten, indem er sagt, dass der Tod mitten hinein in ein Fest überbordender Lebensfreude sein schreckliches Angesicht gezeigt hat. Diese Feier wird mit dem Tanz der Toten identifiziert. Durch ein Unglück wird eine fröhliche Feier zum Totentanz. Der Prediger sagt weiterhin, dass der Totentanz sich aufgrund dessen wandelt, dass der „Tod auf der Erde ... das offene Tor zu einem neuen Leben“ ist. Somit wird der Totentanz zu einem Fest unzerstörbaren Lebens. Diese Deutung geht an der historischen Deutung vorbei und verlangt nach einer neuen. Es stellt sich die Frage, was der Prediger mit diesem Begriff verbindet. Er knüpft an historische Deutungen an, um die Situation der unterbrochenen Lebensfreude bei der Love-Parade aufzugreifen. Offenbar nutzt er nur aus rhetorischen Gründen die Formulierung, die sich aus der Verbindung der Begriffe Tod und Tanz ergibt. Auf der Love-Parade tanzten die Lebenden, die nun tot sind. Diesen Zustand nun als Tanz der Toten zu beschreiben ist nur möglich, wenn es eine neue Deutung des Begriffes „Totentanz“ gibt, da es historisch die Toten waren, die die zum Tod geweihten zum Tanz aufforderten.

Es ist anzunehmen, dass der Prediger nicht daran gedacht hat, dass Tote auferstehen, um die lebenden Partygänger zum Tanz herauszufordern. Auch wurden die Feiernden nicht zu tanzenden Toten und die kunstgeschichtliche Deutung ist wahrscheinlich fern der Deutung der Trauernden. Daher kann dies auch ein gut gewähltes Bild sein, dass die Spannung von lebensfreudigem Tanz und dem eingetretenen Tod aufgreift. Die Metapher des Totentanzes kann jedoch auch zu stark sein und Missverständnisse produzieren, wenn die Deutung vor einem kunst- bzw. theologiegeschichtlichem Hintergrund erfolgt. Verschiedene Leserkommentare zu einem Artikel in der ZEIT bringen diese Irritation bzw. Verständnislosigkeit zum Ausdruck (Zeit.de Artikel zur Trauerfeier vom 31. Juli 2010). Theologisch kommt die Aussage des Totentanzes an seine Grenzen, wenn dieser aus christlich-protestantischer Sicht glaubensfördernd gedeutet werden soll. Auch wenn der Bußcharakter durchaus Teil der antwortenden, menschlichen Zuwendung zum barmherzigen Gott ist, ist die Hervorrufung der Buße durch auferstehende tote Gerippe ein Bild der Angst und sicherlich nicht das, was der Prediger vermitteln wollte.

1.4.2 Predigtanalyse Predigt B

1.4.2.1 Beschreibung

Die zweite Predigt hielt Bischof Overbeck. Sie beginnt mit einer persönlichen Begrüßung und hat eine Sprechlänge von etwa sechs Minuten. Das Transkript ist aus dem Video Mitschnitt entstanden.

1.4.2.2 Transkript

> Liebe Trauergemeinde, liebe Schwestern, liebe Brüder, vor allen Dingen liebe Angehörige und Verwandte, Freundinnen und Freunde unserer Toten.
> Es war vor einer Woche fast zur gleichen Stunde: Junge und hoffnungsfrohe Menschen sind auf dem Weg zur Loveparade. So wie sie sehen wir Menschen uns gerne: jung, dynamisch, in Feierlaune, völlig sicher, dass alles gut gehen wird.
> Am frühen Abend dann das Chaos: Tote und Verletzte. So erleben wir uns auch: Von jetzt auf gleich bricht alles zusammen. Menschen sterben, werden verletzt – an Leib und Seele. Viele stürzen in großes Leid. Leid, das lange währen wird. So gegensätzlich, liebe Schwestern, liebe Brüder, liebe Trauergemeinde, ist unser menschliches Leben: In dem einen Moment ist Party angesagt, wie viele junge Leute sagen, und im anderen Moment liegen wir sehr hilflos am Boden.
> Wir möchten das Leben gerne sicher steuern und haben es doch nicht im Griff. Trotz unserer Hoffnungen sind wir dem Schicksal oft hilflos ausgeliefert – gleich, woher wir stammen, gleich, wohin wir unterwegs sind, gleich, ob wir gläubig sind oder nicht, ob wir Suchende sind oder schon gefunden haben. Mir als Christ, und das

möchte ich ihnen allen sagen, hilft das, was wir in Psalm 139 gerade in der Lesung gehört haben: Gott ist vertraut mit all unseren Lebenswegen (vgl. Ps 139,3). Gott umschließt den Menschen von allen Seiten und legt seine Hand auf uns (vgl. Ps 139,5).
Ich hoffe fest darauf, dass das auch in dieser Stunde und für alle Menschen gilt. Für alle Menschen, die hilflos und verzweifelt sind und immer wieder nach dem "Warum?" fragen.
Wir Christen schöpfen diese Hoffnung daher, weil wir Gottes Gesicht kennen. In Jesus Christus kommt er uns entgegen. Von ihm her wissen wir um seinen schönsten Namen: Gott ist Liebe.
Von Jesus selbst lernen wir, dass Gott auch dem Leid standhält, mehr noch, dass er selber das Leid auf sich nimmt – für uns! Das Kreuz steht dafür. Und auch der wunderbare Name dieser Kirche, in der wir uns heute morgen versammelt haben, sagt das. Die "Salvator"-Kirche steht für Jesus, den Erlöser, den Heiland, für den Gott, der mit seinem Gesicht einem jeden entgegenkommt, besonders unseren Toten.
Ich glaube, dass eben dieser Gott, der uns in Jesus entgegenkommt, auch das Leid dieser Stunde heilen kann. Er hat uns nicht vor diesem Leid bewahrt und er bewahrt uns auch nicht vor vielem anderen Leid. Es gibt auch keine Antworten auf viele unserer Fragen. Und doch heilt er und ist er da: für die Toten, für die Verletzten, für die Trauernden, für Sie, liebe Angehörige, Freundinnen und Freunde unserer Toten, für die vielen Fragenden in unserem Land und weit darüber hinaus und auch für diejenigen, die sich der Verantwortung stellen müssen.
Liebe Schwestern und Brüder, die Loveparade ist vor einer Woche an ein schreckliches Ende gekommen. Es bleibt schwer, mit dem zu leben, was geschehen ist. Und doch bleibt etwas und geht weiter, was auch der Name der Loveparade zum Ausdruck bringt: Love heißt Liebe. In der Bibel heißt es, dass Gott die Liebe ist. Sie bleibt, sie verbindet uns Menschen, miteinander und mit Gott – über den Tod hinaus. Denn die Liebe ist stärker als der Tod. Und sie trägt durch die Schrecken dieser Tage hindurch.
Wir werden jetzt für jede Verstorbene und jeden Verstorbenen ein Licht anzünden: Zum Zeichen des Gedenkens, als Gebet und Bitte, als Hoffnungszeichen für ewiges Leben, zum Trost für alle Trauernden und Fragenden, als Zeichen menschlicher Liebe, die bleibt und auf Gott verweist. Gott, der die Liebe ist und alle mit seiner Liebe umfängt. In dieser Liebe leben die Toten und einst, wenn wir sterben, wir auch selbst.
Amen

1.4.2.3 Ergebnis der Anknüpfungen

1. Anknüpfung an die Situation

Die Predigt verbindet direkt zu Anfang den Zeitraum des Gottesdienstes mit dem geschehenden Unglück. So sagt der Prediger, dass es „fast zur gleichen Stunde" war, dass sich die jungen Menschen auf den Weg zur Love-Parade machten. Diese Verbindung überbrückt das Geschehen der vergangenen Woche und lässt das Unglück als gerade eben erst geschehen erscheinen. Dabei greift der Prediger die Spannung auf und hebt den fröhlichen und feierlichen Charakter der Veranstaltung hervor, die durch das einbrechende Chaos mit der Folge von Toten und Verletzten unterbrochen wurde. Dieser Moment, den er als Schicksalsschlag umschreibt, in dem das Leben der eigenen Steuerung entgleitet, trifft alle Anwesenden zugleich, ohne Unterschied der Person oder des Glaubens. Der Prediger erzeugt hier sprachlich eine Erlebensgemeinschaft. In dieser Anknüpfung an die Situation wird das Geschehene mit jedem einzelnen Anwesenden verknüpft.

Später in der Predigt spricht der Prediger von „dieser Stunde" und nimmt konkret die aktuelle gottesdienstliche Situation in den Blick, den Kairos als Handlungsmoment Gottes.

2. Anknüpfung an Fragen

In der Predigt wird eine einzige Frage gestellt. Sie ist allerdings nicht als offene Frage formuliert, sondern eingebettet in einen zuvor geschehenen Zuspruch, der sich aus dem Bezug auf Psalm 139 aus der Lesung ergibt. Als Antwort auf den Zuspruch, dass Gott mit allen Lebenswegen vertraut ist und dass er den Menschen von allen Seiten umschließt und seine Hand auf sie legt, heißt es:

> Ich hoffe fest darauf, dass das auch in dieser Stunde und für alle Menschen gilt. Für alle Menschen, die hilflos und verzweifelt sind und immer wieder nach dem „Warum?" fragen.

So eingebettet eröffnet die Frage kaum eine Spannung, die eine Antwort erwartet. Es ist ein Hoffnungsangebot, das mit der im Raum stehenden Frage verknüpft wird, ohne selbst eine endgültige Antwort zu versprechen. Auf die vielen auftretenden Fragen antwortet der Prediger später: „Es gibt auch keine Antworten auf viele unserer Fragen. Und doch heilt er, und ist er da ...". Der Verweis auf Gottes Nähe und Gottes Heilshandeln, anstatt verschiedene Fragen anzureißen, entlastet die Predigt.

3. Anknüpfung an Emotionen

Die Predigt greift die Emotionen zum Anfang im Situationsbezug auf. Dabei vermeidet sie intensive Bilder oder die Verstärkung dieser. Es ist ein eher sachlicher Umgang mit dem Zustand der allgemeinen Hilflosigkeit durch den Einbruch der Situation. Die Predigt beschreibt keine intensiven Emotionen oder die Gefühle der Beziehungen. Einzig der Zustand des Verletzt-Seins an Leib und Seele sowie die Hilflosigkeit hebt der Text hervor.

4. Anknüpfung an Elemente der Liturgie

Die Predigt bezieht sich auf die rituellen Handlungen und den Kirchenraum. Die Lieder finden keine Erwähnung. Beim Kirchenraum sind es zwei deutliche Bezugspunkte, die mit der Predigt verbunden werden. Zunächst ist es das für alle sichtbare Kreuz als Symbol der Hoffnung, „dass Gott auch dem Leid standhält, mehr noch, dass er selber Leid auf sich nimmt – für uns"! Mit dieser Aussage bietet der Prediger eine Deutung des Symbols an. Der nächste Raumbezug ist der

Name der Kirche, der als Name zumindest in der Stadt bekannt ist, jedoch hier der Übersetzung und Deutung bedarf.

> Von Jesus selbst lernen wir, dass Gott auch dem Leid standhält, mehr noch, dass er selber das Leid auf sich nimmt – für uns! Das Kreuz steht dafür. Und auch der wunderbare Name dieser Kirche, in der wir uns heute Morgen versammelt haben, sagt das. Die „Salvator"-Kirche steht für Jesus, den Erlöser, dem Heiland, für den Gott, der mit seinem Gesicht einem jeden entgegenkommt, besonders unseren Toten.

Hier werden die Liturgie, die Hoffnungsbotschaft und der Raum gekonnt zu einer gemeinsamen Botschaft verbunden. Die Kirche und der ihr gegebene Name stehen für eine Botschaft. Durch diesen Bezug gelingt es dem Prediger, die spezifisch christliche, mit dem Kreuzgeschehen verbundene Hoffnungsbotschaft in die Predigt mit hinein zu nehmen, die schwer unkommentiert aus dem biblischen Psalmtext zu ziehen ist.

Der Bezug auf die rituellen Handlungen liegt auf dem der Predigt nachfolgenden Kerzenritual. Das Ritual wird gedeutet und mit einer Implikation verbunden. Es ist nicht einfach ein Kerzenanzünden, sondern ein Anzünden für die Verstorbenen, um sichtbares Zeichen zu sein für das Gedenken, „als Gebet und Bitte, als Hoffnungszeichen für ewiges Leben, zum Trost für alle Trauernden und Fragenden, als Zeichen menschlicher Liebe, die bleibt und auf Gott verweist". Das Ritual wird hier mit der Hoffnungsbotschaft verbunden und aufgeladen.
Durch die deutliche Verbindung der Predigt mit dem Raum und der Ausgestaltung der Liturgie versteht sie sich als Teil des Gesamtkunstwerks und hat die Möglichkeit, über sich selbst hinaus zu weisen.

5. Anknüpfung an biblische Texte und Theologie

Der einzige in der Predigt erwähnte biblische Text ist der Psalm 139 aus der Lesung. Er wird als mögliche christliche Antwort eingebracht und in Form einer Ich-Aussage als Deutung angeboten.

> Mir als Christ, und das möchte ich Ihnen allen sagen, hilft das, was wir in Psalm 139 gerade in der Lesung gehört haben: Gott ist vertraut mit all unseren Lebenswegen. Gott umschließt den Menschen von allen Seiten und legt seine Hand auf uns.

Er spricht von sich „als Christ" und davon, dass ihm die Worte aus diesem Psalm helfen; die Zusage, dass Gott mit allen Lebenswegen vertraut ist und schützend begleitet. Anschließend formuliert er, dass er selbst hoffe, dass diese Aussage aus dem Psalm für alle Menschen gilt. Die Botschaft aus dem Psalm wird somit eine spezifisch christliche, die den Anwesenden als persönlicher Zuspruch angeboten wird. Es ist ein behutsames und zugleich profiliertes Angebot. Gleichzeitig nimmt der Predigttext ernst, dass viele Teilnehmenden auch anders denken und glauben.

In der Predigt ist die Botschaft der christlichen Hoffnung deutlich formuliert. Der Prediger spricht davon, dass der Grund der Hoffnung in der Kenntnis Jesu Christi begründet ist. In Christus kommt Gott den Menschen entgegen und zeigt sein Gesicht und von ihm ist der „schönste Name" Gottes bekannt gemacht worden: „Gott ist Liebe". Der Prediger führt den Begriff nicht weiter aus, indem er ihn auf die Kategorie des menschlichen Liebens bezieht, sondern verweist auf das Kreuz mit der damit verbundenen Botschaft der hoffnungsvollen Rettung. Dies verdeutlicht er auch durch den Namen der Kirche. Gleichzeitig wird das Kerzenritual theologisch gedeutet, indem es mit der Hoffnung auf das ewige Leben und der auf Gott verweisenden Liebe verbunden wird. Das Ewige Leben wird nicht als selbstverständlich für Alle dargestellt, sondern ist hier Teil der christlichen Hoffnung.

In diese Hoffnung hinein stellt der Prediger auch diejenigen, „die sich der Verantwortung stellen müssen". Dies ist der einzige Satz, in dem Schuld thematisiert wird. Ihnen spricht er genauso wie allen anderen zu, dass Gott heilt und da ist.

6. Anknüpfung an Personengruppen

Die Anrede an die Teilnehmer des Gottesdienstes differenziert verschiedene Personengruppen.

> Liebe Trauergemeinde, liebe Schwestern, liebe Brüder, vor allen Dingen liebe Angehörige und Verwandte, Freundinnen und Freunde unserer Toten.

Der Prediger differenziert innerhalb der Gemeinde und spricht einzelne Gruppen besonders an. Die Differenzierung wird aus dem weiteren Kontext deutlich. Als Trauergemeinde ist die Gesamtheit der Mitfeiernden gemeint, egal welchen Hintergrundes. Dies wird durch die spätere Anrede deutlich, in der er neben der Trauergemeinde gesondert die Schwestern und Brüder anspricht.

> So gegensätzlich, liebe Schwestern, liebe Brüder, liebe Trauergemeinde, ist unser menschliches Leben ...

Er spricht in der Predigt von einem „Wir" in der Erfahrensgemeinschaft, um auch deutlich zu machen, dass es Glaube und Unglaube gibt. Die Ausdifferenzierung der Personengruppen wird auch in den weiteren Äußerungen deutlich, wenn er von „Mir als Christ" spricht und Sätze mit „Ich hoffe" oder „Wir glauben" und „Ich glaube" einleitet. Ob dieses „Wir" ein Angebot oder eine Vereinnahmung ist, ist nicht ganz deutlich. Auf die Gruppen bezogen mag das gemeinsame „Wir" passen, sofern nicht die individuellen Erfahrungen gleichgesetzt werden. Die versammelte Gemeinde wird als diejenige angesprochen, die gerade gemeinsam in die Situation gestellt ist.

7. Anknüpfungen an weitere Deutungsbilder

Weitere Deutungsbilder, an denen der Prediger anknüpft, sind auch hier Liebe und Tod. Die Liebe bezieht er explizit auf Gott selbst. Hier verknüpft er den Namen der Love-Parade mit biblischen Aussagen über Jesus Christus: dass er die Liebe ist, die beständig ist und uns Menschen miteinander und mit Gott über den

Tod hinaus verbindet. Der Prediger verstärkt die Aussage, dass die Liebe Gottes stärker ist als der Tod, und durch das Erleben der Tage trägt. Vom Tod selbst wird nur gesagt, dass die Liebe Gottes stärker ist.

1.5 Gewinnung von Thesen zur Fragestellung

Als Ergebnis aus der Analyse der Liturgie und der Predigten lassen sich verschiedene Hinweise herausarbeiten. Es geht nicht darum, die Predigten oder die Predigenden zu bewerten, sondern vielmehr darum, aus den Anknüpfungen und der Analyse diskussionsfähige Thesen zu erarbeiten.

1.5.1 Thesen zur Liturgie

Raum und Ort

Die Auswahl des Raumes und Ortes des Gottesdienstes beeinflusst das Erleben der Teilnehmenden. Auch wenn das Stadion rituell (Kerzen und Liturgen vor Ort) und virtuell (Video-Übertragung) mit dem Ort in der Kirche verbunden wurde, war es als sportliche Spielstätte in seiner Wahrnehmung vorgeprägt. Daher war es hilfreich, dass andere Kirchen geöffnet hatten und ebenso den Gottesdienst mitgefeiert haben. Innerhalb einer Kirche haben die Liturgen die Möglichkeit, diesen liturgischen Raum mit der Botschaft und allem liturgischen Gepräge zu gestalten. Sie haben hier *Heimvorteil*; die Erwartungen der Teilnehmenden sind die an einen Gottesdienst, auch wenn diese sehr unterschiedlich sein können. Dass andere Formen, wenn sie in der Kirche, als Raum des Gottesdienstes stattfanden, mitunter als Teil des Gottesdienstes aufgefasst werden, zeigte sich am Staatsakt. Da es um den Gottesdienst herum verschiedene andere Orte gab (Trauer am Unglücksort, Trauermarsch, ...) und der kirchliche Ort eine Station unter Mehreren war, konnte hier, entlastet von dem Gedanken der einzige Ort der Trauer zu sein, ein spezifisch christlicher Gottesdienst gefeiert werden, ohne dass er vereinnahmend ist. Als These lässt sich festhalten, dass die Gestaltenden sich der Rolle des Raumes und der anderen Orte bewusst sein sollte und sich als ein Teil des gesamten Verarbeitungsgeschehens sehen sollte.

Musik und Lieder

Eine Musik- und Liedauswahl, die auch in der breiten Öffentlichkeit bekannte Lieder aufnimmt ist hilfreich. So hat in diesem Gottesdienst vor allem die Musik des Komponisten J.S. Bach eine hervorgehobene Rolle gespielt. Auch wenn *nur* die Musik erklang und die Texte nicht zur Sprache kamen, hat die Musik auf ihre eigene Art und Weise die Situation aufgenommen und in sie hineingesprochen. Die gemeinsamen Lieder waren wohl gewählt. Am Anfang des Gottesdienstes stand ein abholendes, sprachfähig machendes Lied, das in die

Leidensrufe der Psalmisten einstimmt und dadurch mit den vielen Menschen verbindet, die Leid in der Geschichte erfahren haben. Am Ende erklang ein immer noch sehr bekanntes Lied, welches die Hoffnungsbotschaft aus dem Gottesdienst aufgreift und weiterführt. In dieser Zurückhaltung sind die Lieder nicht überfordernd oder vereinnahmend. Sie rahmen den Gottesdienst ein und helfen, musikalisch den eigenen Emotionen Ausdruck zu geben und in Worte zu fassen. Die spezifisch kirchliche Musik nach dem Staatsakt umfasste den profanen Teil und lässt das Heilige auch hier zu Wort kommen.
Liturgische Texte

Vorgeprägte liturgische Texte unterbrechen mit ihrem Ansagecharakter die Situation. Sie sprechen und verkündigen zugleich mit ihrer geprägten Sprache und als Proklamation, dass es im Gottesdienst Deutungsangebote gibt. Die freien liturgischen Texte bedürfen der sorgsamen Wortwahl, die dabei sowohl persönlich gehalten, als auch die Situation ernst nehmen sollte. Neben Erklärungen und Ansagen zum Geschehen verbinden sie die einzelnen Teile der Liturgie miteinander, ohne selbst in den Vordergrund zu treten. Die liturgischen Texte haben allesamt eine verweisende Aufgabe, indem sie Gott im Gebet anrufen und von ihm Antworten erwarten. Im Wechselspiel mit der Gemeinde wird Gott mit der persönlichen Situation jedes Einzelnen verbunden. Hilfreich wäre gerade bei den Lesungen, neben den zumeist in den Psalmen geäußerten Klageworten auch Worte der Hoffnung zu Wort kommen zu lassen. Somit würde neben den anflehenden Gebetsworten auch der biblische Zuspruch zu Wort kommen und hätte die Möglichkeit, selbst Zuspruch der christlichen Hoffnung zu werden, unabhängig von den Liturgen.

Rituale

Der Gottesdienst beinhaltete zwei intensive Rituale. Durch das Hereintragen der Kondolenzbücher und der Kerze vom Unglücksort in den Raum des Gottesdienstes wurden die Erlebnisse und Emotionen der vorangegangenen Woche vorher in den Gottesdienst mit hineingenommen. Der Gottesdienst wurde somit keine *extra* Veranstaltung, sondern ein Teil des Weges der gesamten Verarbeitung. Alles ist miteinander verwoben. Somit erfüllt er als Teil des öffentlichen Geschehens eine zusätzliche und doch spezifische Aufgabe. Es erwies sich als hilfreich für die öffentliche Wahrnehmung, dass die im Gottesdienst stattfindenden Rituale, wie zum Beispiel das Entzünden von Kerzen, auch an den Übertragungsorten nachvollzogen werden. Dass das Ritual des Kerzen Entzündens angemessen und erwünscht ist, zeigte sich bereits an anderer Stelle. Es greift das Bedürfnis auf, zu handeln und die Lichtmetaphorik bietet verschiedene Punkte, an die (auch in der Predigt) angeknüpft werden kann.

1.5.2 Thesen zu den Predigten

- Für einen christlich-ökumenisch geprägten Gottesdienst in der Öffentlichkeit reicht eine Predigt aus. Dass von beiden christlichen Konfessionen die eigenen Vertreter im Gottesdienst sind, heißt nicht, dass es unterschiedliche Hoffnungsbotschaften gibt. Dies wird auch dadurch deutlich, dass die Predigtdoppelung in der Regel nicht vorgesehen ist. Die Predigten haben gezeigt, dass sie keine substanziell unterschiedlichen konfessionellen Prägungen thematisieren, beziehungsweise aufweisen. Dass die Hörer die Erwartung an zwei konfessionell unterschiedliche christliche Deutungen haben, ist nur eine Vermutung, in diesem Kontext ist die Aufgabe der Predigt jedoch in erster Linie nicht das konfessionelle Bekenntnis. Eine einzelne Predigt hat für sich auch mehr Gewicht, zumal viele Teilnehmenden heute vermutlich kaum noch zwischen den Konfessionen unterscheiden können. Wenn es mehr als eine Predigt im Gottesdienst gibt, ist die Kürze und eine gegenseitige Abstimmung des Inhalts angemessen. Diese Predigten können sich dann ergänzen.
- Die Anknüpfungen haben gezeigt, dass die Situation durch das mediale Geschehen Auswirkungen auf die Predigt und den Prediger haben. Daher erscheint es passend, dass das Unglück und auch die Gesamtsituation nach dem Unglück in der Predigt ihren angemessenen Widerhall haben. Die Predigt soll sich nicht nur auf das Unglück beziehen, sondern auch auf den gesamten Rahmen und die Auswirkungen des Unglücks.
- Als Situationsbezug hilft es, wenn die aktuelle Betroffenheit der Teilnehmenden am Gottesdienst als Bezugspunkt dient. Es geht um die aktuelle Situation der Menschen in der gottesdienstlichen Situation, die aus dem Geschehen resultiert. Eine Verstärkung der Emotionen des Unglücks ist wenig hilfreich, soll doch aktuell Trost und Hoffnung zugesprochen werden, sodass Heilung geschehen kann.
- Es ist wichtig, dass die in der Predigt gestellten Fragen nicht rein rhetorische Funktionen besitzen, sondern als existenzielle Fragen auch im weiteren Verlauf der Predigt aufgegriffen werden. Fragen sollten konkret und nicht zu ausschweifend sein. Auch die Formulierung, dass es zu Lebzeiten keine befriedigende Lösung gibt, ist eine Antwort. Es ist hilfreich, wenn die aufgeworfenen Fragen in die möglichen Deutungen eingebettet bzw. mit diesen verknüpft sind.
- Der Gottesdienst ist durch die Aktualisierung der Situation wahrscheinlich schon emotional aufgeladen. Diese Emotionen sollen einen Ort in der Predigt finden, jedoch sensibel angesprochen werden. Nicht jeder Teilnehmer hat die gleichen Empfindungen, was auch aus den unterschiedlichen Beziehungen zu den Opfern herrührt. Der Abbruch der vielfältigen Beziehungen durch den Tod lässt die Emotionen so

erdrückend sein. Der Tod ist eine Lebensrealität, die durch Emotionen nicht durchbrochen oder gar rückgängig gemacht werden kann. Dies gilt es ernst zu nehmen und den Prozess der Abschiednahme zu gestalten. Daran kann behutsam und seelsorgerlich angeknüpft werden. Dabei müssen die vorhandenen Emotionen in der Predigt nicht aufgelöst, sondern ernst genommen werden. Sie führen nicht aus der Situation hinaus, sondern sind Ausdruck der persönlichen Betroffenheit. Es hilft daher nicht einen romantisierenden Begriff von Liebe zu verkünden. Wird hingegen in die emotionale Situation hinein eine beständige Botschaft verkündet, die das Erleben ernst nimmt und mit der christlichen Hoffnung verspricht, kann sich dies als hilfreich erweisen.

- Die Predigt steht nicht eigenständig als losgelöstes Textstück in der Liturgie. Eine Verknüpfung und Interaktion mit den anderen vielfältigen Teilen der Liturgie gibt ihr die Möglichkeit, Deutung anzubieten. So kann sie die Lesung und die Rituale aufgreifen und den Gottesdienst zu einem Gesamtkunstwerk werden lassen, in dem alles miteinander spricht. Eine solche Predigt nimmt die anderen liturgischen Elemente ernst und nimmt sie zu Hilfe, um die christliche Botschaft der Hoffnung zu formulieren. Sie trägt damit nicht die Last, alles in sich selber zu deuten, sondern kann auf andere Elemente verweisen. Sehr hilfreich kann eine Verbindung mit dem Ort des Gottesdienstes sein, wenn dieser bereits eine Botschaft impliziert. Der Ort bekommt dadurch eine auch sprachlich mitdeutende Funktion.
- Die in der Predigt aufgegriffenen biblischen Texte sollten als solche benannt und nicht als bekannt vorausgesetzt werden. Um einzelne Verse nicht einfach (als Versatzstücke) zu gebrauchen, sollten sie in ihrem biblischen Gesamtzusammenhang wahrgenommen werden. Da bereits im Gottesdienst gelesene biblische Texte nachklingen, bietet es sich an, diese in der Predigt zu thematisieren und auszulegen. Dies erleichtert gerade ungeübten Hörern das Verstehen und Mitverfolgen.
- Die Predigt sollte auch in theologisch-systematischer Hinsicht stringent sein. Eine Aussage, wie dass *unsere* Toten alle nicht tot sind, ist christlich-theologisch nur sinnvoll, wenn die angesprochene Gemeinde als rein christliche verstanden wird. Dabei gilt es, diffuse Aussagen zu vermeiden. Eine universale, für alle gültige Aussage über das Verständnis des Todes lässt sich in der Predigt kaum treffen. Die Glaubensunterschiede der anwesenden Teilnehmenden und vor allem auch der Toten gilt es ernst zu nehmen, will man nicht vereinnahmend sein. Ein Buddhist hat ein anderes Verständnis von Tod und Hoffnung nach dem Tod als ein Christ. Somit kann die Predigt nicht selbstverständlich alle Toten als bei Gott Benennen, ohne ihr spezifisches Verständnis zu artikulieren. Den Glauben und Nichtglauben der Teilnehmenden und der Toten ernst zu nehmen heißt, auch Unterschiede in der Hoffnung zu

thematisieren, dass es einen Unterschied in der Hoffnung gibt. Dabei muss die jeweils andere Hoffnungsbotschaft nicht ausgeführt, die eigene jedoch als spezifisch christliche Hoffnung herausgestellt werden. Zu dieser kann man sich verhalten. Es ist der Zuspruch Jesu an die beiden Blinden, der die Personen ernst nimmt, indem er ihnen sagt: „Euch geschehe nach eurem Glauben“ (Mt 9,29).

- Die differenzierte Rede und Anrede der verschiedenen Personengruppen respektiert Unterschiede im Glauben. Sie nimmt den Charakter der öffentlichen Rede im Angesicht der Gesamtgesellschaft ernst. Eine Sprache, die die Personengruppen unterscheidet und doch als eine gemeinsame Zielgruppe wahrnimmt, unterstützt diese Botschaft. Die im Gottesdienst zusammengekommenen bilden eine Erfahrensgemeinschaft, die aus Menschen verschiedenen Glaubens besteht. Eine Rede, die zwischen „ich“ und „wir“ unterscheidet, kann respektvoll vom christlichen Glauben und der damit verbundenen Hoffnungsbotschaft reden, ohne vorschnell zu vereinnahmen oder Unterschiede im Glauben zu nivellieren.
- Je nach Unglück schwingt das Thema Schuld mit und sollte angesprochen werden. Es macht einen Unterschied, ob das Unglück bewusst (beispielsweise als Terrorakt) oder aus Fahrlässigkeit geschehen ist. Bei dem Unglück in Duisburg kann man davon ausgehen, dass alle Beteiligten dieses vermeiden wollten. Es ist nicht die Aufgabe der Predigt, Schuldige zu benennen oder zu verurteilen und Einzelne durch die Sprache der Predigt aus dem liturgischen Geschehen auszuschließen. Vielmehr sind auch diejenigen, die Verantwortung für ein Unglück tragen, Opfer des Geschehens und bedürfen des hoffnungsvollen Zuspruchs, der auch ihr Leiden ernst nimmt, ohne dabei eine mögliche Schuld zu banalisieren oder zu verschweigen.
- Betroffene eines Unglücks sind nicht nur die Opfer, sondern auch die Helfenden in der Zeit danach. Sie wurden durch ihre Profession ebenso mit dem Geschehen konfrontiert und müssen dieses verarbeiten. Sie an der Liturgie zu beteiligen heißt auch, sie in ihrer Betroffenheit anzusprechen und diese aufzugreifen.
- Die Bilder, mit denen das Geschehen gedeutet wird, sollten sorgsam gewählt werden. Sie sollten an heute bekannte Bilder anknüpfen, die nicht zu Irritationen in der Deutung führen. Eine Anknüpfung an historische oder kunstgeschichtliche Deutungsmuster ist problematisch, da nicht vorauszusetzen ist, dass die Teilnehmenden im Gottesdienst aus ihrer Situation heraus diese Bilder ohne weitere Interpretationshilfen im selben Sinn deuten wie der Prediger. Daher empfiehlt es sich, aktuellere, lebensnahe Assoziationen zu nutzen oder starke Bilder ganz zu vermeiden.

- Die Predigt sollte nicht selbstverständlich davon ausgehen, dass die Teilnehmenden gläubige Christen sind. Vereinnahmende Aussagen über „unseren Glauben" gelingen nur kontrastiv, wenn auch der „andere Glaube" auftaucht und Andere entsprechend nicht vereinnahmt werden. Eine Unterscheidung zwischen dem *Ich* des Predigers, dem *Wir* der christlichen Gemeinde sowie dem *Wir* aller Betroffenen ist für diese Differenzierung förderlich.

2 *Gedenkgottesdienst anlässlich des Germanwings-Absturzes*

2.1 Beschreibung der spezifischen Krisensituation

Am 24. März 2015 zerschellte ein Flugzeug der Germanwings-Airline auf dem Flug von Barcelona nach Düsseldorf in den südfranzösischen Alpen. Dabei kamen 150 Insassen ums Leben, darunter 72 Deutsche, von denen 16 Schüler und zwei Lehrerinnen eines Gymnasiums in Haltern am See waren, die sich auf dem Rückflug von einem Schüleraustausch befanden. Unter den Opfern waren auch 50 Spanier. Besondere Dramatik erhält der Absturz durch die spätere Rekonstruktion des Unglücks, bei der festgestellt wurde, dass der Co-Pilot den Absturz vorsätzlich in suizidaler Absicht herbeigeführt hat (BEA 2016). Für den Tag des Unglücks war er wegen einer Depression krankgeschrieben. Laut Abschlussbericht hatte sich der Co-Pilot im Cockpit eingeschlossen und das Flugzeug willentlich zum Absturz gebracht (BEA 2016: 109). Da sich der Unglücksort in den Alpen befand und das Flugzeug mit hoher Geschwindigkeit zerschellte, verlief die Bergung besonders aufwendig. Mehr als eintausend Einsatzkräfte waren beteiligt und es wurde eine Behelfsstraße ins Unglücksgebiet angelegt.

2.2 Beschreibung des Gottesdienstes mit liturgischen Besonderheiten

Bereits am 1. April fand im Ort Haltern am See in der katholischen St.-Sixtus-Kirche ein ökumenischer Gedenkgottesdienst statt, der aufgrund der hohen Teilnehmerzahl per Lautsprecher nach draußen übertragen wurde. Der zentrale Gedenkgottesdienst fand etwa vier Wochen nach dem Unglück am 17. April im Kölner Dom statt. Der Kölner Dom ist die Kathedrale des Erzbistums Köln und hat als größtes Kirchengebäude Deutschlands mehr als tausend Plätze. Er ist das dritthöchste Kirchengebäude der Welt und wurde im gotischen Baustil errichtet (Vgl. Beuckers 2004). Zur ökumenischen Trauerfeier kamen etwa 1400 Menschen, etwa 500 davon waren Angehörige der Opfer (Dörries 2015). Die Stadt Köln liegt evangelischerseits im Gebiet der Evangelischen Kirche im Rheinland (EKiR).

Im Gottesdienst waren der damalige Bundespräsident Joachim Gauck (2012–2017), Bundeskanzlerin Angela Merkel (seit 2005) sowie Regierungsvertreter aus Spanien und Frankreich anwesend. Weiterhin anwesend war die Ministerpräsidentin des Landes Nordrhein-Westfalen Hannelore Kraft (2010–2017). Den Gottesdienst leiteten der Kölner Kardinal Rainer Woelki (seit 2014) und Annette

Kurschus, Präses der Evangelischen Kirche von Westfalen (seit 2012). Auch von verschiedenen Fluggesellschaften nahmen Vertreter an dem Gottesdienst teil.

2.2.1 Typologische Einordnung

Ebenso wie der vorherige lässt sich auch dieser Gottesdienst der liturgischen Gastfreundschaft zuordnen. Ort und Rahmen des Gottesdienstes sind katholisch gestaltet, er wird jedoch im Programmheft als ökumenischer Gottesdienst beschrieben, was sich in der Liturgie durch die deutliche Beteiligung der evangelischen Kirche zeigt. Durch den gemeinsamen Einzug mit dem griechisch-orthodoxen Metropoliten Augustinos, der auch das Tagesgebet sprach, wurde der ökumenische Charakter hervorgehoben. Einzig im Fürbittengebet gab es auch einen interreligiösen Moment, als von einer Muslima ein Part des Gebets übernommen wurde. Dieses wurde nicht von den anderen Gebeten unterschieden und fügte sich nahtlos ein.

2.2.2 Beschreibung Raum und Orte

Verschiedene Orte sind für diesen Gottesdienst wichtig. Zum einen der Ort des Unglücks in den französischen Alpen, die Schule und die Stadt Haltern, aus der ein großer Teil der deutschen Verunglückten kam, und der Ort des Trauergottesdienstes im Kölner Dom mit den Zuschauern der TV-Übertragung des Gottesdienstes.

Der Unglücksort in den Alpen ist nur schwer zugänglich. Er liegt in 1500 Meter Höhe. Von dem zerschellten Flugzeug blieben nur kleinste Bruchstücke übrig (BEA 2016: 30). Einige Angehörige haben sich bereits am Tag nach dem Unglück in Ortschaften in der Nähe eingefunden. Laut Medienberichten wurden sie mit Bussen von den Orten Seyne-les-Alpes und Le Vernet auf der anderen Seite des Berges in die Nähe der kaum zugänglichen Absturzstelle gebracht. In Le Vernet wurde bereits am Tag nach dem Unglück ein Gedenkstein aufgestellt. In der Nähe wurde durch die Germanwings Muttergesellschaft Lufthansa ein Andachtsraum und etwa 5 Kilometer vom Dorf entfernt später eine Erinnerungsstätte errichtet. Dort ragen 149 Metallstäbe aus dem Boden in die Luft. Der Pilot wird hier nicht zu den Opfern gezählt (Longin 2016). Der Unglücksort und die angrenzenden Orte sind für die Hinterbliebenen auch in den Jahren danach noch ein wichtiger Ort der Trauer. Hier werden jedes Jahr Blumen niedergelegt und Kerzen entzündet. Durch die Charakteristik des Absturzes und die schwere Erreichbarkeit ist der Unglücksort selbst diffus und schwer greifbar. Im Kölner Dom wird der Ort nicht aufgegriffen oder thematisiert. Zudem kommt dort auch der Pilot mit seinen Angehörigen, als Opfer seiner Krankheit, vor.

Der Ort Haltern ist im Zusammenhang mit diesem Unglück ein wichtiger Anlaufpunkt in Deutschland. Von einer Schule in dieser Stadt kam eine große

Gruppe der Opfer. Daher wurde dort relativ kurz nach dem Unglück bereits ein Gedenkgottesdienst veranstaltet. Vor der Schule entstand ein Meer aus Kerzen und Blumen. Lehrer und Eltern aus Haltern haben im zentralen Trauergottesdienst im Kölner Dom ein musikalisches Element übernommen. Durch die jungen Opfer bekam das Unglück eine starke öffentliche Dramatik.

Der zentrale Ort des Traueraktes ist der *Hohe Dom zu Köln* (eigentlich Hohe Domkirche Sankt Petrus). Frühe Vorläufer einer Kirche am Ort stammen aus dem 4.–5. Jahrhundert. Der Dom ist als Weltkulturerbe eingestuft und trägt den Titel *Hoher Dom* aufgrund seiner herausgehobenen Stellung als Bischofskirche und in diesem Fall als Haupt- und Mutterkirche des Bistums, sowie Sitz des Kardinals. Dass diese Kathedrale für die Trauerfeier gewählt wurde, zeugt von der besonderen Relevanz des Unglücks für die allgemeine Öffentlichkeit. Die Auswahl fiel wahrscheinlich auch deshalb auf den Kölner Dom, weil ein Großteil der deutschen Opfer aus dem Gebiet dieses Bistums stammen. Er bietet mit etwa 2800 Steh- bzw. 1200 Sitzplätzen zudem ein enormes Fassungsvermögen. Als gotische Kirche mit großen Ausmaßen bietet der Dom ein besonderes Raumerleben. Der Raum erzeugt eine sakrale Stimmung, so ist zu beobachten, dass viele Menschen nach Betreten des Domes ihre Stimme senken. Ein Gottesdienst in diesem Raum braucht große Rituale und Elemente, um diesen Raum auszufüllen. Daher wirkt der recht aufwendige Einzug der am Gottesdienst Beteiligten und die musikalische Gestaltung durch Orchester, Chor, Orgel und Sänger durchaus angemessen. Im Zusammenspiel von Raum und Gestaltung gewinnen beide Sprachkraft für das, was sie aussagen wollen.

Wie bei den anderen Gottesdiensten wurde ein zentraler Ort durch die TV-Übertragung geschaffen. Laut MediaControl haben bundesweit etwa 1.01 Millionen Zuschauer den Gottesdienst live verfolgt, was einer Einschaltquote von 12,3% entspricht. Diese enorme Zahl lässt auf ein breites öffentliches Interesse und eine große gesellschaftliche Betroffenheit schließen. Kaum einer hat es für möglich gehalten, dass ein Pilot einen Linienflug für seinen Suizid missbraucht und dabei 149 weitere Menschen tötet.

2.2.3 Beschreibung der Liturgie

Die Liturgie wird im Liedblatt des Gottesdienstes als „ÖKUMENISCHER GOTTESDIENST und TRAUERAKT [...] anlässlich des Flugzeugunglücks in den französischen Alpen“ angekündigt. Auf dem Liedblatt ist eine Hand abgebildet, die ein Holzkreuz hält, welches einen Engel darstellen soll. Dies ist aus der Bildunterschrift „EIN ENGEL – FÜR DICH HALTEN UND GEHALTEN WERDEN“ erkennbar. Das Gottesdienstblatt enthält den Ablauf des Gottesdienstes mit Liedern und Texten sowie den Ablauf des darauffolgenden staatlichen Traueraktes.

2.2.3.1 Ablauf des Gottesdienstes

Eröffnung und Anrufung

Der Gottesdienst wird durch zehnminütiges Glockengeläut angekündigt. Auf den Stufen zum Hauptaltar sind 150 weiße Kerzen entzündet, die in der Mitte den Weg zum Altar frei lassen (→ Rituale). Zum Anfang des Gottesdienstes und zum Einzug wird durch Orgel, Chor und Orchester das *Requiem aeternum* von Gabriel Fauré gespielt und gesungen.

Die am Gottesdienst Beteiligten ziehen ein. Vorweg geht der Domschweizer (ein Amt in röm.-katholischen Kirchen, zuständig für die Ordnung), gefolgt von fünf Messdienern in rotem Talar und Rochett. Die Ministranten tragen Kerzen und ein Prozessionskreuz (Vgl. Baculifer 2010). Hinter ihnen folgen zwei Notfallseelsorger in Dienstkleidung. Den Notfallseelsorgern folgt der griechisch-orthodoxe Metropolit Augustinos, neben ihm der Domdechant Robert Kleine in Chorhemd und violetter Monzetta. Anschließend folgen Rainer Maria Kardinal Woelki und die Präses der Evangelischen Kirche von Westfalen Annette Kurschus im preußischen Talar. Zuletzt folgt der Kleidung zu urteilen der Domvikar oder Domdekan.

Die Kleidung von Kardinal Woelki ist besonders auffällig. Er trägt eine schwarze Soutane mit rotem Zingulum, roter Paspelierung und roten Knöpfen, auf dem Kopf ein Pileolus und dazu eine violette Stola. Dies ist, abgesehen von der Stola, die Alltagskleidung, die ein Kardinal außerhalb (!) der Liturgie trägt. Warum er von der liturgischen Kleidung absieht, ist nicht erkennbar. Eine Anfrage beim Erzbistum Köln ergab, dass die Absprache der drei Vertreter (orthodox, evangelisch, katholisch) war, dass alle auf die liturgische Kleidung verzichten (Saberschinsky, E-Mail vom 29.08.2017). Der Talar der evangelischen Präses ist in Deutschland im Allgemeinen jedoch Amtskleidung und liturgische Kleidung zugleich. Andere liturgische Kleidung (Albe etc.) wird in evangelischen Gottesdiensten selten getragen und dann meist nur in Absprache mit dem jeweiligen Kirchenvorstand.

> [...] im Prinzip haben alle Amtskleidung getragen, sei es die Soutane oder der Talar. Sicherlich wäre es aus katholischer Sicht liturgisch auch möglich gewesen, Albe, Stola und Chormantel zu tragen. Aber damit hätte sich der Erzbischof massiv von den beiden anderen Vorstehern abgehoben, was wiederum nicht wünschenswert war. Allerdings darf man nicht übersehen, dass der Erzbischof eine Stola getragen hat, so dass deutlich wurde, dass er nun priesterlich agiert und ein liturgischer Zusammenhang gegeben ist (Saberschinsky, E-Mail vom 29.08.2017).

Konsequenterweise müsste man fragen, ob die anderen Beteiligten, die Messdiener und der Domdechant, nicht auch auf die liturgische Kleidung hätten verzichten müssen und Amts- bzw. Zivilkleidung hätten tragen sollen. In der Predigt betont Kardinal Woelki, dass er als Mensch und Christ spricht und die Rolle des Erzbischofs und Kardinals hintenanstellt. In diesem Moment hätte er auch die

Stola abnehmen müssen. Das zeigt, dass die Rollen von Person und Amt nicht leicht zu trennen sind.

Die erste Ansprache an die Gemeinde erfolgt in der Begrüßung durch Monsignore Robert Kleine. Er nennt den Grund des Zusammentreffens und erwähnt, dass es darum gehe, sich über Konfessions-, Länder- und Sprachgrenzen hinweg gemeinsam Halt und Trost zu geben. Kleine übernimmt noch vor der liturgischen Eröffnung die formale Begrüßung der verschiedenen Anwesenden.

Darauf folgt die liturgische Eröffnung mit dem trinitarischen Votum, Kreuzbezeichnung und Friedenszuspruch durch Kardinal Woelki. Bei den Anrufungen entfällt das Gloria, die Anrufungen selbst werden von Präses Kurschus und Kardinal Woelki im Wechsel gestaltet. Dazu benutzt Kurschus Worte aus Psalm 77. Woelki setzt zwischendurch mit situationsgemäßen Worten ein. Danach folgt jeweils, insgesamt fünfmal, der Kyrie-Ruf. Das Tagesgebet durch Metropolit Augustinos schließt den Eröffnungsteil ab. Es handelt von der Bitte um Gottes Beistand und Zuwendung und der Bitte um Zuversicht über den Tod hinaus, um dann in der üblichen Schlussformel zu münden.

Verkündigung und Bekenntnis

Dieser Teil des Wortgottesdienstes ist geprägt durch zwei Predigten und dem anschließenden Ritual mit der Überreichung von Holzengeln. Die Lesungen sind alle aus dem Neuen Testament. Eingeleitet wird der Teil durch die Lesung aus der Offenbarung des Johannes über den neuen Himmel und die neue Erde mit dem Zuspruch, dass das erfahrene Leid vorbei sein wird und Gott trösten wird (Joh 21,1–5a). Es folgt die erste Predigt von Präses Kurschus, die das Motiv der Tränen aus Psalm 56,9 thematisiert. Auf die Predigt folgt das gemeinsame Lied *Ich steh vor dir mit leeren Händen, Herr (GL 422; EG 382).* Die Lektorin liest aus Kolosser 3,1–4. Der Text behandelt die Auferweckung mit Christus und die Ausrichtung auf den Himmel. Nach der Predigt durch Kardinal Woelki folgt der Sologesang einer Sängerin, die selbst zwei Kollegen beim Flugzeugabsturz verloren hat. Sie singt *Pie Jesu* aus dem Requiem von Gabriel Fauré.

Das anschließende zehnminütige Ritual wird durch zwei Notfallseelsorger ausführlich eingeleitet (→ Rituale). Sie sprechen im Wechsel von der Bedeutung dieser schlichten Holzengel in Kreuzform. Dieser Teil nimmt deutlich Zeit in Anspruch. Die Engel werden im Anschluss von Kardinal Woelki und Präses Kurschus an die verschiedenen Staatsvertreter und Vertreter der anderen Gruppen überreicht. Das Ritual wird durch das Orgelstück *Adagio g-Moll* (KV 516) von Wolfgang Amadeus Mozart abgeschlossen.

Die Fürbitten werden von der Lektorin, Präses Kurschus und Kardinal Woelki eingeleitet. Dabei kommt auch eine Muslima des Muslimrates München zu Wort, erkennbar an ihrem Kopftuch, und ein Vertreter der jüdischen Gemeinde, erkennbar an der Kipa. Zwischen den einzelnen Bitten wird von Chor und Gemeinde der Bittruf *Du sei bei uns in unsrer Mitte, höre du uns, Gott* (GL 182, 2) gesungen.

Sendung und Segen

Präses Kurschus stimmt in das gemeinsam gesprochene Vaterunser ein, das sie als Gebet bezeichnet, das „Christen über die ganze Welt vereint“. Das Schlussgebet in Form einer Oration hält Kardinal Woelki. Vor dem Segen wird gemeinsam das Lied *Bewahre uns Gott, behüte uns Gott* (GL 453; EG 171) gesungen. Zum Segen stehen die beiden Hauptliturgen vorne. Präses Kurschus hebt die Hände segnend Richtung Gemeinde und spricht den Aaronitischen Segen, anschließend folgt der Segenszuspruch mit dreimaligem Kreuzschlagen über die Gemeinde durch Kardinal Woelki. Zum Auszug der Liturgen, die sich zum anschließenden Staatsakt wieder in die Reihen setzen, singt der Chor *Ach Herr, lass dein lieb Engelein* von J.S. Bach.

Staatsakt

Der dem Gottesdienst anschließende staatliche Trauerakt umfasst vier Ansprachen, die durch Musik unterbrochen werden und mit einem Orgelstück enden. Es sprechen die Ministerpräsidentin des Landes Nordrhein-Westfalen, Hannelore Kraft, Bundespräsident Joachim Gauck, der spanische Innenminister Jorge Fernández Díaz und der französische Staatsminister Alain Vidalies. Besonders auffällig ist der Bezug zu Kirchenraum und Ort durch Präsident Gauck, der als ehemaliger evangelischer Pfarrer in seiner sechzehnminütigen Rede (die insgesamt längste in Gottesdienst und Staatsakt) zum Schluss die staatliche Distanz außer Acht lässt und ein biblisches Motiv aufgreift:

> Hier im Dom zu Köln werden seit alters her ganz besonders die Heiligen Drei Könige verehrt, die auch als Weise aus dem Morgenland bekannt sind. Die Bibel erzählt von ihnen. Niemand kennt ihre Nationalität oder die Religion ihrer Heimatländer. Erzählt wird nur, dass sie einem Stern folgten, der sie durch die Dunkelheit an ein großes Ziel führte.
> Das wünsche ich allen, die heute klagen und trauern und um ihre Liebsten weinen, das wünsche ich uns allen, die wir das Weiterleben bisweilen wie eine Last empfinden mögen: Ich wünsche uns einen Stern, der uns sicher und klar leitet durch die Dunkelheiten unseres Lebens. Der uns begleitet und uns leitet und uns sagt: Du bist nicht allein.

Der erste musikalische Einschub, ein Thema aus dem Film *Schindlers Liste,* ist von einem Ensemble des Joseph-König-Gymnasiums Haltern. Aus dieser Schule stammen einige der Opfer. Das zweite Stück, eine Choralbegleitung über *Gott ist und bleibt getreu* von J.S. Bach, wird von einem Bläserensemble gespielt. Den beiden Ansprachen der Minister folgt als Abschluss durch Orgel, Chor und Orchester *In Paradisum* von Gabriel Fauré. Das in Auszügen gespielte Requiem verbindet den Gottesdienst mit dem Staatsakt. Der Gottesdienst begann mit dem ersten

Stück, dem *Introït et Kyrie*, der Staatsakt endet mit dem Schlusschoral *In Paradisum*. Die Totenmesse Faurets endet mit diesem Stück.

2.2.3.2 Musik und Lieder

Die Musik hat in diesem Gottesdienst eine tragende, und auch aufgrund der Größe des Doms, eine dominante Rolle. So gibt es neben der Orgel einen Chor, ein Orchester und auch Sologesänge. Gerahmt wird der Gottesdienst durch ein Orgel- und Chorstück am Anfang und einem Chorstück am Ende. Die Gemeinde singt insgesamt zwei Lieder sowie die liturgisch geprägten Zwischenstücke beim Kyrie und den Fürbitten. Besonders war der Sologesang einer Sängerin nach der zweiten Predigt, die beim Unglück zwei Kollegen verlor.

1. Lied zum Einzug: „Requiem aeternam" von Gabriel Fauré

Das 1888 von Gabriel Fauré verfasste Requiem (op. 48) wurde weit bekannt (Unger 2010: 123). Komponiert wurde es für Sopran und Bariton-Solisten, einen vierstimmigen Chor, Kammerorchester, Orgel und Harfe. Die Instrumentalisierung verleiht dem Stück einen sakralen Klang, und hat dabei einen sanften Charakter. Es hat im Original eine Gesamtlänge von 35 Minuten (Swain 2016: 238), im Gottesdienst werden lediglich Auszüge daraus gespielt. Als Requiem komponiert, handelt es sich um die Vertonung der Totenmesse.

> Fauré verzichtet auf eine dramatisierende Darstellung des Dies irae und beschränkt sich auf die Vertonung von dessen letztem Vers, dem Pie Jesu. An die Stelle des Dies irae („Tag des Zornes") tritt eine andere Verheißung, nämlich die des abschließenden In paradisum aus den Exequien, das traditionell bei der Überführung des Leichnams von der Kirche zum Friedhof erklingt. Aus der religiösen Welt, in der er beruflich zu Hause ist, hat Fauré die Vorstellung übernommen, dass das Paradies ein Ort der Erquickung, des Lichts und des Friedens ist. Es ist die einzige Zukunft, die er für jene, denen er in Liebe zugetan war, in Betracht ziehen möchte. Auf diese Weise gibt er dem Wort „Requiem" seine Grundbedeutung zurück. Es handelt sich um eine ewige Ruhe, die der Komponist mit einer ihm eigenen gefühlsmäßigen Vorstellung ausstattet (Roßbach 2015).

Von den sieben Teilen wird zum Einzug nur der Introitus, das Kyrie, gesungen und gespielt:

I. Introitus – Kyrie	
Chor	
Requiem aeternam dona eis Domine:	Herr, gib ihnen die ewige Ruhe,
et lux perpetua luceat eis.	und das ewige Licht leuchte ihnen.
Te decet hymnus, Deus in Sion:	Dir gebührt Lob, Herr, auf dem Sion,
et tibi reddetur votum in Jerusalem;	Dir erfüllt man Gelübde in Jerusalem.
exaudi orationem meam,	Erhöre mein Gebet;
ad te omnis caro veniet.	zu Dir kommt alles Fleisch.

Kyrie eleison, Christe eleison Kyrie eleison.	Herr erbarme Dich, Christus erbarme Dich Herr erbarme Dich.

Auch wenn das Lied auf Latein gesungen wird, sticht der flehende Charakter heraus. Es handelt sich um einen sammelnden Bittgesang der Gemeinde für die Toten, der Gott direkt adressiert.

2. Lied: „Ich steh vor dir mit leeren Händen, Herr" (GL 422/ EG 382)

Das von der Gemeinde nach der ersten Predigt und vor der zweiten Lesung gesungene Lied, „stammt von zwei niederländischen Jesuiten, die nach dem Zweiten Vatikanischen Konzil [...] auf eine neue volkssprachliche Poesie und Musik hinwirkten" (Thust 2015: 231). Das Lied ist 1966 angesichts der Beerdigung eines 26-Jährigen entstanden. Ins Deutsche übersetzt wurde das niederländische Lied *Ik sta voor U* von Lothar Zenetti, einem katholischen Stadtjugendpfarrer in Frankfurt. Das Lied thematisiert die „existenzielle Not und Gottesferne und Glaubenszweifel" (Thust 2015: 232).

> Dabei steht das bekennende Ich betont im Kontext biblischer Zeugen und spricht zugleich solidarisch empfindend ein zentrales Problem vieler auch gläubiger Menschen unserer Zeit an. Denn Anfechtung und Zweifel waren immer schon nicht Kehrseiten, sondern Bestandteil des Glaubens (Thust 2015: 232).

Es ist ähnlich wie ein Psalm aufgebaut und beklagt zunächst betend die Distanz zum verborgenen und unbegreiflichen Gott. Dies wird in den folgenden Strophen weiter bekräftigt, um dann in Bitten und schließlich in ein Bekenntnis überzugehen. Das Lied passt besonders in die Situation dieses Gottesdienstes und ist im katholischen Gotteslob, sowie im EG als ökumenisches Lied gekennzeichnet.

3. Sologesang: „Pie Jesu" von Gabriel Fauré

Aufgrund der eindrücklichen Interpretation sticht der Sologesang nach der zweiten Predigt deutlich aus der Musik des Gottesdienstes heraus. Die Sängerin steht einzeln im Orchester. Das Pie Jesu ist Teil des Requiems von Gabriel Fauré, eine Arie für Sopran und Orchester und ein stimmungsvolles und doch getragenes, friedvolles Werk.

> Im Pie Jesu, dem wohl bekanntesten und beliebtesten Satz des Requiems, hat Fauré nur den letzten Vers des Dies irae (Milder Herr Jesus, schenke ihnen die ewige Ruhe) vertont. Die Schlichtheit der lieblichen Melodie gibt dieser Bitte einen ganz besonderen Nachdruck (Roßbach 2015).

IV. Pie Jesu Pie Jesu, Domine, dona eis requiem, sempiternam requiem.	 Gütiger Jesus, Herr, gib ihnen Ruhe, die ewige Ruhe.

4. Orgelmusik: „Adagio g-Moll“ von Wolfgang Amadeus Mozart (KV 516)

Das Orgelstück zum Abschluss des Engel-Rituals ist ein Adagio, also ein langsames und ruhiges Lied eines der drei bekannten Orgelkompositionen von Wolfgang Amadeus Mozart.

5. Liturgische Zwischenstücke: Kyrie und Lied zwischen den Fürbitten

Das gesungene *Kyrie eléison* ist das gesungene *Herr erbarme dich.* Vielleicht sprachlich nicht allen bekannt, und doch wird die Deutung aus dem Kontext und den vorigen Worten deutlich. Der Zwischengesang bei den Fürbitten ist eine einzelne Strophe des Liedes *Du sei bei uns in unsrer Mitte, höre du uns, Gott.* Die erste Strophe endet mit „... sei du bei uns, Gott“ (GL 182). Hier dominiert der bittende Charakter.

6. Lied: Bewahre uns Gott (GL 453/ EG 171)

Das vor dem Segen gesungene Lied wurde von Pfarrer Anders Ruuth um 1968 unter dem Titel *La paz del Senor* komponiert und gedichtet. Es ist ein Gebet in Liedform. Der deutsche Text stammt vom Offenbacher Pfarrer und Sozialarbeiter Eugen Eckert und gehört inzwischen zu einem der populärsten und verbreiteten modernen Kirchenliedern (Thust 2012: 300).

> Das mit Melodie und Text etwas schwermütige Lied [...] bittet Gott um Segen und Wegbegleitung „in schweren Zeiten“. Jede der vier Strophen beginnt gleicherweise mit der dreifachen Bitte „Bewahre uns ... behüte uns ... sei mit uns“ (Thust 2012: 300).

Das Lied ist im katholischen Gotteslob und auch im Evangelischen Gesangbuch als ökumenisches Lied gekennzeichnet.

7. Chor: Ach Herr, lass dein lieb Engelein, J. S. Bach

Dieses nach dem Segen gesungene Stück stammt aus der Johannespassion von Johann Sebastian Bach und aus dem zweiten Teil das 40. und letzte Stück. Die Johannespassion von J. S. Bach orientiert sich am 18. und 19. Kapitel des Johannes-Evangeliums. Der Choral am Ende thematisiert den Beistand Gottes durch die Engel und endet mit der Einsicht „Ich will dich preisen ewiglich“.

> Ach Herr, lass dein lieb' Engelein
> Am letzten End' die Seele mein
> In Abrahams Schoss tragen!
> Den Leib in sein'm Schlafkämmerlein
> Gar sanft, ohn' ein'ge Qual und Pein
> Ruhn bis am jüngsten Tage!
> Als dann vom Tod' erwecke mich,
> Dass meine Augen sehen dich
> In aller Freud', o Gottes Sohn,

Mein Heiland und Gnadenthron!
Herr Jesu Christ, erhöre mich,
Ich will dich preisen ewiglich!

8. Musik beim Staatsakt: Thema aus „Schindlers Liste" von John Williams

Dieses Stück ist die Titelmusik des Films *Schindlers Liste*, einem Film über einen Industriellen, der im Zweiten Weltkrieg etwa 1200 Juden beschäftigte und somit vor dem Tod im Vernichtungslager rettete. Gespielt wird das Lied von Klavier und zwei Streichern. Zwei der Interpreten sind Lehrer an der Schule, an der es die meisten Opfer gab, eine Frau ist aus der Vertretung der Elternschaft. Das Lied wurde bereits bei einem ersten Trauergottesdienst direkt nach der Katastrophe in der Stadt Haltern gespielt.

9. Bläserensemble: „Gott ist und bleibt getreu" von J. S. Bach

Ein Bläserensemble spielt als Instrumental das Lied *Gott ist und bleibt getreu* von Johann Sebastian Bach. Der hier nicht gesungene Text handelt von der bleibenden Treue Gottes, der alle tröstet, die weinen und in dunkler Nacht sind. Es ist als Zuspruch formuliert.

10. Musik zum Abschluss: „In paradisum" von Gabriel Fauré

An dieser Stelle wird das dritte Mal ein Teil aus Faurés Requiem von Orgel, Chor und Orchester mit Harfe interpretiert.

VII. In Paradisum
Chor
In paradisum deducant angeli;
in tuo adventu suscipiant te martyres,
et perducant te in civitatem sanctam Ierusalem.
Chorus angelorum te suscipiat,
et cum Lazaro quondam paupere,
æternam habeas requiem.

Ins Paradies mögen die Engel dich geleiten,
bei deiner Ankunft die Märtyrer dich empfangen und dich führen
in die Heilige Stadt Jerusalem.
Der Chor der Engel möge dich empfangen,
und mit Lazarus, dem einst armen,
mögest du ewige Ruhe haben.

Es handelt von der Paradiesvorstellung, die durch engelhaften Gesang und das Harfenspiel hervorgehoben wird. Sterben wird als Eingang ins Paradies gedeutet (Roßbach 2015).

2.2.3.3 Liturgische Texte

1. Begrüßung

Nach dem großen Einzug, dem Orgelspiel und Chorgesang setzen sich die Liturgen und die Gemeinde. Monsignore Robert Kleine begrüßt die Anwesenden, indem er zunächst den Grund des Zusammenkommens nennt und das Unglück erwähnt. Als Ziel des Zusammenkommens formuliert er, dass die Anwesenden „in dieser Stunde einander beistehen und versuchen, Halt und Trost zu finden und zu geben“. Erst dann begrüßt er namentlich die anwesenden Personengruppen, wobei er zuerst die Angehörigen und dann die verschiedenen Repräsentanten der öffentlichen Ämter in den Blick nimmt. Zuletzt begrüßt er die Repräsentanten der Kirchen, Religions- und Glaubensgemeinschaften und ganz besonders die Notfallseelsorger.

Diese Begrüßung entlastet die liturgische Eröffnung und lässt dieser mehr Raum für den eigentlichen Ritus. Die einem solchen Rahmen angemessene ausführliche Begrüßung und spezielle Wahrnehmung und öffentliche Würdigung der Anwesenden wird hiermit erfüllt. Gleichzeitig wird der Schwerpunkt auf die Angehörigen gelegt.

2. Liturgische Eröffnung

Die liturgische Eröffnung erfolgt durch die beiden Kirchenvertreter Kardinal Woelki und Präses Kurschus. Sie treten gemeinsam nach vorne. Der Gottesdienst wird somit von Anfang an ökumenisch begangen. Die Eröffnung beginnt durch Kardinal Woelki mit dem trinitarischen Votum und dem Friedenswunsch, um dann durch Präses Kurschus direkt in das Kyrie überzugehen.

3. Kyrie und Tagesgebet

Das Kyrie besteht aus den von Präses Kurschus gesprochenen Worten aus Psalm 77. Nach jeweils einer Gedankeneinheit folgen die Aktualisierung und die Anfrage an Gott. Darauf folgt der gesungene Kyrie-Ruf. Dies wiederholt sich viermal in der gleichen Reihenfolge. So ist es eine integrierte Psalmlesung, die mit der aktuellen Situation ins Gespräch und mit Gott ins Gebet gebracht wird. Der Psalm gewinnt dadurch an Aktualität und wird zum Gebet und Antwortangebot für die vielen Teilnehmenden an diesem Gottesdienst.

Das durch Metropolit Augustinos gesprochene Tagesgebet beginnt mit der Anwesenheitsbekundung der gottesdienstlich Teilnehmenden und der Bitte, dass Gott selbst nun anwesend sein möge. Dazwischen formuliert Woelki den Wunsch nach Kraft und Zuversicht über den Tod hinaus. Er benennt die vorherrschenden Gefühle von Unruhe, Zweifel und Zorn, um dann um Gottes bestärkende Liebe, Halt und Heilung zu bitten. Er endet mit der üblichen, liturgisch gefassten Schlussformel.

4. Lesung und Predigt

Die erste Lesung durch die Lektorin entstammt der Offenbarung des Johannes (Offb 21,1–5a). Die Lektorin beginnt mit der Ankündigung des Textes und endet mit der im katholischen Gottesdienst üblichen Schlussformel „Wort des lebendigen Gottes". Der Text beschreibt die Vision des Johannes über den Neuen Himmel und die Neue Erde mit der Herrschaft Gottes. Er beinhaltet die mit Gottes Herrschaft verbundene Verheißung, dass es eine Zeit geben wird, in der Gott alle Tränen abwischen wird und dass Tod, Trauer, Klage und Mühsal ein Ende haben werden.

Die darauffolgende Predigt der Präses Kurschus nutzt als Predigttext Vers 9 aus Psalm 56, der den Wunsch ausspricht, dass Gott die Tränen in seinem Krug sammeln möge. Auf die Lesung wird in der Predigt nicht konkret eingegangen. Das Motiv der Tränen wird jedoch sehr ausführlich aufgegriffen. In der Predigt wird der Wunsch nach der Aufbewahrung der Tränen bei Gott betont, weil diese so vergänglich sind, was eine etwas andere Zielrichtung hat als das in der Lesung genannte Abwischen.

Auf die erste Predigt folgt die Lesung durch die Lektorin aus dem Brief des Paulus an die Kolosser (Kol 3,1–4). Paulus spricht die „Schwestern und Brüder" an, die in Christus auferweckt sind und fordert sie auf, nach dem zu streben, was im Himmel ist. Es ist ein eschatologischer Zuspruch. Auch diese Lesung wird mit der Formel „Wort des lebendigen Gottes" beendet und von der Gemeinde mit „Dank sei Gott" beantwortet. Es folgt die Predigt durch Kardinal Woelki. Er greift den Text nicht weiter auf, bezieht sich am Ende jedoch auf das Abwischen der Tränen aus der ersten Lesung.

5. Fürbitten und Vaterunser

Die Fürbitten werden durch unterschiedliche Personen gesprochen. Eingeleitet und beendet wird das Fürbittgebet durch Kardinal Woelki. Am Anfang spricht er Gott an und stellt die Frage, an wen sich die Bittenden wenden sollen, wenn nicht an Gott selbst.

Die Lektorin setzt nach der ersten Anrufung mit einer Bitte für die Opfer des Unglücks ein. Dabei greift sie Worte aus der Offenbarung des Johannes auf: Sie spricht von Gottes Reich, in dem es keine Trauer und Schmerz gibt. In einer Fürbitte in der Mitte betet sie konkret für die Mitarbeiter der Fluggesellschaften. Sie spricht auch die letzte Fürbitte. Zwischen den Fürbitten wird „Du sei bei uns in der Mitte, höre du uns, Gott" gesungen.

Die zweite Fürbitte wird, dem Filmkommentar nach, durch die Schwester eines Opfers gesprochen. Begleitet und gestützt wird sie von einer anderen Frau. Sie bittet für Angehörige, Freunde und die Crew. Die Bittende greift das Motiv der zu trocknenden Tränen auf, das in der ersten Predigt ausführlich behandelt wurden. Am Ende versagt ihre Stimme, vermutlich aufgrund ihrer Betroffenheit.

Nach der Lektorin betet eine muslimische Notfallseelsorgerin, erkennbar durch ihr Kopftuch und im Filmmaterial vom Kommentator hervorgehoben. Sie betet für die verschiedenen Helfer und dafür, dass diese die rechten Worte finden und selbst Halt erfahren. Dabei verwendet sie keine Gottesformel.
Ein Mann mit Kippa, wahrscheinlich jüdischen Glaubens, betet für die Menschen, die durch das Unglück verunsichert sind, und deren Vorstellung von Leben durch das Unglück infrage gestellt wurde. Er bittet darum, dass nicht Zweifel, sondern Hoffnung und Zuversicht geschenkt werden.

Durch die Muslima und den wahrscheinlich jüdischen Beter bekommt das Gebet einen interreligiösen Charakter. Dabei wird nicht zwischen unterschiedlichen Gottesbildern unterschieden. Die Gebete fügen sich nahtlos in die geprägte Form ein und akzeptieren die in diesem gottesdienstlichen Rahmen gegebene christliche Gottesvorstellung, ohne selbst eigene Ausprägungen oder Abgrenzungen zu setzen.

Kardinal Woelki bittet zum Schluss, dass die Menschen nicht in Leid und Trauer gefangen, sondern einander ein Zeichen der Hoffnung werden. Präses Kurschus stimmt mit der Gemeinde ins Vaterunser ein. Sie betont, dass dieses Gebet Christen über die ganze Welt vereint. Das Vaterunser verweist somit gleichzeitig über den Gottesdienst hinaus und erweitert die anwesende Gemeinde um die Christen weltweit.

2.2.4 Beschreibung der Rituale

In der Liturgie nimmt das Engel-Ritual, bei dem schlichte Holzengel in Form eines Kreuzes verteilt werden breiten Raum ein. Es sind vier Minuten von den hinführenden, erklärenden Worten bis zum Part des Überreichens. Die hinführenden Worte übernehmen zwei Notfallseelsorger, erkennbar durch die Dienstkleidung, die im Wechsel die Deutung übernehmen.

Der Holzengel ist in einem Projekt der Evangelischen Kirche im Rheinland nach einem Entwurf des Mühlheimer Bildhauers Jochen Leyendecker angefertigt worden. Er wird in der Werkstatt für behinderte Menschen in Peskow/ Russland hergestellt. Nach dem Gottesdienst kamen aus aller Welt Bestellungen für diesen Engel, der, laut Künstler, für Trost und Hoffnung stehen soll. Für den Gottesdienst wurden 3000 Engel bestellt, von denen etwa 1400 auf den Plätzen der Teilnehmenden ausgelegen haben (Bauer 2015).

Die beiden Notfallseelsorger geben verschiedene Deutungsmöglichkeiten, angefangen mit dem Gedanken, dass der Engel die Gefühle von Angst und Trauer durchbricht und dazu einladen soll, nach Quellen der Kraft zu suchen. Dabei sollen die Engel den Weg zeigen und die Menschen begleiten. Die Liturgen verweisen darauf, dass auch Menschen zu einem Engel werden können, den man erfahren und suchen kann. Ganz besonders wird erwähnt, dass der Engel den Anwesenden hier im Gottesdienst bei der Suche helfen soll und sie mit denen verbindet, die nicht im Gottesdienst sein können. Deswegen werden die Engel nicht nur im Gottesdienst verteilt, sondern später auch weitergegeben. Kardinal Woelki und Präses Kurschus überreichen die Engel an verschiedene Personen, die stellvertretend für bestimmte Gruppen stehen.

Die erste Überreichung ist emotional besonders dicht. Der Kardinal überreicht den Engel einer Angehörigen, die er mit Vornamen anspricht und derart eine direkte Vertrautheit erzeugt. Der Engel wird ihr stellvertretend für alle Angehörigen des Flugzeugunglücks aus Deutschland gegeben, „als ein Zeichen des Trostes und der Zuneigung". Kardinal Woelki überreicht direkt danach für die spanischen Angehörigen einen Engel an den spanischen Innenminister Jorge Fernández Díaz „als Zeichen unserer Verbundenheit".

Präses Kurschus übergibt die nächsten beiden Engel, den ersten an Bundespräsident Joachim Gauck, stellvertretend für alle Angehörigen aus den anderen Staaten, „als Zeichen unserer Anteilnahme und des Mitgefühls". Den zweiten Engel erhält der französische Staatsminister Alain Vidalies stellvertretend für die vielen Helfer in den Alpen „als Zeichen der Dankbarkeit". Die letzten beiden Engel überreicht Kardinal Woelki der Ministerpräsidentin Hannelore Kraft und Herrn Winkelmann für die Mitarbeiter der Fluggesellschaften. Frau Kraft erhält ihn stellvertretend für die Einsatzkräfte, die bei der Bergung und Identifizierung der Opfer halfen, „als Zeichen der Zuversicht und Hoffnung", Herr Winkelmann als Zeichen der Ermutigung und Bestärkung für die Mitarbeiter. Das Ritual endet mit dem Verweis auf das Halten und das Gehaltenwerden durch Gott, dessen Kraft und Stärke wir brauchen.

2.3 Diskussion ausgewählter liturgischer Elemente

2.3.1 Ablauf und liturgische Texte

Der Ablauf entspricht in den Grundzügen der katholischen Wort-Gottes-Feier. Im Eingangsteil folgt auf die Anrufungen kein *Gloria* und später entfällt das Glaubensbekenntnis. Ebenfalls wie im ersten geschilderten Gottesdienst erfolgt auch hier als ökumenische Anpassung des Gottesdienstes die doppelte Predigt. Eine Anfrage beim Bistum bestätigt dies:

> Die Tatsache, dass es zwei Predigten gab, ist weniger in der Liturgie selbst begründet als dem ökumenischen Kontext geschuldet. Es war ein Anliegen, dass beide Verterter (sic!) der großen christlichen Konfessionen in dieser Weise zu Wort kamen (Saberschinsky, E-Mail vom 29.08.2017).

Eine weitere Anpassung ist das ausführliche Ritual mit den Engeln, das zwischen Predigten und Fürbittgebet stattfindet. Interessant ist, dass dem Gottesdienst nach dem Einzug eine offizielle Begrüßung durch Domdechant Monsignore Kleine vorangeht. Erst danach folgt die liturgische Eröffnung durch Kardinal

Woelki, die nahtlos in das Kyrie übergeht. Somit ist die liturgische Form von Formalitäten entlastet und bekommt mehr Gewicht.

Es finden zwei biblische Lesungen statt, die beide aus dem Neuen Testament stammen. Vor der *evangelischen* Predigt wird die Thronverheißung aus der Offenbarung gelesen (Offb 21,1.3-5a). Die Hoffnung, dass es einen Neuen Himmel und eine Neue Erde geben und dass Gott alle Tränen abwischen wird, wird indirekt in der Predigt aufgegriffen, wobei der Schwerpunkt deutlich auf den Tränen und der unbegreiflichen Situation liegt. Die zweite Lesung vor der *katholischen* Predigt handelt von der Auferweckung der Christen und der Ausrichtung auf das, „was droben ist". Er handelt auch von den Auswirkungen und der Herrlichkeit der Offenbarung in Jesus Christus (Kol 3,1-4). In der Predigt wird auf den Kontext des Textes kein Bezug genommen. Beide Lesungen sprechen für sich und eröffnen eine Perspektive auf die Ewigkeit, um diese mit dem Glauben ins Gespräch zu bringen. Sie werden durch die liturgisch geprägte Formel „Wort des lebendigen Gottes" abgeschlossen, auf die die Gemeinde „Dank sei Gott" antwortet. Hier kommt Gottes Wort zur Sprache und verkündigt sich selbst.

Der Segen zum Schluss des Gottesdienstes wird von den beiden Hauptliturgen gemeinsam gestaltet. Er ist aufeinander abgestimmt. Präses Kurschus spricht mit erhobenen, segnenden Händen den Aaronitischen Segen und Kardinal Woelki stimmt mit gefalteten Händen ein, um dann das trinitarische Votum mit Kreuzzeichen über der Gemeinde zu sprechen. Dass beide Liturgen zum Anfang und Ende und bei einigen liturgischen Elementen zusammen auftreten, macht den ökumenischen Charakter des Gottesdienstes deutlich und wirkt stimmig. Aber auch hier kann man vorsichtig fragen, ob wirklich alle Teile erst durch eine Doppelbesetzung katholisch bzw. evangelisch für die Teilnehmenden *wirksam* werden, oder ob nicht auch ein einzelner Personenwechsel gereicht hätte. Jedenfalls gibt es keinen Grund, warum ein katholisch oder evangelisch gesprochener Segen (bzw. Predigt oder andere Elemente) für einen Teil der anwesenden Christen unterschiedlicher Konfession ohne den anderen ungültig wäre. Im Sinne der steten Doppelbesetzung hätte in den Fürbitten konsequenterweise auch eine evangelische Person ein Gebet sprechen müssen, was jedoch nicht geschah.

Nach dem Segen ziehen die beteiligten Liturgen aus dem Altarraum aus, um auf reservierten Sitzen Platz zu nehmen. Der daran folgende Staatsakt findet ebenfalls im Dom statt und beginnt nach dem Choral zum Auszug von Johann Sebastian Bach. Interessant ist, wie die christlichen Lieder zwischen den Reden dem Staatsakt im Raum der Kirche eine sakrale Deutung geben. Es wirkt, gerade durch die Lieder, wie ein verlängerter Gottesdienst. Die lange Rede des Bundespräsidenten greift den Raum und die christliche Botschaft zusätzlich mit auf. Es stellt sich die Frage nach Nähe und Distanz von Staatsakt und Gottesdienst. Es scheint mir, dass beides, der sakrale und der profane Raum, kaum voneinander zu trennen sind, wenn über Tod, Leben und Hoffnung gesprochen wird, was auch in der musikalischen Ausgestaltung deutlich wird.

2.3.2 Musik und Lieder

Bis auf das beim Staatsakt gespielte Lied aus dem Film „Schindlers Liste“ haben alle Musikstücke einen christlichen Hintergrund, inklusive der Musik beim Staatsakt.

Auffällig ist der Spannungsbogen, der durch das Requiem von Gabriel Fauré erzeugt wird. Durch die markanten Punkte, an denen seine Stücke vorkommen, erzeugen sie eine Art Klammer, die alles zusammenhält. Das Kyrie am Anfang des Gottesdienstes ruft Gott um sein Erbarmen an, die Anrufung Jesu im Sologesang nach den Predigten und dann, unerwartet, am Schluss nach dem Staatsakt die Paradiesvorstellung. Der Staatsakt wird somit, ob gewollt oder nicht, musikalisch zum Gottesdienst hinzugefügt.

Insgesamt wirken Musik und Lieder aufeinander abgestimmt. Die gesungenen Gemeindelieder greifen mit ihren Texten die Situation auf. Die Erfahrung, mit leeren Händen vor Gott zu stehen, existenzielle Not zu erfahren und von Gott auch Bewahrung zu erwarten, stehen im Mittelpunkt der Gemeindelieder. Das Chorstück nach dem Segen greift die Engelsymbolik aus dem Ritual noch einmal auf und das letzte Stück bezeichnet die Engel als Begleiter ins Paradies. Neben den genannten Stücken wird im Gottesdienst ein Orgelstück von Mozart und beim Staatsakt ein Instrumentalstück von J.S. Bach gespielt.

2.3.3 Rituale

Die ritualisierte Verteilung der Engel direkt nach den Predigten nimmt eine herausragende Stellung im Gottesdienst ein. Durch die Einbindung der Notfallseelsorger wird hier eine Verbindung von Unglück, Unglücksort und dem Verarbeitungprozess mit der aktuellen gottesdienstlichen Situation geschaffen. Die Engel als Boten (ἄγγελος) können mit ihrer Symbolik und auch aufgrund ihrer Materialität und Möglichkeit sie be-greifend in die Hand zu nehmen Zeichenträger sein. Da vor dem Ritual schon viel gesprochen wurde, wirken die recht ausführlichen einleitenden Worte zum Ritual verhältnismäßig langwierig.

Als einer Angehörigen ein Engel überreicht wurde, entstand ein emotional dichter Moment. Auch wenn das Symbol gut gewählt wurde, ist hier auh mit einer Überforderung der Angehörigen zu rechnen. Im Ritual wurden für das Engel-Symbol verschiedene Deutungen genannt:

- für Angehörige in Deutschland: als ein Zeichen des Trostes und der Zuneigung
- für Angehörige in Spanien: als Zeichen unserer Verbundenheit
- für Helfer in den Regionen: als Zeichen der Dankbarkeit

- für Einsatzkräfte: als Zeichen der Zuversicht und Hoffnung
- für Mitarbeiter der Fluggesellschaften: als Zeichen der Ermutigung und Bestärkung

Diese vielfältigen Deutungen vermischen persönliche Intentionen der Schenkenden mit den zugeschriebenen Deutungen für die Empfänger. So steht der Engel ebenso für die Dankbarkeit an die Helfer, wie für Trost und Zuneigung, welche die Helfer selbst benötigen. Diese vielen Deutungen mögen alle zutreffen oder hilfreich sein, können jedoch die Bedeutung des Engels und die persönliche Zeichenzuschreibung auch durch zu viele Worte überladen. Vielleicht hätte die Deutung der Engel auch mit weniger Worten erfolgen können. Hilfreich ist der letzte Satz des Rituals, in dem die Kraft und Zuversicht an Gott gebunden wird. Der Engel ist somit tatsächlich auch Bote einer christlichen Hoffnungs- und Trostbotschaft.

2.4 Analyse der Predigten

2.4.1 Predigtanalyse Predigt A

2.4.1.1 Beschreibung

Die erste Predigt wird von Präses Kurschus gehalten und hat eine Länge von elf Minuten. Sie ist in fünf Teile aufgeteilt, wobei die Aufteilung nicht immer klar erkennbar ist. Ein starkes, durchtragendes und vielfältig ausgebautes Motiv ist das der Tränen.

Im ersten Teil geht es um die Unbegreiflichkeit des Geschehens. Der zweite Teil spricht von der biblischen, hoffnungsvollen Antwort, sowie der Frage, was aus den bis dahin noch zu weinenden Tränen wird und dem Anspruch, dass das eigene Weinen zu Gottes Weinen wird. Der dritte Teil handelt vom Ende der Tränen, da sie durch Tote nicht mehr geweint werden können. Die Predigerin verweist auf Jesus mit der Bitte, dass er die Tränen sammle und das verlorene Leben bewahre. Der vierte Teil deutet den Moment des Weinens und der Tränen als den verletzlichsten in Bezug auf die menschliche Würde. Dieser Abschnitt dient hauptsächlich der Anklage gegen diejenigen, die aus der Trauer der Angehörigen – den Momenten der Tränen – Profit schlagen und verweist auf Gott, der diese Trauernden schützt. Im letzten Teil spricht sie vom Ende der Tränen und dass Gott die Tränen wie einen Schatz bewahren möge.

2.4.1.2 Transkript

Gnade sei mit euch und Friede von Gott, unserm Vater, und unserm Herrn Jesus Christus.
Amen
I.
Unbegreifliches ist geschehen, liebe Angehörige der Passagiere und der Crew des verunglückten Flugzeuges, verehrte Staats- und Ehrengäste, liebe Trauergemeinde im Hohen Dom zu Köln und im Land.
Unbegreifliches ist geschehen. Eltern und Kinder, Männer und Frauen, Freundinnen und Freunde, Kollegen und Kolleginnen wurden aus dem Leben gerissen. Menschen wurden abgeschnitten von ihren Lieben und von allem, was noch bis vor dreieinhalb Wochen so selbstverständlich schien.
Unbegreifliches ist geschehen und Unbegreifliches wurde getan. Abgründe klaffen auf, in Seele und Menschenherz. Nie für möglich gehalten, kaum je geahnt und doch wirklich gemacht – auch für, nein auch gegen so viele, die leben und lieben konnten und die das wollten und sollten.
Unbegreiflich!
Das Unbegreifliche muss ausgehalten werden. Familien, Häuser und Nachbarschaften; Schulen, Dörfer und Städte, ein ganzes Land, ja mehr als nur ein Land rücken zusammen im Aushalten-Müssen und im Begreifen-Wollen.
Menschen reichen einander die Hände. Tun das Wenige, das getan werden kann – und das Viele, das getan werden muss. Geben Nähe und halten Abstand. Leihen Ohren, versuchen Worte. Schenken Zeit und gehen mit. Teilen Kräfte und Ohnmacht. Sie bleiben da, halten mit aus, schweigen, beten und weinen.
Unbegreiflich auch das.
Und doch – Gott sei Dank! – wirklich.
II.
Mitten da hinein hören wir – wiederum unbegreiflich, ja beinahe unsagbar: Einmal und einst komme eine Zeit, in der all dies aufhören wird; in der es zur Ruhe und zum Frieden kommt. Alles rastlose Tun, alles ohnmächtige Aushalten, alles Fragen und Weinen. Weil Gott selbst alles neu macht. Weil Gott selbst abwischen wird alle Tränen. Einmal und einst.
Aber was ist bis dahin?
Was wird bis dahin aus den Tränen?
Aus den vielen Tränen, die schon geweint wurden in Tagen und Nächten, allein und gemeinsam, zu Hause und in der Fremde. Geweint von jenem ersten unwirklichen Moment an, als die Nachricht kam – bis heute.
Was wird aus all den Tränen, die noch geweint werden müssen – bis einmal und endlich, vielleicht ...?
Gott, sammle meine Tränen in deinen Krug. So betet ein Mensch in der Bibel Israels. [Psalm 56,9, Anmerkung des Verfassers]
Ein Mensch in großer Not. Er kann nicht warten, bis irgendwann irgendwie irgendeiner vielleicht ... Jetzt will er wissen und spüren, dass Gott da ist. Für ihn und für alle und alles, was er verloren hat. Jetzt.
Womöglich hat dieser Mensch in all dem Unbegreiflichen eines längst begriffen; er spürt es in seiner Wut und Todtraurigkeit: Er hat begriffen und gespürt, kein Mensch, kein Luftfahrtexperte, kein Psychologe – auch keine Bischöfin und kein Kardinal – kein Mensch kann eine Brücke schlagen über den Abgrund, der da aufgerissen ist zwischen mir und dem Leben, zwischen mir und der Welt und in mir selbst.

Gott selbst muss da sein für mich und für die, die ich verloren habe. Gott selbst muss einstehen für das, was geschehen ist und was er hat geschehen lassen. Gott selbst muss das Unbegreifliche zu seiner Sache machen. Bis hin zur kleinsten Träne, die ich geweint habe, die ich noch weinen muss oder schon gar nicht mehr weinen kann.
Gott, sammle meine Tränen in deinen Krug, bittet dieser Mensch. Mehr nicht. Aber weniger kann er nicht verlangen.
Wir rufen heute mit seinen Worten. Wir rufen es miteinander und füreinander:
Ach Gott, in Jesu Namen sammle doch unsere Tränen in deinen Krug. Mach Menschentränen zu Gottestränen. Wenn wir schon fragen und klagen müssen, wo du warst, als aus hellem Morgen finstere Nacht wurde, als es tiefdunkel wurde – zuerst in einem Herzen und dann in den Herzen so vieler Anderer – so müssen wir, Gott, doch dies jetzt erbitten, wir müssen es verlangen:
Sammle unsere Tränen in deinen Krug. Mach unser Weinen zu deinem.
III.
So viel wurde geweint in diesen Tagen. Von so Vielen.
Und dann sind da Tränen, die können von so vielen Männern und Frauen und Eltern und Kindern nun nie mehr geweint werden: Freudentränen zum Beispiel; Tränen des Glücks, Tränen der Rührung und des Wiedersehens, Tränen des Verstehens.
Muss, wer lebt, auch diese Tränen noch mitweinen? Stellvertretend für all die, die das nicht mehr können? Oder dürfen wir hoffen, dass Gott es tut?
Erbitten dürfen wir es. Ja, wir müssen es erbitten:
Ach Gott, im Namen Jesu, der lachte und litt, der weinte und starb, sammle doch nicht nur meine Tränen in deinen Krug. Die, die ich vergoss und noch vergießen werde.
Ach Gott, sammle und bewahre das ungelebte Leben, das ungeweinte und das ungelachte Leben derer, die wir verloren haben. Hüte auch ihre Tränen, Gott, und verwandle sie.
Wen, wenn nicht dich, könnten wir darum bitten?
IV.
Nie sind wir mehr Mensch als dann, wenn wir weinen. Nie ist unsere Menschlichkeit stärker gefragt als da, wo andere weinen. Und nie ist die menschliche Würde sichtbarer und verletzlicher.
Wie gut ist es, wenn wir weinen können. Miteinander und füreinander. Und wie würdelos ist es, wie würdelos, ein Geschäft zu machen mit den Tränen von Menschen.
Die Tränen der Trauernden gehören niemandem als ihnen selbst. Und wenn er der Letzte und der Einzige wäre, der dafür einsteht: Gott tut das. Er sammelt und birgt die Tränen. Er ehrt und schützt die Menschen, die sie weinen. Und wenns nur eins wäre, was Gott von uns Menschen und von unserer Gesellschaft erbittet: Dies erbittet und dies verlangt er. Um Gottes und um der Menschen willen: Achtet die Tränen. Ehrt und schützt diejenigen, die sie weinen.
V.
Tränen fließen – und Tränen versiegen.
Zurückhalten kann man sie kaum. Und herbeizwingen kann man sie gar nicht. Festhalten auch nicht. Tränen fließen – und Tränen gehen aus. Sie trocknen – und sie werden weggewischt. Zu voreilig wohl manchmal. Und oft, gottlob, auch zärtlich.
Vergänglich sind sie, die Tränen. Und deshalb unendlich kostbar – wie das Leben selbst. Auch bei Gott. Gerade bei Gott.
Und ob dann, wenn in Gottes Krug eine jede Träne gesammelt und gezählt und bewahrt ist – ob dann auch Menschen aufhören können und aufhören dürfen, zu weinen, über dem Unbegreiflichen?

An dieser Hoffnung will ich festhalten. Darum will ich und muss ich Gott bitten. Auch für alle, die es jetzt nicht können: Sammle du, Gott, unsere Tränen in deinen Krug. Halte fest, was wir nicht festhalten können – so wie du Jesus, dein Kind, unsern Menschenbruder, gehalten hast. Noch durch Sterben und Tod hindurch.
Bewahre, Gott, wie einen Schatz, was wir hergeben müssen. Sammle du, Gott, die Tränen und all jene, um die sie geweint wurden. Bewahre sie, auch wenn ich mich müde getrauert habe und wenn ich nicht mehr weinen kann. Und sollte ich, Gott, sollte ich eines Tages vielleicht sogar wieder lachen können, vielleicht, so halte die Tränen und die Beweinten weiter in Acht.
Dann, Gott, dann werde ich gewiss sein, dass du wirklich alles neu machst und alles veränderst: mich, jede Träne und jeden Menschen. In Jesu Namen. Amen

2.4.1.3 Ergebnis der Anknüpfungen

1. Anknüpfung an die Situation

Die Anknüpfung an die Situation folgt am Anfang unvermittelt durch den ersten Satz nach dem Kanzelgruß. Der erste Satz schildert die Situation als unbegreifliches Geschehen. Dieses „Unbegreiflich" kommt in den elf Sätzen des ersten Abschnitts siebenmal vor, im weiteren Verlauf der Predigt noch viermal. Die Predigerin zieht einen Spannungsbogen zwischen dem Unbegreiflichen der Tat und des Beziehungsabbruchs sowie dem Wunsch danach, das Geschehen begreifen zu wollen, also handhabbar zu machen auf. Diese Unbegreiflichkeit, so die Eingangsthese, muss ausgehalten werden.

Das Bild des Unbegreiflichen passt nicht ganz zur Schilderung dessen, dass die in der Situation erfahrene, vielfältige Hilfe durch andere unbegreiflich sein soll. Gerade die erfahrene Hilfe ist schließlich greifbar. Unerwartet trifft den Sachverhalt hier besser als unbegriffen.

2. Anknüpfung an Fragen

Die erste Frage, die im zweiten Absatz aufgeworfen wird, fragt danach, was in der Zeit geschieht, bis die biblische Verheißung eintritt, dass alle Tränen abgewischt werden, und es zu Ruhe und Frieden kommt. Die Predigerin schildert, was mit den Tränen bis dahin geschieht, indem sie mit „Gott sammle meine Tränen in deinen Krug" dass Psalmgebet aufgreift. Die Frage wird von der aktuellen Situation nach vorne auf die Verheißung gerichtet. Die Predigerin fragt danach, was mit den bisher geweinten Tränen geschieht. Darauf folgend wird die Frage noch einmal erweitert und zeitlich wieder in die Zukunft gerichtet. Sie fragt danach, was aus den Tränen wird, „die noch geweint werden müssen – bis einmal und endlich, vielleicht ..."? Diese Frage ist sehr offen und wenig konkret, es handelt sich um ein rhetorisches Stilmittel. Die Erwartung, dass „einmal und endlich" das Abwischen der Tränen geschieht, was in der biblischen Verheißung genannt wurde, wird durch das „vielleicht" zunächst abgeschwächt. Die im gleichen Abschnitt gegebene Antwort der Predigerin ist eine Bitte, die mit einem Psalmwort untermauert wird:

> Gott, sammle die Tränen in deinen Krug. So betet ein Mensch in der Bibel Israels. Ein Mensch in großer Not. Er kann nicht warten, bis irgendwann, irgendwie, irgendeiner, vielleicht ... Jetzt will er wissen, dass Gott da ist.

Hier wird die Frage und notvolle Situation des Psalmisten zu einer Frage in der aktuellen Situation. Es ist die Spannung zwischen biblischer Verheißung und der aktuell erfahrenen Not, in der Gott im Hier und Jetzt eingreifen soll, die die Predigerin hier anspricht. Dieses zwischen *schon jetzt und noch nicht* greift sie auf, mit dem, was sie aus der Bibel Israels liest und dem, was in der Offenbarung des Johannes beschrieben wird und untrennbar mit dem Jesusgeschehen verbunden ist.

> Was sich in Christus bereits erfüllt hat, das muss sich in uns und in der Welt noch erfüllen. Die endgültige Vollendung wird die des Endes sein, mit der Auferstehung der Toten und dem neuen Himmel und der neuen Erde. [...] Die Spannung von „schon jetzt und noch nicht lässt den Rhythmus von Immanenz und Transzendenz Gottes noch nicht enden. Altes und Neues Testament stehen in dieser Spannung, beide bezeugen Verheißungen und deren Erfüllung [...] (Dirscherl 2013: 64).

Kurschuss versucht, die notvolle Situation des Psalmisten zu der eigenen zu machen und die Hinwendung zu Gott und seinen Verheißungen als Antwort auf diese Not zu formulieren. Dabei bringt sie die biblische Verheißung als Antwort intertextuell mit ein. Sie baut aus, dass der aufgerissene Abgrund zwischen Leben und Tod nicht von Menschen überbrückt werden kann, sondern nur von Gott, dass ein Gott da sein „muss"; nur er kann das Geschehene und das Leben zusammenbringen, der das Unbegreifliche zugelassen hat.

Die Antwort, die Kurschuss folgend formuliert, bezieht sich im weiteren Verlauf jedoch weniger auf die Verheißung, sondern eher auf das konkrete Bild der Sammlung der Tränen in Gottes Krug. Dies wird als Lösung angeboten, wenn sie formuliert, dass der Beter jetzt eine Antwort haben möchte und Gott spüren möchte. Im weiteren Verlauf wird dabei das eigene Müssen stark hervorgehoben. Vielleicht ist dies als eine Art innerer Drang gemeint. Das gezeichnete Menschenbild ist das eines Menschen, der verlangen, erbitten und klagen muss.

> Ach Gott, in Jesu Namen sammle doch unsere Tränen in deinen Krug. Mach Menschentränen zu Gottestränen. Wenn wir schon fragen und klagen müssen, wo du warst, als aus hellem Morgen finstere Nacht wurde, als es tiefdunkel wurde – zuerst in einem Herzen und dann in den Herzen so vieler anderer – so müssen wir, Gott, doch dies jetzt erbitten, wir müssen es verlangen: Sammle unsere Tränen in deinen Krug. Mach unser Weinen zu deinem.

Es wird nicht ausgeführt, warum das Sammeln der Tränen im Krug als Anteilnahme Gottes gegenüber der Verheißung das Lösungsangebot ist. Dass Gott mitleidet und mitweint, wird christlich nirgends deutlicher hervorgehoben als im

Kreuzesgeschehen und der damit erst möglichen Verheißung, wie sie in der Offenbarung des Johannes beschrieben ist. Für jemanden, der dem christlichen Glauben fernsteht, kann das Sammeln der Tränen jedoch ein passendes Bild bieten und die Möglichkeit eröffnen, mit der Trauer umzugehen.

Aus christlicher Sicht ist das Bewahren der Tränen und der Trauer weniger das Ziel der Zuwendung Gottes, als die empathische Anteilnahme und der damit verbundene Trost. Es geht also um die Emotionen, die durch die Tränen ausgedrückt werden. Es macht einen Unterschied, ob Tränen gesammelt werden, oder ob sie abgewischt werden. Die Betonung liegt hier mehr auf dem aktuellen Trost als auf der verheißenen Hoffnung. Für die Situation und die Menschen kann dies ein guter Anknüpfungspunkt sein, Gott als denjenigen zu erfahren, der im Moment hört und tröstet.

Das Bild der Tränen und die damit verbundenen Fragestellungen werden im dritten Abschnitt weiter ausgebaut. Hier stellt die Predigerin die Frage, ob diejenigen, die leben, auch noch die Tränen stellvertretend mitweinen müssen, die von den Toten nicht mehr geweint werden können. Dem wird die Option gegenübergestellt, darauf zu hoffen, dass Gott das tut. Mit einem doppelten „Ach Gott ..." erbittet die Predigerin diese Option stellvertretend für die Gemeinde. Sie formuliert, dass dies erbeten werden „darf", ja sogar „muss". Es wird hier wenig Freiheit gelassen. Vielleicht drängen sich in dieser Situation Fragen auf. Die Predigerin versucht, diese aufzugreifen und verknüpft die Antwort mit Jesus, wobei sie seine menschlichen Eigenschaften als Lachender, Weinender und Sterbender hervorhebt. Es geht hier nicht um seine Überwindung des Todes, sondern um die „diesseitigen" menschlichen Eigenschaften Jesu. Betont wird die inkarnatorische Seite Gottes, die ein Mitleiden Gottes und seine Nähe greifbar werden lassen. Er ist somit nicht nur der Deus absconditus, sondern ansprechbarer Gott. Die am Ende gegebene Antwort ist streng genommen keine Antwort, sondern ein bittender Verweis an Gott, dass er das „ungeweinte und das ungelachte Leben derer [bewahrt], die wir verloren haben" und auch „ihre Tränen" hüten soll. Es wird nicht klar, was ein „ungelachtes" oder „ungeweintes" Leben ist. Die Toten werden in ihrem Leben wahrscheinlich geweint und gelacht haben. Dies ist nun zu Ende.

Als letzte Frage wird in der Predigt gefragt, ob „Menschen aufhören können und aufhören dürfen, zu weinen über dem Unbegreiflichen", „wenn in Gottes Krug eine jede Träne gesammelt und gezählt und bewahrt ist". Ist diese Frage in Form eines Bedingungszusammenhangs eine Frage der Hörenden? Das Weinen als Ausdruck der Trauer ist ja nicht an Gottes Zuwendung gekoppelt. Auch nicht daran, ob Gott erlaubt, dass man mit dem Weinen aufhört. Aber die Zuwendung hilft bei der Bewältigung der Trauer. Hier stellt sich die Frage nach dem in der Predigt vorherrschenden Gottesbild. Es scheint, dass dieses nicht ganz klar oder eben bewusst offengehalten wird. Die Predigerin kommt ihrerseits zu der Einschätzung, dass sie an dieser in der Frage aufgeworfenen Hoffnung festhalten möchte, dass sie mit dem Weinen aufhören kann und darf, nachdem Gott die Tränen aufgenommen hat.

3. Anknüpfung an Emotionen

Emotionen werden in der Predigt auf unterschiedliche Weise aufgegriffen. Zu Anfang wird die Unbegreiflichkeit hervorgehoben. Dieses Gefühl drückt sich beispielsweise in der genannten Ohnmachtserfahrung aus. Im ersten Abschnitt wird erwähnt, dass Emotionen wie die Ohnmacht mit Helfern geteilt werden, allerdings auch, dass diese Erfahrung und die damit verbundenen Emotionen ausgehalten werden müssen.

Das Bild der Tränen tut dies, indem es als Überbegriff für eine Vielzahl der Emotionen von Trauer, Freude, Glück etc. steht. Das ausgereizte Bild trägt durch die ganze Predigt und wird kaum aufgelöst. Kerngedanke ist, dass Gott jegliche Art und Form der Tränen bewahren soll, auch wenn er, wie es im letzten Satz heißt, „wirklich alles neu [macht] und alles [verändert]". Interessant ist die Verbindung zwischen dem Grad der Menschlichkeit und dem Ausdruck der Emotionen im Weinen:

> Nie sind wir mehr Mensch als dann, wenn wir weinen. Nie ist unsere Menschlichkeit stärker gefragt als da, wo andere weinen. Und nie ist die menschliche Würde sichtbarer und verletzlicher.

In Momenten des Weinens sind Menschen hochgradig verletzlich und oft sogar schon tief verletzt. Gerade wenn Menschen neben einem weinen, ist Menschlichkeit besonders gefragt. Das Weinen der Anderen fordert die eigene Empathie geradezu heraus. Der Grad der Menschlichkeit ist allerdings nicht gut alleinig an das äußerliche Weinen zu binden, manche Menschen weinen innerlich. Manch einer kann äußerlich vielleicht gar nicht weinen, obwohl ihm danach zumute ist. Auch sind Tränen nur ein Ausdruck der inneren Emotionen. Der zitierte Absatz stammt aus dem vierten Teil der Predigt. Es wird beklagt und unterschwellig angeklagt, dass aus den Tränen der Menschen ein Geschäft gemacht wird, und bekräftigt, dass die Tränen der Trauernden niemandem sonst als den Angehörigen bzw. Trauernden selbst gehören. Die Predigerin verweist auf Gott, der die Tränen sammelt und die Menschen schützt, die sie weinen. Der Schutzraum der Emotionalität wird bei Gott angesiedelt. Zum Schluss fordert sie dazu auf, dass die Tränen und damit die implizierten Emotionen geachtet, geehrt und geschützt werden.

4. Anknüpfung an Elemente der Liturgie

In der Predigt wird weder an Lieder oder Musik, noch an rituelle Handlungen angeknüpft. Einzig der Kirchenraum wird kurz erwähnt, wenn die Predigt bei der Begrüßung situativ im „Hohen Dom zu Köln" verortet wird.

5. Anknüpfung an biblische Texte und Theologie

Es sind zwei biblische Texte, an die die Predigt anknüpft. Die Predigerin greift zunächst die notvolle Situation des Beters aus Psalm 56 auf, indem sie sich seiner Bitte anschließt, dass Gott die Tränen doch in seinem Krug sammeln möge. Der weitere Kontext des Psalms wird nicht thematisiert.

Die andere Anknüpfung ist an den vor der Predigt gelesenen Text aus der Offenbarung des Johannes Kapitel 21. Dieser wird nur als kurzer verheißungsvoller Ausblick aufgegriffen, als in die Trauer mitten hinein gesprochene „unbegreiflich[e], ja beinahe unsagbar[e]“ Aussage. Ansonsten bleibt die Predigt hauptsächlich im Hier und Jetzt der Trauer verhaftet. Mit dem letzten Satz, dass Gott „wirklich alles neu [macht] und alles verändert“ greift die Predigerin diese hoffnungsvolle Verheißung wieder auf. Allerdings wird die persönlich wahrgenommene Verheißung an eine Bedingung geknüpft, so heißt es, dass man erst „dann gewiss sein“ wird, wenn man wieder lachen kann.

> Und sollte ich, Gott, sollte ich eines Tages vielleicht sogar wieder lachen können, vielleicht, so halte die Tränen und die Beweinten weiter in Acht.
> Dann, Gott, dann werde ich gewiss sein, dass du wirklich alles neu machst und alles veränderst: mich, jede Träne und jeden Menschen. In Jesu Namen. Amen

Auch wenn dies nicht die Intention der Predigerin sein mag, wird ein derartiger Bedingungszusammenhang sprachlich aufgemacht.

Die Predigt ist liturgisch durch den Kanzelgruß und das Amen am Ende eingerahmt. Das Thema der Hoffnung wird über die vorangegangene Lesung eingeführt. Die Verheißung darauf, dass Gott alles neu machen wird, wird als Hoffnungsbotschaft benannt. Diese Erwartung, die das aktuelle Erleben durchbricht, kann die aktuelle Erfahrung lindern und über die Leidenserfahrung hinaus Hoffnung geben. Der Gedanke wird jedoch nicht weiter ausgebaut. Stattdessen wird das Motiv des zuwendenden Gottes, wie es der Psalmist in Psalm 56 betet und erfleht, weiter ausgebreitet. Dabei wird die Sehnsucht nach dem im jetzt handelnden Gott aufgegriffen. Gott ist in diesem Zusammenhang derjenige, der für die Leidenden da ist. Es wird weniger ein Zuspruch formuliert, als ein Anspruch in dem sich wiederholenden „Gott muss“. Die Souveränität des Handelns Gottes wird flehentlich in Anspruch genommen.

6. Anknüpfung an Personengruppen

Die verschiedenen Personengruppen werden nur in der Anrede genannt. Angesprochen werden Angehörige der Passagiere und der Crew, Staats- und Ehrengäste sowie die anwesende Trauergemeinde. In der Predigt spricht die Predigerin in der Form des „ich“, das für die anwesende Gemeinde stehen soll. Oft spricht sie von „uns“. Hier findet keine weitere Differenzierung zwischen Glauben und Unglauben statt. Es fällt bisweilen schwer, sich dieser Vereinnahmung zu entziehen, da das *Ich* und *Uns* der Predigerin immer auch mich als Hörenden mit einschließt, auch wenn ich eventuell anders empfinde oder denke. Die Opfer werden zum Anfang der Predigt, als diejenigen erwähnt, die aus dem Leben gerissen wurden. Auch werden sie beschrieben als diejenigen, deren verschiedenen Arten von Tränen nicht mehr geweint werden können und darum gebeten, dass Gott dies stattdessen tun soll.

2.4.2 Predigtanalyse Predigt B

2.4.2.1 Beschreibung

Diese Predigt ist im direkten Vergleich zu der ersten eher seelsorgerlicher und persönlicher. Man merkt Kardinal Woelki an, dass er im Kölner Dom „zu Hause" ist.

2.4.2.2 Transkript

Liebe Schwestern, liebe Brüder,
unwiederbringlich ist jeder Moment unseres Lebens. Gerade noch erlebt, gerade noch geteilt, wird auch diese Trauerfeier heute Mittag bereits lebendige Geschichte sein, Teil des Lebens nach dem Unglück, nach dem schrecklichen Einschnitt, den dieses Ereignis vor allem für Sie, liebe Angehörige und Freunde all derjenigen bedeutet, die am 24. März um ihr Leben gekommen sind.
Jede und jeder von ihnen, aus so vielen Ländern, in denen Menschen Menschen verloren haben, ist sicher auf ganz unterschiedliche Weise verzweifelt, ist sicher auf ganz unterschiedliche Weise tief traurig oder gar versteinert vor Schmerz. Bloße Worte, die sind zu schwach, Sie zu trösten. Aber, liebe Schwestern und Brüder, dass wir alle hier sind, und dass auch so viele Menschen in diesem Moment durch die Medien mit uns zusammen Ihnen unser menschliches Mitleid und Beileid zeigen wollen, das soll Ihnen Trost sein, das soll Ihnen Trost sein, dass Sie jetzt nicht alleine sind in diesen Stunden der Einsamkeit.
Mein Gott, mein Gott, warum hast du mich verlassen? Vielleicht werden das einige von Ihnen gedacht haben, wenn sie überhaupt an Gott glauben. Natürlich gibt es die Erinnerungen an die geliebten Menschen und es ist gut, diese kostbaren Erinnerungen wach zu halten. Aber gibt es mehr als diese Erinnerungen? Wir Christen, wir glauben das. Wir glauben an das Ewige Leben. Nicht an ein unendliches Leben, das nach dem Tod einfach so weiterläuft. Nein! Wir glauben an das Ewige Leben, das die Zeit außer Kraft setzt, das über den Tod hinausgeht, aber das wir schon in diesem Leben erfahren können.
Ich bin mir sicher: Sie alle werden sich an Momente mit Ihren Lieben erinnern, die von einer solchen Intensität, die von einer solchen Dichte und von einer solchen Intimität waren, die unzerstörbar ist. Und wir Christen, wir glauben, dass die Summe dieser Momente in Gottes Hand aufbewahrt ist – für immer. Aufbewahrt ist. Nicht verloren geht. Wir glauben, dass diese 150 Menschen nicht verschwunden und nicht ins Nichts gegangen sind, als sie aus der Welt geschieden sind.
Kann man das glauben? In diesem Jahr, liebe Schwestern und Brüder, habe ich mit ganz besonderer Aufmerksamkeit und mit ganz besonderer Intensität den Karfreitag begangen. Und als dann beim Vortrag der Leidensgeschichte Jesu dessen Ausruf kam „Mein Gott, mein Gott, warum hast du mich verlassen!", da habe ich besonders an

Sie gedacht, liebe Angehörige und Freunde, denn Ihnen ist ja das Liebste in Ihrem Leben genommen worden. „Mein Gott, mein Gott, warum hast Du mich verlassen", das ruft nicht irgendwer. Jesus Christus ist es, der das ruft. Wir Christen sagen, er ist der Sohn Gottes. Und der leidet – unschuldig – nicht scheinbar, nicht so als ob –, nein, wirklich. Und er hat sich das nicht ausgesucht. Er leidet aus Liebe. Wie Sie.
Ist es wirklich ein Trost für uns Menschen, dass Gott selbst mit unserem Leid mitleidet? Gott ist die Liebe, so sagen wir Christen. Und ist es nicht gerade die Liebe zu unseren Liebsten, die unser Leid so schmerzlich macht, aber die uns auch die Kraft gibt, es zu tragen und zu ertragen? Stark wie der Tod ist die Liebe, heißt es im Alten Testament. Die Liebe ist stärker als der Tod, glauben wir Christen. Die Liebe – sie bleibt.
Hier stehe ich nun also, heute Mittag: Als Mensch stehe ich hier und als Christ stehe ich hier, und natürlich auch, was aber nicht so wichtig ist, als Erzbischof von Köln stehe ich hier, und ich habe keine theoretische Antwort für Sie auf das schreckliche Unglück vom 24. März 2015. Aber, liebe Schwestern und Brüder, ich kann auf die Antwort zeigen, an die ich selbst glaube, ich kann auf die Antwort zeigen, die meine Hoffnung ist: Ich kann zeigen auf den mitleidenden Gott am Kreuz und ich kann zeigen auf die Auferstehung, auf Ostern, auf das ewige Leben, wofür diese Kerze dort steht und die das symbolisiert [er zeigt dabei auf das ewige Licht, Anmerkung des Verfassers]. Das verkündeten die Apostel, und das haben wir auch in dieser mittäglichen Stunde gehört, und in diesem Glauben, liebe Schwestern und Brüder, versammeln sich Christen seit mehr als 1600 Jahren Tag für Tag genau hier an dieser Stelle in Köln, an der jetzt dieser Dom steht, in dem auch wir in dieser Stunde zusammengekommen sind.
Wir befinden uns damit also an einem Ort, an dem Menschen seit Jahrhunderten füreinander und miteinander gebetet haben und die das bis heute so weiter tun, getragen von der Hoffnung, dass es ein Leben gibt auch nach dem Tod – für alle unsere Verstorbenen. Ich möchte Sie deshalb einladen – auch und gerade, wenn Sie nicht beten können oder nicht beten wollen, weil Sie es vielleicht nie gelernt haben oder weil es Ihnen durch den Verlust des geliebten Menschen im Moment nicht möglich zu sein scheint – ich möchte Sie einladen, hier und jetzt, sich ganz einfach tragen zu lassen. Sich tragen zu lassen von all denen, die für Sie und die mit Ihnen für Ihre Lieben beten.
Das Band des Miteinanders – wie es unser Bundespräsident so einfühlsam bezeichnete – dieses Band des Miteinanders, das in den Tagen nach dem Unglück in Gottesdiensten und Trauerbekundungen und durch die Solidarität so vieler Menschen über Grenzen hinweg entstanden ist, das ist ein Band, das ins Leben zurückführen will. Der Mensch lebt nicht vom Brot allein ... [Dtn 8,3; Lk 4,4, Anmerkung des Verfassers] Menschlichkeit und Annahme genau dort, wo die Trauer Menschen versteinern lassen will – Menschlichkeit und Annahme sind das, was wir Menschen einander schenken können: durch Zärtlichkeit und Zuwendung, durch Zuhören, durch Zutrauen, durch Annahme.
Und, persönlich bin ich davon zutiefst überzeugt: Wenn wir einmal selbst unsere Augen schließen werden, dann werden wir auf ewig mit unseren Lieben gemeinsam sehen, dass Gott wirklich alle Tränen abgewischt hat und dass die eigene einzigartige Welt jedes einzelnen Menschen, sein erster Kuss und ihr erster Schnee, seine Hoffnungen und seine Narben, niemals, niemals dem Vergessen preisgegeben, sondern von Gott auf ewig aufgehoben und gehütet und beschützt sind. Denn: Er bewahrt das Andenken – an unsere Angehörigen und dereinst auch an uns selbst. Ganz sicher.

2.4.2.3 Ergebnis der Anknüpfungen

1. Anknüpfung an die Situation

Die situative Anknüpfung geschieht konkret in der Anrede an die Gemeinde. Zunächst wird die Trauerfeier selbst benannt, die aktuelle Situation des Gottesdienstes, der zur Mittagszeit bereits „lebendige Geschichte" sein wird. Der Prediger setzt den Gottesdienst in Bezug zum Unglück und benennt ihn als Teil des Lebens nach diesem. So wird die Trauerfeier intensiv mit dem Unglücksgeschehen verbunden und als Teil der Bewältigung gedeutet. Er benennt das Unglück als schrecklichen Einschnitt für alle Angehörigen.

Direkt nach dem ersten Abschnitt geht der Prediger auf die Gefühlslage der vielen Menschen ein und nimmt die Internationalität wahr. Als Zielrichtung der Predigt und Trauerfeier benennt er in diesem Abschnitt den Trost und die Überwindung der Einsamkeit.

2. Anknüpfung an Fragen

In der Predigt werden vier Fragen aufgegriffen. Die erste fragt konkret und direkt „Mein Gott, mein Gott, warum hast du mich verlassen"? Dieser Ausruf greift die Gefühlslage ebenso auf wie auch die Frage danach, warum Gott nicht eingegriffen hat. Er formuliert, dass es eine Frage sei, die „vielleicht" einige der Teilnehmenden „gedacht haben, sofern Sie überhaupt an Gott glauben". Dies ist ein behutsamer Umgang mit der Frage und auch mit den Anwesenden. Der Prediger respektiert, dass Menschen anders fühlen, glauben und auch andere Fragen haben können. Die von ihm formulierte Antwort richtet sich zunächst an diejenigen, die nicht glauben. Er betont, dass es „die Erinnerungen an die geliebten Menschen" gibt. Dies ist ein diesseitsorientierter Umgang mit dem Tod, in dem der Mensch die Summe seines Lebens und somit später *nur* Erinnerung ist. Anschließend fragt der Prediger, ob es mehr gebe als diese Erfahrungen. Jetzt bringt er die christliche Antwort ins Spiel, indem er sagt:

> Wir Christen, wir glauben das. Wir glauben an das Ewige Leben. Nicht an ein unendliches Leben, das nach dem Tod einfach so weiterläuft. Nein! Wir glauben an das Ewige Leben, das die Zeit außer Kraft setzt, das über den Tod hinausgeht, aber das wir schon in diesem Leben erfahren können.

Auch er greift die Spannung zwischen *schon jetzt und noch nicht* auf. Sein Schwerpunkt liegt jedoch mehr auf der Verheißung. Der Tod wird einerseits in seiner ganzen Dramatik ernst genommen, indem gesagt wird, dass es kein unendliches Leben ist, andererseits wird die christliche Verheißung damit konkret ins Gespräch gebracht, ohne die nicht christlichen Zuhörer zu vereinnahmen. Als weiteren Teil der Antwort formuliert der Prediger, dass der Tod die Erlebnisse und Erinnerungen nicht einfach auflöst, sondern dass die „Summe dieser Momente in Gottes Hand aufbewahrt ist – für immer. [...] Wir glauben, dass diese 150

Menschen nicht verschwunden und nicht ins Nichts gegangen sind, als sie aus der Welt geschieden sind". Hier wird der Gedanke verdichtet, dass die Toten nicht nur die Summe ihres Lebens sind und dass es nach dem Tod noch eine Form der neuen Existenz gebe.

Dieser Gedankengang wird mit der dritten Frage verdichtet und weitergeführt. Er fragt, ob man das, was er gerade formuliert hat, glauben könne. Seine Antwort darauf ist eine persönliche Bezugnahme zum Karfreitagsgeschehen. Hier zeigt er, dass er den Ausruf Jesu zur Grundlage seiner Predigt gemacht hat. Er identifiziert das nicht gewählte, unschuldige, wirkliche Leiden Jesu mit den Angehörigen. So wie die Angehörigen empfindet er den Leidensschmerz aus Liebe, sagt der Prediger. Gleichzeitig bringt er die besondere Dimension ins Gespräch, die sich im Glauben begründet. So sagt er, dass „wir Christen" sagen, dass Jesus Christus Gottes Sohn ist.

Als viertes fragt er danach, ob dieser Gedanke, dass Gott mit unserem Leiden mitleidet, wirklich ein Trost für uns Menschen sei. Der erste Teil der Antwort verweist auf Gott als die Liebe. Daran anschließend fragt der Prediger rhetorisch, ob es nicht gerade die Liebe sei, die das Leid so schmerzhaft sein lasse. Dann verweist er auf das Alte Testament, in dem es heißt, dass die Liebe so stark ist wie der Tod, dass Christen demgegenüber jedoch glauben, dass die Liebe sogar stärker ist, als der Tod. Dass die Liebe den Tod somit überwindet und beständig bleibt. Als Verstärkung der Antwort auf die Glaubensfrage bringt der Prediger sich selbst als ganze Person ein. Er bezeichnet sich als Mensch und Christ und sagt, dass es keine theoretische Antwort ist, die er gibt, sondern seine Glaubensantwort ist, die seine Hoffnung ausmacht. Hier wird die Predigt persönlich. Auch wenn er in seiner Funktion als Kardinal und Erzbischof in persona dort steht, macht er deutlich, dass diese Aussage nicht allein durch sein Amt begründet ist und dass er den Teilnehmenden nah sein möchte.

3. Anknüpfung an Emotionen

Ganz zu Anfang greift der Prediger verschiedene Emotionen auf. Dabei betont er, dass die Emotionen die gefühlte Verzweiflung, die Traurigkeit und der Schmerz sich bei jedem unterschiedlich ausdrücken. Er betont dabei, dass bloße Worte darauf nur eine schwache Antwort sind, dass jedoch der gemeinsame Akt des gemeinsamen Mitleidens und Zusammenseins Hilfe und tröstende Bewältigung sein kann. Dies ist ein Teil der Antwort auf das Gefühl der Verlassenheit, das durch die spezifisch ausgeführte christliche Antwort ergänzt wird.

Die Emotionen werden benannt aber nicht in aller Weite ausgebreitet. Auch wird benannt, dass Menschen unterschiedlich empfinden. Die Emotionen werden hier nicht überinterpretiert, sondern vorsichtig aufgegriffen.

4. Anknüpfung an Elemente der Liturgie

Die Lieder und die Musik werden in der Predigt nicht aufgegriffen. Als rituelle Handlung wird das Gebet genannt. Der Prediger lädt die Teilnehmenden dazu ein, sich durch das Gebet tragen zu lassen. Dabei unterscheidet er verschiedene Gefühlslagen und Glaubenszustände. Er benennt, dass es Momente gibt, in denen man nicht beten kann oder dass man es vielleicht auch nicht gelernt hat. Die Formulierung als Einladung betont den freiheitlichen Charakter.

Der Kirchenraum wirkt unterstützend für die in der Predigt genannte Botschaft. Der Raum wird mit der Botschaft verbunden. Der Prediger verweist in seiner Antwort auf den „mitleidenden Gott am Kreuz" und er zeigt auf „die Auferstehung, auf Ostern, auf das ewige Leben". Dies verbindet er mit den Raumelementen und deutet damit die im Raum vorhandenen Zeichen aus spezifisch christlicher Perspektive zum Beispiel mit Worten, dass „die Kerze dort steht und [...] das symbolisiert". Weiterhin verweist er darauf, dass die Apostel dies bereits verkündeten und dass dies in der Lesung bereits gehört wurde. Großes Gewicht bekommt seine Aussage durch den Hinweis, dass an eben dieser Stelle des Kölner Doms bereits seit mehr als 1600 Jahren Tag für Tag Menschen im von den Aposteln verkündeten Glauben zusammenkommen. Die Geschichte des Ortes, der Apostel und der Teilnehmenden werden hier miteinander verwoben und in Bezug gesetzt. Beide Lesungen (Offb 21,1.3-5a; Kol 3,1-4) aus dem Gottesdienst werden in der Predigt aufgegriffen, einmal in Form der Apostel und dann im letzten Absatz in der Verheißung, dass Gott die Tränen abgewischt haben wird.

5. Anknüpfung an biblische Texte und Theologie

Die Grundfrage der Predigt, der Ausruf aus Psalm 22, bildet den biblischen Bezug: „Mein Gott, mein Gott, warum hast du mich verlassen? Ich schreie, aber meine Hilfe ist ferne" bzw. die Frage Jesu am Kreuz (Mk 15,34; Mt 27,46). Auf das Kreuzesgeschehen nimmt der Prediger konkret Bezug, der Psalm wird nicht weiter ausgeführt.

Im vorletzten Absatz wird auf den biblischen Ausspruch „Der Mensch lebt nicht vom Brot allein" (Dtn 8,3; Lk 4,4) verwiesen und dieser auf Menschlichkeit und menschliche Annahme bezogen. Der biblische Sinnzusammenhang bezieht sich auf die Gabe Gottes. Im letzten Absatz bezieht sich der Prediger auf die erste Lesung und die vorangehende Predigt. Er spricht von seiner festen Überzeugung, dass Gott nach dem eigenen Tod die Tränen abgewischt haben wird.

In der Predigt werden die Kernmomente des Kirchenjahres Karfreitag und Ostern benannt und dargelegt. Sie werden nicht nur benannt, sondern auch mit Inhalt gefüllt; Karfreitag als der Tag, an dem Jesus aus Liebe unschuldig leidet und Ostern als der Moment der Auferstehung und Überwindung des Todes.

6. Anknüpfung an Personengruppen

Die aufgegriffenen Personen sind zunächst die anwesende Gemeinde und die Angehörigen. Die Gemeinde wird allgemein mit „liebe Schwestern, liebe Brüder" angesprochen, bleibt jedoch formell bei der Anrede *Ihnen*. Weiterhin nimmt der Prediger die Angehörigen in den Blick und benennt die Vielfalt der Herkunftsländer. Eine weitere Aufgliederung, beispielsweise in Staatsgäste, wird nicht gemacht. Mit *wir Christen* adressiert er noch einmal explizit die christliche Gemeinde.

Als Person des öffentlichen Lebens nennt Woelki sich und seine Funktion als Erzbischof, wobei er seine Rolle als Kardinal nicht erwähnt. Im gleichen Satz nimmt er jedoch seine kirchliche Rolle zurück, um zu sagen, dass er als Mensch und Christ vor den Trauernden steht.

Interessant ist, dass er bei der Erwähnung der Opfer die Gesamtzahl mit 150 Opfern benennt und damit den Piloten als Opfer der Umstände mit einschließt. Er differenziert hier nicht in die Kategorie des Täters. Die Tat selbst wird von ihm nicht genauer ausgeführt oder benannt.

2.5 Gewinnung von Thesen zur Fragestellung

2.5.1 Thesen zur Liturgie

Raum und Ort

Für eine Trauerfeier, die eine große Zahl an internationalen Teilnehmern und Betroffenen hat, ist ein exponierter Ort, der einer großen Zahl von Trauernden Raum gibt, sinnvoll. Der Kölner Dom hat dem Anlass des Germanwings Absturzes entsprechend Platz und Raum gegeben. Er ist auch international bekannt. Dieser Ort will angemessen ausgestaltet werden. Dazu bedarf es einer *großen Liturgie*, die den Raum musikalisch und gestalterisch füllt. Die historische Beständigkeit des Ortes als Ort des Gebets gibt der verkündigten Botschaft eigenes Gewicht. Ein Raum kann jedoch auch zu groß sein und den intimen Schutzraum der Trauer stören. Der Umgang mit persönlich Betroffenen sollte hier auch medial sensibel gestaltet werden.

Musik und Lieder

Der durch das Requiem von Gabriel Fauré gegebene musikalische Spannungsbogen in einzelnen Auszügen während des Gottesdienstes und Staatsaktes hat den Gesamtrahmen geprägt und zusammengehalten. Der Gottesdienst ist liturgisch nach dem Segen beendet, wirkt jedoch in den staatlich geprägten, *profanen* Bereich hinein und lässt die Hoffnungsbotschaft hier Resonanzen entfalten. Die sorgfältige Auswahl der Lieder hilft ebenfalls, diese Resonanz zu erzeugen.

Liturgische Texte

Eine der liturgischen Eröffnung vorangehende formale Begrüßung der Anwesenden kann bei größeren Trauerfeiern mit mehreren Staatsgästen die Liturgie entlasten und dem liturgischen Geschehen mehr Raum geben. Bei inter- oder multireligiös gestalteten Fürbitten ist, um Irritationen zu vermeiden, eine klare Zuordnung der Beter hilfreich, um auch als Teilnehmender unterscheiden zu können, aus welcher religiösen Perspektive gerade gebetet wird.

Rituale

Rituale wie die Verteilung der Holzengel haben die Möglichkeit mit wenigen Worten zu wirken. Daher ist eine lange Hinführung mit vielen verschiedenen Deutungsmöglichkeiten leicht überfrachtend und kann der persönlichen Deutung und Wirkung der Symbole im Weg stehen. Die Symbole bieten die Möglichkeit, dass die Teilnehmenden mit der angebotenen Deutung in Kontakt treten und sich die eigene Zeichensprache mit der des Rituals verbindet und so lebensrelevant wird.

Der Ritus des Gottesdienstes beginnt bereits mit dem Einzug. Die Beteiligten werden wahrgenommen und es wird verkündet, was für ein Gottesdienst unter welcher Beteiligung zu erwarten ist. Die liturgische- bzw. Amtskleidung der Liturgen kann zu Irritationen führen, vor allem, wenn diese im ökumenischen Kontext unterschiedlich verstanden wird. Ein einheitliches und eindeutiges Auftreten ist von Vorteil. Dass auf liturgische Kleidung verzichtet wird, kann auch als mangelnde Wertschätzung gegenüber dem ökumenischen Gottesdienst aufgefasst werden.

Die Beteiligung von Angehörigen in einem Gedenkgottesdienst ist ein sensibler Punkt und zeugt von einer besonderen persönlichen Note und Verbundenheit mit der Situation der Angehörigen. Die besondere inhaltliche Dichte und die Emotionalität der Beteiligten kann jedoch auch irritieren und überfordern. Nicht jedem Betroffenen ist vor dem Gottesdienst klar, ob er oder sie der Situation standhalten wird. Eine möglichst sparsame und behutsame Beteiligung der Betroffenen in der Liturgie kann dem Schutz der Angehörigen dienen.

2.5.2 Thesen zu den Predigten

- Wenn mehrere Predigten gehalten werden, ist eine Kenntnis der jeweils anderen Predigt förderlich, um Doppelungen zu vermeiden, oder aber um verschiedene Schwerpunkte setzen zu können.
- Es geht bei der Predigt einer Trauerfeier nicht um rhetorisch ausgefeilte Glanzleistungen mit sprachlich eingebauten Mitteln wie beispielsweise Satzabbrüchen oder kunstfertig formulierten Sätzen für die Gottesdienstteilnehmer. Derartig ausgefeilte Predigten können gerade in Trauersituationen unnatürlich wirken. Eine persönliche, nahbare und

bodenständige Sprache, die durchdacht, jedoch nicht zu abstrakt ist, erscheint dem Anlass angemessener.

- Ein vorsichtiger Gebrauch des Wortes *Wir* empfiehlt sich gerade in einem öffentlichen Kontext. Er ist nötig, um Gemeinsamkeiten und Zugehörigkeit hervorzuheben. Nicht jeder möchte jedoch so vereinnahmt werden. Das *Wir* ist in der Trauerfeier angemessen, wenn es beispielsweise um die situative Erfahrensgemeinschaft oder Betroffenheit geht. Allerdings ist es nicht angemessen, wenn über alle Teilnehmenden das *Wir* des gemeinsamen Glaubens gebreitet wird. Das *Wir* birgt die Gefahr der Manipulation, da es sich der Argumentation entzieht.

> Wenn er nicht im Interesse der Anwesenden erfolgt und nicht von dem Bemühen geleitet ist, sie wirklich mitzuvertreten, werden die gemeinten Individuen als „Staffage" für die Thesen des Predigers missbraucht (Engemann 2011: 20).

- Die Verwendung der Begriffe *müssen* und *dürfen* in der Predigt lässt den Eindruck entstehen, dass es im Denken und Fühlen Begrenzungen und Zwänge gibt (Engemann 2002: 39–41). Eine Predigt, die im Kontext der Trauerfeier diese Begriffe vermeidet, kann zu einer befreienden Hoffnungspredigt werden.
- Unterschwellige Anklagen gegen Medien oder andere Institutionen hinterlassen beim Hören einen faden Beigeschmack. Die Predigt wird hierdurch gesetzlich und der Prediger zum Richter der Situation, was in der Regel kaum angemessen ist. Die Predigt ist nicht dazu da, um abzurechnen und sollte daher unterschwellige Anklagen vermeiden.
- Die Differenzierung zwischen Christen und Nichtchristen nützt der profilierten Rede von dem, was Christen glauben, ohne Andersglaubende zu vereinnahmen. Es ermöglicht auch, einen Kontrapunkt zu setzen und eine mögliche Antwort auf die aufgeworfenen Fragen zu geben. In diesem Sinn kann auch von „Wir Christen" geredet werden, ohne dass das *Wir* übergriffig wird. Diese Differenzierung fördert die profilierte Rede von dem, was Glaube und Unglaube für einen existenziellen Unterschied im Umgang mit erfahrenem Leid macht. Es empfiehlt sich im ökumenischen Kontext jedoch, „Wir Christen" nur an den Stellen zu gebrauchen, in denen sich Christen tatsächlich einig sind.
- Illustrationen und Symbole können in Predigten hilfreich sein, um eine Botschaft zu vermitteln. Sie verleiten jedoch, zu sehr im Bildgeschehen verhaftet zu bleiben und diese zu stark auszureizen und mit zu vielen verschiedenen Bedeutungen aufzuladen. Prägnante Bilder können einen Gedankengang gut unterstützen. Das Bild wird dabei jedoch nicht zum eigentlichen Inhalt der Predigt, sondern untermalt und verdeutlicht diesen nur. Dies geschieht beispielsweise in der Predigt von Kardinal Woelki, in seinem Hinweis auf die Kerze, bei der er das bekannte Bild mit der spezifisch christlichen Deutung verknüpft.

- Die der Predigt zugrundeliegenden Fragen ergeben sich am besten aus der homiletischen Situation und nicht aus den genutzten Illustrationen. Andernfalls besteht die Gefahr am Hörer und seiner Situation vorbei zu reden und Fragen zu beantworten, die dieser gar nicht stellt.
- Die behutsame Formulierung, dass die Teilnehmenden *vielleicht* die aufgegriffene Frage haben, ist förderlich, da man sich mit der Frage identifizieren und beschäftigen kann, ohne dass sie einem in den Mund gelegt wird. Dieser Umgang ermöglicht auch, einen durch aufeinander aufbauende Fragen gestalteten Gedankengang zu entfalten.
- Menschen haben unterschiedliche Emotionen und Gefühle. Es ist hilfreich, diese klar zu benennen und nicht diffus aufzugreifen. Sammelbegriffe wie *Tränen* sind Metaphern von Gefühlen, jedoch nicht das Gefühl selbst. Für eine Identifikation ist das klare Benennen von Gefühlen sinnvoll, ohne diese jedoch den Hörern nahe zu legen.
- Ein Urteil über Gefühlslagen oder über den unterschiedlichen Ausdruck der Trauer kann unangemessen wirken, da sich Trauer bei jedem unterschiedlich äußern kann.
- Elemente der Liturgie müssen nicht aufgegriffen werden. Ein Verweis auf bereits liturgisch erfahrene Momente oder Texte kann jedoch einen stimmigen Eindruck hinterlassen und helfen, das Gesamte des Gottesdienstes wirken zu lassen.
- Die Einflechtung und Verknüpfung des Kirchenraums und der Historizität des Ortes kann die Predigt der Hoffnungsbotschaft als eine kontinuierliche, die Zeiten durchbrechende Botschaft, unterstützen.
- Die Auswahl und das Verweilen in verschiedenen biblischen Texten bestimmt die Zielrichtung der Predigt. Ein alttestamentlicher Text kann durchaus eine andere Theologie im Umgang mit Leid vermitteln (beispielsweise Tun-Ergehen-Zusammenhänge) als ein Text aus der Offenbarung, der die neu schaffende Kraft Gottes in den Vordergrund stellt. Dies angemessen miteinander zu verbinden, ist herausfordernd und nötig.

3 *Gedenkgottesdienst anlässlich des Amoklaufs in München*

3.1 Beschreibung der spezifischen Krisensituation

Am 22. Juli 2016 fand im Münchner Olympia-Einkaufszentrum (OEZ) ein Amoklauf statt, bei dem ein 18-jähriger Schüler neun Menschen erschoss und fünf weitere verletzte. Acht Opfer waren zwischen 14 und 20 Jahre alt. Drei der Opfer sind kosovarischer Herkunft, weitere sind türkischer, griechischer, ungarischer und deutscher Herkunft. Als die Polizei den Täter etwa zwei Stunden nach Beginn der Tat stellte, erschoss sich dieser selbst (Landeskriminalamt Bayern 2017). Die Situation war nach den ersten Schüssen sehr unübersichtlich, da viele Menschen und die Berichterstattung zunächst von einem größeren Terrorakt ausgingen. Die mediale Berichterstattung wurde auch hier unterschiedlich wahrgenommen und im Nachhinein kritisch aufgegriffen. Ein Großaufgebot an Polizei und Rettungskräften wurde alarmiert und die Münchner Bevölkerung gebeten, sich in Sicherheit zu begeben.

Die Motivation zur Ausübung des Amoklaufs ist bis heute nicht eindeutig geklärt. Es liegen wahrscheinlich verschiedene Motive vor, von der eines wohl eine psychische Erkrankung ist. Der Täter litt unter Angststörungen und war deswegen in Behandlung. Er litt auch unter Mobbing und war in seiner Peergroup isoliert. Den Amoklauf hatte er über ein Jahr geplant und sich dazu illegal Waffen beschafft. Inspiriert wurde er wahrscheinlich auch von vorherigen Amokläufen an Schulen (Bannenberg 2018: 43). Intensiv befasste sich der Täter mit dem rechtsradikal motivierten Anschlag durch Anders Breivik im Jahr 2011 in Norwegen, der fünf Jahre vorher am selben Tag stattfand. Über die eventuell rechtsradikale Motivation des Täters herrscht bis heute Uneinigkeit, wobei drei unabhängige Studien den Akt als rechtsradikal einstufen, so jedoch nicht die Staatsanwaltschaft und der Bericht des Landeskriminalamtes (Landeskriminalamt Bayern 2017). Im Oktober 2017 berichtet die *Süddeutsche Zeitung*, dass in einer durch die Fachstelle für Demokratie der Stadt München durchgeführte Diskussion das Motiv zum einen im Rassismus und zum anderen im erlittenen Mobbing gesehen wird (sueddeutsche.de am 03.10.2017).

Der Staatsakt fand bei diesem Gottesdienst nicht in der Kirche statt, sondern unter Beteiligung der Angehörigen im Anschluss als eigenständige Veranstaltung im Bayerischen Landtag. Hier hielt Bundespräsident Joachim Gauck eine Rede und es wurde eine Schweigeminute eingelegt.

3.2 Beschreibung des Gottesdienstes mit liturgischen Besonderheiten

Der Gottesdienst fand etwa eine Woche nach dem Amoklauf im Liebfrauendom (Dom zu Unserer Lieben Frau), der Kathedrale des Bistums statt. Der Liebfrauendom ist eine imposante Kirche, die bereits 1494 geweiht wurde und durch ihre Bauart und die weithin sichtbaren Türme das Stadtbild prägt. Zur Trauerfeier war der Dom bis auf den letzten Platz gefüllt. Die Stadt München gehört zum Bezirk des Erzbistum München und Freising und von evangelischer Seite zur evangelisch-lutherischen Kirche in Bayern.

Anwesend waren der bayerische Ministerpräsident Horst Seehofer (seit 2008) und Bundeskanzlerin Angela Merkel (seit 2005), an ihrer Seite Bundespräsident Joachim Gauck (2012–2017), Präsident des Bundesverfassungsgerichts Andreas Voßkuhle (seit 2010) und Münchens Oberbürgermeister Dieter Reiter (seit 2014). Den Gottesdienst leiteten Reinhard Kardinal Marx (seit 2007) und Heinrich Bedford-Strohm, Landesbischof der evangelisch-lutherischen Kirche in Bayern (seit 2011).

3.2.1 Typologische Einordnung

Typologisch handelt es sich zunächst um die Form der liturgischen Gastfreundschaft. Durch Ort, Gepräge und Ablauf ist es ein katholischer Gottesdienst, der unter Beteiligung anderer Konfessionen vorbereitet wurde. Im Gottesdienst gibt es jedoch ein Element anderer Typologie. Durch das gemeinsam gestaltete Gebet der Religionen, bei dem neben einem griechisch-orthodoxen Priester ein jüdischer Vertreter und eine Muslima beten, hat der Gottesdienst ein multireligiöses Moment. Auch wenn die Vertreter jeweils einzeln beten, verschwimmen hier die religiösen Differenzen.

3.2.2 Beschreibung Raum und Orte

Der Ort des Amoklaufs ist das Olympia Einkaufszentrum (OEZ) in einem zentralen Münchner Stadtteil. Es wurde zur Olympiade 1972 als eines der ersten Einkaufszentren in Deutschland eröffnet und hat eine Fläche von etwa 56.000 Quadratmetern. Vor dem Einkaufszentrum wurden in den Tagen nach der Tat Blumen und Briefe abgelegt und Kerzen entzündet. Auch einzelne türkische Flaggen wurden aufgehängt. Die Gedenkstätte ist ein Ort der öffentlichen Anteilnahme und Trauer gewesen.

Zentraler Ort des Gedenkens ist der Münchner Dom, die gotische Frauenkirche aus dem 15. Jahrhundert. Sie ist weithin sichtbar und zugleich Bischofskirche des Bistums und somit Sitz von Erzbischof Reinhard Kardinal Marx. Städtebaulich interessant für die zugesprochene Bedeutung durch die Bürger der Stadt ist, dass seit einem Bürgerentscheid aus dem Jahr 2004 auf dem Stadtgebiet kein Gebäude errichtet werden darf, das höher ist als der Dom. Die beide Türme haben jeweils eine Höhe von fast 99 Metern. Die Gestaltung des Doms ist geprägt durch den Wiederaufbau und die Farbgestaltung aus dem 20. Jahrhundert nach dem zweiten Weltkrieg. Er hat sehr helle Farben und lässt viel Licht in den Raum. Weiß ist die vorherrschende Farbe für Wände und auch für den Altar. Dominant über dem Altarraum hängt ein Kruzifix frei im Raum. Hinter dem Altar ist in gleicher Linie nach dem Chorraum die Kathedra, der Sitz des Bischofs, zu sehen. Sie wurde in diesem Gottesdienst nicht genutzt. Die beteiligten Liturgen nahmen alle im Chorraum hinter dem Altar Platz.

Die TV-Übertragung des Bayerischen Rundfunks erreichte am Sonntag, 31.07.2016 um 16 Uhr 0,23 Millionen Zuschauer. Das entspricht Marktanteilen von waren 1,4% und ist entsprechend geringer als die Anteile bei den vorigen untersuchten Gottesdiensten. Da es sich um das erste Wochenende der bayerischen Sommerferien handelte und zeitgleich fast alle andern Bundesländer Ferien hatten, kann dies eventuell damit zusammenhängen.

3.2.3 Beschreibung der Liturgie

Angekündigt wird der Gottesdienst im Liturgieblatt als „Ökumenischer Gedenkgottesdienst nach Amoklauf in München“. Im Ablauf sind neben den Liedern und Hinweisen zu den Elementen auch Anweisungen für die Teilnehmenden abgedruckt: In der Randleiste ist jeweils vermerkt, ob die Teilnehmenden stehen oder sitzen sollen.

3.2.3.1 Ablauf des Gottesdienstes

Eröffnung und Anrufung

Angekündigt wird der Gottesdienst durch Glockengeläut. Die Sitzreihen sind dicht gefüllt. Vor den Stufen zum Altar steht ein Kranz mit neun nicht entzündeten Kerzen. Zum Einzug der am Gottesdienst Beteiligten singt der Chor *Hear my prayer, o Lord* von Henry Purcell. Während des Einzugs erhebt sich die Gemeinde. Vorweg gehen vier Messdiener in weißem Chorrock. Sie tragen links und rechts Kerzenleuchter, in der Mitte wird ein Kreuz vorweg getragen. Hinter ihnen folgt eine Liturgin neben einem griechisch-orthodoxen Priester, dahinter zwei weitere orthodoxe Priester. Es schließen sich Landesbischof Bedford-Strohm in schwarzem Talar und Reinhard Kardinal Marx in scharlachroter Soutane mit Mozzetta und Rochett, auf dem Kopf einen roten Pileolus an. Marx trägt dazu eine schwarze Stola. Die Einziehenden gehen links und rechts am

Altar vorbei in den Chorraum. Kardinal und Landesbischof bleiben rechts neben dem Altar vor ihren Sitzen zur Gemeinde gewandt stehen.

Kardinal Marx eröffnet den Gottesdienst mit dem trinitarischen Votum, der Kreuzbezeichnung und dem Friedensgruß. Bis auf Kardinal Marx setzten sich alle. Er begrüßt die Gemeinde ausführlich. Es folgt das durch Gemeinde und Chor gemeinsam gesungene Lied *Ich steh vor dir mit leeren Händen, Herr (GL 422, EG 382).* Die Anrufungen (Kyrie, Gloria) entfallen. Das Eröffnungsgebet wird von LB Bedford-Strohm gesprochen. Es handelt von der Verborgenheit und Unbegreiflichkeit der Wege Gottes. Es bittet um Trost durch Gottes Wort und vergewissert sich der Liebe Gottes, um dann in der üblichen Schlussformel zu münden.

Verkündigung und Bekenntnis

Geprägt ist dieser Teil des Gottesdienstes durch zwei Predigten sowie einem Kerzenritual mit Totengebet der Religionen. Die Lesungen finden vor den Predigten statt, das Ritual mit Totengebet nach der ersten Predigt. Die Lektorin liest Psalm 77 und Kardinal Marx predigt direkt im Anschluss zu „Gemeinsam Mensch sein". Zur gemeinsamen Symbolhandlung und Totengebet gehen verschiedene Religionsvertreter nach vorne vor den Kerzenkranz in Richtung Altar und Kreuz blickend. Die Gemeinde erhebt sich. Vater Georgius Siomos von der griechisch-orthodoxen Gemeinde betet. Im Anschluss kommen zwei junge Menschen aus der Gemeinde nach vorne und entzünden mit Kerzen, die an der Osterkerze entzündet wurden, die neun Kerzen auf dem Kranz. Die Totenglocke beginnt zu läuten. Nach dem Entzünden der Kerzen betet Siomos weiter. Es folgt das Gebet von Dhahri Hajer einer Muslima des Muslimrates München. Zum Schluss betet Alon Kol, der Vertreter der jüdischen Gemeinde. Nach dem letzten Gebet hört die Totenglocke auf zu läuten. Die Gebete sind unterschiedlich lang: Das des griechisch-orthodoxen Vertreters dauert 1:50 Minuten, das der Muslima 3 Minuten und das des jüdischen Vertreters weniger als eine Minute.

Der Chor singt *Selig sind die Toten* von Heinrich Schütz. Danach folgt die Lesung aus Matthäus 11, 28–30 durch die Lektorin und die Predigt durch LB Bedford-Strohm. Im Anschluss folgt mit *Herr, auf dich traue ich* ein weiteres Chorstück von Heinrich Schütz. Während des Chorstücks kommen verschiedene junge Frauen und Männer, vier Paare in jeweils einheitlicher Kleidung, und bringen rote und rosafarbene Rosen, die in den Kranz der Kerzen gesteckt werden. Zum Fürbittgebet stehen LB Bedford-Strohm und Kardinal Marx vor der Gemeinde. Die Bitten werden von zwei Notfallseelsorgern gesprochen. Kardinal Marx spricht die erste und letzte Fürbitte, um dann in das gemeinsame Vaterunser einzustimmen. Zwischen den Fürbitten wird der Bittruf *Herr, Herr, erhöre unser Gebet* (GL 728,4) gesungen.

Es folgt der Friedensgruß, bei dem die Teilnehmenden sich gegenseitig Friedenswünsche zusprechen. Er findet in der katholischen Messe in der Regel nach dem Gebet des Vaterunser und vor der Austeilung des Abendmahls statt. Der

Gruß verbindet die erbetene Erlösung von dem Bösen mit dem Weg zur Eucharistie. Der Zuspruch ist kein Friedensschluss, sondern der Zuspruch des göttlichen Friedens. LB Bedford-Strohm leitet dieses Ritual mit Worten aus Johannes 14,27 ein und fordert die Gemeinde auf, sich gegenseitig das Zeichen des Friedens und der Gemeinschaft zu geben; dabei spielt die Orgel.

Sendung und Segen

Die beiden Liturgen stellen sich zur Gemeinde gewandt hinter den Altar, um den Segen zuzusprechen. Kardinal Marx eröffnet mit den Worten „Der Herr sei mit euch", woraufhin die Gemeinde „und mit deinem Geiste" antwortet. LB Bedford-Strohm spricht den Aaronitischen Segen und Kardinal Marx ergänzt mit dem trinitarischen Votum, bei dem beide unterschiedliche Kreuzgesten machen. Es folgt das Sendungswort „Gehet hin im Frieden Christi" mit der Gemeindeantwort „Dank sei Gott dem Herrn". Beide verbeugen sich und bleiben während des Gemeindeliedes *Bleib bei uns, Herr* (GL 94/ EG 488) vor dem Altar stehen, um dann gemeinsam mit den anderen auszuziehen.

3.2.3.2 Musik und Lieder

1. Chorstück zum Einzug: „Hear my prayer, o Lord" von Henry Purcell

Dieses Werk ist ein Chorstück des englischen Komponisten Henry Purcell (1659-1695). Es entstand während seiner Zeit als Organist und Chorleiter der Westminster Abbey in London. In dieser Hymne für Chor, Violine und Bass ist der erste Vers des 102. Psalms in der Fassung des anglikanischen Gebetsbuches vertont. Im *Book of Common Prayer* ist es als eines der *Funeral sentences* angegeben. Das achtteilige Stück gilt als unvollendet (Zimmerman 1963: 15). Es ist von der Stimmung her schwermütig und getragen (Hellary 1992).

2. Lied: „Ich steh vor dir mit leeren Händen, Herr" (GL 422/ EG 382)

Dieses Lied wurde bereits im Gottesdienst anlässlich des Germanwingsabsturzes behandelt.

3. Chorstück: „Selig sind die Toten" von Heinrich Schütz

Heinrich Schütz (1585–1672) war ein evangelisch-lutherischer Komponist und Organist des Frühbarocks. Das Chorstück bezieht sich auf Offenbarung 14,13b und ist eine Motette. Gelesen wurde der Text üblicherweise in der Totenmesse (Schütz 2005: xxxvii).

> Selig sind die Toten, die in dem Herrn sterben von nun an. Ja, der Geist spricht, dass sie ruhen von ihren Mühen; denn ihre Werke folgen ihnen nach (Offb 14,13b).

Es ist ein recht getragenes und erhabenes Stück. An dieser Stelle im Gottesdienst nach dem Totengebet und vor der zweiten Predigt stellt es eine Art gesungene Lesung und zugleich einen Zuspruch an die Trauergemeinde dar.

4. Chorstück: „Herr, auf dich traue ich" von Heinrich Schütz

Dieses Chorstück entlehnt seinen Text aus den ersten Versen des 71. Psalms.

> Herr, auf dich traue ich, lass mich nimmermehr zu Schanden werden. Errette mich nach deiner Barmherzigkeit, und hilf mir aus. Neige deine Ohren zu mir und hilf mir. Sei mir ein starker Hort, ein Hort, dahin ich immer fliehen möge, der du hast zugesaget mir zu helfen.

Diese Motette ist in der 1648 veröffentlichten Sammlung Geistliche Chor-Music von Schütz das neunte Stück. In Form eines Gebets antwortet es auf die vorigen beiden Motetten, die von der Höllenqual und dem Gericht handelten. Hier wandelt sich im Gebet das Thema hin zu einer Hoffnungsbotschaft (Schütz 2005:xxx).

5. Lied: „Bleib bei uns, Herr" (GL 94/ EG 488)

Im Liturgieblatt sind die Nummern aus dem katholischen Gotteslob und dem evangelischen Gesangbuch angegeben, dennoch haben beide völlig unterschiedliche Textgrundlagen. Lediglich die Melodie ist dieselbe und geht auf William Henry Monk (1861) zurück. Bei der katholischen Fassung ist die erste Strophe von Franz-Josef Rahe, die zweite und dritte von Paul Ringeisen. Die evangelische Fassung geht textlich auf Theodor Werner zurück, der den Text aus dem englischen *Original* von Henry Francis Lyte (1793–1847) übersetzte. Interessant ist der textliche Unterschied, der bereits bei der ersten Strophe auffällt. Heißt es in der ersten Strophe im EG „Bleib bei mir, Herr!" lautet in der katholischen Fassung die Bitte bei jeder Strophe durchgehend „Bleib bei uns, Herr, ...". Auch die weiteren Strophen im EG reden von „ich" und „mir", wie es auch im englischen Original steht.

Das letztlich im Gottesdienst gesungene Lied ist die Fassung aus dem katholischen Gotteslob. Paul Ringeisen lernte die erste Strophe „in den 1990er-Jahren während einer Tagung" (Franz & Kurzke & Schäfer 2017: 85) kennen und dichtete daraufhin die weiteren. Die englische Originalfassung lernte er erst deutlich später nach seinem Abdruck kennen.

Inhaltlich weist das Lied Bezüge zur Szene der Emmaus-Jünger in Lukas 24,29 auf. Weiterhin werden im Lied Bezüge „zu den tagzeitenliturgischen Themen hergestellt, über Lk 24,29 hinaus speziell zu den Psalmen der Komplet" (Franz & Kurzke & Schäfer 2017: 85). Das englische Original ist ein Abendgebet, das am Abend das Lebensende betrachtet. Es hat einen eschatologischen Ausblick. Dies kommt in der hier gesungenen Fassung nicht vor. Hier werden die eigene Vergänglichkeit, der Tod und die Sünde nicht betrachtet. Der Fokus liegt auf der Bitte, dass Christus im Diesseits Geborgenheit, Schutz und Beistand gebe (Franz & Kurzke & Schäfer 2017: 86).

6. Orgelstück zum Auszug: Orgelsonate von Felix Mendelssohn-Bartholdy

Das Orgelstück am Ende des Gottesdienstes ist die zweite Sonate in c-Moll der von Felix Mendelssohn-Bartholdy im Jahr 1845 veröffentlichten sechs Orgelsonaten. Es werden nur die ersten beiden der vier Sätze (Grave und Adagio) gespielt.

3.2.3.3 Liturgische Texte

1. Begrüßung

Die Begrüßung ist mit vier Minuten Länge im Verhältnis zu den anderen Redeteilen des Gottesdienstes sehr ausführlich. Kardinal Marx begrüßt die vor Ort Anwesenden im Dom und die Menschen „an den Bildschirmen". Direkt zu Anfang bezieht Marx den Dom als Orientierungspunkt und Wahrzeichen der Stadt ein. Durch die Zuschreibung, dass die Kirche mit ihren Türmen „nicht nur den Christen" gehöre, sondern „der ganzen Stadt", erweitert er die Bedeutung des Kirchengebäudes. Er betont, dass das Gebäude „für alle Menschen, die suchen [... und] guten Willens" sind, offensteht. Als Erstes begrüßt er nach dieser Geltendmachung des Gebäudes besonders die Angehörigen, um ihnen Anteilnahme auszusprechen. Marx drückt diese Anteilnahme im „Wir" aus. Er spricht somit stellvertretend nicht nur für die Kirche, sondern für die Gesamtheit der Menschen der Stadt, was auch im Folgenden deutlich wird:

> Wir wollen als Stadtgesellschaft, als Gemeinwesen öffentlich bekunden, hier in der Tradition eines christlichen Gotteshauses, dass wir nicht getrennt sind, dass wir zueinander gehören, dass wir Anteil nehmen am Schmerz aller Menschen.

Man kann fragen, ob er als Vertreter der katholischen Christen auch gleichzeitig für die gesamte Gesellschaft der Stadt sprechen kann. Als Person des öffentlichen Lebens der Stadt wird ihm dies aber wohl zugestanden.

Er betont weiterhin, dass das Verbindende und nicht das Trennende in den Blick genommen wird. Er erweitert diese Schwerpunktsetzung, die sich auch in seiner Predigt niederschlägt und spricht davon, dass die christliche Gebetssprache Teil der Öffnung für alle Menschen ist:

> Deswegen können wir uns hier in einem ökumenischen Gottesdienst in der christlichen Gebetssprache öffnen für alle Kulturen, für alle Religionen, allen Menschen, Gläubige und Ungläubige, aller Sprachen, die in dieser Stadt zusammenkommen und in unserm Gemeinwesen, in unserm Staat neue Heimat finden oder schon gefunden haben.

Hier wird der ökumenische Gottesdienst dezidiert als Gottesdienst für alle benannt. Dass ein christlicher Gottesdienst gefeiert wird, ist angesichts der unterschiedlichen Herkunft und religiösen Hintergründe der Opfer nicht unbedingt selbstverständlich. In München haben 2016 nur 44 Prozent der Bevölkerung einen christlichen Hintergrund (Kreuzmair 2017: 13). Da es der einzige offizielle religiöse Gedenkakt in der Stadt ist, wäre beispielsweise auch eine andere Form des religiösen Gedenkens denkbar gewesen. Dass der christliche Gottesdienst sich als gemeinsamer Akt aller versteht, wird im weiteren Verlauf in der Sprache und auch in der Gestaltung deutlich. Es handelt sich nicht nur um eine Öffnung des Gottesdienstes für alle, sondern ebenso um eine Öffnung der anderen Beteiligten, sich mit ihrer Religion, Kultur und Gebetsform in den Gottesdienst einzubringen und auf die christliche Feier einzulassen. Kardinal Marx lädt die Teilnehmenden dazu ein, sich dem Gebet anzuschließen, „so wie sie es können". Der Gottesdienst ist also ein christlich geprägtes Angebot der Trauerbewältigung und Deutung und dies wird auch explizit so formuliert. Nach der Begrüßung macht Kardinal Max deutlich, worum es in diesem Gottesdienst neben der Anteilnahme geht:

> Wir als Christen möchten öffentlich in diese Gesellschaft hineinrufen: Diese Toten sind nicht ins Nichts zurückgestoßen, sie leben. Bei Gott. Das ist unsere Hoffnung. Das ist unser Zeugnis, das wir öffentlich bekunden wollen.

Hier macht Marx seinen christlichen Standpunkt deutlich und versteht die Ankündigung als geltende Deutung des Geschehens für die Gesellschaft. Allerdings kann man die Vereinnahmung aller Toten in die christliche Hoffnung infrage stellen. Nicht jeder der Toten wird zu Lebzeiten in dieses Glaubensbekenntnis eingestimmt haben, dass er genau diese Hoffnung auf das ewige Leben hat. Für einen Buddhisten ist der Tod vielmehr verbunden mit einer Hoffnung auf die Einkehr ins ewige Nirwana, das ewige Nichtsein anstatt der Hoffnung auf ein ewiges Leben. Als Hoffnung der christlichen Kirchen kann Marx den Inhalt der Hoffnung jedoch derart formulieren. Aus muslimischer und jüdischer Perspektive mag dieses offen formulierte Bekenntnis ohne Christusbezug auch nachvollziehbar sein.

2. Tagesgebet

Das durch LB Bedford-Strohm gesprochene Gebet betont die Unbegreiflichkeit der Wege Gottes. Gleichzeitig hebt es Gottes Wissen um die Situation, die Trauer und die Ratlosigkeit hervor, um diese dann Gott im Gebet wiederum anzubefehlen. Er soll den weiteren Weg führen und die Betenden seiner Liebe gewiss machen. Das Gebet endet mit der liturgischen Formel der Anbetung durch Jesus Christus.

3. Lesungen und Predigt

Vor der ersten Predigt wird durch die Lektorin der Psalm 77 gelesen. Sie beginnt mit „Aus dem Buch der Psalmen" und endet mit „Wort des lebendigen

Gottes" und handelt von der Not des Beters, der zu Gott ruft, bis dieser ihn erhört. Der Psalm greift die Gefühlslage auf, in die vielleicht mancher Teilnehmende im Gottesdienst mit einstimmen kann und wieder ins Gebet geführt wird. Die Predigt nimmt Bezug auf die Lesung und die dort formulierte Klage. Die zweite Lesung ist aus Matthäus 11,28–30 und wird durch LB Bedford-Strohm selbst gelesen. Der Lesungstext ist zugleich der Einstieg zur Predigt und wird darin aufgegriffen. Sie handelt von dem Ausruf Jesu, dass alle zu ihm kommen sollen, die mühselig und beladen sind.

Im Gesamten kommt der Eindruck auf, dass beide Predigten im Gesamtgefüge miteinander abgesprochen und auf die Liturgie abgestimmt sind. In der ersten Predigt ist kein Bezug zu Jesus Christus zu finden. Es wird im Allgemeinen auf Gott verwiesen und die Gemeinschaft der unterschiedlichen Religionen, Konfessionen, Gläubigen und Nichtgläubigen im gemeinsamen Status des Menschseins hervorgehoben. Dies dient als Grundlage für das darauf folgende Totengebet der Religionen. Die zweite Predigt hat einen ergänzenden Charakter, der sich in der spezifisch christlichen Zuspitzung äußert.

4. Fürbitten und Vaterunser

Das Fürbittengebet wird gerahmt durch einleitende Worte und das Schlussgebet durch Kardinal Marx. Er bezieht sich auf die ersten Verse aus Psalm 77 und nimmt die Teilnehmenden mit hinein in die Gebetsgemeinschaft mit dem Psalmbeter. Dies zeigt sich auch in den wiederkehrenden, gesungenen Zwischenrufen, die um die Erhörung des Gebetes bitten. Die Notfallseelsorger beten für die Familien, die Opfer, die Polizisten und weitere Mitarbeiter. Sie beten auch für die Verantwortlichen in Politik und Gesellschaft und das Miteinander der Kulturen und Religionen. Kardinal Marx schließt das Gebet mit der Anrede an den barmherzigen Gott und einem Dank für heilende Begegnungen, gute Worte, die Glaubensgemeinschaften und für Orte der Ruhe. Er leitet in das Vaterunser als von Jesus gelehrtes Gebet über. Auffällig ist, dass in den Fürbitten der Täter und seine Familie in keiner Weise erwähnt werden.

3.2.4 Beschreibung der Rituale

Es gibt im Gottesdienst zwei Rituale, die eng miteinander verwoben sind: das Totengebet der Religionen und die darin eingebettete Kerzenentzündung. Zum Totengebet der Religionen stehen drei Vertreter der Religionsgemeinschaften vor dem Kerzenkranz mit Blickrichtung zum Altar. Die Gemeinde erhebt sich. Vater Georgius Siomos von der griechisch-orthodoxen Gemeinde bringt die Fassungslosigkeit über den frühen Tod der „Menschen in der Blüte ihres Lebens" zum Ausdruck. Er formuliert den Schmerz und die Trauer, die sie vor Gott bringen, um der Toten zu gedenken. Siomos unterbricht das Gebet. Während der darauffolgenden Stille fängt die Totenglocke zu läuten an. Zwei junge

Menschen kommen nach vorne und entzünden nach und nach die Kerzen auf dem Kranz, mit Kerzen, die sie an der Osterkerze entfacht hatten. Die Symbolik der Osterkerze wird hier bewusst oder auch unbewusst mit hineingenommen, wenn die Kerzen der Opfer durch das Licht Christi entzündet werden. Auch hier ist auffällig, dass für jedes der neun Opfer des Amokläufers eine weiße Kerze leuchten wird, jedoch keine für den Täter. Aufgrund der hohen Symbolkraft des Entzündens der Kerzen an der Osterkerze, scheint es als sein der Täter durch seine Schuld von der sichtbaren Zuwendung Christi ausgeschlossen. Vielleicht wäre es ein Affront für die Angehörigen der Opfer, wenn für den Täter auch eine Kerze entzündet würde, jedoch wäre dies aus christlicher Sicht durchaus im Rahmen des Möglichen. Vater Georgius betet weiter um Trost und Heilung für die Angehörigen und die Toten, um dann im trinitarischen Votum zu schließen.

Es folgt das Totengebet von Frau Dhahri Hajer des Muslimrat München. Sie betet zu Allah. Sie betet zu Allah und nutzt dazu einleitend die Worte aus der Eröffnungsrede des Koran, der Sura Al-Fatiha. Auch wenn die Bezeichnung Allah von arabischen Christen ebenfalls genutzt wird, weil es im Arabischen kein anderes Wort für Gott gibt, wird hier deutlich, dass das Gebet eindeutig multireligiös aus der jeweils eigenen Religion heraus gesprochen wird, in diesem Fall aus muslimischer Perspektive. Während des Gebets mit der wiederholten Formulierung „O Allah" (6x), wird mit „Liebe Angehörige der Opfer, ..." die Gemeinde direkt angesprochen, wodurch dieses Gebet auch einen zusprechenden, verkündigenden Charakter hat. Neben der Bitte um Hilfe während der schweren Zeit wird auch um die Vergewisserung, dass die Teilnehmenden „unabhängig von Nationalität, Religion oder Hautfarbe" alle „Kinder Adams sind" gebetet. Deutlich wird in diesem Gebet der Tun-Ergehen-Zusammenhang. Allah ist derjenige, der das Leben gibt und zu seiner festgesetzten Zeit wieder nimmt. Diejenigen, die Unrecht tun, werden selbst das erleben, was sie getan haben. In der Anrede an die Angehörigen werden diese gebeten, geduldig zu sein und auf die Belohnung Allahs zu hoffen. Dabei ist die benannte Hoffnung, dass Allah die Geduld belohnt, den „Trost bessern und den Verstorbenen vergeben" soll. Das Gebet mündet im Bekenntnis, dass Allah der Herr der Toten ist und ihre Seelen zu sich genommen hat. Die Beterin fungiert als Fürsprecherin für die Opfer, damit diese in „die höchsten Ränge des Paradieses" aufgenommen werden. In ihrem Gebet wird die spezifisch islamische Hoffnung auf Belohnung im Paradies hervorgehoben. Das deutlich kürzere Gebet des Vertreters der jüdischen Kultusgemeinde, Alon Kol, bittet den erbarmungsvollen Gott für die Toten. Sie sollen durch ihn im Garten Eden und bei ihm Ruhe finden. Er bittet darum, dass die Seelen der Toten „in das Bündel des ewigen Lebens" eingebunden werden und in Frieden ruhen.

Das in das Totengebet eingebettete Kerzenritual ist in seiner Ausgestaltung zweigliedrig. Erst werden während des Gebets alle Kerzen angezündet, später wird der Kranz dekoriert. Dies geschieht während des Chorstücks nach der zweiten Predigt. Verschiedene junge Frauen und Männer kommen in Paaren nach vorne und dekorieren den Kranz mit roten und rosafarbenen Rosen, die in den Kranz gesteckt werden. Erst dann ist das Ritual beendet. Somit wird die zweite Predigt mit ihrem Christusbezug deutender Teil des Rituals.

3.3 Diskussion ausgewählter liturgischer Elemente

3.3.1 Ablauf und liturgische Texte

Der Ablauf ist an die katholische Wort-Gottes-Feier angelehnt. Die ausführliche Begrüßung beinhaltet bereits eine Ansage. Kardinal Marx benennt den Gottesdienst als Teil des gesamtgesellschaftlichen Geschehens und der gemeindlichen Trauerbewältigung. Er verknüpft die Stadt mit dem Gebäude und dem gottesdienstlichen Geschehen. Marx benennt den Gottesdienst als spezifisch christliche Antwort auf das Geschehene, um ihn gleichzeitig für die Kulturen und Religionen der Stadt zu öffnen. Die Begrüßung nimmt aufgrund ihrer Länge im Verhältnis zu anderen Redeteilen einen größeren Teil innerhalb der Liturgie ein.

Im Anfangsteil der Liturgie entfallen die Anrufungen Kyrie und Gloria. Der darauffolgende Teil des Wortgottesdienstes hat einen eigenen Spannungsbogen, eingeleitet durch die alttestamentliche Schriftlesung, auf die kein Antwortpsalm folgt. Die neutestamentliche Lesung ist vor die zweite Predigt gerückt. Dazwischen befinden sich das Totengebet der Religionen und das Ritual der Entzündung der Kerzen. Beide Predigten nehmen Bezug auf die Lesungen und rahmen mit den vorangehenden Lesungen den Ritualteil ein. Die erste Predigt führt auf das Totengebet hin, die zweite Predigt deutet und spitzt das Gedenken christlich zu. Die neutestamentliche Lesung kann auch als Antwort auf die Klage des Psalmisten aus der ersten Lesung wahrgenommen werden.

Da das Totengebet der Religionen nicht etwa vor oder nach den beiden Predigten oder aber bei den Fürbitten verortet wurde, wird es zu einem Teil des Verkündigungsgeschehens. Auch wenn die Predigten das erste und letzte Wort haben, bildet das Totengebet verknüpft mit dem Kerzenritual den liturgischen Höhepunkt des Gottesdienstes. Durch das Schmücken des Kerzenkranzes mit Rosen nach der zweiten Predigt wird das Ritual bis zu diesem Punkt ausgeweitet.

3.3.2 Musik und Lieder

Der Gottesdienst beinhaltet inklusive Auszug ein Orgelstück, zwei Gemeindelieder und drei Chorstücke. Die Gemeindelieder sind am Anfang und am Ende des Gottesdienstes. Die Gemeinde singt darüber hinaus nur den Bittgesang bei den Fürbitten. Somit kommt in allen drei Liturgieteilen – Eröffnung, Verkündigung und Sendung – ein Gemeindegesang vor. Die Chorgesänge sind zum Einzug, zwischen dem Totengebet der Religionen und zuletzt nach der zweiten Predigt zu finden. Die Chorgesänge finden sich vor allem im Mittelteil der Liturgie.

Das erste Chorstück mit Bezug auf den ersten bzw. zweiten Vers des 102. Psalms „Hear my prayer, Lord, and let my crying come unto Thee (HERR, höre mein Gebet und lass mein Schreien zu dir kommen!) korrespondiert mit dem liturgischen Höhepunkt des Gottesdienstes, dem gemeinsamen Gebet der Religionen. Die Chorstücke passen zum jeweiligen Teil der Liturgie. So werden beim Totengebet das Stück *Selig sind die Toten* und als Antwort auf die zweite Predigt *Herr, auf dich traue ich* gesungen.

3.3.3 Rituale

Es geht beim Totengebet darum, dass jeder Teilnehmende entsprechend dem eigenen Glauben und seiner Religionsgemeinschaft in das jeweilige Gebet mit einstimmen kann. Auch wenn ein Teilnehmer mit christlichem Hintergrund nicht beim muslimischen Gebet mitbeten kann, kann er dennoch in das christliche oder jüdische Gebet einstimmen. Für einen Muslim wird es entsprechend kaum möglich sein, in das christliche Gebet einzustimmen, welches Jesus Christus als Gott verherrlicht. Die Gebete stehen in diesem Moment gleichwertig und doch in aller Unterschiedlichkeit nebeneinander. Und doch nimmt jedes Gebet, auch sprachlich, für sich in Anspruch, für die gesamte Gemeinde zu sprechen und zu beten.

3.4 Analyse der Predigten

3.4.1 Predigtanalyse Predigt A

3.4.1.1 Beschreibung

Die Predigt von Kardinal Marx ist verwoben mit dem Verkündigungsteil. Sie rahmt gemeinsam mit der zweiten Predigt das Totengebet der Religionen ein.

3.4.1.2 Transkript

> Verehrte Anwesende hier im Dom und an den Bildschirmen, liebe Brüder und Schwestern.
> Aufwühlende Tage liegen hinter uns. Jeder von uns kann sich erinnern, als er die Nachricht über die schrecklichen Ereignisse in München empfing. Am Fernseher oder unterwegs. Es wird ein Markstein bleiben in der Geschichte dieser Stadt und dieses Gemeinwesens.

Das Erschrecken über eine entfesselte Gewalt. Aber auch der Dank für die vielen, die geholfen haben, die offen waren für das Miteinander. Die Polizei, die Sicherheitskräfte, die Seelsorgerinnen und Seelsorger, die Kriseninterventionsteams, alle Helferinnen und Helfer, die auch heute zum Gottesdienst gekommen sind, die ich herzlich begrüße und ein herzliches „vergelts Gott“ ihnen sage für das, was sie in diesen Stunden geleistet haben.
Das ist ein Trost, aber es kann nicht hinweg helfen über den Schreck, über das Ausmaß des Schreckens über eine solche Gewalttat, die dann auch noch fortgesetzt wurde durch Bilder anderer Schreckensereignisse. Terrorereignisse, die uns seit Jahren begleiten und immer wieder aufwühlen. Vielleicht auch dazu führen, dass wir uns fast wie ohnmächtig vorkommen gegenüber einer solchen Gewalt, die unberechenbar ist, die zuschlagen kann, wo immer es möglich erscheint. Und diese Ohnmacht lähmt und genau das wollen Täter, Amokläufer, Terroristen aller Art, aller Ideologien. Sie wollen Angst und Schrecken über ein Land legen, damit die Atmosphäre des Misstrauens, der Angst, des Gegeneinanders diese Gesellschaft von innen her vergiftet. Sind wir ohnmächtig dem gegenüber? Wir dürfen es nicht sein.
Aber wir dürfen und müssen der Klage Raum geben, so wie wir es im Buch der Psalmen hören. Die Klage, die ausspricht, dass was ist, dass was passiert ist. Vor Gott und den Menschen zu schreien: Warum ist es geschehen? Was bedeutet es für uns, Gott, wo warst du in dieser Stunde? Die Klagepsalmen sind ein wichtiger Teil der ganzen biblischen Botschaft. Klage bedeutet, sich nicht hängen zu lassen im Leiden, zu jammern, aber keinen Ausweg zu finden. Sondern die Klage, die aus dem Geist der biblischen Überlieferung kommt, wird, so haben wir es eben gehört in Psalm 77, auch zum Trotz, zum Zorn, zur Wut über das, was geschehen ist. Zum Nachdenken über das, was geschehen ist. Zum Analysieren dessen, was passiert ist. Und zu einer neuen Hoffnung im Blick auf den Gott und Vater aller Menschen.
Verehrte Anwesende, eine solche Klage ist der Gottesdienst heute. Wir klagen vor Gott und den Menschen über das, was Menschen einander antun. Über das Böse, das wir nicht überwinden können. Das wir eingrenzen können und müssen, aber das uns immer wieder neu bedrängt. Die Klage wird aber nicht zur Ohnmacht. Die Klage wird verwandelt in eine Haltung der Hoffnung, des konstruktiven Widerstandes gegen das Böse, gegen die Angst, gegen das Misstrauen, gegen die Feindschaft unter Menschen, Konfessionen, Religionen und Kulturen.
Denn genau das, liebe Schwestern und Brüder, wollen wir auch in dieser Kirche bekennen als Christen mit allen andern zusammen. Das, was uns verbindet, ist das Menschsein. Wir glauben an den Gott und Vater aller Menschen. Und deswegen können wir in einem Gemeinwesen zusammenleben, weil wir mitempfinden können, was im anderen vorgeht, weil wir gemeinsame Hoffnungen haben, gemeinsame Sehnsüchte, weil wir das aufrufen können, weil wir das ansprechen können. Das müssen wir in dieser Stunde tun.
Eine neue Wachsamkeit ist erforderlich. Und ich danke allen in Polizei und Justiz, allen Verantwortlichen der Politik, die darüber nachdenken, was bedeutet das? Aber das ist nicht die einzige Antwort. Wachsamkeit muss zu einer neuen Aufmerksamkeit führen. Füreinander. Für das, was im anderen vorgeht. Für die Fähigkeit, zusammenzuleben. Für die Fähigkeit, auch in einem Gemeinwesen, das so vielfältig ist, Wege des Friedens zu finden. Der Aussöhnung zu finden. Der Gerechtigkeit zu finden. Der Sicherheit zu finden. Aber eben auch Wege des Miteinanders, weil wir gemeinsam Menschen sind. Das ist unsere Hoffnung.

Werte Anwesende, das wollen wir miteinander bezeugen und besonders noch einmal den Angehörigen unsere Anteilnahme sagen. Wir als Christen, die ganze Stadtgesellschaft, Christen, Nichtchristen, alle Religionen, Konfessionen, Gläubige, Nichtgläubige sind gemeinsam Menschen. Das ist die Grundlage unseres Miteinanders. Und das dürfen wir nicht vergessen. Deswegen kann Abschottung und Misstrauen und Angst nicht das letzte Wort behalten.
Bitten wir den Herrn, den Gott und Vater aller Menschen, dass er unsere Klage, die Raum hat heute, verwandelt in Mut und in Hoffnung. Amen.

3.4.1.3 Ergebnis der Anknüpfungen

1. Anknüpfung an die Situation

Direkt nach der Begrüßung erwähnt der Prediger die Situation des Amoklaufs. Er beschreibt es mit den „aufwühlenden Tagen“, die „hinter uns“ liegen. Indem er beschreibt, dass sich jeder an die Situation erinnern kann, als ihn die Nachricht von dem Ereignis über die verschiedenen Medien erreicht hat, erzeugt er eine Erfahrensgemeinschaft. Aufs große Ganze bezogen sagt er, dass es für München und das Gemeinwesen eine Art „Markstein“ in der Geschichte bleiben wird.

2. Anknüpfung an Fragen

Die erste Frage bezieht sich auf das Erleben der Ohnmächtigkeit gegenüber dem erlebten Schreck über das Ereignis und über verschiedene Terrorereignisse. Sie fragt „Sind wir ohnmächtig dem gegenüber?“. Der Prediger benennt die Masse der Ereignisse, die einen ereilt und die einen „fast ohnmächtig“ sein lässt und lähmt. Die Ohnmacht wird benannt als das, was die „Täter, Amokläufer, Terroristen aller Art, aller Ideologien“ wollen, indem sie Angst und Schrecken verbreiten und damit eine Atmosphäre des Misstrauens, die Ängste der Menschen werden gegeneinander aufgebaut. Die kurze Antwort auf diese Frage mit ihrer Ausführung erfolgt ohne weitere Begründung „Wir dürfen es nicht sein“.

Diese Antwort wird nicht weiter ergänzt. Stattdessen wird darauf verwiesen, dass der Klage gegen Gott Raum gegeben werden darf und muss. Im weiteren Verlauf führt die Klage gegen Gott dann „nicht zur Ohnmacht“, sondern „wird verwandelt in eine Haltung der Hoffnung [...] des konstruktiven Widerstandes gegen das Böse“. Es ist hier also die Ohnmacht gegenüber der Situation, die in die Klage und in das Gebet führen „darf“ und „muss“. Die sich zum Klagegebet wandelnde Ohnmacht führt zu Hoffnung. Die Wortwahl „dürfen“ und „müssen“ ist bereits in der vorhergehenden Gottesdienstanalyse angesprochen worden.

In den Komplex der gegen Gott erhobenen Klage ist die Frage nach dem „Warum“ des Geschehens eingebettet. Es ist weniger die Frage, warum dies generell geschehen musste, sondern danach, was es „für uns bedeutet“. Gott wird angeklagt, um Deutung des Geschehens angefleht und gleichzeitig befragt, wo er in dieser Situation war. Die Klage wird als empfundene Ausweglosigkeit beschrieben. Hier wird der biblische Psalm eingeflochten und als Antwort eingebracht. Eine Klage, „die aus dem Geist der biblischen Überlieferung kommt“, wird „zum Trotz, zum Zorn, zur Wut über das, was geschehen ist“ und aktiviert dadurch das Nachdenken und Analysieren des Geschehens, um dann zu einer neuen Hoffnung zu führen. Dies entspricht dem Aufbau mancher Klagepsalmen, die durch Klage und Gebet hinein in eine neue, hoffnungsvolle Gottesbeziehung führen. Die Antwort auf den gestellten Fragenkomplex ist nicht die Antwort auf das Warum, sondern das Hineingeben in die Hoffnung „im Blick auf den Gott und Vater aller Menschen“. So wird der biblische Text mit der aktuellen Situation verwoben und der innere Ablauf des Psalms als zur Hoffnung führend in die Situation gesprochen.

3. Anknüpfung an Emotionen

Aufgegriffen werden die Emotionen, die das Ereignis ausgelöst hat. Dabei benennt der Prediger besonders den Schrecken und die Verstärkung durch andere Ereignisse. Zunächst aktualisiert er die Emotionen, indem er sie weiter ausbaut und in Erinnerung holt. Dabei hebt er die Unberechenbarkeit der Gewalt hervor, die das Gefühl von Ohnmächtigkeit und Lähmung hervorruft. Indem er diese Unberechenbarkeit jedoch als willentlichen Akt der Täter beschreibt, die diese Emotionen bei Opfern und Angehörigen hervorrufen wollen, wird der Auslöser greifbarer und berechenbarer, da er einen menschlich gewollten Ursprung zu haben scheinen. So bleibt die Emotion nicht einfach diffus, sondern gewinnt Kontur und kann im weiteren Verlauf ins Gespräch gebracht werden. Derart nimmt der Prediger die „Atmosphäre des Misstrauens, der Angst, des Gegeneinanders“ auf, die „die Gesellschaft von innen her vergiftet“. Die daraufhin gestellte Frage „Sind wir ohnmächtig dem gegenüber?“ richtet sich nun nicht mehr an eine diffuse Emotion, sondern bezeichnet die Ohnmacht gegenüber der Tat von Menschen. Somit kann der Prediger nun sagen „Wir dürfen es nicht sein“.

4. Anknüpfung an Elemente der Liturgie

Andere Elemente der Liturgie wie Lieder, Musik, rituelle Handlungen oder der Kirchenraum werden in der Predigt nicht aufgegriffen.

5. Anknüpfung an biblische Texte und Theologie

Als biblischer Bezug dient einzig Psalm 77 und die Möglichkeit der Klage, wie sie der Psalmbeter erhebt und die zu einer neuen Hoffnung führt. Der biblische Text wird als Beispiel für eine Handlung genommen, die nachgeahmt werden kann. Der Klage kann im Gebet mit Gott Raum gegeben werden und sie kann sich dadurch in eine neue Hoffnung verwandeln, so wie es dem Psalmbeter ergeht. Der weitere Kontext des Psalms findet keine Erwähnung.

Ausführlich aufgegriffen wird die Thematik der Hoffnung. So wendet sich der Prediger zunächst dem Motiv der Hoffnung als Ergebnis des Beziehungsgeschehens durch das klagende Gebet wie in Psalm 77 zu. Klage wird hier verwandelt in eine „Haltung der Hoffnung, des konstruktiven Widerstandes gegen das Böse, gegen die Angst, gegen das Misstrauen, gegen die Feindschaft unter Menschen, Konfessionen, Religionen und Kulturen". Die im Gebet verwandelte Klage gegen Gott wird zu einer auf das Diesseits gerichteten Hoffnung. Es ist eine Hoffnung, die das gesellschaftliche Miteinander und die Überwindung von Gewalt und verschiedene kulturelle und religiöse Grenzen im Blick hat.

Weiterhin greift der Prediger die Hoffnung in Form eines Bekenntnisses auf. Es wird formuliert als Hoffnung der Christen, die diese mit allen anderen Menschen gemeinsam haben:

> Denn genau das, liebe Schwestern und Brüder, wollen wir auch in dieser Kirche bekennen als Christen mit allen andern zusammen. Das, was uns verbindet, ist das Menschsein. Wir glauben an den Gott und Vater aller Menschen.

Derart formuliert handelt es sich um eine christliche Hoffnung, die sich jedoch im christlichen Glauben an den Gott und Vater aller Menschen begründet. Die Herleitung ist schöpfungstheologisch im Geschaffensein aller Menschen. Hier spricht der Prediger mit „wir Christen" konkret nur die Christen der teilnehmenden Gemeinde an, um gleichzeitig mit allen weiteren Teilnehmenden das gemeinsame Menschsein zu bekennen. Die Glaubensaussage, dass es der „Gott und Vater aller Menschen ist", wird nicht jeder aus anderen Religionsgemeinschaften mittragen können, da die Gottesauffassungen durchaus sehr unterschiedlich sind. Sie kann in dieser Explikation als spezifisch katholisch aus der Erklärung *Nostra Aetate* „Über das Verhältnis der Kirche zu den nichtchristlichen Religionen" aus dem II. Vatikanischen Konzil hergeleitet werden, in der es heißt:

> Alle Völker sind ja eine einzige Gemeinschaft, sie haben denselben Ursprung, da Gott das ganze Menschengeschlecht auf dem gesamten Erdkreis wohnen ließ (1); auch haben sie Gott als ein und dasselbe letzte Ziel. Seine Vorsehung, die Bezeugung seiner Güte und seine Heilsratschlüsse erstrecken sich auf alle Menschen (2), bis die Erwählten vereint sein werden in der Heiligen Stadt, deren Licht die Herrlichkeit Gottes sein wird; werden doch alle Völker in seinem Lichte wandeln (3) (Vatikan 1965).

Nach der Feststellung des gemeinsamen Menschseins und des Bekenntnisses an den einen Gott aller Menschen, die er schöpfungstheologisch begründet, folgert der Prediger, dass hier die Grundlage dafür läge, dass die Menschen in einem Gemeinwesen zusammenleben können. Er expliziert dies damit, dass die Menschen alle „gemeinsame Hoffnungen haben, gemeinsame Sehnsüchte". Ob diese Aussage hier auch allein an die Christen gerichtet ist oder an die gesamte Gemeinde, ist nicht ganz klar. Dass es auch gemeinsame Grundhoffnungen auf ein friedliches Miteinander gibt und die Sehnsucht nach Entfaltung des Einzelnen in der Gemeinschaft, wird hier nicht benannt. Die Begründung liegt in der

Möglichkeit der Mitempfindung, was im Anderen vorgeht, weil dieser auch Mensch ist.

Nicht alle Teilnehmenden haben religiös die gleichen Hoffnungen und Sehnsüchte, was ja auch im Totengebet der Religionen deutlich wird, wenn beispielsweise die Muslima spezifisch muslimische Glaubensaussagen entfaltet. Sie beschreibt beispielsweise den Tun-Ergehen-Zusammenhang: dass uns angetan wird, was wir anderen angetan haben. Weiter auch, dass Angehörige von Allah Belohnung für ihre Geduld zu erhoffen haben. Diese Aussagen bilden einen Kontrast und möglichen Widerspruch zur spezifischen Glaubensaussage der unverdienten Vergebung, die den Tun-Ergehen-Zusammenhang durchbricht. Die gemeinsamen Hoffnungen und Sehnsüchte beziehen sich nicht auf die Glaubensinhalte, sondern auf die gemeinsamen anthropologischen Grundkonstanten. Daher ist der Verweis auf das „[A]nsprechen können“, das „in dieser Stunde“ getan werden muss, ein Auftrag, die eigenen Hoffnungen und Sehnsüchte mit denen der anderen ins Gespräch zu bringen, um die gemeinsamen Hoffnungen und Sehnsüchte herauszuarbeiten, die sich explizit mit dem diesseitigen Miteinander befassen.

> Und deswegen können wir in einem Gemeinwesen zusammenleben, weil wir mitempfinden können, was im anderen vorgeht, weil wir gemeinsame Hoffnungen haben, gemeinsame Sehnsüchte, weil wir das aufrufen können, weil wir das ansprechen können. Das müssen wir in dieser Stunde tun.

Dass die Hoffnung auf das menschlich Machbare abzielt, wird weiter deutlich, wenn der Prediger an die erforderliche neue Wachsamkeit und neue Aufmerksamkeit appelliert. Dieser Appell ist eingebunden in eine Dankesaussage an Polizei, Justiz und die Verantwortlichen in der Politik. Der Dank ist im Grunde jedoch ein Handlungsauftrag. Dem Prediger geht es um die Fähigkeit, Wege des Friedens, der Aussöhnung, Gerechtigkeit und Sicherheit zu finden. Dies ist keine eschatologische Hoffnung. Es geht hier rein um den gelebten Frieden und die Gerechtigkeit der Menschen untereinander. Gott wird als derjenige benannt, der die Klage in eine solche Hoffnung auf ein diesseitig gestaltetes Miteinander verwandelt. Begründet wird dies noch einmal im gemeinsamen Menschsein. Dies ist vor dem Hintergrund röm.-katholischer Dogmatik zu verstehen, die von Gottes Offenbarung in seinem schöpferischen Handeln ausgeht, wie es beispielsweise von *Thomas von Aquin* als *revelatio generalis* ausgedrückt wird (Hasenhüttl 1973, 234; Ecclesia Catholica 1993, 50). Im letzten Satz wird dies in der Forderung des Predigers zusammengefasst, dass die Teilnehmenden den Herrn, den „Gott und Vater aller Menschen“, bitten, die Klage in Mut und Hoffnung zu verwandeln.

6. Anknüpfung an Personengruppen

Als Personengruppen nimmt der Prediger im ersten Satz die Anwesenden im Dom und die Zuschauenden der TV-Übertragung in den Blick. Sie redet er als Zielgruppe an, um dann mit „liebe Brüder und Schwestern“ zu konkretisieren.

Im weiteren Verlauf erwähnt er häufiger die Anwesenden. Einmal konkretisiert er mit „liebe Brüder und Schwestern" die Anrede an die anwesenden Christen, und fordert diese auf, die aus dem Gebet gewonnene Hoffnung in dieser Kirche mit „allen anderen zusammen" zu bekennen. Dass mit dieser Formulierung konkret die christliche Gemeinschaft gemeint sein kann, erschließt sich aus dem umrahmenden Satz, der den eigenen Glauben an den Gott und Vater aller Menschen bezeugt. Als weitere Gruppe werden Personen und Institutionen des öffentlichen Lebens benannt: Polizei, Justiz und Politik. Dies geschieht im Rahmen des Appells an eine neue Wachsamkeit, der in Dankesworten formuliert ist. Keine konkrete Erwähnung findet der Täter. Er wird lediglich in der allgemeinen Summe der Täter und Amokläufer gefasst. Das sind in dieser Predigt diejenigen, die lähmende Ohnmacht erzeugen wollen.

3.4.2 Predigtanalyse Predigt B

3.4.2.1 Beschreibung

Die Predigt findet nach dem Totengebet der Religionen statt. Ihr voran geht die Lesung durch LB Bedford-Strohm aus Matthäus 11, 28–30. Direkt nach der Predigt folgen ein Chorstück und der Abschluss der Symbolhandlung.

3.4.2.2 Transkript

> Liebe Schwestern und Brüder,
> ja, mühselig und beladen sind wir. Und wir bringen heute unsere Trauer, unser Erschrecken, unsere Sorge um die Zukunft vor Gott. Hier im Münchner Dom und zusammen mit allen anderen, die jetzt über das Fernsehen dabei sind, teilen wir unsere Mühsal – miteinander und mit Gott. Wir brauchen diese Gemeinschaft. Wir brauchen einander. Den Angehörigen der Toten kann niemand mehr ihre Lieben wiedergeben. Aber wir können über alle religiösen und kulturellen Grenzen hinweg ihr Leid mittragen. Wir haben eben Worte des Gebets aus Judentum, Christentum und Islam gehört. Diese Worte haben Sprache gegeben für das Vertrauen, aus dem wir Gottsucherinnen und Gottsucher leben.
> „Kommt her zu mir, alle, die ihr mühselig und beladen seid, ich will euch erquicken. ... so werdet ihr Ruhe finden für eure Seelen" – für uns Christen sind diese Worte Jesu die große Hoffnung. Und diese große Hoffnung schafft uns – und vielleicht ja nicht nur uns – den Raum, um jetzt innezuhalten.
> Nach dem Erschrecken der Tatnacht, dem Versuch zu verstehen, was da eigentlich passiert war, nach weiteren schlimmen Nachrichten von anderen Orten in und außerhalb Bayerns im Laufe dieser Woche und den politischen Diskussionen um die richtigen Reaktionen darauf, die nun längst entflammt sind, ist es heute Zeit, jenseits all dieser Diskussionen noch einmal innezuhalten. Denn uns alle bewegt die Frage, wie wir jetzt in die Zukunft gehen sollen, wie wir jetzt in die Zukunft gehen können. Viele Menschen haben Sorge, manche haben Angst. Und keine noch so überzeugende Statistik über das unvergleichbar höhere Risiko, Opfer eines Autounfalls zu werden,

kann die Bilder von der so plötzlich mitten in den unbefangenen Alltag einbrechenden Gewalt einfach löschen: Statistiken erreichen den Verstand. Bilder legen sich auf Herz und Seele.
In dieser Situation haben alle Verantwortung an ihrem jeweiligen Ort. Diejenigen, die politische Verantwortung tragen, müssen nach rechtsstaatlich tragfähigen Wegen suchen, um das Risiko weiterer Gewaltakte soweit wie möglich zu begrenzen. Alle, die medizinische und soziale Anzeichen für mögliche Gewalttaten erkennen können, müssen Frühwarnsysteme entwickeln, die entsprechende Planungen rechtzeitig stoppen helfen. Die Medien müssen ihre Berichterstattung reflektieren und für die Zukunft unterscheiden lernen, wo sie ihre Informationspflicht erfüllen, und wo sie zu einer möglichen Hysterie beitragen, die niemandem hilft. Die Kirchen und Religionsgemeinschaften müssen sich um die Seele der Menschen, die Seele der ganzen Gesellschaft sorgen und Quellen der Zuversicht erschließen.
Es gibt vielleicht nichts, was uns in dieser Situation mehr helfen kann als neues Gottvertrauen. Das Vertrauen, dass – wie der Apostel Paulus sagt – „weder Tod noch Leben, weder Engel noch Mächte noch Gewalten, weder Gegenwärtiges noch Zukünftiges, weder Hohes noch Tiefes noch eine andere Kreatur uns scheiden kann von der Liebe Gottes“. Ein Vertrauen, was uns von der Lähmung in eine Freiheit führt, die am Ende das schlimme Ereignis, das uns heute zusammenführt, zum Ausgangspunkt einer neuen Kraft werden lassen kann.
Alle miteinander haben wir die Endlichkeit des Lebens vor Augen geführt bekommen. Der Tod ist auch sonst da, aber wir meiden ihn. Wir schieben ihn zur Seite, wo immer wir können. Wir ertragen ihn nur im Spielfilm am abendlichen Fernsehbildschirm. Vielleicht ertragen wir ihn auch noch, wenn wir ihn in den Nachrichten sehen und er weit weg ist. Und jetzt ist er aus dem Nichts heraus so nahe gekommen. Viele von uns hier in München konnten die Häuser nicht mehr verlassen oder hingen irgendwo in der Stadt fest. Ich höre noch immer das Knattern der Polizeihubschrauber direkt über meinem Büro und die Polizeisirenen ringsum.
„Lehre uns bedenken, dass wir sterben müssen, auf dass wir klug werden.“ – heißt es in der Bibel. Vielleicht können diese Tage des Erschreckens über die Endlichkeit des Lebens Ausgangspunkt für eine neue Klugheit im Umgang mit unserem Leben sein. Indem wir merken, wie wenig selbstverständlich das Leben ist. Indem wir wahrnehmen, wie kostbar das Leben ist. Wie kostbar die Zeit mit unseren Lieben ist. Aus der Trauer, die wir jetzt empfinden, aus dem Erschrecken über das jähe Ende des Lebens der Menschen, die wir heute betrauern, kann etwas Neues wachsen: eine neue Achtsamkeit für die Kostbarkeit des Lebens. Ein neues Bewusstsein für das wunderbare Geschenk des Lebens.
Nehmt das mit aus diesem Gottesdienst. Denkt daran, wenn ihr nach Hause geht, wenn die Worte hier zu Ende gesprochen und die Trauermusik verklungen ist: Es ist nicht selbstverständlich, dass wir leben, dass wir unsere Lieben bei uns haben. Unsere Zeit ist endlich. Deswegen werft sie nicht weg. Nehmt die Zeit aus Gottes Hand und nutzt sie. Lebt bewusst und: Vergesst nicht, zu danken!
Viele Menschen hier in München haben gezeigt, dass wir der Gewalt nicht hilflos ausgeliefert sind. Sie haben mitten in der Angst und in dem Erschrecken über die Gewalt Zeichen der Menschlichkeit gesetzt. Wir haben in diesen Tagen erlebt, wie reich unser Leben wird, wenn wir aufeinander achten und zusammenstehen. Wenn wir einander nicht Konkurrenten sind, sondern Mitmenschen. Wenn wir unsere Häuser füreinander öffnen und Gemeinschaft erfahren. Wenn wir nicht nach Hautfarbe, Nationalität oder Religion fragen, sondern nur danach, ob einer unsere Hilfe braucht. So wie die äthiopische Gemeinde, die die ganze Nacht über 60 Personen

beherbergte, die sich dorthin geflüchtet hatten. Oder wie der anonym gebliebene Mann aus Tunesien. Er hat gestrandeten Menschen in der Münchner Amoknacht spontan angeboten, sie nach Hause zu fahren. Ein Ehepaar hat ihm mangels Name und Adresse über einen Leserbrief in der Zeitung gedankt. Es war von ihm mitgenommen worden, als der Unbekannte bereits seine neunte Fuhre beförderte. Das Ehepaar hat den Segen eines Menschen erfahren, der einfach nur anderen helfen wollte.

Der anonyme Helfer ist damit zusammen mit vielen anderen zum Zeugen dessen geworden, was Dietrich Bonhoeffer in schwerer Zeit im Widerstand gegen den Nationalsozialismus so formuliert hat:

Ich glaube, dass Gott aus allem, auch aus dem Bösesten, Gutes entstehen lassen kann und will. Dafür braucht er Menschen, die sich alle Dinge zum Besten dienen lassen. Ich glaube, dass Gott uns in jeder Notlage soviel Widerstandskraft geben will, wie wir brauchen. Aber er gibt sie nicht im Voraus, damit wir uns nicht auf uns selbst, sondern allein auf ihn verlassen. In solchem Glauben müsste alle Angst vor der Zukunft überwunden sein.

Aus diesem Vertrauen lasst uns leben. Hass und Gewalt werden keine Macht über unsere Herzen gewinnen. Die Liebe ist stärker.

Und der Friede Gottes, der höher ist als alle unsere Vernunft, bewahre eure Herzen und Sinne in Christus Jesus.

Amen

3.4.2.3 Ergebnis der Anknüpfungen

1. Anknüpfung an die Situation

Zu Anfang der Predigt geht der Prediger auf die erlebte Situation ein und beschreibt die daraus resultierende benötigte Gemeinschaft. Er verdeutlicht die Endgültigkeit des Todes, indem er hervorhebt, dass den Angehörigen die Toten nicht wiedergegeben werden können. Besonders geht er zu Anfang auf die Gefühle der Teilnehmenden ein und bezieht sie auf den Text der vorangegangenen Lesung. Die weitere Situation um die Tat wird in den Blick genommen, indem der Prediger weitere Unglücksfälle im selben Zeitraum und die darauf aufkommende gesellschaftliche Diskussion aufgreift, ohne näher auf diese einzugehen. Dies lässt den Amoklauf zwar als Einzeltat stehen, die gesellschaftliche Gesamtsituation spiegelt sich jedoch in der Predigt wieder.

2. Anknüpfung an Fragen

Die einzige in der Predigt konkret aufgegriffene Frage befasst sich mit der Bewältigung der Zukunft. Sie wird eingeleitet durch einen Rückbezug auf die Bewältigung der Tatnacht, den „weiteren schlimmen Nachrichten von anderen Orten“ und den politischen Diskussionen über die richtige Reaktion. Nach dem Rückbezug spricht der Prediger davon, dass es jetzt, „jenseits all dieser Diskussionen“, Zeit sei, innezuhalten. Es ist also eine Frage, die sich aus dem Rückbezug im hic et nunc für die Zukunft stellt.

Gefragt wird danach, „wie wir jetzt in die Zukunft gehen sollen, wie wir jetzt in die Zukunft gehen können". Die Frage beinhaltet zwei Richtungen, zum einen wird nach dem normativen Gehalt gefragt und zum anderen nach der Möglichkeit. Der Prediger sagt, die Frage bewege alle. Insgesamt eröffnet er mit der Fragerichtung die Perspektive der Hoffnung und ermöglicht das Nachdenken darüber. Die Fragen nach dem Sollen und Können wird im weiteren Verlauf der Predigt unterschiedlich aufgegriffen. Zunächst fragt der Prediger nach den aktuellen Sorgen und Nöten, um dann zu benennen, was die verschiedenen Institutionen und Personen tun „müssen". So müssten die politisch Verantwortlichen nach rechtsstaatlich tragfähigen Wegen suchen. Wer medizinisch fähig sei, müsse Frühwarnsysteme entwickeln. Die Medien müssten die Berichterstattung reflektieren. Zuletzt müssten die Kirchen und Religionsgemeinschaften sich um die Seele der Menschen und der Gesellschaft kümmern und dann Quellen der Zuversicht erschließen. Diese normativen Setzungen als Antwort auf die Frage nach dem Sollen implizieren, dass der Prediger die Autorität hat (oder sie zu haben meint), dies im Namen der Gemeinde zu fordern. Manchem Hörer einer anderen Gruppe könnte dies anmaßend vorkommen.

Die Frage nach dem Können wird im folgenden Absatz beantwortet. So benennt er, dass es vielleicht nichts gibt, was in dieser Situation mehr helfen kann, „als neues Gottvertrauen". Dieses *vielleicht* eröffnet den Hörern, dass es individuell auch andere Antworten geben kann. Der Prediger beschreibt dieses Gottvertrauen mit einem Text von Paulus (Römer 8,38–39). Das Gottvertrauen soll von der Lähmung in die Freiheit führen, die die dramatische Situation als „Ausgangspunkt einer neuen Kraft werden lassen kann". Im weiteren Verlauf geht der Prediger auf die Erkenntnis ein, die dieses Ereignis hervorrufen kann, nämlich die Erkenntnis der Endlichkeit im Tod und dass das Leben nicht selbstverständlich ist. Das Können wird an das neue Gottvertrauen und die Bewusstwerdung der von Gott geschenkten Zeit gebunden.

3. Anknüpfung an Emotionen

Die vorherrschenden Emotionen werden direkt zum Anfang der Predigt aufgegriffen. Aus dem vorher gelesenen Bibeltext greift der Prediger die Erfahrung des mühselig und beladen seins auf, weiterhin die Trauer und das Erschrecken über die Tat sowie die Sorge um die Zukunft, die in der aufgegriffenen Frage thematisiert wird. Er benennt die Angst und Sorge, die aus verschiedenen anderen Ereignissen der Tage in den Menschen aufkommt. Die genannten Emotionen werden als Gemeinsamkeit der Teilnehmenden dargestellt und somit zur Grundlage der Erlebensgemeinschaft, an die der Appell der gemeinsamen Bewältigung des Leides geht.

4. Anknüpfung an Elemente der Liturgie

Auf Lieder und Musik des Gottesdienstes wird in der Predigt nicht eingegangen. Aus den Ritualen wird das Totengebet der Religionen aufgegriffen, das durch Vertreter aus Judentum, Christentum und dem Islam Sprache dafür gegeben hat, „für das Vertrauen, aus dem [...] Gottsucherinnen und Gottsucher leben". Es wird die Gemeinschaft über die Religionen hinweg im gemeinsamen Gottsuchen benannt. Diese Gemeinschaft wird auch räumlich gefasst. Die Versammelten im Dom und diejenigen, die vor dem Fernseher dabei sind, werden als Gemeinschaft derjenigen benannt, die die Trauer, das Erschrecken und die Sorge um die Zukunft vor Gott bringen und die Mühsal miteinander und mit Gott teilen.

5. Anknüpfung an biblische Texte und Theologie

In der Predigt gibt es drei biblische Bezüge. Direkt nach der Anrede geht der Prediger auf die Lesung aus Matthäus 11,28–30 ein und verbindet die Aussage Jesu an alle diejenigen, die mühselig und beladen sind mit der gesamten Gemeinde:

> 28 Kommt her zu mir, alle, die ihr mühselig und beladen seid; ich will euch erquicken.
> 29 Nehmt auf euch mein Joch und lernt von mir; denn ich bin sanftmütig und von Herzen demütig; so werdet ihr Ruhe finden für eure Seelen.

In der Predigt wird weiter ausgeführt, dass diese Worte Jesu für die Christen die „große Hoffnung" sind. Er betont, dass diese Hoffnung, die durch Jesus angebotene Beziehung die Schwere und Mühe der Situation erfrischen und die Seele zur Ruhe bringen wird. Durch die Betonung dessen, dass die Hoffnung die Möglichkeit schafft, innezuhalten, hat sie einen deutlichen Diesseits- und Situationsbezug. Die Worte Jesu werden mit den Empfindungen der Hörer gemeinsam zu einer Antwortmöglichkeit.

Der zweite biblische Bezug holt die Worte Paulus aus Römer 8,38–39 in den Deutungshorizont der Predigt. Sie folgen auf die Aussage, dass es „vielleicht nichts [gibt], was uns in dieser Situation helfen kann, als neues Gottvertrauen". In dieser Stelle des Römerbriefs wird hervorgehoben, dass es nichts gibt, was von der Liebe Gottes trennen kann. Der Text selbst steht im Zusammenhang mit der Hoffnung auf die Freiheit der Kinder Gottes und der Erlösung der ganzen Schöpfung aus der Erkenntnis Gottes. Die im Kontext des biblischen Textes genannte Freiheit greift der Prediger auf, indem er das Gottvertrauen als Ausgangspunkt für die Freiheit benennt. Die Freiheit gewichtet er als „Ausgangspunkt einer neuen Kraft". Auch hier wird die Hoffnung rein auf das hic et nunc bezogen.

Der dritte biblische Bezug beschäftigt sich mit der Realität des Todes. Durch die Aussage „Lehre uns bedenken, dass wir sterben müssen, auf dass wir klug werden" aus Psalm 90,12 fordert der Prediger die Teilnehmenden auf, „diese Tage des Erschreckens über die Endlichkeit des Lebens" zu einem „Ausgangspunkt für eine neue Klugheit im Umgang mit unserem Leben" werden zu lassen.

Die Klugheit begründet er mit der Erkenntnis, dass das Leben kostbar und nicht selbstverständlich ist. Dazu kommt die Erkenntnis, dass die „Zeit mit unseren Lieben" wertvoll ist. Der biblische Text bezieht sich auf den erlebten Zorn Gottes mit der Bitte, dass Gott sich wieder zuwendet und dass der Beter trotz der Missetaten aus der Erkenntnis der Endlichkeit wieder zu einer Gottesbeziehung komme. Auf die Todeserkenntnis bezogen formuliert der Prediger den Kern seiner Botschaft:

> Nehmt das mit aus diesem Gottesdienst. Denkt daran, wenn ihr nach Hause geht, wenn die Worte hier zu Ende gesprochen und die Trauermusik verklungen ist: Es ist nicht selbstverständlich, dass wir leben, dass wir unsere Lieben bei uns haben. Unsere Zeit ist endlich. Deswegen werft sie nicht weg. Nehmt die Zeit aus Gottes Hand und nutzt sie. Lebt bewusst und: Vergesst nicht, zu danken!

Die Erkenntnis des Todes wird hier stärker hervorgehoben als die Gottesbeziehung, die hervorgehoben wird. Die Lebenszeit wird als Geschenk Gottes thematisiert, die bewusst gelebt und dankbar angenommen werden soll. Die verkündigte Hoffnung bezieht sich rein auf die als begrenzt erfahrene Lebenszeit. Eine Ewigkeitshoffnung über den Tod hinaus, die sich in Tod und Auferstehung Jesu begründet, wird nicht thematisiert.

Der Prediger knüpft an das Erleben Dietrich Bonhoeffers in der NS-Zeit an. Dazu zitiert er das von Dietrich Bonhoeffer formulierte Glaubensbekenntnis. Er zitiert dies, nachdem er über verschiedene Szenen der Hilfsbereitschaft während des Amoklaufs berichtet, um darzustellen, „dass wir der Gewalt nicht hilflos ausgeliefert sind". Besonders erwähnt er einen anonymen Helfer aus Tunesien, der mehrere Menschen mit seinem Auto durch die Stadt beförderte. Diese Taten der Hilfe der Menschen untereinander kommentiert der Prediger mit den Worten, dass die Menschen dadurch zu „Zeugen dessen geworden sind, was Dietrich Bonhoeffer in schwerer Zeit im Widerstand gegen den Nationalsozialismus" in seinem Glaubensbekenntnis formuliert hat.

Bonhoeffers Glaubensaussage bezieht sich auf die Taten Gottes, die sich in dem Handeln der Menschen widerspiegeln und dass Gott in der Notlage die benötigte Widerstandskraft geben will. Diese bezieht er auf das Gottvertrauen, dass in der Notlage aufkeimt, damit die Menschen sich nicht auf sich selbst verlassen. Es stellt sich die Frage, ob die Situationen, die des Amoklaufs und die Bonhoeffers, so einfach miteinander zu vergleichen sind. Die erlebte Hilfsbereitschaft der Menschen nach dem Amoklauf untereinander beruht nicht zwingend auf Gottvertrauen. Bonhoeffer begründet jedoch die Überwindung der Angst im Vertrauen auf Gott allein. Der Prediger führt dies weiter und sagt, dass Hass und Gewalt keine Macht über die Herzen gewinnen werden und die Liebe stärker ist. Er äußert somit eine Hoffnung auf das Handeln der Menschen untereinander.

6. Anknüpfung an Personengruppen

Als Personengruppe wird direkt zu Anfang die gesamte „mühselig und beladen[e]“ versammelte Gemeinde angesprochen. Der Prediger macht keinen Unterschied zwischen den Gruppen, die er anspricht. Er selbst formuliert im *wir*. Wenn es später darum geht, wie in die Zukunft gegangen werden soll, differenziert er verschiedene Institutionen und Gruppen. Dabei benennt und kritisiert er besonders die Medien und ihre Berichterstattung. Interessant ist, dass der Täter auch in dieser Predigt keine Erwähnung findet.

3.5 Gewinnung von Thesen zur Fragestellung

3.5.1 Thesen zur Liturgie

Raum und Ort

- Gerade bei städtebaulich herausragenden und gesellschaftlich anerkannten Kirchengebäuden kann die Anknüpfung über die gemeinsame Bedeutung des Bezugspunktes eine gute Hinführung sein. Das Kirchengebäude als sichtbarer Teil der Gesellschaft, kann dann mit der Deutung als Ort des Gottesdienstes ins Gespräch gebracht werden. Die öffentliche Deutung des Gebäudes und des Gottesdienstes als öffentlicher Akt der Gesellschaft werden hier miteinander verknüpft.

Musik und Lieder

- Die Lieder und Musikstücke können den Gottesdienst kunstvoll zusammenhalten und die Teilnehmenden nicht nur musikalisch, sondern auch inhaltlich wie eine Art Geländer durch den Gottesdienst führen. So können die singende Anrufung Gottes und die Klage bei der Eröffnung die Menschen in ihrer Situation abholen. Der Zuspruch im Mittelteil des Gottesdienstes und das gesungene Gebet sowie der Zuspruch zum Ende können zur durchtragenden Hoffnung werden, wie es exemplarisch auch in den Klagepsalmen geschieht.
- Der durch einen Chor unterstützte Gemeindegesang kann helfen, sprachfähig zu werden. Die Texte und Melodien können helfen, Emotionen ausdrücken und zu verarbeiten. Auch können gemeinsam gesungene Lieder gemeinschaftsstiftend empfunden werden, da man in diesem Moment nicht allein ist. Der Gesang lädt ein, in Dialog zu treten, mit Gott und auch mit den anderen Teilnehmenden.

Liturgische Texte

- Eine Benennung des Gottesdienstes als spezifisch christliche Antwort auf das Geschehene schafft Transparenz und unterstützt den Angebotscharakter für die Gesamtgesellschaft.
- Durch die Ausgestaltung mit mehreren Lesungen kann der reichhaltige Schatz der biblischen Überlieferung zu Wort kommen. Der von Christen und Juden geteilte Psalter kann in Form der gemeinsamen Klage verbindend sein. Durch die neutestamentliche Lesung kann eine spezifisch christliche Antwort zugesprochen und wahrgenommen werden. Das gelesene biblische Wort hat die Möglichkeit, selbständig zu wirken.

Rituale

- Es ist wichtig, an welcher Stelle im Gottesdienst die Rituale stattfinden. Wenn sie zwischen den Predigten liegen, werden sie zu einem Höhepunkt des Verkündigungsgeschehens. Im Gottesdienst zum Münchner Amoklauf heben sie die Botschaft des gemeinsamen Menschseins aus der ersten Predigt hervor und zeigen ein mögliches Nebeneinander der Religionen und Kulturen, das bereits jetzt Ausdruck findet.
- Rituale können, wenn sie vor oder nach den Predigten stattfinden zu einer Antwort werden. Ein gemeinsam gestaltetes Kerzenritual, das nach einer Predigt weitergeführt wird, bekommt durch die Predigt ein weiteres Deutungsangebot. Durch das intensive Schmücken des Kerzenkranzes nach der Predigt wirkt das Schmücken wie eine Handlungsfolge aus der Predigt. Die Überlegung, wie die Rituale im Gottesdienst verortet werden, ist entsprechend wichtig und anspruchsvoll.
- Ein durch verschiedene Konfessionen gestaltetes Ritual stärkt und legitimiert im Handeln die Gemeinschaft aller. Vertreter der verschiedenen Religionsgemeinschaften können für einen Teil der Gemeinde handeln und diese somit beispielhaft und stellvertretend zusammenführen. Ein Gleichgewicht in den Redeteilen ist dabei hilfreich.
- Bei gemeinsamen gestalteten Gebeten von unterschiedlichen Religionen sollten die Gebete sprachlich sensibel verfasst sein, um nicht andere Teilnehmende vorschnell zu vereinnahmen. Dabei ist die Unterscheidung zwischen dem Gesamtgottesdienst, der ja im Rahmen einer Konfession Ausdruck findet, und gemeinsam gestalteten Gebetsteilen denkbar. Es ist elementar, dass die versammelte Gemeinde eines christlichen Gottesdienstes zum trinitarischen Gott betet. Allerdings kann, wie beim Münchner Gottesdienst, der Raum für andere Gebete geschaffen werden.
- Ein Gebet ist von einer Verkündigung zu unterscheiden, auch wenn sich ein Gebet als Akt des Glaubens selbst verkündigt. Im Gebet wird nicht die Gemeinde, sondern die jeweilige Gottheit angesprochen. Ist dies nicht der Fall, ist die Form einer Ansprache, die von einem Vertreter

einer Glaubensrichtung an die Gemeinde gerichtet wird, transparenter. Dies kann auch Ausdruck finden, indem sich der Sprecher vis-à-vis an die versammelte Gemeinde richtet.

3.5.2 Thesen zu den Predigten

- Eine Predigt kann durch den Versuch der Darstellung und Deutung von Handlungsmustern helfen, diffuse Gefühle und Ängste aufzugreifen und zu verarbeiten. So kann beispielsweise die Benennung des Handlungsmusters von gezielten Anschlägen, die Angst und Schrecken verbreiten und somit Misstrauen schüren wollen, diesem Misstrauen entgegenwirken. Eine Predigt übernimmt somit den Versuch der Deutung, Differenzierung und der Objektivierung. Dieser Ohnmacht durch das Erlebte kann die handlungsaktivierende Hoffnung entgegengesetzt werden. Die formulierte Klage ist bereits ein erster Akt aus der Ohnmachtserfahrung heraus zu einer aktiv gestalteten Handlung.
- Die Tat des Amoklaufs wird in beiden Predigten selbst kaum aufgegriffen. In der ersten Predigt wird der Amokläufer in Zusammenhang mit Tätern und „Terroristen aller Art" genannt, in der zweiten Predigt wird die „Amoknacht" erwähnt. So bleibt das Geschehen selbst diffus und der Täter wird eher nebenbei im Rahmen der lähmenden Ohnmacht benannt. Es scheint durchaus angebracht, den Täter und seine Schuld konkreter zu benennen. In den Predigten und im Gottesdienst wird das gemeinsame Menschsein als Grundlage des Miteinanders hervorgehoben. Diese Gottesdienste sind die spezifisch christliche Antwort auf das Geschehene und als solche bietet der christliche Glaube Raum für eine ritualisierte Verarbeitung. Aus christlicher Perspektive muss man sagen, dass eine noch so entsetzliche Tat wohl die Gesinnung und Handlung eines Menschen infrage stellt, jedoch nicht seinen Status als Mensch vor Gott. Er selbst ist als Mensch vor Gott nicht nur schuldig, sondern bedarf ebenso der unverfügbaren, unverdienten Gnade Gottes, auch wenn dies für viele wie ein Affront wirken mag. Die christliche Botschaft hat die Bedürftigkeit des Menschen und die Zuwendung Gottes zum Thema. Für Predigt und Gottesdienst ist die Überlegung, wie vom Täter gesprochen werden soll, wichtig. Ihn ganz aus dem Gottesdienst heraus zu halten ist unpassend, da er untrennbar mit der Situation verbunden ist.[18]
- Die Benennung der Fragen über das Unverständnis des Geschehens und der Anklage können in der Predigt befreiend wirken, da sie diffusen

18 Zur Thematik von Schuld Bekennen und Vergebung zusprechen im Gottesdienst vgl. Angewiesen auf Gottes Gnade. Schuld und Vergebung im Gottesdienst – Deeg et al. 2011, Leipzig 2011.

Gefühlen sowie Ratlosigkeit Ausdruck und eine Fragerichtung geben können. Die biblischen Texte können mit den Fragen verbunden werden und diesen exemplarisch Ausdruck geben (Psalmen) und Antworten anbieten. Die Fragen und Antworten bekommen in der Gottesansprache einen klaren Bezugspunkt.

- Eine Unterscheidung zwischen der gemeinsamen, auf das gesellschaftliche Miteinander ausgerichteten Hoffnung und der jeweils spezifischen Glaubenshoffnung ist hilfreich, da beide bei verschiedenen Religionen nicht deckungsgleich sind. Dies respektiert unterschiedliche eschatologische Erwartungen. Dabei kann die jeweils eigene Konkretion durchaus profiliert dargestellt und als Grund der auf das Miteinander ausgerichteten Handlung benannt werden.
- Der Prediger ist gefragt, Antworten des Glaubens aus seiner spezifisch christlichen Sicht zu geben. Er spricht qua Amt als Vertreter einer christlichen Kirche bzw. einer religiösen Gruppe. Handlungsanweisungen an andere als die eigenen Institutionen oder Personengruppen können daher als übergriffig oder nicht autorisiert wahrgenommen werden. Eine Handlungsaufforderung an Andere könnte in Form einer Bitte angemessener wirken.
- Der Bezug auf kirchengeschichtliche Texte zur Illustration und Verdeutlichung der eigenen Ausführungen, die in einem anderen Kontext entstanden sind, bedarf einer behutsamen Hermeneutik. Die Aussage aus dem Text Bonhoeffers spricht von Gottvertrauen und den Taten Gottes. Die Aussage des Predigers zielte stattdessen auf das Vertrauen und Handeln der Menschen untereinander ab und der Text wurde genutzt, um dies zu verdeutlichen. Hier hätte die Aussage des Bonhoeffer-Textes mit seiner Aussage zur Überwindung der Angst im Vertrauen auf Gott eine eigene Wirkung entfalten können.
- Die christliche Hoffnung hat Auswirkungen auf das Hier und Jetzt. Sie begründet sich im Kreuzesgeschehen und hat einen eschatologischen Bezugspunkt. Die Predigten können daher aus christlicher Perspektive diese eschatologische Hoffnung benennen, ohne die Diesseitigkeit aus dem Blick zu verlieren. So können die Predigten anders über den Tod reden, als ihn rein als Begrenzung der Lebenszeit zu benennen, in der alles ausgeschöpft werden muss.

4 *Gedenkgottesdienst anlässlich des Terroranschlags in London*

Der im Folgenden betrachtete Gottesdienst, der angesichts eines Terroranschlags in London in der Westminster Abbey gehalten wurde, hat aufgrund des Kontexts eine Sonderstellung in der vorliegenden Arbeit. Der jeweils aktuelle britische Monarch ist *Supreme Governor of the Church of England.*[19] Sie ist somit eine richtige Staatskirche. Der Staatsakt geht in dem Gedenkgottesdienst auf, der im Auftrag des Staatsgedenkens abgehalten wird.

4.1 Beschreibung der spezifischen Krisensituation

Am 22. März 2017 fand im Regierungsviertel von London ein Terroranschlag durch mehrere Attentäter statt. Zunächst fuhr einer der Attentäter auf der Westminster Bridge mit einem gemieteten SUV in eine Menschenmenge. Dabei kamen direkt und in den Tagen danach sechs Menschen ums Leben und mehr als 35 wurden verletzt (Pool Re 2017). Kurz darauf fuhr der Attentäter auf das Gelände des Palace of Westminster und erstach einen dort stationierten Polizisten. Beim Versuch, ihn festzunehmen, erschossen zwei Polizisten den Attentäter (Hill 2018: 2). Unter den Opfern des Attentats, die tödliche Verletzungen erlitten, waren drei Briten, eine Rumänin und ein US-Bürger. Der Täter war der 52-Jährige, zum Islam konvertierte Brite Khalid Masood. Für den Anschlag wird die Terrororganisation *Islamischer Staat* verantwortlich gemacht, der sich der Angreifer selbst zuordnete (Hill 2018: 18).

4.2 Beschreibung des Gottesdienstes mit liturgischen Besonderheiten

Zwei Wochen nach dem Anschlag fand der Gottesdienst in der Westminster Abbey statt. Die Abbey ist in unmittelbarer Nähe der Anschlagsorte und hat ihre besondere Bedeutung als Kirche der Britischen Monarchie. Der Dekan von Westminster wird direkt vom britischen Monarchen berufen. Der Titel, unter den der

---

19 Der jeweilige Herrscher Britanniens trägt den Titel „Defender of the Faith and Supreme Governor of the Church of England". Er ernennt auf Vorschlag des Premierministers Erzbischöfe, Bischöfe und Dekane der Church of England. Zusammen mit den Laien wird die Kirche in spirituellen und praktischen Angelegenheiten durch die Generalsynode geleitet (The Royal Household 2019). Geistliches Oberhaupt der Kirche ist der Erzbischof von Canterbury (Encyclopædia Britannica 2019).

Gottesdienst gestellt wurde, ist *A Service of Hope Following the Terror Attack in Westminster*. Für die Teilnahme wurden die Besucher geladen. Der Ablauf folgt nicht nur der kirchlichen Liturgie, sondern berücksichtigt auch das Staatsprotokoll. Im Programmheft sind neben den liturgischen Texten und Liedern auch protokollarische Hinweise vermerkt. Auch die Reihenfolge der verschiedenen Repräsentanten der Glaubensgemeinschaften, Kirchen, Gesellschaft und Staat ist vermerkt. Im Ablauf sind auch Hinweise zum Stehen oder Sitzen aufgeführt. Geleitet wurde der Gottesdienst von The Very Reverend Dr. John Hall, Dean of Westminster (seit 2006). Neben der Orgel wurde der Gottesdienst durch den Special Service Choir begleitet.

Unter den 2000 Teilnehmenden der multireligiösen, geladenen Gemeinde waren neben Angehörigen der Opfer mehrere Vertreter der Gesellschaft und der Rettungsdienste anwesend, darunter The High Sheriff of Greater London, Her Majesty's Lord-Lieutenant for Greater London und ein Repräsentant von The Lord Mayor of London. Weiterhin The Right Honourable The Lord Fowler, Lord Speaker (seit 2006 Sprecher des Britischen Oberhauses) und The Right Honourable John Bercow MP, Speaker of the House of Commons (seit 2009 Sprecher des Britischen Unterhauses). Anwesend waren weiterhin The Right Honourable Amber Rudd MP, Home Secretary (seit 2016 Innenministerin), The Right Honourable Sadiq Khan, Mayor of London (seit 2016 Bürgermeister von London) und The Right Worshipful Lord Mayor of Westminster Councillor Ian Adams (seit 2002 Bürgermeister von Westminster). Alle Personen werden gesondert an der Great West Door empfangen und zu ihren Plätzen geleitet. Als höchste Repräsentanten der Monarchie waren Their Royal Highnesses The Duke and Duchess of Cambridge (Prinz William und dessen Frau Catherine) und His Royal Highness Prince Henry of Wales anwesend.

4.2.1 Typologische Einordnung

Bei diesem Gottesdienst handelt es sich am ehesten um die Form der liturgischen Gastfreundschaft. Er wird durch die Church of England verantwortet und andere Konfessionen, Glaubensgemeinschaften und weitere Gäste nehmen Teil und übernehmen festgelegte Wortbeiträge des Gottesdienstes. Für den Ablauf gibt es eine liturgische Ordnung (Taylor 2003).

4.2.2 Beschreibung Raum und Orte

Zentraler Ort des Anschlags ist die Gegend um die *Westminster Bridge*. Sie hat aufgrund ihrer Lage am Regierungsbezirk eine hervorgehobene Bedeutung. So führt sie zum Big Ben, dem Parliament Square und zu dem zweiten Anschlagsort Westminster Palace. Eine Woche nach dem Anschlag fand auf der Westminster Bridge eine stille Prozession mit tausenden Teilnehmern statt. Zwei Tage vorher haben etwa hundert Muslima und weitere Frauen eine Menschenkette über die Brücke gebildet (Hitchings-Hales 2017).

Ort des Gottesdienstes ist *Westminster Abbey*, einer seit 1065 bestehenden Abtei im Stil der französischen Hochgotik. Sie geht zurück auf ein 960 gegründetes Benediktinerkloster und zählt nicht nur in London zu den weltweit bekanntesten Kirchen. Der heutige Kirchbau geht auf das Jahr 1245 zurück, und wurde immer wieder erweitert. Seit der Krönung von William the Conqueror 1066 ist sie die Krönungskirche des Landes (Jenkyns 2005: 162). Sie gehört zur *Church of England*, ist jedoch keiner Diözese zugehörig (royal peculiar).[20]

Der Gottesdienst wurde im TV übertragen. Durch die englische Sprache hat er ein höheres Quotenpotenzial als die ausschließlich in Deutsch abgehaltenen Gottesdienste. Quoten der britischen Medienanstalten liegen für diese Untersuchung nicht vor.

4.2.3 Beschreibung der Liturgie

Die Cathedrals' Liturgy and Music Group CLAM hat 2003 ein Occasional Paper unter dem Titel *Disaster & Bereavement Liturgies* veröffentlicht (Taylor 2003). Ziel dieses Papiers ist es, einige der Punkte und Themen vorzuschlagen, die bei der Vorbereitung und Präsentation von Liturgien zu Katastrophen und Trauerfälle zu berücksichtigen sind. Ein Teil des Dokuments beschäftigt sich mit Memorial Services. Das Dokument bezieht die Relevanz aus Gedenkgottesdiensten wie zum Terroranschlag vom 11. September 2001 oder zum Tod von Diana, Princess of Wales. Beide Abläufe befinden sich im Anhang des genannten Dokuments.

Hervorgehoben wird die klare und logische Struktur der Liturgie. Dabei solle besondere Aufmerksamkeit auf die Versammlung und die Schaffung eines Gemeinschaftsgefühls bei einer Gedenkveranstaltung gelegt werden (Taylor 2003: 7). Dazu müssen die Eröffnungsworte und die erste Hymne besonders ausgearbeitet und ausgewählt werden. In diese Hymne sollen möglichst viele, wenn nicht sogar alle einstimmen können, um die ungleiche Gemeinde zusammen zu bringen. Zum Verkündigungsteil (psalmody, Bible readings, sermon) wird eine mögliche Einbeziehung einer geeigneten, nicht-biblischen Lesung genannt, die auch Vertretern der Familien oder Gemeinschaften eine Textlesung ermöglicht. Als Antwort und Reflexion auf die Verkündigung werden Stille, Musik und das Vorbringen von Symbolen vorgeschlagen. Die Gebete sollten neben der Fürbitte auch die Danksagung beinhalten und können von Familienmitgliedern bzw. der weiter gefassten Gemeinde übernommen werden. Der Schluss soll den Gottesdienst zu einem starken und positiven Ende führen. Vorgeschlagen wird hier

20 „A Royal Peculiar is a church that belongs directly to the monarch and not to any diocese, and does not come under the jurisdiction of a bishop" (Association of English Cathedrals 2019).

eine Osterhymne und/oder die Entlassung mit Halleluja-Gesängen (Taylor 2003: 8).

Die Liturgie wird im Liedblatt als „A Service of Hope following the Terror Attack in Westminster“ angekündigt. In dem Liturgieblatt sind der gesamte Ablauf und die gelesenen Texte und Hymnen abgedruckt.

4.2.3.1 Ablauf des Gottesdienstes

Eröffnung und Anrufung

Der Gottesdienst wird durch Glockengeläut angekündigt. Vor dem Gottesdienst werden während der Ankunft der zahlreichen Teilnehmenden fünf Orgelstücke gespielt. Vertreter verschiedener Glaubensgemeinschaften und christlicher Kirchen werden in einer Prozession an ihre Plätze geführt. Anschließend werden die am Great West Door empfangenen Würdenträger einzeln an ihren Platz geführt. Danach erhebt sich die Gemeinde, um Prinz William und Catherine sowie Prinz Harry zu empfangen. Alle bleiben stehen, während sich diese mit der Prozession der Liturgen zu ihren Plätzen in Chor, Lantern und Sacrarium bewegen. Der Chor singt als Introitus *To thee, O Lord I lift up my Soul; my God, I trust in thee (Psalm 25, 1)* von Sergei Rachmaninoff.

Beim Einzug gehen zwei Messdiener im Chorrock mit Kerzen vorweg. Dazwischen wird das Kreuz getragen. Es schließen sich verschiedene Mitglieder des Klerus an. Erst danach folgen der Dekan und die Vertreter der Monarchie. Vorne angekommen betritt der Klerus den Chorraum. Prinz William und Catherine sowie Prinz Harry nehmen rechts vor den Altarstufen Platz. Gegenüber sitzen Vertreter von verschiedenen Institutionen und Glaubensgemeinschaften. Der Dekan geht vor bis zum Altar und bleibt zunächst mit dem Rücken zur Gemeinde gewandt stehen. Er dreht sich erst nach dem Chorgesang um.

Anschließend folgt die Ansprache an die Gemeinde (The Bidding) durch Reverend Dr. John Hall, Dean of Westminster. Er benennt den Grund des Zusammenkommens und die Situation. Dabei erwähnt er besonders und namentlich die Opfer des Anschlags. Weiterhin bedankt er sich bei der Polizei und den Sicherheitsdiensten. Grund des Zusammenkommens sind zum einen, die Opfer Gottes Fürsorge anzubefehlen und weiterhin das gemeinsame Gebet für und mit den Gemeinschaften des Vereinigten Königreichs in ihrer reichen Vielfalt mit dem Ziel, gemeinsam Hoffnung zu finden. Es folgt ein gemeinsam gesungener Hymnus *Dear Lord and Father of mankind* von John Whittier. Danach setzt sich die Gemeinde.

Verkündigung und Bekenntnis

Es gibt im Gottesdienst zwei Schriftlesungen. Die erste ist Lesung ist aus Jeremia 31, 15–17 durch die Innenministerin Amber Rudd mit einem vom Chor gesungenen Antwortgesang aus Psalm 130 von Henry Walford Davies. Die zweite

Lesung durch William, Duke of Cambride, ist aus Lukas 10, 29–37. Der Text handelt vom barmherzigen Samariter. Danach singt der Chor einen Lobgesang zu Offenbarung 21, 1–5a von Henry Walford Davies.

Die Ansprache durch Rev. Hall greift den Text aus der Lesung auf. Im Anschluss an die Predigt spielt eine Cellistin *Song of the Birds* in der Cello-Notation nach Pablo Casals und dann die Cello-Suite Nr. 1 in G-Dur von J. S. Bach. Es folgt der Act of Commitment, eine gemeinsame Verpflichtungserklärung der Gemeinde, die in ein Kerzenritual eingebettet ist (→ Ritual). Während des Chorgesangs zu Psalm 121 von Walford Davies werden gegenseitig Kerzen entzündet. Anschließend spricht der Dekan einen biblischen Zuspruch aus Johannes 1, 5. Die gemeinsame Verpflichtung wird durch ein Gebet eingeleitet und dann gemeinsam gesprochen:

We will pursue justice.
We will show mercy.
We will seek peace.

Das daran anschließende Fürbittengebet wird durch verschiedene Personen aus unterschiedlichen Institutionen beziehungsweise Glaubensgemeinschaften gesprochen. Es mündet in das gemeinsam gesprochene Vaterunser. Danach werden die Kerzen ausgelöscht.

Sendung und Segen

Alle erheben sich und singen gemeinsam den Hymnus *Now thank we all our God.* Der Dekan spricht den Segen, in dessen Anschluss die Nationalhymne gesungen wird. Dies wäre in deutschen Gottesdiensten bzw. im Anschluss daran kaum denkbar. Durch die gemeinsam gesungene Nationalhymne werden der Staatsakt und die gemeinsame Verbindung über den Glauben hinaus, außerhalb des Religiösen, hervorgehoben. Zum Auszug gehen der Klerus und der Chor zusammen mit den Vertretern der Monarchie zur Westseite. Auf der Orgel wird die Prelude und Fuge in b-Moll von J. S. Bach gespielt.

4.2.3.2 Musik und Lieder

1. Orgelmusik vor dem Gottesdienst

Vor dem Gottesdienst, während die Teilnehmenden die Plätze nach und nach einnehmen, werden fünf Orgelstücke gespielt.

Cortége et Litanie Op 19 von Marcel Dupré
Master Tallis's Testament von Herbert Howells
Prelude on Eventide von Hubert Parry
Erbarm' dich mein, o Herren Gott (BWV 721) von J. S. Bach
Elegy von Edward Elgar

Zum Einzug der Liturgen spielt der Organist Elegy von Edward Elgar.

2. Introit: To thee, O Lord, do I lift up my soul von Sergei Rachmaninoff

Das Introit wird direkt im Anschluss an das letzte Lied des Einzugs gesungen. Die Gemeinde steht, während der Chor das Stück vorträgt. Es sind Worte aus Psalm 25, 1:

> To thee, O Lord, do I lift up my soul;
> my God, I trust in thee.

Bei dem Chorstück handelt es sich um einen Teil der Vertonung der Liturgie des Johannes Chrysostomos durch Sergei Wassiljewitsch Rachmaninow (1873–1943). Bei Chrysostomos war die Liturgie für gewöhnliche Sonntage gedacht (Gaub 2014: IV). Im Hebräischen sind die Verse des Psalms nach Art eines Akrostichons aufgebaut. In ihm wechseln Gebet und Bekenntnis, wie auch in diesem ersten Vers. Das Gebet ist Ausdruck der suchenden Hinwendung nach Hilfe und das darauf folgende Bekenntnis bekräftigt die Zuversicht, dass Gott helfen kann (Gaub 2014: V).

3. Orgelstück zum Ausgang: Prelude und Fuge in b-Moll (BWW 544) von J. S. Bach

Dieses Stück entstand während Bachs Amtszeit an der Leipziger Thomaskirche. Es ist ein reichhaltiges und kraftvolles Werk, das gut zum Ende des Gottesdienstes passt. Allgemein wird davon ausgegangen, dass Bach dieses Werk zur Gedenkfeier für Christiane Eberhardine, Kurfürstin August des Starken, komponiert hat (Hege 2017).

> Die Versuchung, die eigentümliche Thematik der Fuge (ziel- und ruheloses Wandern, dann machtvoller Einsatz, Eingriff aus der Höhe) symbolisch-theologisch zu deuten, besonders auch im Zusammenhang mit der vorangegangenen, beredten Klage des Präludiums, übt einen starken Sog aus. Doch wenn etwas an Orgelmusik aus sich selbst heraus sprechen kann, dann ist es dieses hervorragende Werk (Hege 2017)!

4. Chorstücke bei den Lesungen und beim Ritual

Psalm 130 von Walford Davies

Dieser gesungene Psalm ist aus dem kurzen Requiem von Sir Henry Walford Davies. Er gehört zu den sogenannten Totengebeten der katholischen Kirche und ist auch Teil der Komplet. Der Psalm handelt von der Bitte, dass Gott auf das Flehen des Beters hört und der Erkenntnis, dass keiner vor Gott bestehen kann. Da hinein spricht die Erkenntnis, dass bei Gott Vergebung ist, die in die dienende Anerkennung mündet. Weiter geht es um die Hoffnung und das Warten auf Gott und seine Ansprache mit dem Bekenntnis, dass Gott erlösen wird. Gesungen wird dieser Psalm im Wechsel von Vorsänger und Chor.

Psalm 121 von Walford Davies

Dieser sehr bekannte Psalm ist eine Art Zwiegespräch, das sich auch im Wechsel des Gesangs widerspiegelt. Der erste Teil wird im Wechselgesang (Call and Response) von einem einzelnen Sänger und dem Chor gesungen. Auf die im Psalm an das Selbst gerichtete Frage, woher Hilfe komme, antwortet der Beter, dass diese von dem Gott kommt, der die Welt geschaffen hat. Aus dieser Erkenntnis erwächst das Zutrauen und Bekenntnis, dass dieser Gott behütet und wachsam auf den Beter aufpasst. Der letzte Vers, der als Zuspruch formuliert ist, findet auch in der Bestattungsliturgie mancher Kirchen Ausdruck. In The Common Book of Prayer ist der Psalm Vorschlag für eine Beerdigungslesung. Dieser vom Chor gesungene Psalm wird, eingebettet in das Kerzenritual mit dem anschließenden Akt der gemeinsamen Verpflichtung, ein Zuspruch der Hilfe Gottes, die diese Verpflichtung möglich machen kann.

Revelation 21, 1-5a: A Song of the New Jerusalem von Matthew Martin

Dieses Chorstück greift Worte aus der Offenbarung auf und singt vom neuen Jerusalem. Damit wird eine Hoffnung aufgegriffen, die als Ausblick für Christen in der Verfolgung am Ende des ersten Jahrhunderts formuliert wurde. Es ist die Hoffnung darauf, dass das Bedrohliche, das das Leben infrage stellt, durch die neue Schöpfung Gottes ersetzt wird. Es ist eine doppelte Hoffnung, die zum einen Ängste benennt, die nicht mehr da sein werden. Die andere ist, dass Gott den Menschen ganz nahe sein wird. Dieser eschatologische Ausblick folgt hier auf die Lesung über das Gleichnis vom barmherzigen Samariter. So legt es die vorhandene Not und die Zwänge und Widerfahrnisse des Lebens mit der Unfähigkeit und Schuldigkeit der Menschen hin zu einer Hoffnung aus, die zuspricht, dass das nicht immer so sein wird.

5. Cellostück nach der Predigt: Song of the Birds von Pablo Casals

Bei diesem Stück handelt es sich um ein traditionelle katalanische Weihnachtslied *El cant dels ocells*. Nach Casals handelt es von der Geburt Christi und der Ehrfurcht vor dem Leben. Verschiedene Vögel kommen in den Melodien *zu Wort:*

> It is a tale of the Nativity; how beautiful and tender is that tale, with its reverence for life and for man, the noblest expression of life! In the Catalan carol it is the eagles and the sparrows, the nightingales and the little wrens who sing a welcome to the infant, singing to him as a flower that will delight the earth with its sweet scent' (Pablo Casals, zitiert von Avis 2011).

Dieses Lied ist mit den verschiedenen Stimmen, die zum Ausdruck kommen, eine Art musikalische Predigt.

6. Cellostück nach der Predigt: Prelude aus der Cello-Suite Nr. 1 in in G-Dur von J. S. Bach

Dieses Stück ist aus dem Anfangssatz der ersten Cello-Suite von J. S. Bach (siehe oben) und ist das Bekannteste im Gottesdienst.

7. Gemeindegesang

Dear Lord and Father of mankind

Dieser Hymnus von John Greenleaf Whittier hat einen interessanten Hintergrund, es entstammt der Tradition der Quäker und wurde ursprünglich nicht im Gottesdienst gesungen. Whittier schrieb dieses Lied als Antwort auf ein Gedicht, das sich mit dem Brauen des Trankes *Soma* befasste. Dies war ein Getränk, das in Westindien bei religiösen Ritualen eingesetzt wurde und bewusstseinsbeeinflussend wirkte (Harvard University 2007: 485). Whittier kritisierte diejenigen, die glaubten, dass sie Gott durch ungezügelte Ekstase finden könnten, wie dies auch in charismatischen Bewegungen seiner Zeit zu beobachten war. Seine Antwort auf dieses Phänomen war ein 17-strophiges Gedicht, aus dem die 12. bis 17. Strophe den heute bekannten Hymnus bilden (Hawn 2018).

Statt der ungezügelten Ekstase setzt Whittier verschiedene biblische Beispiele von Einfachheit und Gelassenheit entgegen: „In simple trust [...]". Auch die Ruhe des Sabbats und das zur Ruhe kommen werden betont. Es will zum Ankommen in der Ruhe anregen und greift die Situation der Singenden auf: „[...] take from our souls the strain and stress, and let our ordered lives confess the beauty of thy peace". Die viktorianische Melodie von Frederick C. Maker war ursprünglich für ein anderes Lied gedacht. Dieser Hymnus ist eine ruhige Antwort auf die aufwühlenden Ereignisse und kann helfen, diese Ruhe inhaltlich und melodisch zu erleben (Hawn n.D.).

Now thank we all our God

Dieser Hymnus wird in diesem Gottesdienst stehend gesungen. Er wurde von Martin Rinckart unter dem Titel *Nun danket alle Gott* komponiert und ist einer der bekanntesten deutschen Choräle (Thust 2015: 99). Dieses Lied entstand nach dem Dreißigjährigen Krieg. Ursprünglich war es ein Danklied zu Tisch mit biblischer Vorlage aus den apokryphen biblischen Versen in Sirach 50, 24–26 (Thust 2015: 100). Jede der drei Strophen hat ein Kernthema. In der ersten geht es um den Dank, in der zweiten um die Bitte und die dritte ist ein Lobgesang. Die Betonung bei der ersten Strophe liegt im Deutschen in der Aufforderung an alle mit „nun danket alle Gott". Im Englischen wird es eher die aktive Tat des gemeinsamen Dankens „now thank we all our God" mit der Betonung des gemeinsamen Gottes „our" hervorgehoben. Dies mag der Singbarkeit bei der Übersetzung geschuldet sein, hat aber Auswirkungen auf den Schwerpunkt.

Der Dank an Gott hat Auswirkungen auf das Miteinander. In der zweiten Strophe wird Gott gebeten, nahe zu sein und durch das ganze Leben zu begleiten und zu segnen. „Der als Bitte um Gottes Gnade geäußerte Wunsch nach Glück, Frieden und Erlösung umschließt »uns« alle gemäß der lutherischen Lehre von der Erwählung und Vorsehung in Gegenwart und Zukunft, irdisch und himmlisch“ (Thust 2015: 100). In der dritten Strophe wird die allumfassende, zeitlose Herrschaft Gottes besungen, die sich in „[...] it was, is now, and shall be evermore“ ausdrückt. Auch der eschatologische Ausblick auf die Herrschaft „in higest heaven“ durch den ewigen Gott, der sich in der Dreieinigkeit zeigt, wird besungen. Am Ende des Gottesdienstes ist dies eine Art zusammenfassendes Lied mit Aufforderungscharakter.

8. Nationalhymne nach dem Segen

Nach dem Segen wird die Nationalhymne gesungen. Ein Akt, der in deutschen Gottesdiensten nahezu undenkbar ist. Zu groß ist die Angst vor der Vermischung zwischen Staat und Religion. Es klingt die Erinnerung an die Deutschen Christen zur Zeit des Nationalsozialismus, in der die Ideologie der NS-Zeit auch in Gottesdiensten legitimiert wurde an. Dass die Hymne nach dem Segen gesungen wird, drückt die Trennung der beiden Teile aus und hebt auch den Charakter des Staatsakts hervor.

> GOD save our gracious Queen,
> long live our noble Queen,
> God save The Queen.
> Send her victorious,
> happy, and glorious,
> long to reign over us:
> God save The Queen.

Der Text der gemeinsam gesungenen Hymne verweist auf eine Hierarchie. Das Staatsoberhaupt, die Queen, wird der Gnade Gottes anbefohlen. Dahinter steckt zum einen die Erkenntnis, dass es über den weltlichen Herrschern eine weitere Instanz gibt, in diesem Fall Gott, zum anderen, dass die Macht der Monarchen nicht unbegrenzt ist. Weiterhin wird hier besungen, dass es den Menschen in einem Nationalstaat gut geht, sofern der Staat erfolgreich ist. Der Text der englischen Hymne formuliert eine gemeinsame Unterwerfung unter die Staatsgewalt, freilich mit dem Hinweis der gemeinsamen Unterwerfung unter die Herrschaft Gottes. Die Hymne drückt die Verbundenheit der hier versammelten Menschen aus: Sie leben in einem Staat und sind davon abhängig, wie dieser Schutz und Rechtssicherheit gewährleistet. Die Unterwerfung unter den staatlichen Hoheitsbereich verbindet und ermöglicht Gemeinsamkeit über religiöse und nationale Unterschiede hinweg.

4.2.3.3 Liturgische Texte

1. Begrüßung und liturgische Eröffnung

Die Begrüßung ist die bereits beschriebene Anrede unter dem Titel *The Bidding.* Sie ist sehr situativ und geht in medias res. Eine gesonderte liturgisch gefasste Eröffnung oder Anrede gibt es nicht.

2. Anrufungen und Tagesgebet

Es gibt keine Anrufungen (Kyrie, Gloria) und auch kein Tages- bzw. Eröffnungsgebet. Allerdings ist das erste gemeinsam gesungene Lied mit der Anrede „Dear Lord and Father of mankind" eine Form des Gebets.

3. Lesungen und Predigt

Die erste Lesung ist aus Jeremia 31, 15–17 und spricht von der Klage und dem bitteren Weinen im Grenzort Rama. Es war ein Klagen über den Wegzug ins Exil, das in diesem Ort laut wurde. In die Klage des Verlustes „because they are no more" wird die Hoffnungsbotschaft hinein verkündigt. Durch den Propheten wird Gottes Wort angesagt „Thus says the Lord: A voice is heard [...]", dass die Weggeführten aus dem Lande des Feindes wiederkommen werden, und dass es eine Hoffnung für die Zukunft gibt, dass die Kinder wieder in ihre Heimat kommen werden. Das Thema des Verlustes der Angehörigen wird hier mit der biblischen Hoffnung verknüpft, auch wenn diese die konkrete Situation der Judäer behandelt. Es ist interessant, dass die Innenministerin diese Lesung hält. Durch ihr Amt wird sie, ob gewollt oder nicht, auch in Vertretung des Staates zur Botschafterin dieser Hoffnungsrede.
Nach dem schon benannten Chorstück zu Psalm 130 liest Prinz William die zweite Lesung aus Lukas 10, 29–37. Es ist wohl eines der bekanntesten Gleichnisse über die Frage nach den Grenzen der Nächstenliebe und handelt von der Not des Menschen, der von den Vorübergehenden aus verschiedenen religiösen, nationalen und kulturellen Gründen ignoriert wird. Hinzu kommt jemand, von dem die Hilfe nicht zu erwarten war. Dieser Text wird in der Predigt aufgegriffen. Ergänzt wird die Lesung durch den hoffnungsvollen Ausblick auf das Offenbarungsgeschehen, das der Chor über das neue Jerusalem singt.

4. Fürbitten und Vaterunser

Die Fürbitten werden von Reverend Christopher Stolz, Minor Canon und dem Precentor (Vorsänger), eingeleitet:

> In the name of the almighty God, our creator, redeemer, and sustainer, and in remembrance of those who have died or been injured, let us pray for the gifts of healing and peace.

Darauf folgen insgesamt sechs Gebete durch Menschen verschiedenen Glaubens und aus verschiedenen Institutionen. Der Vorsänger beendet das Gebet und leitet in das Vaterunser über. Die Gebete werden gesprochen, während die Beter die zuvor angezündete Kerze in der Hand halten. Die Sprecher blicken in die Richtung der Gottesdienstteilnehmenden.

Das erste Gebet wird von Commander Mak Chishty vom Metropolitan Police Service gesprochen. Er bittet um Gottes Barmherzigkeit und Segen für den Gottesdienst und darum, dass Gott die Seelen der unschuldig verstorbenen Menschen segnen möge. Dann bittet er darum, dass Gott den Familien, Freunden und Angehörigen Frieden, Trost und Geduld geben möge und um Einheit und Freundschaft zwischen den verschiedenen Gemeinschaften. Gott solle vor den Kräften der Spaltung und des Hasses schützen.

Das zweite Gebet wird von Rabbi Baroness Julia Neuberger gesprochen. Sie ist Politikern der *Liberal Democrats* und sitzt im House of Lords und genießt in der Bevölkerung breite Anerkennung. Sie bittet um Frieden, Segen, Leben, Gnade und Güte, Gerechtigkeit und Barmherzigkeit. Gott benennt sie als Quelle unseres Lebens, weiter bittet sie um den Segen für alle zusammen, dass Gott sie mit dem Licht seiner Gegenwart segnet und die Kraft, Frieden zu schließen gewährt.

An dritter Stelle sollte laut Liturgieblatt Ayatollah Sayyid Fadhel Hosseini Milani beten. Stattdessen spricht das Gebet seine Vertreterin Aliya Azam vom Christian Muslim Forum. Sie spricht ein Gebet, dessen textliche Grundlage aus einem Brief von Imam Ali (601–61) an den Gouverneur von Ägypten stammt (Liedblatt: 12). Darin heißt es, dass Menschen entweder Gottes Brüder im Glauben oder ähnlich in der Menschlichkeit sind. Das Gebet betont, dass die islamischen Lehren des Propheten und der Imame immer wieder daran erinnern, dass der Beste der Muslime derjenige ist, der schöne Worte spricht, der tugendhafte Taten vollbringt, der den Armen gibt, der den Bedürftigen hilft und der die Schwachen schützt. Man bekommt fast den Eindruck, als würde dieser Text an das Gleichnis vom barmherzigen Samariter anschlussfähig sein, der ebenfalls geholfen hat, obwohl er anderen Glaubens war. Hier werden Wort und Tat hervorgehoben. Allerdings ist die Einleitung „PEOPLE are either your brothers in faith" durchaus exklusiv und lässt zunächst Interpretationen offen, was mit Menschen ist, die nicht Geschwister im Glauben sind. Die Fortführung mit „[...] or similar to you in humanity" öffnet diesen Exklusivismus jedoch. Dass das Gebet einem historischen Brief entnommen wurde, kann ihm Autorität für heute geben und auch radikalen Entwicklungen entgegen sprechen.

Police Constable Jaskaran Garcha vom Metropolitan Police Service betet das nächste Gebet. Dem Erscheinen nach (Dastarals Kopfbedeckung) ist sie aus der Gemeinschaft der Sikh. Sie spricht von Gottes erster Schöpfung, dem Licht, und davon, dass Gott aus seiner Schöpferkraft alle sterblichen Wesen geschaffen hat. Dieses Licht ist Grundlage für die Belebung des Universums. Dann wird das Gebet zu einem Zwiegespräch. Sie fragt „So who is good, and who is bad?", eine Frage, die sich angesichts der Ereignisse des Terrors aufdrängt. Die Antwort, die sie formuliert, redet die Menschheit als Geschwister des Schicksals an und fordert auf, nicht im Zweifel umher zu gehen. Dann bekennt das Gebet Gott als den Schöpfer, der die Schöpfung ist und der alles durchdringt.

Zuletzt betet Sadiq Khan, der Bürgermeister von London. Er ist islamischen Glaubens und betet mit Worten von Franz von Assisi. In diesem Gebet bittet er darum, dass die Menschen zu Kanälen des Friedens Gottes werden und statt Hass Liebe bringen. Auf Verletzungen und Zweifel soll Gott Vergeben und Glauben schenken. Menschen sollen Hoffnung und Licht in die Verzweiflung und Dunkelheit bringen. Sein Gebet endet mit der Aussage, dass dort, wo Traurigkeit ist, immer Freude sein wird. Interessant ist, dass Franz von Assisi einer der frühen Christen war, der die Begegnung und den Dialog mit Andersgläubigen thematisiert hat. Dieser Dialog führte zur Freundschaft mit Sultan Muhammad al-Kâmil in Ägypten. Seine Friedensgebete knüpften daran an (Kuster 2011: 146).

Die im Gottesdienst gesprochenen Gebete werden allesamt an Gott gerichtet. Jesus Christus wird nicht erwähnt. Dies geschieht erst in der Hinführung zum Vaterunser. So haben die Gebete eine hohe Anschlussfähigkeit. Sie betonen die Gemeinsamkeiten, lassen religiöse Unterschiede jedoch verschwimmen. Durch die sorgfältige Auswahl der Gebete, die einen schöpfungstheologischen Schwerpunkt unter anderem in der Lichtmetaphorik haben, wirken diese nicht auferlegt, und können ein Mitbeten ermöglichen. Auch ist die Auswahl der Beter förderlich, da sie Repräsentanten ihrer Religionsgemeinschaft und Vertreter anerkannter Institutionen sind.

5. Segen

Der Segen ist als dreiteilige Bitte formuliert. Zunächst wird um Gnade für die Lebenden gebeten, dann um Ruhe für die Verstorbenen und dann um Frieden und Eintracht für Kirche, Königin, dem Commonwealth und die ganze Menschheit. Der Segen bekommt eine eschatologische Ausrichtung in der Bitte um das Ewige Leben „to us sinners“, und wird trinitarisch abgeschlossen.

4.2.4 Beschreibung der Rituale

In dem Gottesdienst findet ein ineinander verwobenes Ritual statt. Es handelt sich um ein Kerzenritual, das dann mit einer gemeinsamen Vereinbarung verbunden wird. Vor dem Altarraum steht während des gesamten Gottesdienstes zentral eine große, weiße Kerze. Nach dem Cellospiel der Solistin steht die Gemeinde auf und zwei Männer gehen nach vorne, um an der zentralen Kerze weitere Kerzen anzuzünden. Mit diesen werden beidseitig Kerzen entzündet, die jeder Gottesdienstteilnehmer in der Hand hält. Die Teilnehmenden nutzen ihre Kerzen, um die jeweils nächste Kerze von Person zu Person anzuzünden. Wäh-

renddessen setzt der Chorgesang zu Psalm 121 ein. Nachdem alle Kerzen entzündet wurden, spricht der Dekan Worte aus Johannes 1, 5: The light shines in the darkness, and the darkness did not overcome it.
Diese biblischen Worte deutet er mit dem darauf folgenden Gebet:

> O GOD, who through the mighty resurrection of your Son Jesus Christ has delivered us from the power of darkness and brought us into the light of your kingdom: grant that as he was raised from the dead by the glory of the Father, so we also may walk in newness of life and seek those things that are above, where you live and reign with the Father and the Holy Spirit, one God, world without end. Amen.

Auch hier ist es das zentrale Licht, das vom Altarraum ausgeht und weitergegeben wird. Es wird christlich ausgedeutet, indem biblisches Wort und Gebet die Lichtmetaphorik aufgreifen. Insbesondere die Auferstehung Jesu Christi wird thematisiert und der Macht der Finsternis entgegengesetzt sowie das Reich Gottes in die Situation proklamiert.

Darauf folgend wird der Schwerpunkt im gemeinsamen Bekenntnis der Anwesenden auf die gemeinsame Menschlichkeit gerichtet. In dieses Bekenntnis kann auch eingestimmt werden, wenn die christliche Deutung selbst nicht mitgetragen werden kann. Hier geht es um den Akt des gemeinsamen Aussagens und Zusagens. Es wird nicht nur über den Sachverhalt des nötigen Zusammenhalts und Tuns gesprochen, sondern dieser wird aktiv formuliert und die Menschen werden gegenseitig in die Pflicht genommen. Hier wird die Gemeinde nicht aufgefordert, gerecht, gnädig und friedensstiftend zu sein, sondern sie wird selbst aktiv, indem jeder sich an dieser Stelle mit seiner Aussage einbringt. Diese performative Handlung erzeugt Wirklichkeit (Volbers 2014: 3). Das Denken wird zum Reden und somit zum ersten Handeln.

> Together let us affirm our shared humanity and our resolve to bring light and life to all.
> All say: We will pursue justice.
> We will show mercy.
> We will seek peace.

Nach diesem Akt werden die Fürbitten gesprochen und erst nach dem Vaterunser werden die Kerzen ausgelöscht. Das Ritual mit den gesprochenen Gebeten und er Verkündigung des Reich Gottes wird durch die entzündeten und dann ausgelöschten Kerzen gerahmt und erzeugt eine besonders dichte Atmosphäre.

4.3 Diskussion ausgewählter liturgischer Elemente

4.3.1 Ablauf und liturgische Texte

Der Ablauf des Gottesdienstes wurde der Situation angepasst. Es wurde augenscheinlich großer Wert darauf gelegt, dass die Lieder bekannt sind und dass die

Teilnehmenden von Anfang an dem Gottesdienst folgen können. Auch die biblischen Texte haben einen hohen Bekanntheitsgrad. Dem Gottesdienst ist weiterhin anzumerken, dass er zugleich ein Staatsakt ist. Neben der formalen Ausgestaltung wird dies auch dadurch deutlich, dass die verschiedenen Gruppen der Gesellschaft im Gottesdienst vorkommen und zugleich die gemeinsame Verbundenheit nicht nur im christlichen Glauben gesucht und ausgedrückt wird.

Die Besonderheit, dass die Monarchin repräsentatives Oberhaupt der Kirche ist, zugleich aber auch Oberhaupt aller Bürger, kommt zur Geltung. Die spezifisch christliche Ausgestaltung und Deutung wird offen zur Sprache gebracht. Alle Texte, auch die der Chorstücke, sind komplett im Ablauf abgedruckt und können nachvollzogen werden. Interessant ist, dass bei den Fürbitten durch die verschiedenen Glaubensvertreter Texte aus der Kirchen- bzw. Religionsgeschichte zitiert wurden. So wird den Teilnehmenden die Möglichkeit gegeben, mitzubeten. Die Gebete aus den anderen Religionsgemeinschaften wurden auf den gemeinsamen Nenner der Schöpfung und der Menschlichkeit gebracht. Die eigenen weiteren Glaubensausprägungen kommen nicht explizit zur Sprache.

4.3.2 Musik und Lieder

Die Musik und die Lieder sind sorgsam ausgewählt. Es gibt zwei bekannte Hymnen als Gemeindegesänge, die sich situativ und liturgisch einfügen. Der erste Hymnus bittet und fleht Gott an, um zugleich den Menschen zuzusprechen. Der zweite ist eine Art Antwort auf den erlebten Gottesdienst mit Dank, Bitte und Lob. Die Chorstücke ergänzen die Lesungen und reflektieren das Gesagte auch inhaltlich. Die Melodien der Orgelstücke vor und nach dem Gottesdienst sind auch über den kirchlichen Gebrauch hinaus bekannt. Die fünf Orgelstücke vor dem Gottesdienst lassen das Ankommen bereits zu einem Teil des Geschehens werden und bereiten auf diesen vor. Die am Schluss gesungene Nationalhymne ist die gesungene gegenseitige Versicherung des Miteinanders unter der Akzeptanz einer Regierung, unter die sich alle stellen. Sie drängt sich in Verbindung mit dem zuvor gesprochenen Segen als Ausprägung des Segens auf: Von Gott wird Schutz und Segen erbeten. Von ihm ist das Geschick des jeweiligen höchsten Herrschers und der Nation abhängig.

4.3.3 Rituale

Das Ritual mit den Kerzen, bei dem das Licht von Person zu Person weitergegeben wird, hat einen miteinander verbindenden Charakter. Die Teilnehmenden werden aktiv am Ritual beteiligt und tragen symbolisch das Licht von Person zu Person weiter. Indem die erste Kerze an der zentralen Kerze entzündet wurde, wird das Ritual in einen christlichen Deutungshorizont gesetzt. In der Verbundenheit und Anerkennung des jeweils Anderen ist es möglich, die Vereinbarung zu sprechen. Diese wird durch Vertreter der Monarchie, Vertreter der Religionsgemeinschaften und der verschiedenen Institutionen gemeinsam gesprochen. Es handelt sich um einen Akt der symbolischen Stellvertretung der gesamten Gesellschaft des Königreichs.

4.4 Analyse der Predigt

4.4.1 Predigtanalyse

4.4.1.1 Beschreibung

In dem Gottesdienst gibt es eine Ansprache. Sie wird durch Reverend Dr. John Hall, dem Dean of Westminster gehalten. Mit einer Länge von zwölf Minuten ist sie im Gottesdienst der längste eigenständige Sprechakt. Der Reverend hält die Predigt von der erhobenen Kanzel links vor dem Altarraum.[21]

4.4.1.2 Transkript

> In the name of the Father and of the Son and of the Holy Spirit. Amen.
> 'No man is an island entire of itself', wrote John Donne in 1624. 'Any man's death diminishes me, because I am involved in mankind. And therefore never send to know for whom the bell tolls; it tolls for thee.'
> So, we are all affected by the attack a fortnight ago on Westminster Bridge and at the gates of the Palace of Westminster and we are all left bewildered and disturbed. But our sense of loss and diminishment is pale by comparison with that of the families of those who died, Aysha Frade and Kurt Cochran and Leslie Rhodes, on the Bridge, and Police Constable Keith Palmer, on duty at the gates of Parliament, and all those who were injured. Our hearts go out to them in sympathy and prayer and love.
> Anyone who has walked on Westminster Bridge or in Parliament Square in recent days has seen bunches of flowers in row upon row in the Square and tied to the lampposts on the Bridge. Candles have been lit and messages left, messages of love and support, messages too of determination and defiance in the face of evil and terror, messages from younger and older people, friends and former colleagues of those who were killed, and simple statements of courage, 'We are not afraid' and 'We stand together.'
> In his Devotions on Emergent Occasions, John Donne, a poet and dean of St. Paul's Cathedral, stressed that our companionship, our mutual involvement and dependency, is not within our own nation alone. He mentioned Europe as a whole, but today we would recognise our common citizenship more widely. London is a world city with visitors from every country on the planet and residents drawn from 270 nationalities and speaking 300 languages. Those killed and injured included Londoners, but also people from the United States of America, from Romania, France, South Korea, Italy, China, Australia, Greece, Portugal, Germany, Poland and Ireland.

21 Die deutsche Übersetzung der Predigt ist im Anhang zu lesen.

What happened a fortnight ago leaves us bewildered. What could possibly motivate a man to hire a car and take it from Birmingham to Brighton to London and then drive it fast at people he had never met, could not possibly know, against whom he had no personal grudge, no reason to hate them, and then run at the gates of the Palace of Westminster to cause another death? It seems likely that we shall never know. No doubt it was in imitation of the attacks in Nice and Berlin. But what on earth did he hope to achieve?

Such random acts of aggression are nothing new. We are reminded of the death of Fusilier Lee Rigby on 22nd May 2013, of the bomb attacks on the Underground and a London bus on 7th July 2005, and of so much more here in earlier terror campaigns. And we are conscious of the determined and committed protection offered by the police and security services. Even so, every act of aggression leaves us disturbed and somehow diminished.

Our lesson from the prophecy of Jeremiah reminded us of the suffering of the people of Judah. It referred to Jerusalem being sacked by the Babylonians in the 6th century before Christ. The leading citizens were taken into exile to Babylon itself, about 50 miles south of modern Baghdad. The psalm tells of how they felt, 'By the waters of Babylon we sat down and wept when we remembered you, O Jerusalem.' Their suffering lasted fifty years and is reflected in the pain and grief of the diverse communities of Iraq and Syria in our own day, of the millions of people who have been dispossessed and live in poverty and fear, in refugee camps or in their own homes, but deprived of everything we are accustomed to rely on for our own health and welfare.

We weep for the violence, for the hatred, for the loss of life, for all that divides and spoils our world. It was not meant to be like this. It should not be like this. Violence and hatred are not the answer.

The best known story Jesus told, which we know as the parable of the Good Samaritan which we heard just now, has a powerful message for us. At first sight it seems quite simple. A man has been mugged and left half dead by the roadside. Two people hurry past leaving him to fend for himself, not apparently caring about him at all. One man by contrast stops and does whatever he can in first aid pouring on oil and wine to cleanse the man's wounds and then bandaging them. He takes him to an inn and looks after him until the next day. Then he pays the innkeeper to care for him, promising to come back and cover the cost of any further help.

That is all good in itself. But the man who cares for the one who has been mugged is not of the same faith or nationality as him. In fact the two communities, the Jews and the Samaritans, have been enemies for centuries and despise and indeed hate one another. That enmity is no bar to the Samaritan doing a good deed for the Jew. Jesus praises the Good Samaritan.

There is another twist to Jesus' story. The people who should have been the first responders, the ones who walked past quickly, were of the same faith and nationality as the injured man. But they did nothing. They were bound by their religious duties not to touch a dead body. And they feared the man was dead. Jesus condemns them for their lack of common decency. They have failed the test of compassion and love, the test of mercy, which Jesus rates far more highly than adherence to narrow religious conventions. In this and in other ways during his ministry on earth, Jesus leads us to leap over the barriers that divide us, whatever they are, and to reach out in brotherly and sisterly love to those of other faiths and nationalities.

> We have called this a Service of Hope. And despite the horror of the random killing and hatred shown two weeks ago today, there is much for which we can be thankful and much to offer us hope.
> The day after the Westminster attacks, Muslim, Jewish, Christian and other faith leaders condemned the violence and together stated that such aggressive and destructive acts against innocent victims were no part of Islam or of any of the world faiths. Later a great concourse of people gathered at Trafalgar Square to witness a quiet demonstration of solidarity between the faith communities that make up our city and nation. The next day the archbishops of Canterbury and Westminster stood with the Chief Rabbi and leading Shia and Sunni clerics just outside the Abbey to demonstrate the mutual respect of the three Abrahamic faiths and their solidarity as leaders. And four days later, a hundred women, most of them Muslim, formed a human chain on Westminster Bridge. We stand together, just as in this service the world faiths are represented and will pray together, above all for the gift of hope.
> In a few moments, we shall light candles and make an act of commitment. Our prayer and commitment is to live together peacefully and respectfully, rich in our diversity, and to sing together in harmony!

4.4.1.3 Ergebnis der Anknüpfungen

1. Anknüpfung an die Situation

Der Prediger greift die Situation des Anschlags auf, indem er sich auf einen Text von John Donne bezieht. Er geht auf das Geschehen ein, indem er die Erfahrungsgemeinschaft hervorhebt, die er mit dem Text begründet. Durch die Herstellung eines Bezugs zu vorigen Anschlägen wird die Terrorattacke eingeordnet und benannt, dass solche willkürlichen Aggressionen nichts Neues sind. So wird die Situation auch greifbarer und vergleichbarer.

2. Anknüpfung an Fragen

Die einzige in der Predigt konkret aufgegriffene Frage ist die danach, was den Täter zu dieser Tat motiviert und welches Ziel er damit verfolgt habe. Der Prediger benennt jenen nicht als Täter, sondern als „a man“, ohne Namensnennung. Diese Zuschreibung lässt die Tat als eine erscheinen, die jedem Menschen zuzutrauen ist und als ob die entsprechende Motivation jeden hätte dazu bringen können, diese auszuführen.

> What could possibly motivate a man to hire a car and take it from Birmingham to Brighton to London and then [...] But what on earth did he hope to achieve?

Der Prediger konkretisiert die Frage mit dem Unverständnis darüber, dass der Mann in Menschen hineingefahren ist, denen er wohl nie zuvor begegnet ist und die er wahrscheinlich auch nicht kennen konnte. Diese Beziehungslosigkeit zwischen Täter und Opfer drückt das Unverständnis über das Geschehen aus. Als Antwort formuliert er, dass hier eine Leerstelle im Verständnis bleiben wird. Die Tat wird mit den Anschlägen in Nizza und Berlin verglichen, die er, wie diese, als willkürlichen Akt beschreibt. Er formuliert die Frage, was der Täter erreichen wollte, lässt die Antwort jedoch offen. Situativ verknüpft er das Geschehen des Volkes Juda mit der heutigen Situation in Irak und Syrien und sagt, dass Hass und Gewalt keine Antworten sind.

3. Anknüpfung an Emotionen

Als Emotionen benennt der Prediger Fassungslosigkeit und Beunruhigung. Gleichzeitig schwächt er die Gefühle der Vielen gegenüber den Gefühlen der Angehörigen ab. Neben den Gefühlen durch die konkret erlebte Tat greift er auch die Gefühle auf, die durch die Gewalt, den Hass, und den Verlust von Menschenleben und die Zerteilung der Welt aufkommen. Auch hier bleibt das Gefühl über das Unverständnis über die Situation und die Rolle als tatenloser Zuschauer diffus. Er benennt die Gefühle im Angesicht des Weltgeschehens und dass die Tat womöglich darin wurzelnd aus Hass entspringe, um dann zu sagen, dass Hass nicht die Antwort und Lösung auf Verzweiflung angesichts des Zustands der Welt ist.

4. Anknüpfung an Elemente der Liturgie

Die Predigt geht auf Lieder, Musik und Kirchenraum nicht ein. Allerdings greift der Prediger die weiteren Orte und Rituale der Trauerbegleitung auf, um deren Aussagen in die Predigt einfließen zu lassen. Zunächst schildert er, wie an der Westminster Bridge und am Parliament Square viele Blumen niedergelegt und angebunden, Kerzen aufgestellt, Briefe und Nachrichten hinterlassen wurden. Hier fasst er die Nachricht zusammen: „Wir haben keine Angst", und „wir stehen zusammen".

Auch die Versammlung einer großen Menschenmenge am Trafalgar Square mit einer stillen Bekundung der Solidarität zwischen den unterschiedlichen Glaubensgemeinschaften, die Teil der Stadt und des Landes sind, und die Verlautbarungen der verschiedenen Glaubensführer gegen die Gewalt, greift er auf. Ebenso thematisiert er die Menschenkette von über hundert Frauen über die Westminster Bridge und formuliert die dahinter stehende Aussage „We stand together", um diese mit dem Gottesdienst zu verknüpfen, in dem einige der Weltreligionen vertreten sind, um gemeinsam um das Geschenk der Hoffnung zu beten.

Die stillen und lauten Äußerungen an verschiedenen Orten der Stadt werden somit Teil der Liturgie, die im gemeinsamen „act of commitment" einen Höhepunkt hat. Hier wird das durch unterschiedliche Gruppen und Personen Gesagte in einem gemeinsamen Handlungsakt zusammengeführt. In der Predigt wird dieser Akt als Konsequenz aus dem Gesagten der Predigt formuliert und mit dem Kerzenritual verbunden.

> In a few moments, we shall light candles and make an act of commitment. Our prayer and commitment is to live together peacefully and respectfully, rich in our diversity, and to sing together in harmony!

5. Anknüpfung an biblische Texte und Theologie

Die Predigt beginnt mit einem Eingangszitat aus einer Andacht des Schriftstellers John Donne (1572–1631) aus dem Buch *Devotions upon Emergent Occasions.* Donne war ein führender Vertreter des englischen Frühbarocks in der Lyrik und im theologischen Weltbild (Erlebach 1999: 942).

> 'No man is an island entire of itself', wrote John Donne in 1624. 'Any man's death diminishes me, because I am involved in mankind. And therefore never send to know for whom the bell tolls; it tolls for thee.'

Dieses Zitat ist auch in anderen Zusammenhängen aufgegriffen worden. So gab es Buchtitel, die es in Auszügen aufgegriffen haben sowie Redewendungen, die daraus entstanden sind. Thomas Merton und Johannes Mario Simmel benannten Bücher mit dem Titel „Niemand ist eine Insel" und Ernest Hemingway titelte ein Buch mit „Wem die Stunde schlägt". Letzteres ist auch ein sehr bekanntes Sprichwort.

> No man is an island entire of itself; every man
> is a piece of the continent, a part of the main;
> if a clod be washed away by the sea, Europe
> is the less, as well as if a promontory were, as
> well as any manner of thy friends or of thine
> own were; any man's death diminishes me,
> because I am involved in mankind.
> And therefore never send to know for whom
> the bell tolls; it tolls for thee (Donne 2016: 105).

Dieses Zitat ist ein Kunstgriff, der eine zumindest in Teilen populär bekannte Aussage in ihren religiösen Kontext rückbindet und mit der aktuellen Situation in Bezug setzt. Hier wird das individuelle Erleben mit der gesellschaftlichen Vernetzung der Menschen untereinander in Bezug gesetzt. Mit diesem Zitat drückt der Prediger die Verbundenheit der Menschheit über Land, Kontinent und Welt aus. Wenn jemand durch einen Anschlag stirbt, so stirbt demnach derjenige, der davon hört, im übertragenen Sinne auch, egal welcher Nation er angehört.

Die anderen Anknüpfungen beziehen sich auf biblische Texte. Dazu gehören die Lesungen, die explizit erwähnt werden. Er greift die „lesson from the prophecy of Jeremiah" auf, die an das durch Juda erlittene Leid erinnert. Der Prediger erklärt die Situation und beschreibt, dass Jerusalem im 6. Jahrhundert v. Chr. von den Babyloniern geplündert wurde und die Führenden des Volkes ins Exil geführt wurden. Er verknüpft die damalige Situation mit heute, indem er den damaligen Ort Babylon 50 Meilen südlich vom heutigen Bagdad verortet. Um die Emotionen der Trauer hervorzuheben, lässt er die Worte aus Psalm 137 einfließen. Die Worte „By the waters of Babylon we sat down and wept when we remembered you, O Jerusalem“ sind neben dem biblischen Bezug den Hörern vermutlich auch aus dem Lied von der Gruppe *Boney M* bekannt. Er vergleicht das Leiden, den Schmerz und die Trauer mit den heute in Irak und Syrien lebenden Gemeinschaften. Hier wird die Empathie der Hörer herausgefordert, sich nicht selbst allein als Opfer der Situation zu sehen, sondern in einer Art Weltblick die Verbundenheit mit dem Leid der Menschen im Nahen Osten als Teil der gemeinsamen Leidenssituation zu verstehen.

Als biblische Kernerzählung für die Predigt greift er den bereits in der Lesung gehörten Text vom Gleichnis des barmherzigen Samariters auf. Dabei benennt er das Gleichnis als die bekannteste Geschichte, die Jesus erzählte. Nachdem er das Gleichnis kurz nacherzählt hat, arbeitet er zwei Kernaussagen heraus. Die erste bezieht sich darauf, dass gerade derjenige hilft, der nicht den gleichen Glauben oder die gleiche Nationalität hat und dass Jahrhunderte alte Feindschaft und Verachtung ihn nicht von der guten Tat abgehalten haben. Er hebt hervor: „Jesus praises the Good Samaritan“. Die andere Aussage bezieht sich auf diejenigen, die der gleichen Religion bzw. Nationalität angehören und ihre religiösen Pflichten höher gewichten als die Hilfe gegenüber dem Hilfsbedürftigen. Hier betont der Prediger „Jesus condemns them for their lack of common decency. They have failed the test of compassion and love, the test of mercy, which Jesus rates far more highly than adherence to narrow religious conventions”. Basierend auf dem Gleichnis fordert er auf, die trennenden Barrieren auf der Erde zu überwinden und auf Menschen anderer Nationalität oder anderer Religion zuzugehen. Wie kaum ein anderes Gleichnis scheint dieses auf die Situation zu passen, die mit religiösen und nationalen Gefühlen, Gedanken, Vorurteilen und Ängsten aufgeladen ist. Als Konsequenz nach der kurzen Auslegung fasst er zusammen: „We have called this a Service of Hope“. Die Hoffnung, die in dieser Predigt und dem Gottesdienst verkündigt wird, wird an die Aussagen von Jesus gebunden.

Neben den bereits genannten Bezügen ist das Aufgreifen eines so bekannten Gleichnisses sehr anschlussfähig. Sowohl für Nichtchristen ist die Frage nach der Überwindung von Hass und Trennung ebenso relevant, als auch für Muslime, für die die Aussagen Jesu ebenso Aussagekraft haben können, da Jesus im Islam nach Mohammed als höchster Prophet gilt. Es wird die Überwindung der religiösen und nationalen Schranken gepredigt, obwohl im biblischen Kontext ein Einzelner von Jesus genau die Begrenzung der Nächstenliebe hören wollte. Gleichzeitig steht in der Predigt die ethische Dimension des Gleichnisses im Vordergrund.

6. Anknüpfung an Personengruppen

Auffällig ist, dass zu Beginn der Predigt alle Verstorbenen namentlich erwähnt werden. Der Täter wird nur aufgrund seiner Tat erwähnt, jedoch nicht als Täter, sondern als Mann. Auch das Thema Schuld wird dabei ausgeklammert. Vielmehr wird gefragt, was einen Menschen zu einer solchen Tat motiviert. Jeder könnte durch die entsprechende Motivation zu einem Täter werden. Als Personen des öffentlichen Lebens werden als Erstes die Polizei- und Sicherheitsdienste hervorgehoben, deren entschlossener Einsatz erwähnt wird. Weiterhin werden Verlautbarungen der verschiedenen religiösen Gruppen benannt und gewürdigt. Sie und ihre Äußerungen werden somit zum Teil der Predigt.

4.5 Gewinnung von Thesen zur Fragestellung

4.5.1 Thesen zur Liturgie

Raum und Ort

- Durch die besondere Verbundenheit und Nähe zum Ort des Tatgeschehens ist die Westminster Abbey intensiv mit diesem verbunden. Ähnlich wie bei dem Terroranschlag in Berlin auf dem Breitscheidplatz bekommt der Gottesdienst eine gewisse Spannung durch die Ortsgebundenheit.
- Als Krönungskirche ist die Kirche auch ein staatlich relevanter Ort. Von hier geht die religiös legitimierte Regierungsmacht aus, die an die göttliche Gnade gebunden wird. Durch diese Staatsrelevanz hat fordert ein Gottesdienst an diesem Ort eine gewisse Deutungsrelevanz und Bedeutung für die gesamte Gesellschaft ein.

Musik und Lieder

- Die gespielten Orgelstücke vor dem Gottesdienst ermöglichen ein inneres Ankommen im großen Raum der Abbey. Der Gottesdienst beginnt durch die Orgelstücke fast schon vor dem liturgischen Akt, auf dem Weg hinein in den Raum und an die Plätze. Die Bekanntheit der Orgelstücke, vertraute Melodien, können beim Ankommen helfen.
- Die gesungenen Psalmen als Antwort auf die Lesungen ergänzen diese. Durch den Gesang werden zugleich die Emotionen vermittelt, die in den Psalmen zum Ausdruck kommen.
- Die nach dem Segen gesungene Nationalhymne fügt sich gut den Kontext ein, da die Monarchin Oberhaupt der Kirche ist. In einem anderen Kontext kann dies eine schwierige Vermischung sein. Allerdings deutet die Verortung nach dem Segen auch eine gewisse Trennung der Akte an.

Rituale

- Rituale, die nicht nur stellvertretend durch wenige gestaltet werden und bei denen die Gemeinde nicht nur Zuschauer, sondern auch Akteur ist, bekommen eine besondere Relevanz. Durch ein gemeinsam gefasstes Bekenntnis und die zusammen ausgesprochene Zielsetzung wird das einander in die Pflicht nehmen und die eigene Gebundenheit an das gesprochene Wort hervorgehoben. Das, was gesagt ist, kann nicht so einfach zurückgenommen werden. Gedanken werden Realität und nehmen den Sagenden in die Pflicht. Es besteht auch die Gefahr des Gruppendrucks, jedoch wäre ein solches Ritual, wenn es größere Ausnahmen zuließe, gesellschaftlich nahezu irrelevant. Durch das Abdrucken der Texte im Liturgieblatt und die Transparenz der Gestaltung hat das Ritual und der Gottesdienst jedoch wieder einen freiheitlichen Charakter.

- Die Verbindung verschiedener Rituale zu einem ineinander Verwobenen aus inhaltlichem Zuspruch und Deutung, wie es durch die Verbindung von Kerzenritual, biblischem Wort und Gebet mit dem gemeinsamen Vereinbarungsakt der Fall ist, lässt ein einzigartiges Gesamtritual entstehen. Dies bekommt durch die jeweilige Zuschreibung eine spezifisch christliche Deutung. Es werden nicht nur Kerzen entzündet, sondern sie stehen in diesem Fall für das verkündigte Reich Gottes und die Hoffnung, dass es bereits im Diesseits seine verbindende und Grenzen überwindende Kraft entfaltet.

4.5.2 Thesen zur Predigt

- Die Gefühlslage der Teilnehmenden ist unterschiedlich. Indem die Angehörigen in der Intensität ihrer Gefühle herausgehoben werden, werden die Angehörigen ernst genommen und zugleich mitfühlender Zuspruch ausgedrückt.
- Die offene Benennung der konkreten Tat des Täters, ohne ihn zu entmenschlichen, ist heikel, jedoch im Einklang mit der Botschaft der Predigt. Die Tat ist zu verurteilen, die zugrundeliegenden Motive zu erforschen und Konsequenzen zu ziehen. Dass jeder Mensch aus unterschiedlichen Motiven des Hasses und der Not heraus schuldig und zum Täter werden kann, ist das Erschreckende. Hier wird zwischen Tat und Geschöpf unterschieden.
- Das Aufgreifen der verschiedenen Orte und Rituale der Trauerbewältigung außerhalb des Gottesdienstes zeigt, dass der Gottesdienst nicht die einzige Form der Trauerbewältigung ist. Auch die Rituale im Namen anderer Religionen oder Weltanschauungen können respektvoll aufgegriffen werden und somit auch in diesem Gottesdienst noch einmal in ihrer spezifischen Aussage vorkommen. Der Gottesdienst reiht sich ein in eine Vielzahl von Äußerungen. In diesem Fall übernimmt er die Aufgabe des Zusammenführens und Zuspitzens, was sich im Ritual als gemeinsamen Höhepunkt ausdrückt.
- Der Prediger nutzt einige bekannte Anknüpfungspunkte wie zum Beispiel den Text von John Donne oder auch die Liedstrophe aus dem Psalm. Dadurch kann in der Predigt etwas wiedererkannt und ein neuer

Versuch der Deutung bzw. des Deutungsangebots unternommen werden.

- Die Verknüpfung der in den biblischen Texten geäußerten Situation, Emotionen und Orten mit der aktuellen Politik und den heutigen Orten in der gleichen Region, lässt die Texte heute wieder aktuell werden. Sie berichten von Leiderfahrungen und auch Gotteserfahrungen im Nahen Osten.
- Das Gleichnis Jesu vom barmherzigen Samariter als Antwort auf die Frage nach der Grenze der Nächstenliebe ist kulturell und religiös anschlussfähig. Kaum ein anderes Gleichnis hätte die aktuellen Vorbehalte, Ängste und Zwänge so aufzugreifen und durch die Deutung Jesu aufzulösen vermocht. Die Gleichnisse Jesu sind, mit Aktualisierungen, noch heute anschlussfähig und haben Aussagekraft.

E Auswertung und Diskussion der Ergebnisse

Die ausgewerteten Gottesdienste haben ein breites Spektrum an Ergebnissen geliefert. Obwohl die Gottesdienste in der Grundform einige Ähnlichkeiten zeigten, hatten sie in der konkreten Ausprägung deutliche Unterschiede. Dies resultiert nicht zuletzt aus der unterschiedlichen Art der Unglücksfälle. Auffällig war die Verbreitung von Kerzenritualen, die durch ihre Ausführung (gemeinschaftlich, stellvertretend, den Täter ausschließend ...) unterschiedliche Deutungen eröffnet haben. Auch haben die klassische Musik und die Psalmen in verschiedener Form einen breiten Raum eingenommen. Eine Erkenntnis, die bereits im Forschungsstand anklang ist, dass die Predigten untrennbar mit der Liturgie und der Situation verwoben und voneinander abhängig sind, und eines stimmigen Gesamtkonzepts bedürfen.

Im Gottesdienst kommen Menschen unterschiedlichen Hintergrunds zusammen, um Antworten und Begleitung im gemeinsamen Erleben der Liturgie zu erfahren. Der Gottesdienst ist ein Akt der Kirchen, von Menschen für Menschen und in diesem Zusammenhang konkret von Menschen, die ihre Gaben einsetzen, um der Gemeinschaft und den Einzelnen zu dienen (Kloppers 2017: 181). Die Gaben sind in die Erfahrungen und Kompetenz im rituellen Umgang mit Krisenerfahrungen. Diese bringen sie in ihrem Dienst an den Menschen ein, um der Gemeinde als Leib Christi in Wort und Tat zu dienen. Dies hat Ausstrahlung und Anziehungskraft über die christliche Gemeinschaft hinaus, sodass auch Nichtchristen daran Anteil haben können. Sie können in der Liturgie im Zusammenspiel der Gaben Gott als denjenigen erfahren, der Hoffnung und Trost in vielfältiger Form erfahrbar zuspricht. Sie können Einheit in der Vielfalt der menschlichen Lebens- und Glaubensvollzüge erfahren. Die Kirchenglocken laden alle Menschen ein, am Gottesdienst teilzunehmen. Hier ist der Ort, an dem Gott den Menschen begegnet (Kloppers 2017: 181–182). Es ist ein Wechselspiel zwischen *Rufen* und sich *darauf einlassen*. Im gemeinsamen Zusammenkommen werden die Unterschiede aufgrund des gemeinsam geteilten Leids und der gemeinsamen Hoffnung überbrückt, durch gemeinsame Gesänge und in gemeinsamer klagender, lobender und dankender Anbetung.

> Worshiping together, taking part in the sacraments and praying and singing together, are the most important ways to bridge differences, to deepen an understanding of „otherness", and „to live and share the stories of life and hope" (Kloppers 2017: 182).

Die erarbeiteten Thesen versuchen darauf Antwort zu geben, wie dieser gemeinsame Gottesdienst gelingen kann und Menschen zusammenkommen können, um die Unterschiede zu überbrücken und gemeinsam an der Hoffnung Teil zu haben. Im Folgenden werden die Thesen diskutiert. Zur besseren Auffindbarkeit der Hypothesen werden diese bei erster Nennung mit der Zahl des Gottesdienstes erwähnt: *Hypothese (#Nummer).*

1 *Auswertung der Hypothesen zur Liturgie*

1.1 Liturgische Texte

Begrüßung und Votum

Zwei Hypothesen zu den liturgischen Textteilen im Gottesdienst befassen sich mit der dem trinitarischen Votum vorgeordneten, formalen Begrüßung durch den Liturgen oder einen anderen kirchlichen Vertreter. Hierbei wird sowohl die entlastende Funktion für die Gesamtliturgie benannt (#2), als auch der Angebotscharakter durch die Benennung des Gottesdienstes als eine spezifisch christliche Antwort hervorgehoben (#3).

Eine dem Einzug und dem Votum zwischengelagerte Begrüßung ist in der Liturgiewissenschaft umstritten. Auch wenn eine vorgelagerte Begrüßung bei vielen Gottesdiensten inzwischen oft üblich ist (Kießig 2003: 697), wird betont, dass diese möglichst knapp und in engem Zusammenhang mit dem liturgischen Gruß ausfallen sollte (Kießig 2003: 697; Meyer-Blanck 1997: 68). Meyer-Blanck warnt vor einem Spannungsabfall in Zusammenhang mit dem Gedanken des stellvertretenden Überbrückens der Distanz zum heiligen Ort durch den Einzug der Liturgen und der Proklamation durch das Votum (Meyer-Blanck 1997: 68). Weiterhin kann das „Rollenmuster 'Hausherr' [...] die Spannung zwischen Nähe und Distanz zu Gott [verdecken]" (Meyer-Blanck 1997: 68). Die Forderung der Knappheit und die liturgisch-dramaturgische Einordnung würde einer ausführlichen begrüßenden Ansprache widersprechen, wie sie beispielsweise beim Gottesdienst zum Münchner Amoklauf (#3) stattgefunden hat. Es gibt aber auch gute Gründe für eine die Situation aufgreifende, informelle Begrüßung. In Bezug auf eine öffentliche Theologie, die den speziellen Charakter des Gedenkgottesdienstes im Angesicht einer heterogenen Gottesdienstgesellschaft ernst nimmt, kann diese Form der Begrüßung die Kommunikation erleichtern (Kießig 2003: 697). Diese Gottesdienste haben in der Regel eine hohe Medienpräsenz und zielen auf eine breite Öffentlichkeit ab, was auch die Einschaltquoten gezeigt haben (Kranemann 2016: 21). Dies und das Bemühen um Verständlichkeit, die die partikulare christliche Tradition als Quelle ins Gespräch bringen möchte (Höhne 2015: 36), kann eine entsprechende Begrüßung von Staatsgästen und anderen Vertretern nötig machen. Derart wird die Liturgie als solche entlastet und den Fokus auf den rituellen Vollzug gelegt. Hier findet eine gewisse Trennung des öffentlichen Herrschaftsbereichs, vertreten durch den Staat, und des göttlichen

Herrschaftsbereichs, der in der Liturgie Ausdruck findet, statt. Vor allem vor dem Hintergrund, dass wahrscheinlich einige Teilnehmende kirchlich nicht geprägt oder sprachfähig sind, kann eine einladende und auf das Geschehen hin transparente Begrüßung – auch auf die Gefahr des Spannungsabfalls hin – vielleicht erst ein freiheitliches Einlassen auf den Gottesdienst ermöglichen. Die Situation und die Verschiedenartigkeit der Teilnehmenden können dadurch ernst genommen werden und der Gottesdienst vor einer vorschnellen Vereinnahmung bewahrt werden. Der Angebotscharakter kann dadurch verstärkt werden. Auch eine kurze Einordnung und Bezugnahme auf das Kirchengebäude kann Situation, Ort und Gottesdiensterleben miteinander verknüpfen. Die Gefahr einer vorlaufenden Predigt oder der Überfrachtung der Begrüßung besteht jedoch.

In diesen Zusammenhang gehören die Hypothesen zu den freien und vorgeprägten liturgischen Texten und ihrer sorgsamen Wortwahl (#1). Beispiel für eine freie Wortwahl ist die Form der Begrüßung und mancher Zwischenstücke im Gottesdienst. Vorgeprägt ist zum Beispiel das trinitarische Votum selbst, das die Situation mit der Proklamation performativ durchbricht. Die Zwischenstücke verbinden die liturgischen Elemente zu einer Einheit, sind selbst jedoch nicht Zentrum der Liturgie. Sie sollten dabei nicht den Vollzug kommentieren und nicht selbst zu einer Predigt werden, sondern zum Gebet anleiten und den Ritus für sich selbst sprechen lassen (Meyer-Blanck 2014: 39).

Lesungen

Die Ausgestaltung der Lesungen hat zu zwei Hypothesen geführt, die den reichhaltigen Schatz der biblischen Überlieferung betonen und eine Ausgestaltung mit mehreren Lesungen, vor allem der Evangelienlesung, ansprechen (#1, #3). Zwar ist eine Reduzierung der biblischen Lesungen durch die Agenden zugunsten anderer liturgischer Handlungen durchaus gedeckt (Kießig 2003: 698), jedoch gibt es wie folgend ausgeführt gewichtige Gründe für eine ausführliche Ausgestaltung der Lesungen (Cornehl 2006: 297).

In der Regel sind für den Gottesdienst drei Lesungen vorgesehen, „deren eine dann die Grundlage für die Predigt bildet: alttestamentliche Lesung, Epistel, Evangelium“ (Kießig 2003: 698). Eine Reduzierung auf weniger Lesungen kann vor der Überfrachtung des Ritus mit zu vielen Worten bewahren, zumal, wenn es mehrere Predigten gibt. Den heutigen Hörgewohnheiten entsprechend sind es einige Teilnehmende vielleicht nicht gewohnt, längeren Texten aufmerksam zu folgen. Gegenüber der lutherischen Gestaltung mit Epistel- und Evangelienlesung war es in vielen unierten und reformierten Gemeinden üblich, „nur einen Text zu lesen und einen zweiten der Predigt zugrunde zu legen“ (Meyer-Blanck 2011: 421). Im Evangelischen Gottesdienstbuch und auch in der katholischen Messe seit dem II. Vatikanum sind in der Regel zwei Texte als Lesung vorgeschlagen, von dem einer ein alttestamentlicher ist, und einer der Predigt zugrunde liegt. Der liturgische Vorschlag ist, dass bei einer „Predigt über einen alttestamentlichen Text Epistel und Evangelium und bei der Predigt über das Evangelium Altes Testament und Epistel gelesen werden“ (Meyer-Blanck 2011: 421–422). Die Schwerpunktsetzung der evangelischen Predigt liegt dabei in der Regel auf der Auslegung eines Textes, die der katholischen Predigt auf einer Zusammenschau der Lesungen auf die „Besinnung auf die kirchliche Lehre und das christliche Leben auf [sic!] dem Hintergrund der drei gelesenen Texte“ (Meyer-Blanck 2011: 422). So haben beide Predigten unterschiedlich ausgeprägte Bezüge zu den Lesungen.

Cornehl (2006) betont die Bedeutung des Gottesdienstes als „Ort der öffentlichen Begegnung mit Gott“ und somit als „Ort der Begegnung mit der Bibel“ (Cornehl 2006: 298). Durch die biblische Überlieferung wird ein Raum von Texten aufgeschlossen, der begangen werden soll. Dies versteht er ganzheitlich, indem die Texte der Bibel nicht nur als liturgische Texte, sondern beispielsweise auch in der Architektur zu sehen und in musikalischer Übersetzung zu hören sind (Cornehl 2006: 302). Im Gottesdienst sind es gerade die gesungenen und gelesenen Psalmen, die durch die Formulierung von Verzweiflung und Klage eine hohe Anschlussfähigkeit zur Situation bieten. Die analysierten Gottesdienste haben gezeigt, dass der Psalter dafür einen breiten Identifizierungspunkt bietet und auch im Rahmen der gemeinsam geteilten Überlieferung von Juden und Christen an verschiedenen Stellen in Lied, Lesung und anderen liturgischen Stücken vorkommt (Cornehl 2006: 299).

In den Gedenkgottesdiensten wurde als alttestamentliche Lesung mehrfach ein Psalm gelesen. Nur einmal kam eine andere alttestamentliche Lesung vor (London), dann jedoch mit einem gesungenen Antwortpsalm. Nur bei zwei Gottesdiensten gab es eine Evangelienlesung (Köln und London). Körtner hält im Hinblick auf die Entwicklung der Schriftlesungen fest, dass die alttestamentliche ihren „festen Platz [...] aber im Rahmen der Perikopenordnungen innerhalb der Predigt, sowie durch Verwendung der Psalmen als Gebetstexte“ hat (Körtner 2003: 711).

Für den Gedenkgottesdienst kann eine Reduzierung der Lesungen zur Entlastung anderer Teile (weitere Predigt, Verarbeitungsrituale) hilfreich sein. Allerdings wird betont, dass das Evangelium als Bestandteil der Schriftlesung beibehalten werden sollte (Körtner 2003: 711). Die Schriftlesungen sind das Gedächtnis der christlichen Kirche (Meyer-Blanck 2011: 425). Gerade in Zeiten, in denen die religiöse Überlieferung von Generation zu Generation nicht selbstverständlich ist und abzureißen droht, dienen die Lesungen und Texte der Lieder der Weitergabe um den Glauben lebendig zu halten. Sie dienen auch als Erinnerung für Menschen, die biblische Texte im Leben gehört haben, aber nicht mehr in die Kirche kommen und diese Texte nur noch selten hören (Kloppers 2013: 48). Neben dem Erinnerungscharakter haben sie auch einen verkündigenden Charakter, da sich die Schrift im Akt der Lesung selbst auslegt und intertextuell mit den anderen Texten des Gottesdienstes interagiert (Körtner 2003: 712).

Als spezifisch christliche Antwort auf die Situation kann die Bibel in der Verkündigung des Evangeliums durch Evangelien- und Epistellesung selbst zu Wort kommen und dies zur Hoffnungsbotschaft werden. Das gelesene Evangelium ist dann Antwort auf die bereits formulierte Klage in den Psalmen. Ein Aufgreifen des Evangeliums in der Predigt kann diese Verkündigung aufgreifen und weiterführen. Dabei kann bei einer Doppelung der Predigten durchaus ein unterschiedlicher Schwerpunkt gesetzt und eine innere Dramaturgie entfaltet werden. Für den Gedenkgottesdienst kann eine Reduzierung der Lesungen der Entlastung anderer Teile (weitere Predigt, Verarbeitungsrituale) dienen, ohne auf die Lesung des Evangeliums zu verzichten. Das in der Lesung Verkündigte kann als spezifisch christliche Antwort selbst im Akt des Hörens zu einem Zuspruch der christlichen Hoffnung und in der Predigt mit der spezifischen Situation ins Gespräch gebracht werden.

Fürbitten

Zu den Fürbitten wurde die These formuliert, die gerade in einem inter- bzw. multireligiösem Kontext, auf eine klare und transparente Zuordnung der Beter hinweist, um Irritationen bei der religiösen Zuordnung zu vermeiden (#2).

Das Fürbittengebet im christlichen Gottesdienst hat die Aufgabe, die Sorgen und Nöte vor Gott zu bringen und das Leben in der Welt zu bedenken. Es richtet den Blick auf die Weltverantwortung der Christen (Schulz 2003: 751).

Bei dem Gebet unterschiedlicher religiöser Vertreter stellt sich die Frage, aus welcher religiöser Perspektive gerade gebetet wird und ob man als Teilnehmer des Gottesdienstes in das jeweilige Gebet mit einstimmen kann. Es ist nicht zu erwarten, dass ein jüdischer oder muslimischer Vertreter zu Jesus Christus als Gott betet. Allerdings kann bei manchen Gebeten aus Wort und Kontext der Eindruck entstehen. Es zeugt von Respekt, die anderen religiösen Ausprägungen nicht christlich zu vereinnahmen und für sich selbst sprechen zu lassen. Der Gottesbegriff ist unterschiedlich gefüllt. Das Gottesverständnis der jeweils anderen Religion erschließt sich mir nur aus der Außenperspektive (Ratschow 1979: 127). Daher gehen die meisten kirchlichen Verlautbarungen davon aus, dass zwar ein gemeinsames Beisammensein im Gebet nebeneinander, jedoch kein Gebet miteinander möglich ist. So unterscheidet eine Orientierungshilfe der ELKB (1992) zwischen inter- und multireligiösen Feiern. Die Deutsche Bischofskonferenz fordert, „dass auf das gemeinsame Beten – sei es von frei verfassten oder sei es von aus der Tradition ausgewählten Texten – verzichtet wird" und weitet dies sogar auf die gemeinsam gesungenen Lieder aus, sofern darin ein gemeinsamer Glaube Ausdruck finden soll (DBK 2003: 27).

Dass auf das gemeinsame Singen der Lieder in einem Gottesdienst in Form der liturgischen Gastfreundschaft verzichtet wird, ist nicht gemeint. Wer in die christlichen Lieder einstimmen mag, sollte dies freiheitlich tun können. Allerdings heben die unterschiedlichen Verlautbarungen die konkrete Transparenz und Unterscheidung des Adressaten der jeweils eigenen Glaubenstradition in den Gebeten hervor und verweisen darauf, nicht vorschnell zu vereinnahmen. Die Teilnehmenden sollen unterscheiden und entscheiden können, in welche Worte und Lieder sie selbst mit einstimmen. Unterschieden wird auch zwischen *multireligiösem* und *interreligiösem* Gebet. Ersteres meint das Nebeneinander der Gebete, zweiteres das gemeinsame Sprechen von Gebetstexten (ELKB 1992). Auch evangelische Verlautbarungen, beispielsweise der EKWUE (2003) in einer Handreichung zur Frage interreligiöser Feiern von Christen und Muslimen, hebt hervor, dass es sich um ein Beten mit Gott und nicht über Gott handelt und dass dieser aus christlicher Sicht der dreieinige Gott ist, und Gott nicht ohne diesen Bezug zu Jesus Christus zu sehen ist (EKWUE 2003: 15). Da sich hierin die Kirchen einig sind, wird zwischen ökumenischen und interreligiösen Beziehungen unterschieden. Weiterhin heißt es, dass Christen gemeinsam mit allen Menschen beten können, „die sich an den in Jesus Christus geoffenbarten Gott wenden" (EKWUE 2003: 15). Dies schließt nicht das Gebet aus, das nebeneinander geschieht. Allerdings ist der Adressat zu unterscheiden. So gesehen, handelt es sich bei einem gemeinsamen Gebet verschiedener Teilnehmer mit unterschiedlichem religiösen Hintergrund um ein interreligiöses Moment. Jeder Vertreter betet für seine Religionsgemeinschaft mit eigenen Worten zu seinem Gott.

> Es gibt zwar Gebetstexte aus verschiedenen religiösen Traditionen, die vom Wortlaut her von Gläubigen unterschiedlicher Religionen gesprochen werden können. Dennoch sollten sie nicht gemeinsam gesprochen werden, weil sie in jeder Glaubenstradition in einem unterschiedlichen Zusammenhang stehen (EKWUE 2003: 15).

Bei dem Gottesdienst in London ist die Unterscheidung beispielsweise durch Kleidung, Benennung im Liturgieblatt und der Gebetstexte unterschiedlicher Traditionen betont worden. Ein christlicher Gottesdienst betet zu dem dreieinen Gott. Dass in einem Gottesdienst mit liturgischer Gastfreundschaft Gebete und Verlautbarungen anderer Vertreter vorkommen, ist gerade in einem gemeinsamen Gedenkgottesdienst *für alle* sinnvoll. Die Ausgestaltung der gemeinsamen Gebetsteile sollte jedoch transparent, respektvoll und unterscheidbar sein. Auch die Form benötigt Transparenz: Ein Gebet ist Rede mit dem jeweiligen Gott und keine Anrede an die Gemeinde. Eine Anrede der Gemeinde findet Raum in einer Ansprache oder Predigt. Das gemeinsame Gebet in Gedenkgottesdiensten geschieht im interreligiösen Nebeneinander. Für die Teilnehmenden ist eine respektvolle und transparente Unterscheidung der jeweiligen religiösen Ausprägung hilfreich. Das führt zu Klarheit, aus welcher religiösen Perspektive gerade gebetet wird, und ob der Teilnehmende in das Gebet oder Lied freiheitlich mit einstimmen möchte.

1.2 Musik und Lieder

Die Hypothesen zu Musik und zu den Liedern betreffen neben der Auswahl die Musik als liturgischen Spannungsbogen, Instrumentalmusik ohne (eigene) Worte und zuletzt die Psalmen als Ausdruck von Klage und Emotionen.

Musik- bzw. Liedauswahl

Festgehalten wurde, dass eine Musik- und Liedauswahl, die in der breiten Öffentlichkeit bekannt ist, hilfreich für die Partizipation der Gottesdienstbesucher ist. Dies hat sich unter anderem in den Gottesdiensten durch Stücke von J. S. Bach und anderen bekannten Komponisten gezeigt (#1).

Bekannte Lieder bieten gerade in der Öffentlichkeit eines solchen Gottesdienstes eine hohe Anschlussfähigkeit an die Erfahrungen der Teilnehmenden (#1). Umso hilfreicher ist es, wenn bekannte Komponisten auch kirchliche Lieder geschrieben haben und das Lied ein Bindeglied zwischen säkularem und kirchlichem Raum bietet, obwohl es durch manchen Hörer vielleicht gar nicht mehr dem kirchlichen Rahmen zugeordnet wird. Albrecht fragt danach, ob es eine Musik der Hoffnung geben kann. Kirchliche Musik ist für ihn „nicht nur Ausdruck ihrer Umwelt“, sondern „darf etwas von der eschatologischen Hoffnung in sich tragen, dass Gott einmal alles gut machen wird“ (Albrecht 2003: 430). In dieser Spannung zwischen Umwelt und liturgischem Akt bewegt sich die Musik. Sie ist der Liturgie und der Gemeinde zugleich verpflichtet. Beides wird in der Musik miteinander in Bezug gebracht. Die Musik und die Lieder bekannter Komponisten erfüllen diese vermittelnde Funktion in besonderer Weise. Auch beim Ankommen in der Kirche können bekannte Melodien bereits den Erfahrensraum öffnen und ein liturgisches Ankommen ermöglichen. Auch die gesungenen Kirchenlieder, die einen gewissen Bekanntheitsgrad haben, erfüllen diese Funktion.

Musik als liturgischer Spannungsbogen

In den weiteren Thesen wurde der unterstützende Charakter für den Spannungsbogen der Liturgie (#2) und die verbindende Funktion der einzelnen liturgischen Elemente hervorgehoben. Der liturgische Spannungsbogen hat sich besonders bei der Verwendung des Requiems von Gabriel Fauré gezeigt, da das Requiem in Auszügen den Gottesdienst geprägt und sogar in den Staatsakt hinein eine Weiterführung in den säkularen Bereich eröffnet hat.

Mit der Musik, die auch vor dem Einzug gespielt wird (#4), beginnt der Gottesdienst bereits bei der Ankunft im Kirchenraum. Allein schon das Erklingen der Kirchenglocken, die über einen weiten geografischen Raum den Gottesdienst ankündigen, kann performativ wirken, eine Haltung der Erwartung hervorrufen und in Bewegung setzen. Musik und Lieder, die entsprechend der liturgischen Teile ausgewählt sind (bspw. Eröffnung, Verkündigung, Segen), unterstützen die einzelnen Elemente. Es wird durch Instrumentalmusik nicht nur ein Resonanzraum eröffnet, sondern die Liturgie wird auch von zu vielen Worten entlastet. Dabei können Lieder ebenso Worte geben und sprachfähig machen und Musik unausgesprochene Emotionen aufgreifen. So werden die Musik und die Lieder eine Art Geländer, die durch den liturgischen Akt geleiten, von der sprachlosen Klage hin zum Hören in der Verkündigung, dem flehentlichen Bittgebet und der hoffnungsvollen Verheißung. Sie halten den Gottesdienst mit seinen Elementen kunstvoll zusammen.

Die Gottesdienste haben gezeigt, dass gerade die Lieder zum Anfang des Gottesdienstes eine besondere Aufgabe haben: Die Teilnehmenden emotional abzuholen, sprachfähig zu machen und den Raum für die Klage zu eröffnen. Der gemeinsame Gesang zeigt, dass man mit der geäußerten Klage nicht allein ist und gemeinsam versammelt ist, um dieser Klage Sprache und Richtung zu geben. Gerade die Psalmvertonungen können hier gemeinsame Worte geben, zu denen man selbst zunächst nicht fähig scheint. Vielen Menschen sind die die Psalmen noch bekannt, und auch außerkirchliche Personen können in die Worte und Gedanken des Gebets mit einstimmen (Kloppers 2013: 48). Das Einstimmen in die Leidensrufe der Psalmisten und der vielen Menschen, die sich diese Worte bereits zu eigen gemacht haben, lässt eine Verbindung entstehen zu den vielen Menschen, die in der Geschichte Leid erfahren haben (#1). Das gemeinsame Singen hebt die Gemeinschaft der Teilnehmenden hervor und führt diese zusammen. Es ist zugleich aktive Teilhabe an der Liturgie, die sich von einem passiven Zuschauen unterscheidet. Der Gesang hebt hervor, dass die Liturgie etwas mit den Teilnehmenden zu tun hat. Gleichzeitig wird die Gemeinde am Vollzug der Liturgie beteiligt (Opp 2001: 21). Die Lieder können helfen, die den Gottesdienst durchtragende Hoffnung mit zu verkünden. Sie verbinden die einzelnen Elemente: Die eröffnenden Psalmen mit ihrer Klage, den Zuspruch aus dem biblischen Kanon, den verkündigenden Zuspruch in der Predigt und die Gebete miteinander. Der Gottesdienst erscheint als Gesamtes, als ein ineinandergreifendes Geflecht.

In den ausgewerteten Gottesdiensten wurde am Ende meist ein bekanntes Kirchenlied gesungen, welches die Hoffnungsbotschaft aus dem Gottesdienst aufgegriffen hat. Auch wenn nicht alle Lieder außerkirchlich bekannt sind, kann das Hören und Mitlesen des Liedes performativ die aus der Hoffnung resultierende Erwartungshaltung erzeugen.

Instrumentalmusik und Chorstücke

In den Gottesdiensten hat die Instrumentalmusik einen hohen Stellenwert. Besonders Orgelstücke zu Anfang und vor dem Gottesdienst haben die Liturgie bereits im Vorfeld sprechen lassen. Der Weg hinein in das Kirchengebäude und auf den Sitzplatz bereitete durch die Instrumentalmusik bereits auf den liturgischen Akt vor. Die Bekanntheit der Orgelstücke und vertraute Melodien können beim Ankommen helfen (#4). Auch wenn nur die Musik erklang und die Texte nicht zur Sprache kamen, hat die Musik auf ihre eigene Art und Weise die Situation aufgenommen und in sie hineingesprochen (#1).

Die Instrumentalmusik hat so gesehen eine gewisse Autonomie. Sie hat Auswirkungen auf das Erleben und spricht dieses Erleben im tiefsten Inneren des Menschen an. Die Musik hat dabei einen vorbereitenden und abholenden Charakter und kann an anderen Stellen des Gottesdienstes Raum zum Durchatmen oder auch zum Verarbeiten des Gehörten geben. Allerdings ist ein möglicher Verkündigungscharakter der Instrumentalmusik nur dann gegeben, wenn der Text bekannt ist, was gerade bei klassischen Orgelwerken in der Regel kaum vorauszusetzen ist. „Instrumentale Musik kann trösten und zur Ruhe bringen, sie kann aufrütteln oder Erschütterung widerspiegeln, allerdings nur schwer konkrete Orientierung geben“ (Arnold 2011: 156–157).

Eine weitere wichtige Funktion der Instrumentalmusik ist auch die nicht zu unterschätzende Vorbereitung des Gemeindegesangs. Die Melodie des folgenden Liedes wird im Vorspiel gehört und ermöglicht, dass das Lied auch inhaltlich wahrgenommen wird, ohne zugleich die Melodie als neu wahrnehmen zu müssen (Opp 2001: 30). Es ist zugleich eine Einladung, das Lied mitzusingen (Arnold 2011: 157).

Neben dem Instrumental sind es die Chorstücke, die den Gottesdienst prägen und den Teilnehmenden mithilfe von Musik Worte zusingen und ihnen Worte leihen. Dabei ist zwischen reinen Chorstücken und dem durch den Chor gestützten Gemeindegesang zu unterscheiden.

Der durch einen Chor unterstützte Gemeindegesang kann helfen, sprachfähig zu werden. Die Texte und Melodien können Emotionen ausdrücken und helfen sie zu verarbeiten. Sie können zusprechen, wozu man selbst nicht in der Lage ist. Auch können gemeinsam gesungene Lieder gemeinschaftsstiftend empfunden werden, da man in diesem Moment nicht allein ist. Der Gesang lädt ein, in Dialog zu treten, mit Gott und auch mit den anderen Teilnehmern (#3).

Der Chor ist Teil der Gemeinde und nicht losgelöst von ihr. Er unterscheidet sich von der Gemeinde lediglich durch seine musikalische Qualifikation und dem liturgischen und stellvertretenden Dienst. Dies zeigt sich auch darin, dass die meisten Chöre durch Gemeindeglieder besetzt sind (Opp 2001: 21). Die besondere Herausforderung besteht darin, dass der Chorgesang nicht als eine Art Schauspiel wahrgenommen wird, sondern dass die gesamte Gemeinde beim Chorstück zu einem mit dem Gesang identifizierenden Hören und Mitbeten geführt wird (Opp 2001: 21).

Psalmen als Ausdruck von Klage und Emotionen

Die Psalmen haben in allen Gottesdiensten musikalisch und im Gebet eine hervorgehobene Rolle gespielt. Einzelne Verse wurden auch in der Predigt aufgegriffen. Ein gesungener Psalm am Anfang des Gottesdienstes kann die Teilnehmenden abholen, sprachfähig machen und in die Leidensrufe des Psalmisten mit einstimmen lassen, dessen Worte der Beter für das eigene Leid und die eigene Klage leiht. Es wird eine Art unsichtbares Band unter den Singenden und den vielen Psalmbetern in den Generationen davor gespannt, die auch ihr erfahrenes Leid ausgedrückt haben (#1, #4). In verschiedenen Generationen waren es gerade die Psalmen, die in erfahrenem Leid und Bedrängung identitätsstiftend erfahren wurden und dabei geholfen haben, Leid zu verarbeiten. Nicht zu unterschätzen ist der erinnernde Rückblick auf die Situation der Psalmbeter auch als Akt der Erinnerung (Kloppers 2013: 48). Diese Funktion der Erinnerung hatten Psalmen immer schon in der jüdischen Gebetstradition.[22] Auch Dietrich Bonhoeffer hat 1940 inmitten der NS-Zeit, als die Deutschen Christen das Alte Testament abschaffen wollten, ein Buch über Psalmen und Psalmengebet unter dem Titel „Das Gebetbuch der Bibel“ verfasst.

Psalmen haben im Gottesdienst gerade in der reformierten Tradition einen hohen Stellenwert. Seit Mitte des 20. Jahrhunderts kann von einer Erneuerung der Gottesdienstpraxis in Gesang und Gebet gesprochen werden. Dies hat sich auch in den Agenden und Gesangbüchern niedergeschlagen (Schulz 2003: 760). Für die Erneuerung dieser Gebetspraxis sprechen einige Gründe, die auch für das Psalmgebet im Gedenkgottesdienst sprechen. Schulz nennt dazu neben dem Einstimmen der christlichen Gemeinde in das Beten Israels vor allem die Möglichkeit, die Situation des Menschen in der Welt zur Sprache zu bringen. Dazu verhilft auch der offene Sprachstil der Psalmen, die einen Zugang zum Mitbeten ermöglichen. Zuletzt nennt er die poetische Kraft der Psalmen, die in der Wiederholung ihre prägende Kraft entfalten (Schulz 2003: 761). Obwohl die Situation der Psalmisten nicht deckungsgleich mit der aktuellen ist, ist doch davon auszugehen, dass die Teilnehmenden darum wissen und, auch wenn sie sich die Worte aneignen, im Bewusstsein der historischen Distanz beten. Der Vorteil des Psalmgebets liegt auch in der gemeinsamen Textgrundlage und Akzeptanz durch die jüdischen und islamischen Religionsgemeinschaften. Im Islam sind diese aus dem Buch *Zabur* bekannt. Daher ist es hilfreich, die heilsgeschichtliche, auf Christus bezogene Psalmdeutung sprachlich vom Psalmgebet zu trennen und ergänzend mit einzubringen. Dies wird wahrscheinlich auch den *ursprünglichen* Psalmbetern gerecht, die zwar eine Heilshoffnung hatten, diese jedoch im Moment des Gebets nicht mit Christus in Verbindung gebracht haben. Diese

22 Vgl. dazu die Einordnung der Psalmen im synagogalen Gottesdienst in Der Genfer Psalter: eine Entdeckungsreise, Zürich 2001, 202–207.

interpretatio Christiana kann dann in der Liturgie und der Predigt angemessen entfaltet werden.

Nationalhymne im Gottesdienst

Eine Besonderheit aus deutscher Perspektive ist die gesungene Nationalhymne nach dem Gottesdienst in London. Die nach dem Segen gesungene Nationalhymne passt in einem Kontext, in dem die Monarchie Oberhaupt der Kirche ist. In einem anderen Kontext kann dies eine schwierige Vermischung sein. Allerdings deutet die Verortung nach dem Segen auch eine gewisse Trennung an (#4).

Ich schließe mich der Einschätzung Kurzkes an, dass es sich bei Nationalhymnen um eine Art säkularisierte Kirchenlieder handle (Kurzke 2003b: 1). Als identitätsstiftende Lieder bzw. kulturelle Symbole dieser Identität haben sie eine besondere Funktion, die Gemeinschaft und Verbundenheit hervorzuheben und zu stärken. Im internationalen Vergleich gebe es kaum ein anderes Land, in dem ein ähnlich negatives Verhältnis zum Gesang der eigenen Nationalhymne wie in Deutschland bestehe. Dies gilt auch für die Bedeutung der Kirchenhymnen für die Gesellschaft, die einen eher ambivalenten Beitrag für die Ausgestaltung des Nationalgefühls haben (Kurzke 2003a: 223).

Bei der deutschen Nationalhymne ist das negative Verhältnis auf ihren historischen Hintergrund, ihre Nutzung in der NS-Zeit und die Auswirkungen der NS-Zeit zurückzuführen. Im Rahmen von Sportveranstaltungen wird die Nutzung der Nationalhymne (in der Regel) anders wahrgenommen. Die Nationalhymne gehört bei Gedenkgottesdiensten, wenn sie denn gesungen wird, klar getrennt vom kirchlichen Akt in den Bereich des Staatsaktes.

1.3 Raum und Ort

Für das Erleben des Gottesdienstes ist die Auswahl von Raum und Ort wichtig. Die Gottesdienste haben gezeigt, dass der Ort des Gottesdienstes bei der Verarbeitung des Gesamtgeschehens eine Station unter mehreren ist (#1). Es wurden Orte gewählt, die städtebaulich und gesellschaftlich sowie staatlich und historisch eine besondere Bedeutung haben.

Die Westminster Abbey als Krönungskirche in London mit der staatlich legitimierten Deutungsrelevanz ist gegenüber den gottesdienstlichen Orten in Deutschland eine Besonderheit. Hier wird zugleich die staatlich-monarchische Macht religiös angebunden und der Gottesdienst hat als Staatsakt Relevanz (#4). Die Kirchengebäude in Deutschland weisen keine solche Staatsrelevanz auf. Hier hat die weitgehende Trennung von Kirche und Staat auch Auswirkung auf die Ortswahl. Auch wenn zuweilen der Staatsakt an den Gottesdienst im selben Raum angehängt wurde, hat Kirche hier nicht dieselbe legitimierende Funktion der Staatsmacht. Da die Kirchen in Deutschland keine Relevanz für die Legitimation der Staatsmacht haben, kann man fragen, ob eine Kirche für den Staatsakt der richtige Ort ist.

Nach dem Amoklauf in Erfurt 2002 wurde der Gottesdienst außerhalb des Doms auf dem Vorplatz gehalten. Der Ort hat für die Erfurter eine herausragende Bedeutung durch verschiedene gesellschaftliche und politische Veranstaltungen in der Vergangenheit (Benz 2016: 13). Aber auch hier fand der Gottesdienst im Angesicht des Doms in Verbindung mit den Domstufen statt, was somit eine Schwellenfunktion zwischen Staat und Kirche darstellt und beides miteinander verbindet. Auch dort hatte der Dom mit seinem erhabenen Bau Auswirkungen auf das liturgische Erleben.

Die Nutzung verschiedener Orte für die Gottesdienstfeier nach dem Love-Parade-Unglück hat gezeigt, dass auch das Raumerleben für die Liturgie von Bedeutung ist. Das genutzte Stadion hatte seine Bedeutung als Spielstätte, als kompetitiver Ort des Spiels und der Freude. Diese Bedeutung hat das Erleben der Teilnehmenden beeinflusst, auch wenn versucht wurde, den Gottesdienst mit Musik und einem Kerzenritual in das Stadion zu holen. In der Kirche entfaltet sich die Liturgie, die auch auf das Raumerleben ausgelegt ist. Die Liturgen haben einen *Heimvorteil* und die Erwartungen der Teilnehmenden sind die an einen Gottesdienst, was nicht zu unterschätzen ist (#1).

Wie sehr der Raum Auswirkungen auf die Deutung hat, hat sich auch darin gezeigt, dass der angehängte Staatsakt im Kölner Dom von manchen Besuchern und auch vom TV-Kommentator als zum Gottesdienst gehörend aufgefasst wurde (#1). Dies wurde auch dadurch befördert, dass der damalige Bundespräsident Joachim Gauck die historische Bedeutung des Kölner Doms mit den *Heiligen Drei Königen* mit eingeflochten hat. Raum und Liturgie lassen sich nicht voneinander trennen, eine Liturgie fern von einem Kirchengebäude erzeugt ein anderes Erleben als das Zusammenspiel des Raumes mit Wort und Handlung der Liturgie. Liturgie außerhalb der Kirche kann diese fremd oder deplatziert wirken lassen, da die Deutung des Ortes, wie beispielsweise des Stadions, nicht vom Geschehen zu trennen sind. Wie sehr Raum und Liturgie voneinander abhängig sind, zeigte der Blick in die Forschungslandschaft. Beide verhalten sich in der Gestaltung reziprok zueinander (Raschzok 2003: 391).

Die ausgewählten Kirchengebäude haben gezeigt, dass gerade städtebaulich herausragende und gesellschaftlich anerkannte Kirchen durch ihre Bekanntheit und Akzeptanz eigene sinnstiftende Anknüpfungsmöglichkeiten geboten haben (#3). Durch ihre in den Alltag der Stadt herausragende Anwesenheit und auch durch die touristische Bedeutung (Münchner und Kölner Dom) kann der Ort als Bezugspunkt aufgegriffen werden und zur Sprache gebracht werden. Die Teilnehmenden verbinden mit diesen Orten eigene Erlebnisse und Deutungen, die mit hinein in den Gottesdienst genommen werden. Die religiöse Deutung im *Raum der Liturgie* wird mit der profanen Deutung verknüpft und ins Gespräch gebracht. Die öffentliche Bedeutung des Gebäudes hebt die Öffentlichkeit des liturgischen Aktes hervor (#3). Besonders die historische Beständigkeit, die Jahrhunderte alte Kirchengebäude im Stadtbild verkörpern, kann der verkündigten Botschaft Gewicht verleihen. Sie bieten selbst eine Antwort auf die Frage, was durch die Krisen des Lebens tragfähig und fortdauernd ist.

Für eine Trauerfeier angesichts einer großen gesellschaftlichen Betroffenheit ist ein exponierter und international bekannter Ort hilfreich. Orte wie der Kölner Dom oder die Westminster Abbey haben diese Bekanntheit und bieten gleichzeitig einer großen Teilnehmerzahl Platz. Durch ihr Raumerleben kann auch die mediale Übertragung profitieren (#2). Solche großen Räume fordern es ein, dass die Liturgie entsprechend raumgreifend ist und den Raum musikalisch und gestalterisch ausfüllt (#2). Dadurch hat die Liturgie fast zwangsläufig ein hohes Gewicht und tritt dominant hervor. Dies erfordert ein besonderes Gespür gegenüber den Angehörigen und deren Einbindung. Auch wenn es ein gesellschaftlich relevanter Akt ist, haben Angehörige das Bedürfnis und Recht auf Intimität und einen Schutzraum für ihre Trauer.

1.4 Rituale

Die Rituale in den Gottesdiensten nehmen eine herausgehobene Rolle und Funktion bei der Verarbeitung der Krisensituation ein. Sie helfen, Emotionen, Gefühle und Überzeugungen in einem geschützten Handlungsrahmen auszudrücken und die komplexe und komplizierte Realität greifbar zu machen (Post et al. 2003: 41).

Rituale als Verbindung verschiedener Orte

Die Rituale im Gottesdienst können verschiedene Orte des Unglücks und der Verarbeitung miteinander verbinden. Der Gottesdienst wird so ein Teil des öffentlichen Geschehens auf dem Weg der Verarbeitung. Dies wurde in den Gottesdiensten mit Ritualen verdeutlicht, die die Orte miteinander verbunden haben. So wurden beim Gottesdienst zum Love-Parade-Unglück die Kondolenzbücher und Kerzen vom Unglücksort in den Raum des Gottesdienstes hineingetragen und die Erlebnisse und Emotionen der Woche vorher in den Gottesdienst mit hineingenommen. Die Gottesdienste sind nicht der einzige Weg, sondern ein Teil des Weges der gesamten Verarbeitung (#1). Im Forschungsstand wurde bereits thematisiert, dass die Katastrophenrituale kein abgeschlossener Bereich sind, und dass die kirchliche Rolle kein Alleinstellungsmerkmal hinsichtlich der Rituale ist. Die Kirchen sind nicht der alleinige Anbieter der Bewältigungsrituale (Post et al. 2003: 74). Es handelt sich um kollektive öffentliche Rituale, die nicht erst im Gottesdienst beginnen. Auch durch die mediale Verknüpfung und Begleitung werden die verschiedenen Rituale im Verarbeitungsprozess miteinander verbunden (Post et al. 2003: 66). Dies geschah durch die TV-Übertragungen ebenso wie durch die Übertragung an verschiedene Gottesdienstorte.

Neben der übergreifenden und die Liturgie entlastenden Verbindung der Rituale kann die Verbindung verschiedener Gottesdienstorte durch das Ausführen zeitgleicher Rituale erfolgen. Im Stadion als weiteren Gottesdienstort beim Love-Parade-Unglück wurden zeitgleich mit dem Hauptgottesdienst Kerzen entzündet. Dies lässt die Videoprojektion des Gottesdienstes nicht eine reine Übertragung sein, sondern erzeugt durch den Mitvollzug des Rituals eine Handlungswirklichkeit vor Ort.

Rituale als Möglichkeit der gemeinsamen aktiven Teilhabe

Im Gottesdienst kommen verschiedene Gruppen aus der Gesellschaft zusammen. Die Gruppen eint die gemeinsame Betroffenheit und die Zugehörigkeit zu der Gesamtgesellschaft. Als öffentlicher Gottesdienst finden in diesem durch verschiedene Konfessionen gestaltet stellvertretende rituelle Handlungen statt. Vertreter verschiedener Glaubensrichtungen sprechen für ihre eigene Gruppe öffentlich zu der Gesamtgesellschaft. Damit die stellvertretend ausgeführten Rituale ihre Wirkkraft entfalten, bedarf es der inneren, persönlichen und der äußeren Legitimation (bspw. Ordination) der Handelnden.

Die liturgischen Rahmenbedingungen in Form von Selbstverständnis und Legitimation der eigenen Rolle sind gerade im gemeinsamen öffentlichen Kontext von Bedeutung. Ein islamischer Vertreter kann nur schwer für die Gruppe der Christen sprechen und umgekehrt. Die Gottesdienste haben gezeigt, dass bereits die Deutung der liturgischen Kleidung in einem ökumenischen Gottesdienst ungewollt zu Irritationen führen kann. Daher sind gute Absprachen und ein möglichst einheitliches bzw. eindeutiges Auftreten gerade im Sinne der genannten Stellvertretung der Handlungen hilfreich (#2).

Stellvertretende Handlungen können in verschiedenen Formen stattfinden, z.B. in gemeinsam gestalteten Fürbittgebeten. Bei gemeinsam gestalteten Gebeten mit unterschiedlichen Religionen sollten die Gebete sprachlich feinfühlig sein, um nicht andere Teilnehmende vorschnell zu vereinnahmen. Dabei ist die Unterscheidung zwischen dem Gesamtgottesdienst, der ja im Rahmen einer Konfession Ausdruck findet, und gemeinsam gestalteten Gebetsteilen denkbar. Dass die versammelte Gemeinde in einem christlichen Gottesdienst zum trinitarischen Gott betet ist elementa exordii. Allerdings kann, wie beim Münchner Gottesdienst, der Raum für andere Gebete geschaffen werden (#3). Im Londoner Gottesdienst wurden die Gebetstexte entsprechend der Religionszugehörigkeit ausgewählt und gestaltet. Hier wurde versucht, die Inhalte voneinander zu unterscheiden, was auch im Gottesdienstblatt verdeutlicht wurde.

Die Handlungen und Elemente der Liturgie sind von der Art her zu unterscheiden. Ein Gebet ist keine Predigt. Die Fürbitten haben unterschiedliche Funktionen, unter anderem das Benennen der Nöte und die Inblicknahme der

Welt. Dabei ist Gebet eine Art vorweggenommene Handlung, ohne diese zu ersetzen. Das Gebet weckt Aufmerksamkeit füreinander und dafür, dass es Bereiche im Leben gibt, die aus eigener Kraft nicht geleistet werden können. Diese werden Gott anbefohlen (Schulz 2003: 751). Das gemeinsame, stellvertretend gesprochene Gebet birgt die Gefahr der Manipulation und Indoktrination. Historisch wurde dies durch die Form des Fürbittengebets im 17. Jahrhundert mit der Strukturierung nach Ständen und als Hilfsmittel der Einübung in eine staatstreue Gesinnung deutlich. Besonders in der ersten Hälfte des 20. Jahrhunderts wurde das Gebet in ähnlicher Form missbraucht (Schulz 2003: 751). Dies stützt die Setzung, dass ein Gebet von einer Verkündigung klar zu unterscheiden ist, auch wenn ein Gebet als Akt des Glaubens sich selbst verkündigt. Die Richtung der Anrede ist im Gebet nicht die Gemeinde, sondern die jeweilige Gottheit. Eine Ansprache, die von einem Vertreter einer Glaubensrichtung an die Gemeinde gerichtet wird, ist transparenter als das direkte Gebet. Dies kann auch darin Ausdruck finden, dass die Ausrichtung des Sprechers dann vis-à-vis in Richtung der versammelten Gemeinde ist (#3).

Neben der stellvertretenden Form der Rituale gab es auch Mischformen. Durch die persönliche Involviertheit in die rituelle Handlung gewinnt das Ritual Raum und Wirkkraft. Rituale, die nicht nur stellvertretend durch Wenige gestaltet werden und bei denen die Gemeinde nicht nur Zuschauer, sondern Akteur ist, bekommen besondere Relevanz für die Teilnehmenden. Durch ein gemeinschaftlich gefasstes Bekenntnis und eine zusammen ausgesprochene Zielsetzung wird das in die Pflicht Nehmen und die eigene Gebundenheit an das gesprochene Wort hervorgehoben. Der *Act of Commitment* in London steht dafür beispielhaft. Verbunden mit dem gemeinsamen Entzünden der Kerzen und den gesprochenen Worten konnte dieser Akt seine performative Wirkung entfalten. Gedanken werden im Gesagten Realität und können nicht so einfach zurückgenommen werden. Das Aussprechen nimmt die Sprechenden in die Pflicht. Es besteht die Gefahr des Zugzwangs, jedoch wäre ein solches Ritual, wenn es Ausnahmen zulassen würde, gesellschaftlich nahezu irrelevant. Durch das Abdrucken der Texte im Liturgieblatt und die Transparenz der Gestaltung hat es jedoch wieder einen gewissen freiheitlichen Charakter (#4). Dabei macht es einen Unterschied, ob die Kerzen stellvertretend oder aktiv selbst entzündet werden.

Eine weitere Form der Beteiligung in den Ritualen ist die stellvertretende Teilhabe durch Angehörige und Freunde der Opfer. Diese Form der Beteiligung birgt ein hohes Risiko. Intimität und Öffentlichkeit verschwimmen hier und der persönliche Schutzraum in der Gruppe wird ein Stück weit geöffnet. Die Beteiligung zeugt von einer besonderen persönlichen Note und Verbundenheit mit der Situation der Angehörigen. Zum Schutz der Angehörigen sollte dies jedoch sehr behutsam geplant werden, da die besondere inhaltliche Dichte und Emotionalität irritieren und überfordern kann (#2). Hilfreich bei der Planung von Ritualen im Gottesdienst ist vielleicht die Frage, wem die Beteiligung der Angehörigen im Moment des Ritus hilft. Rituale bieten die Möglichkeit der Vergemeinschaftung des Trauerprozesses. Dabei sind stellvertretende Rituale durch gesellschaftlich legitimierte Vertreter möglich, die eine persönlich-individuelle Involviertheit und Beteiligung nicht ersetzen.

Verortung der Rituale in der Liturgie

Gemeinsame Rituale wie beispielsweise das Gebet der Religionen oder Entzünden von Kerzen erfahren durch ihre Verortung in der Liturgie Deutung und Gewicht. So können sie durch die Verortung zwischen zwei Predigten zu einem Höhepunkt des Verkündigungsgeschehens werden (#3). Sie können aber auch handelnde Antwort auf die vorherige Predigt sein und die verkündigte Botschaft handelnd hervorheben, beispielsweise in einem *Act of Commitment*.

In manchen Gottesdiensten konnte durch den Verweis auf die Lichtmetaphorik eine christliche Deutung für das ausgeführte Ritual gegeben werden. Auch die Aufteilung des Rituals, das vor der Predigt anfängt (Kerzenkranz entzünden) und nach der Predigt weitergeführt wird (Blumenschmuck für den Kerzenkranz), verleiht diesem eine Deutung (#3). Die Bezogenheit aufeinander und die Verortung geben dem Ritual indirekt Deutung. Rituale sind ein integrativer Bestandteil des Gedenkgottesdienstes. Eine überlegte Verortung im gesamten Verkündigungsgeschehen kann die eigene, christliche Deutung und Botschaft mit diesen direkt und indirekt ins Gespräch bringen und verweisend als Antwort anbieten.

Die Deutung der Rituale im Rahmen der Kommunikation

Die Deutung der Rituale erfolgt im Zusammenspiel mit individueller Interpretation und mit der Deutung durch Handlung (beispielsweise Zeigen auf die Osterkerze) und Worte (Predigt). Dabei haben Rituale die Möglichkeit, mit wenigen Worten zu wirken. Es braucht nicht immer vieler Worte, um ein Ritual mit seinen Symbolen in eine bestimmte Richtung zu deuten. Dies würde die Teilnehmer in ihrer Deutung entmündigen. Zu viele Worte können der Deutung und Wirkung der Symbole auch im Weg stehen. Symbole bieten die Möglichkeit, dass die Teilnehmenden mit ihrer eigenen Deutung in Kontakt treten und sich die eigene Zeichensprache mit der des Rituals verbindet und so Lebensrelevanz entfaltet (#2).

Ein Beispiel für ein Symbol ist die immer wieder vorkommende Lichtmetaphorik, die sich im Entzünden von Kerzen zeigt. Dieses Symbol, das mit dem Gegensatz von Hell und Dunkel, Warm und Kalt spielt und viele weitere Assoziationen hat, eignet sich besonders für die rituelle Einbindung. Beim Entzünden der Kerze geschieht etwas Sichtbares. Auch das Bedürfnis danach, Kerzen zu entzünden, hat sich an den Unglücksorten gezeigt. Werden Kerzen in Anzahl der Opfer, die im Gottesdienst an exponierter Stelle stehen, entzündet, lässt dies die Toten symbolisch vor Ort sein. Das Entzünden greift das Bedürfnis auf, etwas zu tun, und die Lichtmetaphorik bietet verschiedene Punkte, an die (auch in der Predigt) angeknüpft werden kann (#1).[23] Besonders die Osterkerze eignet sich dazu, in die Verkündigung der Hoffnungsbotschaft eingebunden zu werden. Ihr exponierter Aufstellort und die auf ihr angebrachten Applikationen mit Kreuzsymbol, Alpha und Omega. In ihrer Symbolik wird die Begrenztheit des Lebens mit der christlichen Hoffnungsbotschaft verbunden.[24]

An die verschiedenen Deutungen kann im Kommunikationsprozess angeknüpft und weitere Deutungen können ins Spiel gebracht werden. Der Selbstdeutung kann eine Richtung gegeben werden. Menschliche Kommunikation ist durchweg zeichenbezogen. Dies setzt voraus, dass die miteinander Kommunizierenden an gemeinsamen Codes partizipieren und eine „gemeinsame Sprache" sprechen oder zumindest durch das Kommunikationsgeschehen selbst zur Interpretation der Zeichen befähigt werden (Engemann 2007: 138). In der Predigt wird eine Deutung mitgegeben. So wurde mit Verweis auf die Osterkerze in einem Gottesdienst die Lichtmetaphorik mit der christlichen Deutung in Verbindung gebracht.

---

23 Zur Motivgeschichte und Ikonologie der Kerze vgl. „Die Kerze" (Seidel 1996, Hildesheim).

24 Neben ihrer Rolle bei Taufen, wird die Kerze auch bei Begräbnisfeiern eingebunden (Vgl. Berger 2005: 389).

2 *Auswertung der Hypothesen zur Predigt*

Die Auswertung der Gottesdienste hat vierzig Hypothesen hervorgebracht. Diese werden hier thematisch geclustert ausgewertet.

2.1 Liturgischer Kontext und Illustrationen in der Predigt

Kontext der Liturgie

Die Auswertung der verschiedenen Anknüpfungen[25] haben verdeutlicht, dass der liturgische Kontext der Predigt mitspricht und in der Predigt unterschiedlich ausgeprägt Widerhall gefunden hat. Dahingehend wurden Thesen formuliert, wie die Predigt in den Gesamtkontext und Prozess der öffentlichen Trauerbewältigung gesetzt wurde (#4) und weiterhin die Verknüpfung der Predigt als Gesamtkunstwerk aus Kirchenraum (#2) und Elementen der Liturgie (#1) benannt.

Es wird die These aufgestellt, dass der Gottesdienst mit seinen Elementen und auch das Verständnis der Predigt nicht die einzige Form der Trauerbewältigung ist, sondern sich in eine Vielzahl von Äußerungen einreiht. So können andere Formen der Bewältigung wie Trauermärsche sowie religiöse und institutionelle Äußerungen in der Predigt respektvoll aufgegriffen und auch weitergeführt werden. Weiterhin ist dies eine Entlastung der Predigt, die sich somit nicht als einzige Antwort verstehen muss. Sie kann davon entlastet sein, selbst das Heil und die Hoffnung produzieren zu wollen, die sie verkündet.

Die Predigt ist nur eine Äußerung unter Verschiedenen in Ritus und Rede und kann dadurch zuvor Geschehenes aufgreifen, deuten und weiterführen. Die Beziehungen zu anderen Teilen des Gottesdienstes lassen die Predigt und den Gottesdienst als einen lebendigen Organismus erscheinen (Hertzsch 2003: 735). So fängt die Predigt als Sprechakt nicht voraussetzungslos an. Es gibt ein *Davor* im Erleben, Bewältigen und Deuten der Hörer. Durch die Möglichkeit der sprachlichen Verbindung und Anknüpfung an verschiedene Symbole und Äußerungen kann die Verbindung mit der spezifisch christlichen Botschaft und dem hoffnungsvollen Ausblick in die Zukunft ein kontextualisiertes Antwortangebot werden. Hier kann das geschehen, was Post (2003) mit dem Zusammenführen der

25 Anknüpfungen meint hier die der Predigtanalyse zugrundeliegende Herangehensweise nach Reinhard Feiter (2013) mit dem Verständnis der Theologie als Antwortendes Handeln, welches in Bernhard Waldenfels' Theorie der Responsivität gründet (→ C. Methodische Grundlegung: Analyse und Auswertung der Predigten).

Vergangenheit und der Zukunft zu einem bedeutungsvollen Ganzen benannte (Post et al. 2003: 45).

Es ist im Forschungsüberblick schon angeklungen, dass der Kirchenraum bzw. der Ort des Gottesdienstes Teil des Gesamtgeschehens der Verkündigung ist. Ort und Raum sind mit Bedeutungen behaftet und sprechen durch ihre Eigenart, Bauart und Gestaltung. Zuweilen wird ihnen eine gesellschaftliche (stadtprägende Kirchen) oder kirchengeschichtliche Bedeutung (Salvator-Kirche in Duisburg) zugesprochen. Die Räume wirken auf die Teilnehmenden in verschiedener Hinsicht (Haslinger 2016: 17). Dabei können gerade Kirchen mit ihrer Historizität ein öffentlich sichtbares Zeichen für eine die Zeiten überdauernde Beständigkeit der Hoffnungsbotschaft sein. In manchen Gottesdiensten und Predigten wurde darauf Bezug genommen. In der Predigt kann auf den Ort Bezug genommen werden und dieser entweder die Deutung unterstützen, oder aber durch den Sprechakt selbst Deutung erfahren. Im ersten Fall wäre es eine die Predigt unterstützende Bezugnahme, im zweiten Fall würde durch den Bezug im besten Fall etwas Neues erschlossen werden. Daher ist es sinnvoll, wenn sich der Prediger des Ortes und seiner Bedeutung bewusst ist und die Predigt auch im Raum verortet und, wenn es für seine Botschaft nötig und möglich ist, mit diesem ins Gespräch bringt.

Diese wechselseitige Bezugnahme betrifft neben Ort und rituellem öffentlichen Gesamtkontext auch die Verbindung von Predigt und den weiteren liturgischen Elementen des Gottesdienstes. Die Predigt ist kein losgelöstes Fragment der Liturgie, sondern ergänzendes Stück im Spiel mit den anderen Elementen. In der Predigt besteht die Möglichkeit, Lieder, Lesung und Rituale aufzugreifen und eine Deutungsmöglichkeit zu geben. Dabei besteht jedoch auch die Gefahr, dass das Erlebte und die jeweils eigene Zeichendeutung durch die Teilnehmenden *zerredet* wird. Die weiteren Elemente der Liturgie sprechen für sich, jedoch im Kontext des Gesamtgeschehens. Daher ist eine sensible Sprache notwendig, die die Teilnehmenden und ihre Deutung nicht vorschnell vereinnahmt und die eigene christliche Deutung des Predigers als eine Möglichkeit mit ins Spiel bringt. Dabei können die anderen Elemente die zu predigende Botschaft unterstützen, indem auf diese verwiesen wird.

Illustrationen und Symbole in der Predigt

Anschauliche, nicht biblische Illustrationen können helfen, eine Predigt verständlich zu machen (#2). So kann über ein gemeinsames Symbol (so wie der Krug, der Tränen auffängt) anschaulich eine Botschaft vermittelt werden. Prägnante Bilder können die Botschaft unterstützen. Die Gefahr ist jedoch, dass ein genutztes Bild zu dominant ist und zu sehr ausgereizt wird. Dann steht nicht die Botschaft, sondern das Symbol im Mittelpunkt und wird zum eigentlichen Inhalt der Predigt. Auch kann ein Symbol aus der Liturgie, wie zum Beispiel das der Kerze, aufgegriffen werden und christlich gedeutet werden.

Engemann (2011) hebt die Vieldeutigkeit der Symbole hervor, indem er sie als „eine Art *offenes Kunstwerk en miniature*“ (Engemann 2011: 206) bezeichnet, da sie sich nicht auf eine Deutung reduzieren lassen, sondern die Deutung durch Erfahrung bilden. Symbole reizen den Hörer, Erfahrungen aufzurufen und engagieren ihn zu einer Sinnbildung (Engemann 2011: 207).

> [Eine] symbolhafte oder -bezogene Predigt [wird] der Sprache des Glaubens besser gerecht [...] als eine Predigt mit thetischen Sätzen (Engemann 2011: 207).

Dieses offene Kunstwerk (Vgl. Martin 1984) ermöglicht es, über ein bekanntes Symbol (bspw. eine Kerze) oder eine Illustration gemeinsam Erfahrung und Deutung auszutauschen. Sie haben Verweischarakter und zeigen nicht auf sich selbst. Bekannte und unbekannte Deutung treffen zusammen. Dabei wird dem Hörer ermöglicht, mithilfe des Symbols über die eigene und die eingebrachte Deutung nachzudenken. Dies lässt den Sprechakt performativ werden. Bestehende Erwartungsmuster werden irritiert und neue provoziert. Eine Neu- bzw. Umorientierung der Hörer wird ermöglicht (Engemann 2011: 209). Diese Veränderung der Hörer ist unverfügbar und resultiert aus der Begegnung der Hörer mit der Verheißung Gottes, die mit dem Symbol zur Sprache gebracht wird (→ B. 2.1.3.). So kann das Symbol mit seiner kontextuellen Dimension dabei helfen, kulturüberschreitend zu einem Deutungsangebot zu werden (→ B. 1.1.). Die Illustration bzw. das Symbol ist somit Projektionsfläche und Zwischenstück.

Die Auswahl der Symbole, mit denen das Geschehen gedeutet wird, sollte dabei sorgsam bedacht werden (#1). Bei dem dominanten Bild des Totentanzes in der Predigt zur Love-Parade wurde in der Auslegung deutlich, dass es zu Irritationen kommen kann, die nur schwer zu überwinden sind. Die Begriffe Tanz und Tod kommen in dem Geschehen zwar zusammen, doch entspricht die historische und kulturgeschichtliche Deutung nicht der Deutung der Hörer und auch nicht des Predigers. Die Illustration hat wenig gemeinsame Projektionsfläche, da das Bild nicht der aktuellen Lebenswelt entspringt, sondern höchstens der dramatischen Situation des Unglücks. Es ist nicht vorauszusetzen, dass die Teilnehmenden im Gottesdienst aus ihrer Situation heraus derartige Bilder ohne weitere Interpretationshilfen im selben Sinn deuten wie der Prediger. Daher empfiehlt es sich, aktuellere, lebensnahe Assoziationen zu bedenken oder zu starke Bilder ganz zu vermeiden.

Phänomen der doppelten Predigt

Die ausgewerteten ökumenischen Gottesdienste beinhalteten jeweils zwei Predigten, je von einem katholischen und einem evangelischen Vertreter gehalten. In der These zum Phänomen der doppelten Predigt wird der Sinn dieser Doppelung in Frage gestellt (#1) und formuliert, dass die christliche Hoffnungsbotschaft grundständig dieselbe ist. Weiterhin sind im ökumenischen Kontext doppelte Predigten nicht vorgesehen, da die Predigt in der Regel durch den

Liturgen der gastgebenden Gemeinde gehalten wird. Ich plädiere für die Gestaltung der Gottesdienste mit einer Predigt.

Die Doppelung hat eine starke Gewichtung der Predigten gegenüber der übrigen Liturgie zur Folge, aber relativiert auch die Predigt des je anderen konfessionellen Predigers. Wenn die Predigt Teil der Liturgie ist und mit diesem Ritus im gesamten *spricht*, warum diese Doppelung? Ist es eine konfessionelle Doppelung, damit niemand *zu kurz kommt*? Oder ist die Predigt für die jeweils andere konfessionelle Zielgruppe? Zweitem widerspricht, dass viele konfessionell nicht gebundene Teilnehmer im Gottesdienst und vor den Fernsehern sitzen. Im Rahmen der liturgischen Gastfreundschaft entsteht hier eine gewisse Verzerrung. Reicht nicht eine Predigt aus, um die christliche Deutung zur Sprache zu bringen, oder haben beide Predigten etwas anderes zu sagen? Im Sinne des gemeinsam gültigen Bekenntnisses ist dies nicht der Fall. Was ist also der Gewinn einer zweiten Predigt im Rahmen der Liturgie? Es handelt sich bei den doppelten Predigten um eine Besonderheit in ökumenischen Gottesdiensten anlässlich krisenhafter Ereignisse. Die Unterschiede der beiden großen Kirchen betreffen vor allem das Amts- und das Kirchenverständnis, jedoch nicht das Bekenntnis. Hier herrscht im ökumenischen Prozess weitgehend Einigkeit. Für Laien und Nichttheologen sind die Unterschiede ohne vertiefte Kenntnis kaum nachvollziehbar. Die Doppelung ist aus Sicht der Hörer daher wahrscheinlich hauptsächlich aufgrund der jeweiligen Kirchenidentität nachvollziehbar.

Auf Anfragen an die Bistümer wurde als Grund die mögliche Erwartung der konfessionsverschiedenen Hörer benannt. Es geht also nicht um ein konfessionell ausgeprägtes Bekenntnis, sondern um die Person des Predigers als Vertreter einer konkreten Kirche für eine abgegrenzte Gruppe von Hörern. Diese Vermutung der Hörererwartung lässt sich ohne weitere empirische Erhebung nicht bestätigen oder verneinen. Mit Bourdieu kann dies durchaus mit der nötigen Legitimation der Prediger durch den Hörer begründet werden, damit der Vollzug als performativer Akt akzeptiert wird (Bourdieu 1990: 81). Dann müsste allerdings generell danach gefragt werden, ob nicht auch Redner anderer Weltanschauungen ihre Deutung zur Sprache bringen müssten, damit der Gottesdienst öffentlich legitim sei. So wäre es ein Gottesdienst nur für katholische oder evangelische Christen, was er nach Auffassung der beteiligten Kirchen und auch nach ihrem Auftrag nicht sein soll.

Wenn die Begründung für die Doppelung ist, dass die evangelischen Christen mit 26,5% und die katholischen mit 28,5% einen Großteil der Bevölkerung ausmachen, dann müsste man fragen, ob nicht jemand für diejenigen 36,2% zu Wort kommen sollte, die keiner Religion angehören. Dagegen spricht, dass es sich um einen von den christlichen Kirchen verantworteten Gottesdienst handelt und andere Formen der Äußerung bereits im Vorfeld oder an anderer Stelle geschehen können. Hinzu kommt, dass die genannte Gruppe derart divers ist, dass kaum jemand für alle sprechen kann. Fraglich bleibt auch, ob die Teilnehmenden im Rahmen eines öffentlichen ökumenischen Gottesdienstes zwischen den christlichen Konfessionen unterscheiden bzw. diese Unterscheidung treffen können. Wenn dem nicht so ist, kann die Doppelung auch verwirrend sein.

Wenn es mehr als eine Predigt im Gottesdienst gibt, ist es angebracht, diese kurz zu halten und gegenseitig den Inhalt abzustimmen. Die Predigten können sich dann ergänzen und im liturgischen Gesamtgeschehen ein Ritual rahmen, wie dies in einem Gottesdienst geschehen ist. Dies hat Auswirkungen auf Gewichtung und Deutung des Geschehens. Zu beachten ist dabei die Länge der beiden Predigten, da sie zusammen genommen von den Hörern viel Aufmerksamkeit erwarten und ein *Zuviel* an Worten sein können (Schwier & Gall 2008: 246).

Insgesamt ist die Begründung für die konfessionelle Doppelung der Predigt wenig überzeugend. Es scheint, dass hier eher den institutionellen und weniger den Bedürfnissen der Hörer entsprochen wird. Auf die aktuelle Hörerschaft bezogen kann man bei katholischen und protestantischen Kirchenmitgliedern vermuten, dass auch bei den Teilnehmern im Gottesdienst das individuelle Christentum mehr Gewicht hat als das kirchliche oder institutionelle (Gall & Schwier 2013: 238). Auf die Liturgie bezogen hätte eine einzelne Predigt für sich durchaus ein höheres Gewicht als Zuspitzung und als dialogischer Wortbeitrag im Gesamtgeschehen. Auch würde das Übergewicht durch die Doppelung vermieden.

2.2 Personengruppen in der Predigt

Die Hypothesen zu den verschiedenen Personengruppen betonen, diese differenziert wahrzunehmen und in der Rede zwischen diesen zu unterscheiden (#1, #2). Sie fordern eine Sensibilität der Sprache im Angesicht verschiedener Glaubensüberzeugungen und gesellschaftlicher Rollen.

Sensibilität der Sprache im Angesicht verschiedener Glaubensüberzeugungen

Vor allem die Differenzierung zwischen Christen und Nichtchristen ist thematisiert worden. Da nicht alle Teilnehmenden Christen sind, sollte der Kontext der gruppenbezeichnenden Worte wie *wir*, *uns*, *unsere*, etc. bedacht werden. Die Aussage „wir Christen" kann zum Beispiel exklusiv gemeint die Gruppe der Christen gegenüber den Anderen meinen, jedoch auch inklusiv alle Teilnehmenden in die Gruppe der Christen mit einverleiben und somit übergriffig wirken. Anders verhält es sich, wenn dieses Wir auf das Menschsein an sich oder die situative Erfahrensgemeinschaft bezogen ist. Eine sensible Sprache unterscheidet zwischen dem Ich des Predigers, dem Wir der christlichen Gemeinde und dem Wir der Gesellschaft bzw. der Erfahrensgemeinschaft (Vgl. Engemann 2011: 19–20).

Die Sprache ist ein Spiegel der Theologie des Predigers. In einer Predigt war von „unseren Toten" die Rede, die „alle nicht tot sind" (#1). Diese Aussage vermischt die inklusive Erlebensgemeinschaft mit der christlich-theologischen

Aussage über den Tod. In diesem Sinne ist die Aussage gegenüber den Andersglaubenden übergriffig. Es stellt sich theologisch auch die Frage, wie von der Realität und Ernsthaftigkeit des Todes geredet werden kann, wenn er so einfach aufgehoben wird, zumal das gemeinsame Glaubensbekenntnis von der Hoffnung auf die Auferstehung spricht. In den Religionen sind die Hoffnungen auf das, was nach dem Tod geschieht, sehr unterschiedlich. Für manch einen kann die Hoffnung auf ein Leben auch gegen die Hoffnung auf Erlösung vom Leben durch den Tod aufgefasst werden (Buddhismus, ...). Dies zwingt zu einer Theologisch-systematischen Klärung einerseits und andererseits zur Differenzierung in der Anrede. Zugleich bewahrt eine solche Sprache vor diffusen Aussagen und lässt die eigene Glaubensaussage profilierter hervortreten.

Gerade die Predigt im Angesicht der breiten Öffentlichkeit und im Auftrag für diese erfordert die respektvolle Wahrnehmung der Diversität der Hörer. Die jeweils anderen Hoffnungsbotschafen müssen in der eigenen Predigt nicht aufgeführt werden, zumal es kaum möglich ist, diese angemessen zu benennen (Ratschow 1979: 127), jedoch kann die eigene als spezifisch christliche Hoffnung ausgedeutet werden. Dann ist es möglich, dass man sich mit der Aussage und dem jeweils eigenen Glauben und Unglauben auseinandersetzt und dazustellen kann.

Gegen eine deutliche Profilierung der eigenen Rede in der Öffentlichkeit kann auch das Argument eingebracht werden, dass eben diese einen Exklusivismus hervorbringt, der andere Überzeugungen und Menschen ausgrenzt. Dann wird das *wir Christen* als Ausschluss der anders Glaubenden aufgefasst. Eine solche Rede kann dazu führen, dass Andersglaubende nicht in der Rede vorkommen. Dann kann die Rede mit der alleinigen Betonung des gemeinsamen Menschseins oder der Erlebensgemeinschaft auskommen, und die eigenen Glaubensüberzeugungen aus falscher Rücksicht und Toleranz ignorieren. Respekt und Toleranz entspringen jedoch der Wahrnehmung der Glaubensunterschiede, die um die eigene Identität weiß und fähig ist, diese im Angesicht anderer Überzeugungen zu äußern, ohne übergriffig oder ausgrenzend zu sein (Huber 2004: 13–14). Eine solche Rede nimmt den Charakter der öffentlichen Rede im Angesicht der gesamten Gesellschaft ernst.[26]

Sensibilität der Sprache im Angesicht verschiedener gesellschaftlicher Rollen

Die Unterscheidung der Personengruppen in der Predigt betrifft nicht nur die religiösen Zugehörigkeiten, sondern auch die verschiedenen Rollen. Die augenscheinlichste Unterscheidung ist die zwischen Täter und Opfer. Die Zahl der

26 Zu Forderungen multi-religiöser Trauerfeiern vgl. auch „Religiöse Trauerfeier oder christlicher Gottesdienst? Kirchliche Rituale nach Großschadensereignissen.“ (Haunerland 2017: 247–256).

Täter ist zumeist eine überschaubare Gruppe. Als Opfer kommen neben den direkt am Unglück beteiligten Menschen die jeweils betroffenen Angehörigen in den Blick, ferner die am Unglück und der Aufarbeitung beteiligten Helfer. Bei krisenhaften Ereignissen handelt es sich nicht um partikulare Ereignisse. Der Gottesdienst ist geprägt von der gesellschaftlichen Betroffenheit. Daher hat der öffentliche Gottesdienst die verschiedenen gesellschaftlichen Rollen sorgsam wahrzunehmen, zu differenzieren und zu adressieren. Somit kommt auch die politische Dimension mit dem Anspruch in den Blick, die christliche Tradition kritisch-konstruktiv mit den Strömungen der Gesellschaft ins Gespräch zu bringen (Höhne 2015: 27).

Es gibt gesellschaftlich ein angemessenes und inklusives *wir*, welches die Gemeinschaft im Auftrag der Öffentlichkeit thematisiert und die Gemeinsamkeiten im Menschsein ebenso anspricht, wie auch ein *wir*, das die Erlebensgemeischaft thematisiert. Es ist nötig, diese hervorzuheben und sie durch Sprache auch zu erzeugen (#2). Die gemeinsame Feier des Gottesdienstes kann somit ein Zeichen nach außen und auch nach innen sein und durch performative Akte erzeugt werden. Der Prediger ist von der Gesellschaft beauftragt, öffentlich die Situation aufzugreifen und eine hermeneutische, interpretierende Aufgabe wahrzunehmen. Ziel ist dabei die mitgestaltende Teilhabe und die Veränderung von Denken, Fühlen, Handeln und von Strukturen (Höhne 2015: 40). Dazu ist es notwendig, einzelne Gruppen und Rollen hervorgehoben wahrzunehmen, um ihnen Gehör und gesellschaftliche Anteilnahme zukommen zu lassen (Angehörige, Helfer, ...). Auch Personen und Institutionen des öffentlichen Lebens oder die Rolle der Medien können vorkommen, allerdings sollte der Prediger diese nicht nur erwähnen, um ihnen Vorwürfe zu machen (#2). Nur wenn die Gruppen Erwähnung finden, ohne als Projektionsfläche für diffuse Anklagen zu dienen, werden diese nicht für die Thesen der Predigt missbraucht (Engemann 2011: 20). Auch sie sind Adressaten der christlichen Hoffnungsbotschaft.

Gefahr der Gesetzlichkeit in der Predigt

An dieser Stelle ist die Rolle der Liturgen und des Predigers zu klären. Bei der Liturgie als öffentlichem Gottesdienst steht die Deutungshoheit der jeweiligen Beteiligten infrage, die in unterschiedlichem Namen sprechen. Als Gottesdienst im Angesicht und für die breite Öffentlichkeit reden die Prediger als Vertreter ihrer jeweiligen religiösen Institution beziehungsweise Glaubensgemeinschaft, nicht als Staatsmänner. Sie können nicht für die gesamte Gesellschaft an sich sprechen, sondern diese nur adressieren. Diese mangelnde Differenzierung würde ihre Rolle überladen und zugleich übergriffig sein. Die Rede im Namen der Gesellschaft geschieht im Staatsakt. Daher ist der Gebrauch der Begriffe *müssen*, *dürfen* und *sollen* zu klären (#2).

Gerade wenn sich der Prediger an Institutionen und Personengruppen wendet und ihnen Handlungsaufträge gibt, kann dies übergriffig sein. Die Liturgie hat im Angesicht der Öffentlichkeit Deutungen anzubieten, um die Situation zu klären und Hoffnung zuzusprechen, jedoch nicht die Handlung vorzugeben, die sie nicht überblicken kann oder zu der sie nicht berufen ist. Der Geltungsanspruch der Imperative und der Autorität ist begrenzt. Eine Predigt kann zu einer bestimmten Handlung auffordern und sollte dies in gewisser Weise auch tun, aber ein Appell kann auch allzu schnell hochmütig und unangemessen wirken.

Die Verwendung der Begriffe „müssen" und „dürfen" in der Predigt lässt den Eindruck entstehen, dass es im Denken und Fühlen Begrenzungen und Zwänge gibt (Engemann 2002: 39–41). Mit diesen Begriffen wird der Prediger zum Richter über das, was erlaubt und verboten bzw. über das, was angemessen ist. Die Frage und Antwort in einer Predigt „[...] dürfen wir hoffen, dass Gott das tut? Erbitten dürfen wir es. Ja, wir müssen es erbitten [...]"[27] (#2) wird von einer vermeintlichen Erlaubnis zu einem Zwang. Die Predigt wird zu einer Moralpredigt, bei der „zwar vom Dürfen die Rede [ist], in Wahrheit geht es aber um ein Sollen" (Engemann 2002: 41). Eine Predigt, die im Kontext der Katastrophe diese Begriffe vermeidet oder aber in angemesseneren Form nutzt, kann zu einer befreienden Hoffnungspredigt werden (#2). Angemessen kann eine Form der Forderung sein, die sich aus der Hoffnungsbotschaft für die Situation ergibt. Dies können auch Wünsche und ausgesprochene Hoffnungen für die Handlungen im Miteinander der Gesellschaft sein. Dabei wird der Prediger jedoch nicht zum Richter über Institutionen und Personen, sondern spricht die handlungseröffnende Botschaft zu.

2.3 Aufgreifen der Situation

Zur Situativität der Predigt

Die Predigt findet aufgrund eines konkreten krisenhaften Ereignisses statt. Daher ist das Ursprungsereignis, die Geschehnisse danach und das situative Erleben im Gottesdienst nicht voneinander zu trennen. Die Situativität als Wesenszug des Gottesdienstes und der biblisch begründeten Gottrede hat Winter in seinem Aufsatz breit hervorgehoben und nennt den Gottesdienst den Ort der situativen Begegnung mit Gott (Winter 2016: 91). Die Situation des Unglücks und auch die Gesamtsituation nach dem Unglück sollten in der Predigt angemessen Widerhall finden (#1). Gemeinsam verbindet die Anwesenden die Betroffenheit durch das Ereignis in unterschiedlicher Ausprägung.

Der öffentlich beauftragte Gottesdienst soll helfen, die Lebenskrise zu bearbeiten, Lebensdeutung zu geben und bei der Krisenbewältigung zu helfen. Es handelt sich um das Angebot, einen Übergang im Leben zu gestalten (Grethlein 2012: 349). Es geht nicht darum, in der Situation verhaftet zu bleiben. Das Ereig-

27 Erste Predigt im Gedenkgottesdienst anlässlich des Germanwings-Absturzes.

nis und die Situation ist als Kasus Ausgangspunkt, jedoch in seiner aktuellen Gestalt nicht Zielpunkt der Predigt. Die Predigt hat eine doppelte Bezogenheit, zum einen auf die Situation und zum anderen auf die biblisch-christliche Tradition. Eine Predigt in dieser Situation übernimmt den Versuch der Deutung, indem sie die Situation bespricht und mit der Verheißung in Bezug setzt. Durch die Darstellung und Deutung von Handlungsmustern kann die Predigt helfen, diffuse Gefühle und Ängste aufzugreifen und zu verarbeiten (#3). Die Ereignisse, die das Leben in seiner gegenwärtigen Form infrage stellen, Unsicherheit und Ängste hervorrufen und Misstrauen schüren, können aufgegriffen werden und der Ohnmacht eine handlungsaktivierende Hoffnung entgegengesetzt werden. Die formulierte Klage (bspw. mithilfe von Psalmen) kann ein Schritt bei dieser Verarbeitung sein, da sie die Situation und ihre Emotionen ernst nimmt. Im Rahmen der *riskanten Liturgien* hat Klie formuliert, dass gerade die Tragfähigkeit der sicheren Deutung in einer solchen Lage erkannt wird und dass die Kirche aus ihrer Kernerfahrung mit dem Gekreuzigten, Gestorbenen, Begrabenen und Auferstandenen auf eine solche Deutung vorbereitet sein sollte (Klie 2016: 105). In diesem Kontext und in Bezug auf die Lebenserfahrung ist die christliche Antwort riskant, da sie auf dem Spiel steht und zu scheitern droht (Klie 2016: 108).

Artikulation der Emotionen

Der Gottesdienst anlässlich dramatischer Ereignisse hat auch die Aufgabe, Menschen seelsorgerlich zu begleiten. Opfer des Ereignisses sind nicht *nur* die Toten und Verletzten. Der Tod oder die Verletzung von Angehörigen hat (bisweilen dramatische) Auswirkungen auf die Angehörigen, Freunde, Begleiter und auch die Gesellschaft.

Die Hypothesen zum emotionalen Aspekt der Predigten heben die Individualität der Gefühle hervor (#1, #2, #4) und betonen, dass diese differenziert aufgenommen werden können. Es gibt für den Ausdruck von Gefühlen Projektionsflächen (bspw. das Bild der Tränen, ...), die helfen können, einen sprachlichen Zugang zu finden. Allerdings sind diese nicht das Gefühl selbst und sollten vorsichtig aufgegriffen werden. Ein Verstärken der Gefühle oder ein Überreizen der Bilder stellt diese in den Mittelpunkt und lässt im übertriebenen Fall die Gefühle der Hörer selbst außer Acht (#1). Deswegen sollten nicht nur Oberbegriffe bzw. die Ausdrucksformen der Gefühle thematisiert werden, sondern konkrete Gefühle, wie Angst, Zorn und Trauer benannt und ernst genommen werden. Die Betroffenen sind in ihrer Existenz bedroht und mit ihren Ängsten und Nöten herausgefordert. Der Gottesdienst hilft, diese Gefühle auszudrücken und zu bearbeiten. In diesem Sinne sind Gottesdienste Antworten auf die Suchbewegungen der Teilnehmenden, die nach einer Sprache suchen, die „fähig ist, expressiv Schmerz, Angst, Unsicherheit, Nichtverstehenkönnen, das Unbegreifliche, Abgründige des Erlebten, Trauer, Verzweiflung auszudrücken, aber auch die Hoffnung, das ‚Dennoch' zu formulieren" (Grethlein 2007: 320; Nach: Cornehl 2005: 121).

Die Situation der Betroffenheit wird durch das bloße Aufgreifen der Emotionen nicht aufgelöst (#1). Es gibt keine einfachen Antworten auf diesen existenziellen Zustand, der auch nicht durch nahe legen anderer Gefühle, wie zum Beispiel dem romantisierten Begriff der Liebe, aufgehoben werden kann. Hilfreich ist ein Hineinsprechen der beständigen Botschaft, die das Erleben ernst nimmt und den prozesshaften Weg hin zu einer bearbeiteten, neuen Gefühlslage zeigt, die sich aus der Hoffnung speist. Grethlein (2007) betont die tiefere Dimension der Bearbeitung, die sich durch das zur Sprache Bringen der „Differenz des menschlichen Handelns zum Willen Gottes" (Grethlein 2007: 321) ergibt. Als Mittel nennt er beispielhaft die Klagepsalmen mit ihrer Sprache.

> Ihre allgemeinen Formulierungen verhindern Verletzungen, sie erschließen aber zugleich einen Raum, der die besondere Gefühlslage auf Gott hin öffnet – und sei es Gott in seiner Unbegreiflichkeit (Grethlein 2007: 321).

So kann die biblische Sprache und die in den Psalmen stellvertretend erfahrene Wende helfen, die Gefühle als nicht ausweglos oder gar unangebracht wahrzunehmen. Die Suchbewegung bekommt gerade in den Psalmen eine heilsame Ausrichtung.

Benennen und Aufgreifen von Fragen

In den untersuchten Predigten kamen Fragen unterschiedlicher Art vor. In den Thesen wurde aufgegriffen, dass die Fragen nicht nur rhetorischer, sondern existenzieller Art sein sollten (#1). Auch ist es hilfreich, nicht nur Fragen aufzuwerfen, sondern diese auch zu beantworten, notfalls auch damit, dass es zu Lebzeiten wohl keine befriedigende Antwort geben wird (#1).

Die notwendige Existentialität der aufgeworfenen Fragen ergibt sich aus dem Lebensweltbezug der Kasualie. Sie haben ihren Ausgangspunkt im Leben und den existenziellen Infragestellungen aus der gegebenen Situation (Friedrichs 2015: 67). Fragen, die an der Lebenswelt, Not und Bedürftigkeit der Menschen vorbeigehen, sind in diesem Kontext irrelevant und wenig weiterführend. Bei einer zu dominanten Illustration in der Predigt besteht die Gefahr, dass die Frage mehr aus dem Beispiel als aus der Lebenssituation kommt (#2). Deshalb sollten die Fragen aus der Beschäftigung mit der Situation und weniger aus den genutzten Illustrationen kommen.

Die Ausformulierung der Fragen über das Unverständnis des Geschehens und der Anklage können in der Predigt befreiend wirken, da sie diffusen Gefühlen und der Ratlosigkeit Ausdruck und eine Fragerichtung geben können (#3). Die aufgegriffenen Fragen können einen diskursiven Spielraum der Lebensdeutung eröffnen. Durch die aufgegriffenen Fragen ist es möglich, ein Antwortangebot zuzusprechen. Dazu bedarf es allerdings, dass die Frage auch eine Frage der Hörer ist. Ist sie nur theologischer, nicht lebensdienlicher Selbstzweck und nicht existenziell gebunden, ist die Deutungsrelevanz gering.

2.4 Vorkommen von und Umgang mit biblischen und anderen Texten

Die Hypothesen zu den verschiedenen Textbezügen der Predigt beziehen sich auf die Intertextualität, auf die Chancen der biblischen Gleichnisse und anderer Texte.

Intertextualität der Predigt

Die Predigt greift auf verschiedene Texte zurück, um selbst ein neuer Text im Kontext des Gottesdienstes und dem Wechselspiel mit den Hörern zu werden (Nicol & Deeg 2013: 13–14). Diese Intertextualität ergibt sich aus dem Bezug zu einem oder mehreren biblischen Textstellen und auch aus dem Bezug auf andere Texte, beispielsweise aus der Kirchengeschichte, der Presse oder Literatur und auch der Textwelt der Hörer.

Die Hypothese, dass in der Predigt aufgegriffene Texte nicht als bekannt vorauszusetzen sind (#1), wird schon dadurch bestärkt, dass die Systemreferenzen der Hörer grundlegend andere sein können als die der Prediger. Manche in der Predigt referenzierte Texte werden neu gehört, wahrgenommen oder das erste Mal gehört. Gerade biblische Texte oder den Kontext der biblischen Texte als bekannt vorauszusetzen, kann in der Kommunikation störend sein und den Hörer überfordern. Intertextuell kann es eine Vereinfachung für den Hörer sein, wenn sich die in der Predigt aufgegriffenen Texte und Zitate aus den Lesungen zuvor speisen. So ist, wenn die Quelle nicht angegeben wird, ein Bezug und eine Kontextualisierung möglich. Der Text wird nicht das erste Mal gehört, was gerade für ungeübte Hörer das Verstehen und Mitverfolgen erleichtert.

Der Prediger ist bei der Wahl der biblischen Textbezüge besonders gefordert. Anders als bei den sonntäglichen Predigten, bei denen der Ausgangspunkt für die Predigt meist die vorgegebene Perikope ist, wird bei Kasualpredigten der Text von der Situation her referenziert. Die Auswahl der biblischen Texte bestimmt dann Inhalt und Zielrichtung der Predigt (#2). In den Bezügen zur Situation bieten sich gerade die Psalmen als Ausgangspunkt an. Sie haben bereits im Gottesdienst die Klage in Liedern und Lesungen formuliert und die Fragen an Gott gerichtet. Die biblischen Texte können mit den Fragen verbunden werden und Antworten anbieten, die in Gott einen Bezugspunkt über das Geschehen hinaus haben (#3). Dabei kann die Dynamik der Psalmen aufgegriffen werden, die die Klage aufgreifen und Gott um Hilfe bitten, um dann in ein Gotteslob zu münden. Eine Ergänzung der neutestamentlichen Texte mit ihrem Christusbezug ist sinnvoll, um nicht in der Klage und dem im AT vorherrschenden Tun-Ergehen-Zusammenhang verhaftet zu bleiben. Diese innerbiblische Intertextualität und das Zusammenspiel des biblischen Heilszusammenhangs lässt speziell die christliche Hoffnung in der Situation der Klage zu Wort kommen.

Rede von der Hoffnung

Zwei Hypothesen greifen konkret die verkündigte Hoffnung auf. Dabei geht es um die Unterscheidung der eschatologischen Hoffnung von der konkreten auf die Gesellschaft bezogene (#3) und weiterhin um die Auswirkung der Hoffnung auf das Hier und Jetzt (#3).

Bei der Verkündigung der Hoffnungsbotschaft in die Situation besteht die Gefahr, diese nur auf das Diesseits zu beziehen und den eschatologischen Ausblick außer Acht zu lassen. Andererseits kann eine rein jenseitige Hoffnung an der konkreten Situation und der Bedürftigkeit der Menschen vorbeireden. Die Verbindung der alttestamentlichen Texte mit den Texten des Neuen Testaments kann beides in den Blick nehmen und miteinander verknüpfen.

Die eschatologische Erwartung ist je nach Religion sehr unterschiedlich. Die buddhistische Hoffnung auf Erlösung im Tod durch Auflösung des Selbst ist nicht mit der christlichen Hoffnung deckungsgleich, die auf eine Neuschaffung durch Gott hofft. Die unterschiedlichen Erwartungen können in der eigenen Profilierung respektiert werden und sollten auch sprachlich Ausdruck finden. „Wir" hoffen nicht alle dasselbe, wenn es um die Letzten Dinge geht. Allerdings ist die Hoffnung auf das gelingende gesellschaftliche Miteinander kompatibel. Die christliche Hoffnung ist untrennbar mit dem Kreuzgeschehen verbunden und hat einen eschatologischen Bezugspunkt, von dem her das Hier und Jetzt betrachtet wird. Die Predigt kann diesen Bezugspunkt benennen und daher Auswirkungen für die Situation begründen. So hat die Hoffnung auch Auswirkung auf das Miteinander. Eine Predigt, die die christlich-eschatologische Hoffnung und die gesellschaftliche Hoffnung auf das gelingende Miteinander unterscheidet und miteinander in Bezug setzt, kann profiliert sein und zugleich die unterschiedlichen religiösen Hoffnungen unterscheiden und respektieren.

Biblische Gleichnisse

Aufgrund der Analyse des Londoner Gottesdienstes, in dem mit dem *Barmherzigen Samariter* als einziges ein Gleichnis Jesu vorkam, entstand die Hypothese, dass Gleichnisse mit den entsprechenden Aktualisierungen auf die Situation hin noch heute anschlussfähig sind und Aussagekraft haben (#4).

In kaum anderen Texten wird das, was Evangelium ist, verständlicher und mit der Lebenswelt in Bezug gesetzt, als in den Gleichnissen. Sie eröffnen einen Raum des offenen Denkens, in dem die biblische Botschaft ebenso zu Wort kommt wie der Hörer. Das Gleichnishafte „so, wie ..." ist vorstellbar und ermöglicht die Identifikation mit den im Gleichnis Handelnden bzw. mit der Situation. Die Gleichnisse haben Symbolcharakter und fordern den Hörer ebenso zu einem Deutungsprozess auf wie den Prediger. Es gibt nicht die *eine Deutung*, sondern die Deutungen, die mithilfe des biblischen Kontexts und der Lebenswelt der Hörer entstehen. Das Gleichnis ist an sich ein offenes Kunstwerk und fordert auf, sich in der Sinnbildung zu engagieren und es mit der eigenen Erfahrung ins Gespräch zu bringen (Engemann 2011: 206).

Die Gleichnisse verhelfen auch, bekannte Handlungsmuster und Ausweglosigkeiten mit einer Botschaft zu verknüpfen, die die bekannte Handlung infrage stellt und eine Lösung anbietet. Das, was die Hoffnung auf das gesellschaftliche Miteinander ist, wird im Gleichnis gedanklich schon wahr und das Ereignis antizipiert. Diese als Möglichkeit eröffnete Wirklichkeit kann die Wirklichkeit der Situation bereits hier und jetzt performativ verändern und bewirken, Einstellungen und Gewohnheiten zu ändern. Die Form der Antizipation mithilfe von Gleichnissen und Imaginationen geben Orientierung in der Gegenwart und haben eine situationsverändernde Kraft (Engemann 2011: 245). In Anlehnung an Niebergall spricht Engemann von drei Situationen der Predigt:

> Den Hörer interessiert nicht nur die Botschaft vor dem Hintergrund *der Situation des Textes* [...], der Hörer darf auch nicht auf die *Situation heute* festgenagelt werden [...], sondern es gilt vor allem, *die sich eröffnende Situation* sprachlich zu fassen (Engemann 2011: 246).

Diese Aufgabe und Funktion können Gleichnisse erfüllen. Gerade wenn die Gleichnisse auch in der breiten Gesellschaft bekannt sind, was beim *Barmherzigen Samariter* wohl noch der Fall sein dürfte, gibt es diverse Anknüpfungspunkte. Kaum ein anderes Gleichnis hätte wahrscheinlich die Vorbehalte untereinander und die Ängste so aufzugreifen und durch die Deutung Jesu derart aufzulösen vermocht.

Die Gleichnisse benötigen eine Übersetzungstätigkeit durch den Prediger. Er sollte die Situation des Textes kennen und transportieren, ohne diese eins-zueins zu übertragen. Die Deutung der Gleichnisse speist sich aus der Lebenswelt, in die sie hineingesprochen werden. Die Situation des Textes kann mit den Emotionen und Orten weitere Anknüpfungspunkte bieten (#4), wenn diese beispielsweise in der gleichen Region spielen, in denen auch heute Konflikte über die Frage, wer Freund und Feind ist, vorherrschen. Der *Barmherzige Samariter* berichtet auch über Leiderfahrungen und Gotteserfahrungen im Nahen Osten. Andere Anknüpfungspunkte der Gleichnisse sind eher im Bereich ähnlicher existenzieller Erfahrungen zu verorten.

Illustrationen durch andere Texte

Neben den biblischen Gleichnissen bieten sich andere Texte an, die die eigenen Ausführungen verdeutlichen. Dazu wurde in den Predigten beispielsweise ein Text von Dietrich Bonhoeffer und auch von John Donne genutzt. Beide sind im kirchlichen Kontext zu verorten. John Donne bietet durch die Bekanntheit seiner Texte über diesen Kontext hinaus Anknüpfungspunkte und die Möglichkeit, Bekanntes wiederzuerkennen (#4).

Die wiedererkannten Texte eröffnen einen neuen Versuch der Deutung und des Deutungsangebots. Für die außerbiblischen Bezüge wurde festgestellt, dass es auch hier einer behutsamen Hermeneutik bedarf (#3). Der zeitliche Kontext und die Aussage der Texte sind von der Aussage des Predigers zu unterscheiden. Die Aussageabsicht der Texte kann nicht einfach durch die eigene ersetzt und der Text nicht einfach benutzt werden. Die Texte haben ihr Potenzial gerade darin, dass sie bereits eine Geschichte haben, und historisch etwas mit ihnen passiert ist. Sie stehen für eine Situation, die bereits war und die heute sprachlich aktualisiert werden kann. Allerdings sind die Situationen unterschiedlich.

Außerbiblische Texte haben ihre Bedeutung in der geschichtlichen Lebenswelt der Hörer. Sie können in ihnen die eigene Geschichte wiederentdecken und die zeitlich bedingte Botschaft mit der durch die Texte zugesprochenen verbinden. Dietrich Bonhoeffer steht auch außerkirchlich mit seinem Leben und seinen gewichtigen Worten für den Widerstand und das Auflehnen gegen einen gesellschaftlichen Zustand. Seine Biografie steht für den Hörer symbolisch für die Hoffnungsbotschaft gegen alle Widerstände. Auch wenn die konkrete Identifizierung mit Bonhoeffer überzogen wäre, die Dramatik der Situation eröffnet persönliche Anknüpfungspunkte in Zusammenspiel mit den Emotionen und Anfragen im Angesicht der Lebensrealität des Todes. Seine Texte haben Gewicht, da Bonhoeffer schließlich mit seinem Leben für diese einstand.

Lyrische Texte und bekannte Textfragmente wie *No man is an island entire of itself* von John Donne können – wiedererkannt – neu gehört werden. Sie wurden in verschiedenen Kontexten aufgenommen und gedeutet. Dabei sind der Originalkontext und die Deutung von Donne wahrscheinlich unbekannter als die entsprechenden Titel von Filmen und Büchern. Durch den Aufgriff des Bekannten kann die christliche Bezogenheit des Textes zur Sprache gebracht und als Deutung wieder neu angeboten werden.

2.5 Umgang mit Schuld von Täter und Medien

Umgang mit Schuld und die Rede vom Täter

Die Predigten und Gottesdienste haben einen unterschiedlichen Umgang mit der Schuldthematik und mit der Rede von den Tätern gefunden. Die Ereignisse wurden zumeist von einem Täter verursacht oder sind auf Fehleinschätzungen durch Verantwortungsträger zurückzuführen. Die Hypothese hierzu zielt darauf ab, dass Schuld unterschiedliche Qualität hat. So ist eine Depression, ein Verbrechen aus Hass oder ein Unglück aus Fahrlässigkeit jeweils anders zu bewerten. Schuld sollte angesprochen werden. Dabei ist es nicht Aufgabe des Predigers, vorzuverurteilen, zumal während des Gottesdienstes die Ermittlungen meist noch andauern. Auch diejenigen, die Verantwortung für ein Unglück haben, sind Opfer des Geschehens und bedürfen des hoffnungsvollen Zuspruchs, der auch ihr Leiden ernst nimmt, ohne Schuld zu banalisieren oder zu verschweigen (#1).

Die Täter wurden in den Predigten meist indirekt oder diffus erwähnt. Neben der Überlegung der anzusprechenden (anwesenden) Gruppen ist es hilfreich, gerade die Erwähnung des Täters zu klären. Die Erwähnung der Täter wurde teilweise in den Fragenkomplex nach dem *Warum?* der Tat eingebettet. Nach manchen Taten treten die Motive wie Depressionen, Hass oder Terror gegen eine Gesellschaftsordnung, in deutlicher Kontur hervor.

Die Art des Ereignisses entscheidet über die Gestaltung und Wahrnehmung des Täters in den Ritualen. Beim Germanwings-Absturz wurde für den Täter eine Kerze mitentzündet, beim Amoklauf in München nicht. Ersteres nimmt den Täter selbst als Opfer seiner Umstände wahr. Auch in den Predigten wurden der Täter bzw. die potenziell Verantwortlichen unterschiedlich erwähnt. Bei der Love-Parade war die Frage nach dem *Warum?* verknüpft mit der Frage, wie Gott von den Verantwortlichen Rechenschaft fordert.

> Schreckensbilder besetzen unser Denken und Fühlen. [...] Aber auch Menschen, die wie versteinert Verantwortung von sich wegschieben. [...] Warum mussten 21 junge Menschen so plötzlich sterben, die doch nur ihrer Lebensfreude Ausdruck geben wollten, warum ließ Gott das zu? Und wie verlangt Gott Rechenschaft von denen, die Verantwortung für das Unglück zu tragen haben? (Präses Nikolaus Schneider)

Auch in der zweiten Predigt von Bischof Overbeck wurde dies aufgegriffen. Hier wurde auf die Warum-Frage damit geantwortet, dass es keine menschlichen Antworten auf die vielen Fragen gebe, und Gott da sei und heile. In diesen Zuspruch der Hoffnung an die Angehörigen, Freunde und Verletzten wurden die Verantwortlichen mit einbezogen. Die Verantwortlichen wurden allerdings als diejenigen angesprochen, die sich der Verantwortung zu stellen haben. Obwohl nach dem Unglück auf Grund der sehr undurchsichtigen Lage so früh noch nicht klar war, wer verantwortlich ist, forderten die Prediger bereits früh, dass Verantwortung übernommen werde, ohne die Lage selbst überblicken zu können. Somit wurden die Verantwortlichen zu einer diffusen Gruppe. Gleichzeitig wurde der Vorwurf sehr deutlich geäußert, dass Verantwortung abgelehnt werde.

Diese Aussage exkludiert die „Verantwortlichen" als direkte Zielgruppe der Hoffnungsbotschaft der Predigt. Ob schuldig oder nicht, leiden diese eventuell selbst unter ihren Entscheidungen und den Anschuldigungen. Durch die Frage danach, wie Gott Rechenschaft von den Verantwortlichen verlangt, positioniert sich der Prediger. Die Frage nach der Rechenschaft in Kombination mit dem vorher geäußerten Aufgreifen der Situation mit den „Menschen, die wie versteinert Verantwortung von sich wegschieben" zieht eine Grenze: Die möglichen(!) Verantwortlichen werden durch diese beiden Sätze als Adressaten von Gottesdienst und Predigt ausgeschlossen, zumal einige aufgrund der vorher gehenden, auch durch die Medien aufgeheizten Diskussionen nicht anwesend waren. Eine solche frühe Verurteilung lässt auch nicht die Möglichkeit zu, dass die eventuell Verantwortlichen ihr Bestes getan haben und ein Unglück auch durch andere Umstände geschehen kann, die nicht absehbar oder steuerbar sind, sondern durch die Verkettung einzelner Umstände erst möglich gemacht wurden. Wenn einzelne Personen Schuld tragen, dann gilt gerade auch ihnen die Botschaft der christlichen Hoffnung: auch sie werden Anteil an der vom Prediger genannten vollkommenen Zufriedenheit im Reich Gottes haben. Die Predigt hat an dieser Stelle einen gesetzlichen Charakter.

Bei den Predigten zum Germanwings-Absturz wurde der Täter meist mit den Opfern in Verbindung gebracht. So wurden in der zweiten Predigt als Opfer alle Toten inklusive des Piloten benannt. In der ersten Predigt wurde er auf die Frage nach Gott zusammen mit den Opfern erwähnt und später in die Heilsverheißung mit einbezogen:

> [...] wo du warst, als aus hellem Morgen finstere Nacht wurde, als es tiefdunkel wurde – zuerst in einem Herzen und dann in den Herzen so vieler anderer [...]
> [Letzter Satz:] Dann, Gott, dann werde ich gewiss sein, dass du wirklich alles neu machst und alles veränderst: mich, jede Träne und jeden Menschen. In Jesu Namen. (Präses Kurschus).

Hier wurde der Pilot als Opfer in die Predigt miteinbezogen. Da als Ursache eine Depression angenommen wird, ist er Opfer seiner Krankheit. Dabei wird seine aktive Rolle als Täter in der Predigt ignoriert.
In dem dritten Gottesdienst zum Amoklauf in München wird der Täter in der ersten Predigt auch nicht direkt erwähnt. Er wird nur über die erfahrene Ohnmacht benannt. Diese Ohnmacht wird als Grund für die Tat der Gruppe der „Täter, Amokläufer, Terroristen aller Art, aller Ideologien" genannt und, so der Prediger, durch die von Gott in Mut und Hoffnung verwandelte Klage überwunden. Bei der Predigt zum Terrorakt in London wird der Täter als ein Mann beschrieben, der durch ein höheres Ziel motiviert den Anschlag als Akt der Willkür verübt hat. Wie ausgeführt, ist interessant, dass in der Predigt vor allem erwähnt wird, die Tat hätte mit dem nötigen Motiv von jedem Menschen verübt werden können. Die Tat ist zu verurteilen und die Motive, die zur Tat führten, sind zu erforschen, um Konsequenzen zu ziehen. Erschreckend ist, dass jeder Mensch aus unterschiedlichen Motiven des Hasses und der Not heraus schuldig und zum Täter werden kann. Daher ist es eine heikle Aufgabe, die Tat und den Täter offen zu benennen, ohne ihn zu entmenschlichen. Es geht um die Unterscheidung zwischen Tat und Geschöpf (#4).

Die Hypothese, dass eine noch so schlimme Tat wohl die Gesinnung und Handlung des Täters infrage stellt, jedoch nicht den Status als Mensch vor Gott (#3), ist für die Hörer herausfordernd, wird einem Täter doch schnell alles Menschliche abgesprochen. Es geht um Schuld und Verantwortung vor Mensch und Gott. Die christliche Botschaft ist in diesem Sinn auch die gute Nachricht, dass Gott Richter ist. Auch wenn es ein Affront für viele sein mag, bedarf auch der Täter der unverdienten Gnade Gottes, gerade weil er sie nicht verdient hat. Diese Gnade ist jedoch nicht von den Betroffenen abhängig. Insgesamt ist in den Predigten die Rede von der Tat, dem Täter und den Verantwortlichen selten konkretisiert. Meist wird diese diffus oder im Allgemeinen behandelt. Nur bei der Frage nach der Verantwortung wurde in den analysierten Predigten früh ein Schuldeingeständnis gefordert (Love-Parade). Es kommt vor, dass der Täter auch als Opfer seiner eigenen Situation gesehen wird, die auch andere hätte treffen können (Germanwings).

Außer in der Verheißungszusage in der Predigt zum Germanwings-Absturz ist keine Rede von einer möglichen Versöhnung mit Gott, geschweige denn mit den Opfern. Gerade die christliche Verheißung mit der Möglichkeit der Versöhnung mit Gott und den Menschen kann hier eine hoffnungsvolle Botschaft in den Vergebungs- und Versöhnungsprozessen bei der Verarbeitung der Geschehnisse sein. Gerade auch wenn davon die Rede ist, dass das Böse nicht überwunden werden kann, und dass die Ohnmacht Ziel mancher Taten ist (Kardinal Marx in der Predigt zum Amoklauf in München).
Für die Predigten im Angesicht krisenhafter Ereignisse heißt das, die Tat konkret in den Blick zu nehmen und zu benennen. Es gibt ein Geschehen, das nicht diffus, sondern konkret geschehen ist. Die Täter und Verantwortlichen sind ein nicht herauslösbarer Teil des Geschehenes. Wenn Menschen aneinander schuldig werden, kann die christliche Verheißung den Umgang mit Schuld und Vergebung eröffnen. Gerade bei durch Fahrlässigkeit verursachten Unglücken bedürfen diese Menschen ebenso eines Zuspruchs der Hoffnungsbotschaft wie andere Gruppen der Gesellschaft. Eine Vorverurteilung bei unklaren Verantwortlichkeiten ist in der Predigt meist unangemessen. In der Predigt kann, wenn auch nicht abschließend, die Möglichkeit der Vergebung und Versöhnung benannt und eröffnet werden.

Kritik an den Medien

Eine weitere Hypothese benennt unterschwellige Anklagen gegen Medien und institutionelle Gruppen (#2). Sie hinterlassen beim Hören einen faden Beigeschmack und geben der Predigt einen gesetzlichen Ton. Der Prediger und die Predigerin werden zum Richter der Situation, was in der Regel kaum angemessen ist.

Katastrophen sind Medienereignisse. Von ihnen wird unterschiedlich intensiv berichtet und sie erfahren auch durch Form und Art der Berichterstattung Deutung. Diese Bearbeitung des Geschehens ist Teil der Bearbeitungskultur und kann bisweilen ein problematisches Ausmaß annehmen. Der Gottesdienst und die Predigt haben keinen Einfluss darauf; sie sind selbst Teilen der Berichterstattung vor, während und nach dem Gottesdienst unterworfen, was diverse Zeitungsartikel und Videomitschnitte zeigen. Die hohen Zahlen der Zuschauer der Trauerfeiern zeigen auch ein hohes Interesse.

In der Predigt ist es unpassend, die Medien pauschal aufgrund der geschehenen Berichterstattung anzuklagen, gerade wenn dies unterschwellig und wenig differenziert geschieht (#2). Als Teil des Kommunikationsgeschehens kann vielmehr ein Kontrapunkt in der Gestaltung des Gottesdienstes und der bewussten Wahrnehmung der Zuschauer als Teil der betroffenen Gesellschaft gemacht werden. Unterschwellige Anklagen führen weg von der Situation und lassen den Prediger zum Ankläger werden, auch wenn die Aussagen richtig sein mögen.

F Thesenformulierung

Die Diskussion der Ergebnisse hat gezeigt, dass eine gelungene Hoffnungspredigt sich als Teil des gesamten liturgischen Geschehens versteht. Beides ist untrennbar miteinander verbunden. Im Folgenden werden die Ergebnisse der Diskussion zu einer These verdichtet, die dann kurz erläutert wird.

1 *Formulierung der Thesen zur Liturgie*

1.1 Liturgische Texte

Begrüßung und Votum

Eine die Liturgie entlastende Begrüßung der Teilnehmenden vor dem Gottesdienst sollte kurz und die Worte sorgsam gewählt sein. Ihr sollte sich das Votum als liturgische Eröffnung anschließen.

Eine knappe Begrüßung mit einer sorgsamen Wortwahl kann den dem Anlass entsprechenden formalen Ansprüchen gerecht werden und gut mit dem liturgischen Gruß verbunden werden. Eine solche Begrüßung kann die die Liturgie von zu vielen Worten entlasten. Dabei sollte die Begrüßung keine vorlaufende Predigt sein, sondern sich auf den Akt der Eröffnung konzentrieren.

Lesungen

Ein Gedenkgottesdienst kann die üblichen biblischen Lesungen reduzieren, ohne auf die Lesung des Evangeliums zu verzichten.

Für den Gedenkgottesdienst kann eine Reduzierung der Lesungen zur Entlastung zugunsten anderer Teile (weitere Predigt, Verarbeitungsrituale) hilfreich sein, ohne auf die Lesung des Evangeliums zu verzichten. Der Evangeliumstext kann als spezifisch christliche Antwort ohne weitere Kommentierung zu einem Zuspruch der christlichen Hoffnung werden und in der Predigt mit der spezifischen Situation ins Gespräch gebracht werden.

Fürbitten

Gemeinsame gesprochene und füreinander formulierte Fürbitten machen das Miteinander in der Betroffenheit deutlich. Sie sollten transparent in der Anrede der jeweiligen Gottheit sein. Der Vertreter der jeweiligen Glaubensgemeinschaft sollte als dieser erkennbar sein.

Das gemeinsame Gebet in Gedenkgottesdiensten geschieht meist im interreligiösen Nebeneinander. Für die Teilnehmenden ist eine respektvolle und transparente Unterscheidung der jeweiligen religiösen Ausprägung hilfreich. Das führt zu Klarheit, aus welcher religiösen Perspektive gerade gebetet wird, und ob der Teilnehmende in das Gebet oder Lied freiheitlich mit einstimmen möchte.

1.2 Musik und Lieder

Musik- bzw. Liedauswahl

Die gespielte Musik und die gesungenen Lieder sollten möglichst bekannt sein.

Eine Musik- und Liedauswahl, die auch in der breiten Öffentlichkeit bekannte Lieder aufnimmt, ist hilfreich. Gerade klassische Komponisten bieten eine hohe Anschlussfähigkeit an Liturgie und Gemeinde.

Musik als liturgischer Spannungsbogen

Die Musik des Gottesdienstes kann einen Spannungsbogen erzeugen, der die Gesamtheit der Verkündigung unterstützt, und die Teile des Gottesdienstes wie eine Klammer zusammenhält.

Die Musik kann der Liturgie einen Spannungsbogen geben und die einzelnen liturgischen Elemente miteinander verbinden. Dazu ist es hilfreich, wenn die Musik und die Lieder entsprechend den liturgischen Teilen ausgewählt sind und die einzelnen Elemente unterstützen. Es wird nicht nur ein Resonanzraum eröffnet, sondern die Liturgie wird auch von zu vielen Worten entlastet.

Musik und Lieder sind eine Art Geländer. Sie helfen den Teilnehmenden durch den liturgischen Akt. Dabei verleihen sie der zunächst sprachlosen Klage Raum und eröffnen den Resonanzraum des Hörens in der Verkündigung. Das flehentliche Bittgebet hat ebenso seinen Raum, wie das der hoffnungsvollen Verheißung. Musik und Lieder halten den Gottesdienst mit seinen Elementen kunstvoll zusammen. Der Gottesdienst erscheint als Gesamtes, als ein ineinandergreifendes Geflecht.

Musik als Instrumental und Chorstücke

Instrumentalstücke eröffnen Resonanzräume und können durch musikalischen und gesanglichen Zuspruch die Möglichkeit schaffen, sich für die Liturgie zu öffnen und darauf einzulassen. Chorstücke können dazu verhelfen, diffusen Emotionen Sprache zu geben und das aus- und zuzusprechen, wozu man selbst nicht in der Lage ist.

Neben Gesang sind es Instrumentalstücke, die im Gottesdienst Räume der Resonanz eröffnen. Sie können helfen die Teilnehmenden abzuholen und auch

Raum zum Verarbeiten des Gehörten geben. Gerade vor und nach dem Gottesdienst ermöglichen sie der Liturgie musikalische Ausstrahlung. Bei unbekannten Liedern können instrumentelle Vorspiele den Gemeindegesang vorbereiten.

Chorstücke können den Teilnehmenden mithilfe von Musik Worte zusingen und Worte leihen, um wieder sprachfähig zu werden. Emotionen können aufgenommen und ausgedrückt werden und gerade das zusprechen, wozu man selbst nicht in der Lage ist. Dieser gemeinschaftsstiftende Charakter als Erlebensgemeinschaft ist nicht zu unterschätzen.

Psalmen als Ausdruck von Klage und Emotionen

Die gesungenen Psalmen greifen Klage und Emotionen auf und erzeugen eine Erlebensgemeinschaft mit den vielen Menschen, die diese Psalmen bereits in ihrer Not gebetet haben.

Eine besonderes Potenzial und Anknüpfungsmöglichkeiten bieten die auf den Psalmen basierenden Lieder. Sie verleihen der Klage Ausdruck und Worte und geben ihr einen Adressaten. Das Einstimmen in die Leidensrufe der Psalmisten und der vielen Menschen die sich diese Worte bereits zu eigen gemacht haben, lässt eine Verbindung entstehen, mit den vielen Menschen, die in der Geschichte Leid erfahren haben. Durch den Zuspruch im Kontext der Textwelt des biblischen Kanons und dem Gebet mit dem verheißungsvollen Zuspruch können die Lieder helfen, die durchtragende Hoffnung zu verkünden. Neben dem Einstimmen der Gemeinde in das Beten Israels, ist es vor allem die Möglichkeit, die Situation des Menschen in der Welt zur Sprache zu bringen, die dies ermöglichen. Dazu verhilft auch der offene Sprachstil der Psalmen, die einen Zugang zum Mitbeten ermöglichen.

Ein gesungener Psalm am Anfang des Gottesdienstes kann die Teilnehmenden abholen, sprachfähig machen und in die Leidensrufe des Psalmisten mit einstimmen lassen, der seine Worte für das eigene Leid und die Klage leiht. Es wird eine Art unsichtbares Band unter den Singenden und den vielen Psalmbetern in den Generationen davor gespannt, die auch ihr erfahrenes Leid ausgedrückt haben. Der Vorteil des Psalmgebets liegt in der Akzeptanz durch die jüdischen und islamischen Religionsgemeinschaften. Es ist jedoch hilfreich, die heilsgeschichtliche, auf Christus bezogene Psalmdeutung sprachlich vom Psalmgebet zu trennen und ergänzend mit einzubringen.

Nationalhymne im Gottesdienst

Die Nationalhymne gehört bei Gedenkgottesdiensten, wenn sie denn gesungen wird, klar getrennt vom kirchlichen Akt in den Bereich des Staatsaktes.

1.3 Raum und Ort

Ort und Raum des Gottesdienstes sollten bekannt und gesellschaftlich relevant sein.

Für eine Trauerfeier angesichts einer großen gesellschaftlichen Betroffenheit ist ein exponierter und international bekannter Ort hilfreich. Die öffentliche Bedeutung des Gebäudes hebt die Öffentlichkeit des liturgischen Aktes hervor. Besonders die historische Beständigkeit, die Jahrhunderte alte Kirchengebäude im Stadtbild verkörpern, kann der verkündigten Botschaft Gewicht verleihen. Sie bieten selbst eine Antwort auf die Frage, was durch die Krisen des Lebens tragfähig und fortdauernd ist.
Raum und Liturgie lassen sich nicht voneinander trennen und eine Liturgie fern von einem Kirchengebäude erzeugt ein anderes Erleben, als das Zusammenspiel des Raumes mit Wort und Handlung der Liturgie.

1.4 Rituale

Rituale als Verbindung verschiedener Orte

Rituale verhelfen der Verknüpfung der verschiedenen Orte des Verarbeitungsgeschehens und entlasten den Gottesdienst davor, einziger Ort der Verarbeitung zu sein.

Die Rituale können helfen, den Gottesdienst nicht als losgelösten Akt zu erleben. Sie können die verschiedenen Orte der Verarbeitung und auch des Unglücks miteinander verknüpfen und den Gottesdienst so zu einem ergänzenden Teil im öffentlichen Gesamtgeschehen und dem gemeinsamen Weg der Verarbeitung werden lassen. Dieses Verständnis von einem Gottesdienst, der nicht alleine die Last der Bearbeitung des Geschehenen hält, entlastet die Liturgie und die Liturgen. Auch während des Gottesdienstes können verschiedene Gottesdienstorte (bspw. Stadion und andere Übertragungsorte) durch zeitgleich an verschiedenen Orten ausgeführte Rituale miteinander verbunden werden.

Rituale als Möglichkeit der gemeinsamen aktiven Teilhabe

Die Rituale entfalten durch aktive oder stellvertretende Teilhabe der Gemeinde die Möglichkeit, die Situation aufzubrechen und performativ die situationsverändernde Wirkung zu entwickeln.

Rituale bieten die Möglichkeit der Vergemeinschaftung des Trauerprozesses. Dabei sind stellvertretende Rituale durch gesellschaftlich legitimierte Vertreter möglich, die eine persönlich-individuelle Involviertheit und Beteiligung nicht ersetzen. Rituale bieten den Teilnehmenden die Möglichkeit, selbst aktiv teilzunehmen und nicht nur Zuschauer, sondern Akteure zu sein. Durch die persönliche Involviertheit in die rituelle Handlung gewinnt das Ritual Raum und Wirkkraft.

Die im Gottesdienst zusammenkommenden verschiedenen Gruppen aus der Gesellschaft eint die gemeinsame Betroffenheit und die Zugehörigkeit zur Gesamtgesellschaft. Als Teil dieser Gesellschaft vertreten sie eine konkrete Gruppe im Angesicht der Anderen. Sie handeln stellvertretend für ihre Gruppe, Glaubensgemeinschaft oder Kirche. Dies kann nur geschehen, wenn die Handelnden jeweils durch ihre Gruppe legitimiert sind und für diese handeln können. Durch die Legitimation (bspw. Ordination oder auch die Berufung als Notfallseelsorger) gewinnt die rituelle Handlung als stellvertretende Handlung Gewicht und kann ihre Wirkung entfalten.

Gute Absprachen und ein möglichst einheitliches und eindeutiges Auftreten sind gerade im Sinn der genannten Stellvertretung der Handlungen hilfreich. Dies zeigt sich vor allem im gemeinsamen Gebet. Bei gemeinsam gestalteten Gebeten mit unterschiedlichen Religionen sollten die Gebete sprachlich feinfühlig sein, um nicht andere Teilnehmende vorschnell zu vereinnahmen. Auch sollte ein Gebet zu dem jeweiligen Gott keine Predigt an die Gemeinde sein. Die Anrede erfolgt im Gebet nicht an die Gemeinde, sondern die jeweilige Gottheit. Um der sprachlichen Manipulation vorzubeugen ist die Form einer Ansprache, die von einem Vertreter einer Glaubensrichtung an die Gemeinde gerichtet wird, transparenter als das direkte Gebet. Ein hohes Risiko birgt die stellvertretende Teilhabe durch Angehörige und Freunde der Opfer. Intimität und Öffentlichkeit verschwimmen hier und der persönliche Schutzraum in der Gruppe wird ein Stück weit geöffnet.

Verortung der Rituale in der Liturgie

Rituale sind integrativer Bestandteil des Gedenkgottesdienstes. Eine überlegte Verortung im gesamten Verkündigungsgeschehen kann die eigene, christliche Deutung und Botschaft mit diesen direkt und indirekt ins Gespräch bringen und verweisend als Antwort anbieten.

Die Deutung der Rituale im Rahmen der Kommunikation

Die Deutung der Rituale erfolgt im Zusammenspiel mit individueller Interpretation und durch Handlung und Worte.

Im Rahmen der Liturgie werden im Rahmen der Rituale verschiedene Deutungen angeboten und aufgegriffen. Die Rituale haben die Möglichkeit, mit wenigen Worten zu wirken. Symbole bieten dabei besonders die Möglichkeit, dass die Teilnehmenden mit ihrer eigenen Deutung in Kontakt treten und sich die eigene Zeichensprache mit der des Rituals verbindet und so Lebensrelevanz entfaltet. An die verschiedenen Deutungen kann im Kommunikationsprozess der Predigt angeknüpft und weitere Deutungen in Spiel gebracht werden.

2 *Formulierung der Thesen zur Predigt*

2.1 Liturgischer Kontext und Illustrationen in der Predigt

Kontext der Liturgie

Die Predigt ist kein eigenständiger Teil der Liturgie, sondern versteht sich als kontextualisierter Kristallisationspunkt, der kunstvoll die verschiedenen Elemente der Liturgie miteinander verbindet.

Der Gottesdienst mit seinen Elementen, und auch das Verständnis der Predigt, ist nicht die einzige Form der Trauerbewältigung und reiht sich in eine Vielzahl von Äußerungen ein. Dies ist eine Entlastung der Predigt, die sich somit nicht als einzige Antwort verstehen muss. Durch die Möglichkeit der sprachlichen Verbindung und Anknüpfung an verschiedene Symbole und Äußerungen kann die Verbindung mit der christlichen Botschaft und dem hoffnungsvollen Ausblick in die Zukunft somit zu einem kontextualisierten Antwortangebot werden.

Die Predigt ist als Teil der Liturgie mit den anderen liturgischen Elementen des Gottesdienstes als Gesamtkunstwerk verwoben. Sie ist Teilstück im Spiel mit den anderen Elementen. In der Predigt besteht auch die Möglichkeit, Lieder, Lesung und Rituale aufzugreifen und eine Deutungsmöglichkeit zu geben. Daher ist eine sensible Sprache notwendig, die die Teilnehmenden und ihre Deutung nicht vorschnell vereinnahmt, und die eigene Perspektive als Möglichkeit der christlichen Deutung mit ins Spiel bringt. Für die Verkündigung ist der Kirchenraum und der Ort des Gottesdienstes Resonanzraum. Sie sind Teil des Gesamtgeschehens. Es ist daher hilfreich, wenn sich der Prediger des Ortes und seiner Bedeutung bewusst ist, die Predigt im Raum verortet und, wenn es für seine Botschaft nötig und möglich ist, mit diesem ins Gespräch bringt.

Illustrationen und Symbole in der Predigt

Eine Hoffnungspredigt greift gemeinsame Symbole auf und bietet die eigene Deutungsbotschaft an, um diese mit den Deutungen der Hörer ins Gespräch zu bringen, damit diese ihre Relevanz als tragfähige Botschaft der Hoffnung erweisen kann.

Mithilfe von gemeinsamen Symbolen kann anschaulich die Botschaft der Hoffnung vermittelt werden. Als eine Art offenes Kunstwerk ermöglicht es die Predigt, über ein bekanntes Symbol (bspw. Kerze), gemeinsam Erfahrung und Deutung auszutauschen. Bekannte und unbekannte Deutung treffen zusammen. Eine mögliche durch die Predigt angestoßene Veränderung der Hörer ist jedoch unverfügbar und resultiert aus der Begegnung der Hörer mit der mit dem Symbol zur Sprache gebrachten Verheißung Gottes. Die kontextuelle Dimension des

Symbols kann dabei helfen, kulturüberschreitend zu einem Deutungsangebot zu werden. Die Illustration bzw. das Symbol ist somit Projektionsfläche und Zwischenstück. Die Auswahl der Bilder, mit denen das Geschehen gedeutet wird, sollte dabei sorgsam bedacht werden. Daher empfiehlt es sich, aktuelle und lebensnahe Assoziationen zu bedenken und zu starke Bilder ganz zu vermeiden. Im Mittelpunkt steht nicht das Symbol an sich, sondern das Zusammenspiel und Gespräch über die Deutungen und die Frage danach, ob die Deutungen tragfähig sind, um der aktuellen Situation Hoffnung zu geben.

Phänomen der doppelten Predigt

Ein Gedenkgottesdienst kommt mit einer Predigt aus. Bei mehreren Predigten sollten diese aufeinander abgestimmt und das Zusammenspiel im Rahmen der Liturgie bedacht werden.

Auf die Liturgie bezogen hätte eine einzelne Predigt für sich durchaus ausreichend Gewicht als Zuspitzung und als dialogischer Wortbeitrag im Gesamtgeschehen. Auch würde das Übergewicht durch die Doppelung vermieden. Wenn es mehr als eine Predigt im Gottesdienst gibt, ist es hilfreich, diese kurz zu halten und den Inhalt aufeinander abzustimmen. Die Predigten können sich dann ergänzen und im liturgischen Gesamtgeschehen auch ein Ritual rahmen.

2.2 Personengruppen in der Predigt

Sensibilität der Sprache im Angesicht verschiedener Glaubensüberzeugungen

Als öffentliche Rede differenziert die Hoffnungspredigt respektvoll zwischen verschiedenen Glaubensüberzeugungen und versucht nicht vereinnahmend oder ausgrenzend zu sein.

Eine Predigt im Gedenkgottesdienst differenziert zwischen Christen und Nichtchristen. Es geht um die respektvolle Wahrnehmung der Diversität der Hörer. Respekt und Toleranz entspringen der Wahrnehmung der Glaubensunterschiede, die um die eigene Identität weiß und fähig ist, diese im Angesicht anderer Überzeugungen zu äußern, ohne übergriffig oder ausgrenzend zu sein.

Es ist nicht nötig, die jeweils anderen Hoffnungsbotschaften anderer Glaubensüberzeugungen auszuführen. Dies würde den Menschen anderer Überzeugung nicht gerecht werden, da es kaum möglich ist, diese angemessen zu benennen. Allerdings kann die eigene christliche Hoffnung benannt und ausgedeutet werden. Dann ist es möglich, dass man sich mit dem jeweils eigenen Glauben und Unglauben auseinandersetzt und dazu stellen kann. Es wäre vereinnahmend, die eschatologische Hoffnung der anderen Glaubensgemeinschaften mit der christlichen zu identifizieren, auch wenn die Hoffnungen für das gesellschaftliche Miteinander durchaus deckungsgleich sein können. Die Sprache der Hoffnungspredigt weiß um diese Unterschiede und spiegelt sich auch in der Anrede wieder. Die Gemeinsamkeit der Teilnehmenden im *Wir* der Betroffenen als Gesellschaft ist eine andere als die Gemeinschaft im *Wir* der christlichen Gemeinde. Die Sprache ist auch Spiegel der Theologie des Predigers und es ergibt sich die Notwendigkeit der theologisch-systematischen Klärung einerseits und der Differenzierung in der Anrede andererseits. Zugleich bewahrt eine solche Sprache vor diffusen Aussagen und lässt die eigene Glaubensaussage profilierter hervortreten.

Sensibilität der Sprache im Angesicht verschiedener gesellschaftlicher Rollen

Die Prediger und Liturgen sind sich ihrer Rolle als Vertreter ihrer Institution im Angesicht der Gesellschaft bewusst. Dies fordert eine sensible, differenzierte Sprache, die die Unterschiede aufgreift und das gesellschaftliche Miteinander sucht.

Im Gottesdienst spiegeln sich die verschiedenen gesellschaftlichen Rollen wieder. Als öffentlicher Gottesdienst ist es hilfreich, die verschiedenen gesellschaftlichen Rollen auch in der Predigt sorgsam wahrzunehmen und diese zu differenzieren. Auch die eigene Rolle steht auf dem Prüfstand, da der Prediger zwar beauftragt ist, alle anzusprechen, jedoch nicht als Vertreter aller agiert. Der Prediger spricht als Vertreter der Kirche und nicht als Richter oder Minister des Staates.

Einzelne Gruppen und Rollen können hervorgehoben angesprochen werden, um ihnen Gehör und gesellschaftliche Anteilnahme zukommen zu lassen. Angehörige der Opfer und Helfer in der Krisensituation sind ein prominentes Beispiel. Eine sensible Sprache erwähnt verschiedene Gruppen und Rollen nicht, um ihnen Vorwürfe zu machen oder sie als Projektionsfläche für diffuse Anklagen zu benutzen. Zielgruppe der Predigt und der christlichen Hoffnungsbotschaft sind alle Beteiligten mit ihrer Trauer und Klage ebenso, wie mit ihrer Schuld und Erlösungsbedürftigkeit. Der gemeinsame Akt des Gottesdienstes kann ein Zeichen sein um die Möglichkeit auf eine gesellschaftliche und individuelle Versöhnung ebenso ins Spiel zu bringen wie zur Bewältigung der Situation beitragen.

Gefahr der Gesetzlichkeit in der Predigt

Gerade krisenhafte Ereignisse können dazu verleiten, dass die Predigt einen gesetzlichen Schwerpunkt bekommt. Dies verhilft den Adressaten der Predigt jedoch nicht bei der Verarbeitung des Geschehens.

Förderlich ist die Klärung der Rolle der Prediger. Bei der Liturgie als öffentlichem Gottesdienst steht die Deutungshoheit der jeweiligen Beteiligten infrage, die in unterschiedlichem Namen sprechen. Sie können nicht für die gesamte Gesellschaft an sich sprechen, sondern diese nur adressieren. Gerade wenn sich der Prediger an Institutionen und Personengruppen wendet und ihnen Handlungsaufträge gibt, kann dies als übergriffig empfunden werden. Die Predigt hat im Angesicht der Öffentlichkeit die Situation zu klären und Hoffnung zuzusprechen, jedoch nicht Handlungsanweisungen zu geben, die der Prediger nicht überblicken kann. Auch wenn eine Predigt in ihrer Konkretion auch zu Handlungen auffordert, sollte der Prediger sich bewusst sein, dass ein Appell auch schnell hochmütig und unangemessen wirken kann.

2.3 Aufgreifen der Situation

Zur Situativität der Predigt

Die Situation des Unglücks und des Gottesdienstes finden in der Predigt Widerhall, um in diese Situation die darüber hinausgreifende christliche Hoffnung zuzusprechen.

Die Predigt geschieht aufgrund einer konkreten Situation und spricht in eine konkrete Situation hinein. Die durch das Unglück ausgelösten Geschehnisse und der Akt des Gottesdienstes sind nicht voneinander zu trennen. Sie sollten miteinander bedacht werden. Dabei ist es die Aufgabe der Predigt, nicht in der Situation verhaftet zu bleiben, sondern den Zielpunkt der Predigt außerhalb der Situation zu suchen. Die Predigt ist der riskante Versuch der Deutung, indem sie die Situation bespricht und mit der Verheißung in Bezug setzt. Diese Deutung kann scheitern, wenn sie nicht als tragfähig erlebt wird. Den Ereignissen, die das Leben in seiner gegenwärtigen Form infrage stellen, die Unsicherheit und Ängste hervorrufen und Misstrauen schüren, wird eine handlungsaktivierende Hoffnung entgegengesetzt. Die formulierte Klage (bspw. mithilfe von Psalmen) kann ein Schritt bei dieser Verarbeitung sein, da sie die Situation und ihre Emotionen ernst nimmt. In die Klage hinein formuliert die Predigt jedoch die christliche Hoffnung, um dann zu einer neuen Situation zu werden.

Artikulation der Emotionen

Eine besonderes Potenzial hat die Predigt im zur Sprache bringen der aufgeworfenen Emotionen. Über diesen Zugang gewinnt die Predigt einen existenziellen Charakter und kann helfen, diese ernst zu nehmen und zu verarbeiten.

Als seelsorgerlicher Akt nimmt die Hoffnungspredigt die Individualität der Gefühle ernst und bringt diese angemessen zur Sprache. Ein sprachlicher Zugang zu den Emotionen können Projektionsflächen und Symbole (z. B. Tränen) sein. Dabei sollten nicht nur Oberbegriffe bzw. die Ausdrucksformen der Gefühle thematisiert werden, sondern konkret Gefühle wie Angst, Zorn und Trauer benannt und ernst genommen werden. Die Prediger helfen nach Möglichkeit mit ihrer Sprache diffuse und konkrete Gefühle auszudrücken und zu bearbeiten. In der Predigt kann Antwort auf die Suchbewegung der Teilnehmenden gegeben werden, die nach einer Sprache suchen, diese Gefühle auszudrücken um diese dann mit dem *Dennoch* des Glaubens zu verbinden.

In die aktuelle Gefühlslage wird die beständige Botschaft hineingesprochen, die das individuelle und gesellschaftliche Erleben ernst nimmt und den prozesshaften Weg hin zu einer bearbeiteten, neuen Gefühlslage aufzeigt, die sich aus der Hoffnung speist. Die biblische Sprache und die in den Klagepsalmen stellvertretend erfahrene Wende können helfen, die Gefühle nicht als ausweglos oder gar unangebracht wahrzunehmen. Die Suchbewegung bekommt gerade in den Psalmen eine heilende und verheißungsvolle Ausrichtung.

Benennen und Aufgreifen von Fragen

Fragen in der Predigt eröffnen einen Denk- und Handlungsspielraum. Die erlebte Situation wird nicht als unveränderbar wahrgenommen, sondern es wird nach Lösungen im Gespräch mit möglichen Antworten gesucht. Dazu sollten die Fragen nicht rein rhetorischer Natur, sondern existenziell eingebunden sein.

Die Benennung und das Aufgreifen von Fragen in der Predigt kann helfen, sofern diese existenziell gebunden sind und nicht rein rhetorischer Natur sind. Diese Existentialität der aufgeworfenen Fragen ergibt sich aus dem Lebensweltbezug der Kasualie und dem Ausgangspunkt im Leben. Die Deutungsrelevanz hängt mit der existenziellen Gebundenheit zusammen. Deshalb sollten die Fragen aus der Beschäftigung mit der Situation und weniger aus den genutzten Illustrationen kommen. Die Benennung der Fragen über das Unverständnis des Geschehens und der Anklage können in der Predigt befreiend wirken und diffusen Gefühlen und der Ratlosigkeit Ausdruck geben. Die aufgegriffenen Fragen können einen diskursiven Spielraum der Lebensdeutung eröffnen. Eine Frage erwartet eine Antwort, die dann als Deutungsmöglichkeit zugesprochen werden kann.

2.4 Umgang mit biblischen und anderen Texten

Intertextualität der Predigt

Eine Hoffnungspredigt hat den gesamten Kanon der biblischen Überlieferung im Blick und kann auch weitere außerbiblische Texte aufgreifen, um zu einem neuen Text zu werden. Durch das Aufgreifen anderer Texte aus der Liturgie können diese kunstvoll mit den verschiedenen Deutungen ins Gespräch gebracht werden.

Die Predigt ist hinsichtlich des liturgischen Kontexts intertextuell, da sie auf die biblische Verheißung und auch auf andere Texte Bezug nimmt, beispielsweise aus der Kirchengeschichte, der Presse oder Literatur und auch aus der Textwelt der Hörer. In der Predigt werden die verschiedenen Texte miteinander im Gespräch verwoben und ergeben einen neuen Text.

Der Bezug auf Texte der Liturgie, wie beispielsweise den Lesungen, kann das Hören vereinfachen, da die Texte der biblischen Verheißung nicht als bekannt vorauszusetzen sind. Die gesungenen, gelesenen und im Gebet formulierten Psalmen mit ihrer Dynamik bieten dazu einen guten Ausgangspunkt. Mit weiteren biblischen Texten ins Gespräch gebracht, können diese Antworten anbieten, die in Gott einen Bezugspunkt über das Geschehen hinaus haben. Die innerbiblische Intertextualität und das Zusammenspiel des biblischen Heilszusammenhangs lässt speziell die christliche Hoffnung in der Situation der Klage zu Wort kommen.

Rede von der Hoffnung

Die christliche Hoffnungsbotschaft hat einen eschatologischen Bezugspunkt, der sich auf das Erleben im hic et nunc auswirkt. Beides ist untrennbar miteinander verbunden.

Die zu verkündigende Hoffnungsbotschaft hat ihr Ziel nicht allein im gesellschaftlichen Miteinander, sondern speist sich aus der eschatologischen Erwartung. Zum Profil der christlichen Hoffnungsbotschaft gehört, dass diese untrennbar mit dem Kreuzgeschehen verbunden ist und einen eschatologischen Bezugspunkt hat, von dem her das Hier und Jetzt betrachtet wird. Die Predigt kann den Bezugspunkt benennen und Auswirkungen für die Situation daher begründen und entfalten. So hat die Hoffnung auch Auswirkung auf das Miteinander. Daher bedarf es des Zusammenspiels und der Verkündigung der gesamten biblischen Botschaft, ohne diese auf das Alte Testament oder auf einzelne gemeinsam gültige Textzeugnisse zu reduzieren. Unterschiedliche Heilserwartungen können in der eigenen Profilierung respektiert werden und sollten auch sprachlich Ausdruck finden. Eine Predigt, die die christlich-eschatologische Hoffnung und die gesellschaftliche Hoffnung auf das gelingende Miteinander unterscheidet und miteinander in Bezug setzt, kann profiliert hervortreten und zugleich die unterschiedlichen religiösen Hoffnungen unterscheiden und respektieren.

Biblische Gleichnisse

Eine besondere Möglichkeit in der Verkündigung ist mit den biblischen Gleichnissen gegeben. Sie eröffnen einen Raum des offenen Denkens, in dem die biblische Botschaft ebenso zu Wort kommt, wie der Hörer.

Mit ihrem hohen Symbolcharakter fordern sie den Hörer ebenso zu einem Deutungsprozess auf, wie den Prediger. Durch die Gleichnisse werden bekannte Annahmen, Handlungsmuster und Ausweglosigkeiten infrage gestellt und mit einer Botschaft verknüpft, die eine Lösung anbietet. Diese als neue Möglichkeit eröffnete Wirklichkeit kann die Wirklichkeit der Situation bereits hier und jetzt performativ verändern und darauf hinauslaufen, Einstellungen und Gewohnheiten zu ändern.

Illustrationen durch andere Texte

Bekannte, außerbiblische Texte haben eine hohe Anknüpfungsmöglichkeit.

Durch ihren Wiedererkennungswert können sie einen neuen Versuch der Deutung und des Deutungsangebots eröffnen. Dies bedarf einer behutsamen Hermeneutik, damit die Aussageabsicht der Texte nicht einfach durch die eigene ersetzt wird und der Text nicht benutzt wird. Durch das Aufgreifen des Bekannten, kann die unbekannte oder wiedererkannte christliche Bezogenheit des Textes zur Sprache gebracht und als Deutung wieder neu angeboten werden.

2.5 Umgang mit Schuld von Täter und Medien

Umgang mit Schuld und die Rede vom Täter

Hoffnungspredigt thematisiert Schuld und bezieht mögliche Täter in die Verkündigung mit ein. Die christliche Hoffnungsbotschaft richtet sich dabei nicht nur an Unschuldige und Opfer, sondern greift die Thematik der Schuld mit dem Ziel der Versöhnung mit Gott und der Menschen untereinander auf. In der Predigt kann die Möglichkeit der Vergebung und Versöhnung benannt und eröffnet werden.

Nach einem krisenhaften Ereignis stellt sich fast zwangsläufig die Frage nach der Schuld. Diese sollte in der Verkündigung auch angesprochen werden, ohne vorschnell Urteile zu fällen. Auch diejenigen, die Verantwortung für ein Unglück tragen, sind Opfer des Geschehens und bedürfen des hoffnungsvollen Zuspruchs, der auch ihr Leiden ernst nimmt, ohne die Schuld zu banalisieren oder zu verschweigen. Die Art und Weise, wie Täter angemessen Erwähnung finden, ist je nach Situation unterschiedlich, sollte jedoch sorgsam überlegt werden. Wenn einzelne Personen Schuld tragen, dann gilt gerade auch ihnen die Botschaft der christlichen Hoffnung auf Versöhnung mit Gott und untereinander. Gerade die christliche Verheißung mit der Möglichkeit der Versöhnung mit Gott und den Menschen kann hier eine hoffnungsvolle Botschaft in den Vergebungs- und Versöhnungsprozessen bei der Verarbeitung der Geschehnisse sein.

Die Tat und den Täter offen zu benennen ist eine heikle Aufgabe. Dass jeder Mensch aus unterschiedlichen Motiven des Hasses und der Not heraus schuldig und zum Täter werden kann ist das Erschreckende. Es geht um die Unterscheidung zwischen Tat und Geschöpf. Es ist nicht Aufgabe der Prediger, einen Täter zu entmenschlichen, auch wenn die Tat unmenschlich ist. Eine noch so schlimme Tat stellt wohl die Gesinnung und Handlung des Täters infrage, jedoch nicht den Status als Mensch vor Gott. In diesem Zusammenhang ist die christliche Hoffnungsbotschaft auch die gute Nachricht, dass Gott Richter ist und für

Gerechtigkeit sorgen wird. Die Schaffung der Gerechtigkeit und auch die unverdiente und unverfügbare Gnade Gottes ist jedoch nicht von den Betroffenen abhängig.

Kritik an den Medien

Gottesdienst und Predigt sind als Teil des öffentlichen Geschehens der Verarbeitung auch Teil des Medienereignisses. Eine Kritik an den Medien und ihrer Berichterstattung sollte nicht diffus und verallgemeinernd sein.

Unterschwellige Anklagen führen weg von der Situation und lassen den Prediger zum Ankläger werden, auch wenn die Aussagen richtig sein mögen. Der Gottesdienst und die Predigt haben keinen Einfluss darauf und sind selbst der Berichterstattung vor, während und nach dem Gottesdienst unterworfen.

G Schluss

In dieser Arbeit wurde untersucht, wie in bestimmten Krisenkontexten eine christliche Perspektive gegeben wurde, um durch Trost und Hoffnung zur Heilung von Schmerzen und Verletzungen beizutragen. Sie hat zu klären versucht, wie die jeweils spezifische Krisensituation mit dem in der Bibel offenbarten Wort Gottes und dem Glauben und Unglauben der Menschen angesichts einer religiös pluralen Gesellschaft angemessen zur Sprache gebracht wurde. Dabei leistet sie einen Beitrag im aktuellen Diskurs der Trauerfeiern nach Großkatastrophen, indem sie die Liturgie im Ganzen und speziell die Predigt als Akt der Verkündigung mit in den Blick nimmt.

Die Diskussion der bisherigen Forschung und die Auswertung der Gottesdienste mit der anschließenden Diskussion haben insgesamt 28 Thesen hervorgebracht und gezeigt, wie es möglich sein kann, einer breiten Öffentlichkeit Hoffnung zu predigen und wie der Gottesdienst dabei helfen kann, die Krise zu bewältigen. Dazu ist es nötig, den Gottesdienst als Teil des Gesamtgeschehens wahrzunehmen und diesen als kontextualisiertes Antwortgeschehen zu verstehen. Der Gottesdienst ist mit seiner Musik, den Liedern, Lesungen und Ritualen eine Art Gesamtkunstwerk und ein Angebot zur Sinndeutung an die Teilnehmenden unterschiedlichen Hintergrunds. Die Predigt im Gottesdienst ist profiliert durch die christliche Botschaft und wahrt respektvoll die Unterschiede in Gesellschaft, Glaube und Person. Durch die Wahrnehmung der Unterschiedlichkeit der Teilnehmenden und der kontextuellen Konkretisierung der Hoffnungsbotschaft kann der Gottesdienst mit der Predigt gesellschaftsrelevant werden. Der reichhaltige Schatz des biblischen Kanons kann besonders durch die Psalmen mit ihrer formulierten Klage eine Klagerichtung im Gebet erhalten und mit der christlichen Verheißung ins Gespräch gebracht werden. Insbesondere angesichts der breiten Öffentlichkeit, die inzwischen in weiten Teilen entkirchlicht ist[28], können Gleichnisse und gemeinsame Symbole den Austausch der Deutungen ermöglichen und für die breite Masse verständlich und konkret zugleich werden. Die Kommunikation der christlichen Botschaft kann in diesem Kontext Hoffnung und Trost geben, wenn sie die existenziellen Nöte im Hier und Jetzt ernst nimmt und auch die Themen von Schuld und Versöhnung aufgreift, ohne vorschnell zu vergeben oder vorzuverurteilen. Die Botschaft ist eine öffentlich eingeforderte und angebotene Antwort, bei der sich der Prediger und die Predigerin ihrer Rolle als Vertreter ihrer Kirche bewusst sind.

Eine nicht zu vernachlässigendes, aber nicht zu gewährleistendes, Desiderat dieser Arbeit ist die Analyse der konkreten Erwartungen und Einstellungen der Teilnehmenden sowie der Liturgen. Diese wurden rein theoretisch aufgegriffen.

28 Siehe dazu → B. 5.2. Kirchlich-religiöse Situation in Deutschland.

Um ihnen genauer nachzuspüren, wären weitere Untersuchungen nötig, die beispielsweise mit qualitativen Interviews Daten vor, während und nach dem Gottesdienst erheben. Da diese Gottesdienste auf Grund der Krisenereignisse besonders emotional aufgeladen sind, und auch der Zeitraum zwischen Ereignis und Gottesdienst eng bemessen ist, ist eine solche Erhebung nicht einfach, würde jedoch unter Umständen weitere Anhaltspunkte für eine gelungene Hoffnungspredigt liefern.

Ein weiterer Nachteil dieser Studie ist, dass sie nur eine begrenzte Anzahl von Gottesdiensten auswerten konnte. Ein Vergleich mit weiteren internationalen Gottesdiensten, mit Gottesdiensten vor der medialen Wende seit dem Unglück vom 9/11 oder aber ein Vergleich mit säkularen Trauerfeiern wäre in dieser Hinsicht bestimmt aufschlussreich.

Weitere offene Fragen, die sich ergeben sind, ob es zwischen katholischer und evangelischer Predigt signifikante Unterschiede im Umgang mit den Tätern und der Schuld, sowie mit der Wahrnehmung der Unterschiedlichkeit der Religionen gibt. Dazu bedarf es einer größeren Auswahl an Predigten und einer vergleichenden Betrachtung.

Die erarbeiteten Thesen können helfen, zukünftige Gottesdienste zu gestalten und weiter zu denken. Vielleicht ist es hilfreich, angesichts einer multikulturellen und multireligiösen Gesellschaft, bereits im Vorfeld solcher Ereignisse das ausführliche Gespräch mit verschiedenen Vertretern zu suchen und Handreichungen zu erstellen. So könnten neue Formen der Beteiligung und auch der Gestaltung der Rituale gesucht werden, die den genannten Ansprüchen versuchen, gerecht zu werden.

Anhang

1 *Abkürzungsverzeichnis*

Sofern nicht im Internationalen Abkürzungsverzeichnis für Theologie und Grenzgebiete (IATG³) verzeichnet oder abweichend genutzt, wurden in der Analyse folgende Abkürzungen verwendet:

EGb	Evangelisches Gottesdienstbuch
EKiR	Evangelische Kirche im Rheinland
ELKB	Evangelisch-Lutherische Kirche in Bayern
EKWUE	Evangelische Landeskirche in Württemberg
GL	Gotteslob. Katholisches Gebet- und Gesangbuch
LB	Landesbischof
OEZ	Olympia-Einkaufszentrum, München
PT	Praktische Theologie

2 *Übersetzung der Predigt von Dr. John Hall, London*

Im Namen des Vaters und des Sohnes und des Heiligen Geistes. Amen.
„Kein Mensch ist eine Insel ganz für sich allein", schrieb John Donne 1624. „Der Tod eines jeden Menschen schwächt mich, weil ich in die Menschheit verwickelt bin. Und darum schicke niemals, um zu wissen, für wen die Glocke läutet; sie läutet für dich."

So sind wir alle von dem Angriff vor zwei Wochen auf die Westminster Bridge und vor den Toren des Palastes von Westminster betroffen, und wir sind alle fassungslos und beunruhigt. Aber unser Gefühl von Verlust und Schwäche ist im Vergleich zu dem der Familien der Verstorbenen, Aysha Frade und Kurt Cochran und Leslie Rhodes, auf der Brücke, und des Polizeibeamten Keith Palmer, der vor den Toren des Parlaments im Dienst war, und all derer, die verletzt wurden, blass. Unsere Herzen gehen in Sympathie, Gebet und Liebe zu ihnen hinaus.

Jeder, der in den letzten Tagen auf der Westminster Bridge oder auf dem Parliament Square spazieren gegangen ist, hat Reihe um Reihe Blumensträuße auf dem Square und an die Laternenpfähle auf der Brücke gebunden gesehen.

Kerzen wurden angezündet und Botschaften hinterlassen, Botschaften der Liebe und Unterstützung, Botschaften auch von Entschlossenheit und Trotz angesichts des Bösen und des Terrors, Botschaften von jüngeren und älteren Menschen, von Freunden und ehemaligen Kollegen der Getöteten und einfache Mutaussagen: „Wir haben keine Angst“ und „Wir stehen zusammen“.

John Donne, ein Dichter und Dekan der St. Paul's Cathedral, betonte in seinen Andachten zu besonderen Anlässen, dass unsere Gemeinschaft, unser gegenseitiges Engagement und unsere Abhängigkeit nicht nur innerhalb unserer eigenen Nation liegt. Er erwähnte Europa als Ganzes, aber gegenwärtig würden wir unsere gemeinsame Staatsbürgerschaft umfassender wahrnehmen. London ist eine Weltstadt mit Besuchern aus allen Ländern der Erde und Einwohnern aus 270 Nationen, die 300 Sprachen sprechen. Zu den Getöteten und Verletzten gehörten Londoner, aber auch Menschen aus den Vereinigten Staaten von Amerika, aus Rumänien, Frankreich, Südkorea, Italien, China, Australien, Griechenland, Portugal, Deutschland, Polen und Irland.

Was vor zwei Wochen geschah, lässt uns verwirrt zurück. Was konnte einen Mann motivieren, ein Auto zu mieten und es von Birmingham nach Brighton nach London zu bringen, um es dann schnell in Menschen zu fahren, denen er nie begegnet war, die er wahrscheinlich nicht kennen konnte. Es ist wahrscheinlich, dass wir es nie erfahren werden. Es war zweifellos eine Nachahmung der Anschläge von Nizza und Berlin. Aber was, um Himmels willen, wollte er erreichen?

Solche willkürlichen Aggressionen sind nichts Neues. Wir werden an den Tod von Fusilier Lee Rigby am 22. Mai 2013, an die Bombenanschläge auf die U-Bahn und einen Londoner Bus am 7. Juli 2005 und an so viel mehr hier in früheren terroristischen Anschlägen erinnert. Und wir sind uns des entschlossenen und engagierten Schutzes der Polizei und der Sicherheitsdienste bewusst. Trotzdem lässt uns jeder Akt der Aggression beunruhigt und irgendwie geschwächt zurück.

Unsere Lektion aus der Prophezeiung Jeremias erinnerte uns an das Leid des Volkes von Juda. Er bezog sich auf Jerusalem, das im 6. Jahrhundert vor Christus von den Babyloniern geplündert wurde. Die führenden Bürger wurden ins Exil nach Babylon gebracht, etwa 50 Meilen südlich des modernen Bagdad. Der Psalm erzählt, wie sie sich fühlten: „Am Wasser Babylons setzten wir uns hin und weinten, als wir uns an dich erinnerten, Jerusalem“. Ihr Leiden dauerte fünfzig Jahre und spiegelt sich im Schmerz und in der Trauer der verschiedenen Gemeinschaften des Irak und Syriens in unserer Zeit wider, der Millionen von Menschen, die enteignet wurden und in Armut und Angst leben, in Flüchtlingslagern oder in ihren eigenen Häusern, aber ohne alles, worauf wir uns gewöhnlich verlassen, wenn es um unsere eigene Gesundheit und unser Wohlergehen geht.

Wir weinen um die Gewalt, um den Hass, um den Verlust von Menschenleben, um alles, was unsere Welt zerteilt und verdirbt. Es sollte nicht so sein. So sollte es nicht sein. Gewalt und Hass sind nicht die Antwort.

Die bekannteste Geschichte, die Jesus erzählte, die wir als das Gleichnis vom barmherzigen Samariter kennen, das wir soeben gehört haben, hat eine kraftvolle Botschaft für uns. Auf den ersten Blick scheint es ganz einfach zu sein. Ein Mann wurde überfallen und halb tot am Straßenrand zurückgelassen. Zwei Menschen eilen vorbei und lassen ihn auf sich allein gestellt zurück, ohne sich um ihn zu kümmern. Ein Mann dagegen stoppt und tut alles, was er kann, indem er in Erster Hilfe Öl und Wein einschenkt, um die Wunden des Mannes zu reinigen und sie dann zu verbinden. Er bringt ihn in ein Gasthaus und kümmert sich bis zum nächsten Tag um ihn. Dann bezahlt er den Gastwirt, um ihn zu pflegen, und verspricht, zurückzukommen und die Kosten für jede weitere Hilfe zu übernehmen.

Das ist an sich schon gut. Aber der Mann, der sich um denjenigen kümmert, der ausgeraubt wurde, hat nicht den gleichen Glauben oder die gleiche Nationalität wie er. Tatsächlich sind die beiden Gemeinschaften, die Juden und die Samariter, seit Jahrhunderten Feinde und verachten und hassen sich gegenseitig. Diese Feindschaft ist kein Hindernis für den Samariter, der eine gute Tat für den Juden tut. Jesus lobt den barmherzigen Samariter.

Es gibt noch eine weitere Wendung in der Geschichte Jesu. Die Menschen, die die Ersthelfer hätten sein sollen, diejenigen, die schnell vorbeigegangen sind, hatten den gleichen Glauben und die gleiche Nationalität wie der Verletzte. Aber sie haben nichts getan. Sie waren an ihre religiösen Pflichten gebunden, einen toten Körper nicht anzufassen. Und sie fürchteten, der Mann sei tot. Jesus verurteilt sie wegen ihres Mangels an Anstand. Sie haben die Prüfung des Mitgefühls und der Liebe, die Prüfung der Barmherzigkeit, die Jesus weitaus höher bewertet als die Einhaltung enger religiöser Konventionen, nicht bestanden. Auf diese und andere Weise führt uns Jesus während seines Dienstes auf Erden dazu, die Barrieren zu überwinden, die uns trennen, was immer sie auch sind, und in brüderlicher und geschwisterlicher Liebe zu den Menschen anderer Religionen und Nationalitäten zu gehen.

Wir haben diesen Gottesdienst einen Gottesdienst der Hoffnung genannt. Und trotz des Grauens der vor zwei Wochen verübten willkürlichen Tötung und des Hasses gibt es vieles, wofür wir dankbar sein können und vieles, was uns Hoffnung gibt.

Am Tag nach den Westminster-Angriffen verurteilten muslimische, jüdische, christliche und andere Glaubensführer die Gewalt und erklärten gemeinsam, dass solche aggressiven und zerstörerischen Handlungen gegen unschuldige Opfer nicht Teil des Islam oder eines der Weltreligionen seien. Später versammelte sich eine große Menschenmenge auf dem Trafalgar Square, um eine stille Bekundung der Solidarität zwischen den Glaubensgemeinschaften, die unsere Stadt und unser Land ausmachen, zu zeigen. Am nächsten Tag standen die Erzbischöfe von Canterbury und Westminster mit dem Oberrabbiner und führenden schiitischen und sunnitischen Klerikern vor der Abtei, um den gegenseitigen Respekt der drei abrahamitischen Religionen und ihre Solidarität als

Leiter zu demonstrieren. Und vier Tage später bildeten hundert Frauen, die meisten von ihnen Muslime, eine Menschenkette auf der Westminster Bridge. Wir stehen zusammen, so wie in diesem Gottesdienst die Weltreligionen vertreten sind und gemeinsam beten werden, vor allem um das Geschenk der Hoffnung.

In wenigen Augenblicken werden wir Kerzen anzünden und einen Akt der Entschlossenheit vollziehen. Unser Gebet und unsere Verpflichtung ist es, friedlich und respektvoll zusammenzuleben, reich an unserer Vielfalt, und in Eintracht miteinander zu singen!

3 *Thesen im Überblick*

- Eine die Liturgie entlastende Begrüßung der Teilnehmenden vor dem Gottesdienst sollte kurz und die Worte sorgsam gewählt sein. Ihr sollte sich das Votum als liturgische Eröffnung anschließen.
- Ein Gedenkgottesdienst kann die üblichen biblischen Lesungen reduzieren, ohne auf die Lesung des Evangeliums zu verzichten.
- Gemeinsame gesprochene und füreinander formulierte Fürbitten machen das Miteinander in der Betroffenheit deutlich. Sie sollten transparent in der Anrede der jeweiligen Gottheit sein. Der Vertreter der jeweiligen Glaubensgemeinschaft sollte als dieser erkennbar sein.
- Die gespielte Musik und die gesungenen Lieder sollten möglichst bekannt sein.
- Die Musik des Gottesdienstes kann einen Spannungsbogen erzeugen, der die Gesamtheit der Verkündigung unterstützt, und die Teile des Gottesdienstes wie eine Klammer zusammenhält.
- Instrumentalstücke eröffnen Resonanzräume und können durch musikalischen und gesanglichen Zuspruch die Möglichkeit schaffen, sich für die Liturgie zu öffnen und darauf einzulassen. Chorstücke können dazu verhelfen, diffusen Emotionen Sprache zu geben und das aus- und zuzusprechen, wozu man selbst nicht in der Lage ist.
- Die gesungenen Psalmen greifen Klage und Emotionen auf und erzeugen eine Erlebensgemeinschaft mit den vielen Menschen, die diese Psalmen bereits in ihrer Not gebetet haben.
- Die Nationalhymne gehört bei Gedenkgottesdiensten, wenn sie denn gesungen wird, klar getrennt vom kirchlichen Akt in den Bereich des Staatsaktes.
- Ort und Raum des Gottesdienstes sollten bekannt und gesellschaftlich relevant sein.

- Rituale verhelfen der Verknüpfung der verschiedenen Orte des Verarbeitungsgeschehens und entlasten den Gottesdienst davor, einziger Ort der Verarbeitung zu sein.
- Die Rituale entfalten durch aktive oder stellvertretende Teilhabe der Gemeinde, die Möglichkeit, die Situation aufzubrechen und performativ die situationsverändernde Wirkung zu entwickeln.
- Rituale sind integrativer Bestandteil des Gedenkgottesdienstes. Eine überlegte Verortung im gesamten Verkündigungsgeschehen kann die eigene, christliche Deutung und Botschaft mit diesen direkt und indirekt ins Gespräch bringen und verweisend als Antwort anbieten.
- Die Deutung der Rituale erfolgt im Zusammenspiel mit individueller Interpretation und durch Handlung und Worte.
- Die Predigt ist kein eigenständiger Teil der Liturgie, sondern versteht sich als kontextualisierter Kristallisationspunkt, der kunstvoll die verschiedenen Elemente der Liturgie miteinander verbindet.
- Eine Hoffnungspredigt greift gemeinsame Symbole auf und bietet die eigene Deutungsbotschaft an, um diese mit den Deutungen der Hörer ins Gespräch zu bringen, damit diese ihre Relevanz als tragfähige Botschaft der Hoffnung erweisen kann.
- Ein Gedenkgottesdienst kommt mit einer Predigt aus. Bei mehreren Predigten sollten diese aufeinander abgestimmt und das Zusammenspiel im Rahmen der Liturgie bedacht werden.
- Als öffentliche Rede differenziert die Hoffnungspredigt respektvoll zwischen verschiedenen Glaubensüberzeugungen und versucht nicht vereinnahmend oder ausgrenzend zu sein.
- Die Prediger und Liturgen sind sich ihrer Rolle als Vertreter ihrer Institution im Angesicht der Gesellschaft bewusst. Dies fordert eine sensible, differenzierte Sprache, die die Unterschiede aufgreift und das gesellschaftliche Miteinander sucht.
- Gerade krisenhafte Ereignisse können dazu verleiten, dass die Predigt einen gesetzlichen Schwerpunkt bekommt. Dies verhilft den Adressaten der Predigt jedoch nicht bei der Verarbeitung des Geschehens.
- Die Situation des Unglücks und des Gottesdienstes finden in der Predigt Widerhall, um in diese Situation die darüber hinausgreifende christliche Hoffnung zuzusprechen.
- Eine besondere Potenzial hat die Predigt im zur Sprache bringen der aufgeworfenen Emotionen. Über diesen Zugang gewinnt die Predigt einen existenziellen Charakter und kann helfen, diese ernst zu nehmen und zu verarbeiten.
- Fragen in der Predigt eröffnen einen Denk- und Handlungsspielraum. Die erlebte Situation wird nicht als unveränderbar wahrgenommen, sondern es wird nach Lösungen im Gespräch mit möglichen Antworten

gesucht. Dazu sollten die Fragen nicht rein rhetorischer Natur, sondern existenziell eingebunden sein.

- Eine Hoffnungspredigt hat den gesamten Kanon der biblischen Überlieferung im Blick und kann auch weitere außerbiblische Texte aufgreifen, um zu einem neuen Text zu werden. Durch das Aufgreifen anderer Texte aus der Liturgie können diese kunstvoll mit den verschiedenen Deutungen ins Gespräch gebracht werden.
- Die christliche Hoffnungsbotschaft hat einen eschatologischen Bezugspunkt, der sich auf das Erleben im hic et nunc auswirkt. Beides ist untrennbar miteinander verbunden.
- Eine besondere Möglichkeit in der Verkündigung ist mitden biblischen Gleichnissen gegeben. Sie eröffnen einen Raum des offenen Denkens, in dem die biblische Botschaft ebenso zu Wort kommt, wie der Hörer.
- Bekannte, außerbiblische Texte haben eine hohe Anknüpfungsmöglichkeit.
- Hoffnungspredigt thematisiert Schuld und bezieht die mögliche Täter in die Verkündigung mit ein. Die christliche Hoffnungsbotschaft richtet sich dabei nicht nur an Unschuldige und Opfer, sondern greift die Thematik der Schuld mit dem Ziel der Versöhnung mit Gott und der Menschen untereinander auf. In der Predigt kann die Möglichkeit der Vergebung und Versöhnung benannt und eröffnet werden.
- Gottesdienst und Predigt sind als Teil des öffentlichen Geschehens der Verarbeitung auch Teil des Medienereignisses. Eine Kritik an den Medien und ihrer Berichterstattung sollte nicht diffus und verallgemeinernd sein.

Literatur

Albrecht, C., 2003. Die gottesdienstliche Musik, in: Handbuch Der Liturgik. Liturgiewissenschaft in Theologie Und Praxis Der Kirche. Vandenhoeck & Ruprecht, Göttingen, pp. 135–413.

Alkier, S., 2009. Die Realität der Auferweckung in, nach und mit den Schriften des Neuen Testaments. Francke, Tübingen und Basel.

Amon, E., Kerner, H., Müller, K., Poschmann, A., Deutsches Liturgisches Institut, 2014. Ökumenische Gottesdienste: Anlässe, Modelle und Hinweise für die Praxis, Pastoralliturgische Reihe. Herder, Freiburg, Basel, Wien.

Arnold, J., 2004. Theologie des Gottesdienstes eine Verhältnisbestimmung von Liturgie und Dogmatik, Veröffentlichungen zur Liturgik, Hymnologie und theologischen Kirchenmusikforschung. Vandenhoeck & Ruprecht, Göttingen.

Association of English Cathedrals, 2019. Royal Peculiars [WWW Document]. URL https://www.englishcathedrals.co.uk/cathedrals/royal-perculiars/ (accessed 3.5.19).

Avis, P., 2011. The Song of the Birds [WWW Document]. URL https://www.hyperion-records.co.uk/tw.asp?w=W13678

Bachmann-Medick, D., 2018. Cultural turns Neuorientierungen in den Kulturwissenschaften, Rororo. Rowohlt, Hamburg.

Baculifer, S., 2010. Ministrantendienst: Ceroferar, Thuriferar, Navikular, Altardienst, Libriferar, Kruziferar, Weihwasserträger, Mitrafer, Baculifer, Signiferar. General Books LLC, Memphis.

Bannenberg, B., 2018. Die Amoktat des David (Ali) Sonboly. Kriminologische Betrachtung der Tat in München. Gutachten für das Bayerische Landeskriminalamt. Gießen.

Bauer, K., 2015. Tröstender Engel aus Mülheim weltweit gefragt [WWW Document]. DERWESTEN. URL https://www.derwesten.de/staedte/muelheim/troestender-engel-aus-muelheim-weltweit-gefragt-id11407180.html

BEA, 2016. Abschlussbericht. Unfall am 24. März 2015 in Prads-Haute-Bléone (Alpes-de-Haute-Provence, Frankreich) mit einem Airbus A320-211 Kennzeichen D-AIPX betrieben von Germanwings. Bureau d'Enquêtes et d'Analyses pour la sécurité de l'aviation civile (BEA), Le Bourget Cedex – France.

Benz, B., 2016. Eine ökumenische Trauerfeier mit Konfessionslosen angesichts einer Tragödie. Das Gedenken an die Toten des Amoklaufs in Erfurt im Jahre 2002, in: Trauerfeiern Nach Großkatastrophen. Theologische Und Sozialwissenschaftliche Zugänge. Benz, Brigitte & Kranemann, Benedikt, Würzburg, pp. 9–20.

Benz, B., Kranemann, B., 2016. Trauerfeiern nach Großkatastrophen. Theologische und sozialwissenschaftliche Zugänge, Evangelisch-Katholische Studien zu Gottesdienst und Predigt. Vandenhoeck & Ruprecht, Würzburg.

Bethge, C.W., 2015. Kirchenraum Eine raumtheoretische Konzeptualisierung der Wirkungsästhetik, Praktische Theologie heute. Kohlhammer, Stuttgart.

Beuckers, K.G., 2004. Der Kölner Dom. Wissenschaftliche Buchgesellschaft, Darmstadt.

Bidmon, A., 2016. Denkmodelle der Hoffnung in Philosophie und Literatur. Eine typologische Annäherung, Hermea. Germanistische Forschungen. Neue Folge. Walter de Gruyter, Berlin/Boston.

Bieler, A., Wrogemann, H., 2014. Was heißt hier Toleranz? Interdisziplinäre Zugänge. Neukirchener Theologie, Neukirchen-Vluyn.

Bieritz, K.-H., 2004. Liturgik, De-Gruyter-Lehrbuch. Walter de Gruyter, Berlin.

Bietenhard, H., 1989. Hoffnung, in: Hübener, B., Voorgang, D. (Eds.), Evangelisches Kirchenlexikon (EKL). Internationale Theologische Enzyklopädie. Vandenhoeck & Ruprecht, Göttingen, pp. 543–545.

Bohren, R., 1981. Die Differenz zwischen Meinen und Sagen. Anmerkungen zu Ernst Lange, Predigen als Beruf, in: Pastoraltheologie. Vandenhoeck & Ruprecht, Göttingen, pp. 416–430.

Bohren, R., Jörns, K.-P., 1989. Die Predigtanalyse als Weg zur Predigt. Francke, Tübingen.

Bourdieu, P., Thompson, J.B., 2005. Was heißt sprechen? Zur Ökonomie des sprachlichen Tausches. new academic press, Budapest.

Bürgel, R., 1995. Raum und Ritual. Kirchbau und Gottesdienst in theologischer und ästhetischer Sicht. Vandenhoeck & Ruprecht, Göttingen.

Busch, K., Därmann, I., Kapust, A., 2007. Philosophie der Responsivität. Festschrift für Bernhard Waldenfels. Wilhelm Fink, München.

Church Publishing, 1985. Episcopal Hymnal 1982 Blue: Basic Singers Edition. New York.

Conrad, R., Weeber, M., 2012. Protestantische Predigtlehre. Eine Darstellung in Quellen.

Cornehl, P., 2006. Der Evangelische Gottesdienst – Biblische Kontur und neuzeitliche Wirklichkeit. Band 1: Theologischer Rahmen und biblische Grundlagen. Kohlhammer, Stuttgart.

Costanza, C., 2012. The Cello Suites of J.S.Bach: Suite No. 3 in C major [WWW Document]. URL https://costanzabach.stanford.edu/commentary/suite-no-3-c-major

Daiber, K.-F., 2003. Gottesdienst und Öffentlichkeit, in: Handbuch Der Liturgik. Liturgiewissenschaft in Theologie Und Praxis Der Kirche. Vandenhoeck & Ruprecht, Göttingen, pp. 577–590.

Daiber, K.-F., Dannowski, H.W., Lukatis, W., Meyerbröker, K., Ohnesorg, P., Stierle, B., 1980. Predigten. Analysen und Grundauswertung, Predigen und Hören. Ergebnisse einer Gottesdienstbefragung. Chr. Kaiser, München.

Deeg, A., Garhammer, E., Kranemann, B., Meyer-Blanck, M., 2014. Gottesdienst und Predigt – evangelisch und katholisch, Evangelisch-Katholische Studien zu Gottesdienst und Predigt (EKGP). Neukirchener Verlagsgesellschaft, Neukirchen-Vluyn.

Deutsche Bischofs Konferenz (DBK), 2003. Leitlinien für multireligiöse Feiern von Christen, Juden und Muslimen. Eine Handreichung der deutschen Bischöfe. Sekretariat der Deutschen Bischofskonferenz, Bonn.

Dinter, A., Heimbrock, H.-G., Söderblom, K., 2007. Einführung in die empirische Theologie: Gelebte Religion erforschen, UTB. Vandenhoeck & Ruprecht, Göttingen.

Dirscherl, E., 2013. Das menschliche Wort Gottes und seine Präsenz in der Zeit. Reflexionen zur Grundorientierung der Kirche, Studien zu Judentum und Christentum. Verlag Ferdinand Schöningh.

Dober, H.M., 2015. Von den Künsten lernen. Eine Grundlegung und Kritik der Homiletik, Arbeiten zur Pastoraltheologie, Liturgik und Hymnologie. Vandenhoeck & Ruprecht, Göttingen.

Donne, J., n.d. Devotions Upon Emergent Occasions. Together with Death's Duel. CreateSpace Independent Publishing Platform.

Dörries, B., 2015. 150 Kerzen gegen den Schmerz. Süddeutsche Zeitung.

Ecclesia Catholica, 1993. Katechismus der katholischen Kirche. Benno Paulusverlag Veritas, Oldenburg.

Engemann, W., 2006. Grundfragen der Predigt. Ein Studienbuch. Evangelische Verlagsanstalt, Leipzig.

Engemann, W., 2011. Einführung in die Homiletik, UTB. Francke, Tübingen.

Engemann, W., 2007. Praktische Theologie, in: Marhold, W., Schröder, B. (Eds.), Evangelische Theologie studieren. LIT, Berlin, pp. 137–170.

Engemann, W., 2006. Die Problematisierung der Predigtaufgabe als Basis homiletischer Reflexion. Eine Methode der Predigtvorbereitung, in: Engemann, W. (Hg., Lütze, F.M. (Eds.),

Grundfragen Der Predigt. Ein Studienbuch. Evangelische Verlagsanstalt, Leipzig, pp. 411–427.

Engemann, W., 2014. Kommunikation des Evangeliums. Anmerkungen zum Stellenwert einer Formel im Diskurs der Praktischen Theologie, in: Kommunikation Des Evangeliums. Leitbegriff Der Praktischen Theologie. Evangelische Verlagsanstalt, Leipzig, pp. 15–32.

Erlebach, P., 1999. Donne, John. RGG4. Religion in Geschichte und Gegenwart, vierte Auflage.

Erne, T., 2017. Hybride Räume der Transzendenz: Wozu wir heute noch Kirchen brauchen. Studien zu einer postsäkularen Theorie des Kirchenbaus. Evangelische Verlagsanstalt, Leipzig.

Eschebach, I., 2005. Öffentliches Gedenken. Deutsche Erinnerungskulturen seit der Weimarer Republik.

Evangelische Landeskirche in Württemberg (ELKWUE), 2003. Begegnen – Feiern – Beten. Handreichung zur Frage interreligiöser Feiern von Christen und Muslimen. Evangelisches Medienhaus GmbH, Stuttgart.

Fechtner, K., 2011. Kirche von Fall zu Fall: Kasualien wahrnehmen und gestalten. Gütersloher Verlagshaus, Gütersloh.

Fechtner, K., Hermelink, J., Kumlehn, M., Wagner-Rau, U., 2017. Praktische Theologie ein Lehrbuch, Theologische Wissenschaft. Sammelwerk für Studium und Beruf. Kohlhammer, Stuttgart.

Fechtner, K., Klie, T., 2011. Riskante Liturgien – Gottesdienste in der gesellschaftlichen Öffentlichkeit Gottesdienste in der gesellschaftlichen Öffentlichkeit. Kohlhammer, Stuttgart.

Feiter, R., 2010. Antwortendes Handeln. Praktische Theologie als kontextuelle Theologie – ein Vorschlag zu ihrer Bestimmung in Anknüpfung an Bernhard Waldenfels' Theorie der Responsivität.

Feiter, R., 2013. Anknüpfungen. Vorüberlegungen zu einer Predigtanalyse. Pastor. Informationen Bd. 33, Nr, 77–84.

Fischer-Lichte, E., 2012. Performativität eine Einführung, Edition Kulturwissenschaft. transcript Verlag, Bielefeld.

Forschungsgruppe Weltanschauungen Deutschland (fowid), 2017. Religionszugehörigkeiten in Deutschland 2016 [WWW Document].
URL https://fowid.de/meldung/religionszugehoerigkeiten-deutschland-2016

Forschungsgruppe Weltanschauungen Deutschland (fowid), 2015. Religionszugehörigkeiten in Deutschland 2015 [WWW Document].
URL https://fowid.de/meldung/religionszugehoerigkeiten-deutschland-2015

Franz, A., Kurzke, H., Schäfer, C., 2017. Die Lieder im Gotteslob. Geschichte – Liturgie – Kultur. Mit besonderer Berücksichtigung ausgewählter Lieder des Erzbistums Köln. Katholisches Bibelwerk, Stuttgart.

Friedrichs, L., 2015. Die kirchliche Bestattung: Tradition im Wandel, in: Klie, T., Kumlehn, M., Kunz, R., Schlag, T. (Eds.), Praktische Theologie Der Bestattung. De Gruyter, Berlin/München/Boston, pp. 63–85.

Gall, S., Schwier, H., 2013. Predigt hören im konfessionellen Vergleich, Heidelberger Studien zur Predigtforschung. LIT Verlag, Münster.

Garhammer, E., Roth, U., Schöttler, H.-G., 2006. Kontrapunkte: katholische und protestantische Predigtkultur, Ökumenische Studien zur Predigt. Don Bosco Medien, München.

Gaub, A., 2014. Musik aus Russland music from Russia · Музыка России. Sergei Rachmaninow Chrysostomos-Liturgie op. 31 Liturgy of St. John Chrysostom. Carus Verlag, Leinfelden-Echterdingen.

Gerhards, A., 2016. Die Ästhetik der Trauerfeiern nach Großkatastrophen, in: Trauerfeiern Nach Großkatastrophen. Theologische Und Sozialwissenschaftliche Zugänge. Benz, Brigitte & Kranemann, Benedikt, Würzburg, pp. 114–123.

Glüxam, D., n.d. Sarabande [WWW Document]. Österreichisches Musiklexikon online. URL http://www.musiklexikon.ac.at/ml/musik_S/Sarabande.xml
Gräb, W., 2013. Predigtlehre. Über religiöse Rede. Vandenhoeck & Ruprecht, Göttingen.
Gräb, W., 2016. Lebenssinndeutung als Aufgabe der Theologie. Zeitschrift für Theol. und Kirche 113, 366–383. https://doi.org/10.1628/004435416X14739280682256
Grethlein, C., 2012. Praktische Theologie, De-Gruyter-Studium. de Gruyter, Berlin.
Grethlein, C., 2014. Impulsreferat zum Schwerpunktthema Kommunikation des Evangeliums in der digitalen Gesellschaft. 7. Tagung der 11. Synode der Evangelischen Kirche Deutschland 9. bis 12. November 2014 Dresden.
Grethlein, C., 2007. Grundinformation Kasualien. Kommunikation des Evangeliums an Übergängen des Lebens. UTB.
Grethlein, C., Meyer-Blanck, M., 2000. Geschichte der praktischen Theologie. Dargestellt anhand ihrer Klassiker. Evangelische Verlagsanstalt, Leipzig.
Grözinger, A., 2008. Homiletik, Lehrbuch praktische Theologie / hrsg. von Albrecht Grözinger ...
Guardini, R., 1997. Vom Geist der Liturgie, Werke / Romano Guardini. Hrsg. von Franz Henrich: Sachbereich Liturgische Bildung. Matthias-Grünewald-Verl., Mainz.
Haendler, O., 1957. Grundriss der Praktischen Theologie, Sammlung Töpelmann. Alfred Töpelmann, Berlin.
Hammer, S., 2016. Die Trauerfeier als Einsetzungsritual. Zentrale Trauerfeiern nach Großkatastrophen aus politikwissenschaftlicher Perspektive, in: Trauerfeiern Nach Großkatastrophen. Theologische Und Sozialwissenschaftliche Zugänge. Benz, Brigitte & Kranemann, Benedikt, Würzburg, pp. 155–172.
Harvard University, 2007. The Harvard University hymn book. Harvard University Press, Cambridge, Mass.; London.
Hasenhüttl, G., 1973. Konfessionelle Momente in der Gottesfrage, in: Der Verborgene Gott in Der Offenbarung. St. Benno Verlag, Leipzig, pp. 229–237.
Haunerland, W., 2017. Religiöse Trauerfeier oder christlicher Gottesdienst? Kirchliche Rituale nach Großschadensereignissen, in: Stimmen Der Zeit. Herder, Freiburg, pp. 247–256.
Hawn, C.M., 2018. History of Hymns: "Dear Lord and Father of Mankind" [WWW Document]. URL http://www.umcdiscipleship.org/resources/history-of-hymns-dear-lord-and-father-of-mankind (accessed 1.5.18).
Hege, V., 2017. Volkers Klassikseiten J.S. Bach. Von der Renaissance bis zur Romantik: ALL OF BACH veröffentlicht das Orgelwerk: BWV 544 „Präludium und Fuge h-moll" [WWW Document].
URL https://meinhardo.wordpress.com/2017/05/19/all-of-bach-veroeffentlicht-das-orgelwerk-bwv-544-praeludium-und-fuge-h-moll/
Heimbrock, H.-G., 2013. Spuren Gottes wahrnehmen, in: Homiletik. Aktuelle Konzeptionen Und Ihre Umsetzung. Vandenhoeck & Ruprecht, Göttingen, pp. 199–214.
Hellary, M., 1992. Hear my prayer, O Lord [WWW Document]. URL https://www.hyperion-records.co.uk/tw.asp?w=W4015
Hermelink, J., 1992. Die homiletische Situation zur jüngeren Geschichte eines Predigtproblems, Arbeiten zur Pastoraltheologie. Vandenhoeck und Ruprecht, Göttingen.
Hermelink, J., 2000. Die weltliche Bestattung und ihre kirchliche Konkurrenz: Überlegungen zur Kasualpraxis in Ostdeutschland. Jahrbuch für Liturg. und Hymnologie Vol. 39 (2, 65–86.
Hermelink, J., 1989. Bibliographie zur Predigtanalyse seit 1945, in: Bohren, R., Jörns, K.-P. (Eds.), Die Predigtanalyse Als Weg Zur Predigt. Francke Verlag, Tübingen, pp. 179–186.

Hertzsch, K.-P., 2003. Die Predigt im Gottesdienst, in: Handbuch Der Liturgik. Liturgiewissenschaft in Theologie Und Praxis Der Kirche. Vandenhoeck & Ruprecht, Göttingen, pp. 731–741.

Hitchings-Hales, J., 2017. Muslim Women Created a Human Chain Outside Westminster and It's Beautiful [WWW Document]. Global Citizen. URL https://www.globalcitizen.org/de/content/muslim-women-westminster-bridge-attack-human-chain/ (accessed 3.5.19).

Hofmann, D., 2004. Verkündigung des christlichen Glaubens durch geistliche Musik: dargestellt an der Totenliturgie, Ästhetik – Theologie – Liturgik. LIT Verlag, Münster.

Höhne, F., 2015. Öffentliche Theologie Begriffsgeschichte und Grundfragen, Öffentliche Theologie. Evangelische Verlagsanstalt, Leipzig.

Höhne, F., van Oorschot, F., 2015. Grundtexte Öffentliche Theologie. Evangelische Verlagsanstalt, Leipzig.

Hollenweger, W.J., 1995. Raum und liturgische Handlungen aus evangelischer Sicht, in: Bürgel, R. (Ed.), Raum Und Ritual. Kirchbau Und Gottesdienst in Theologischer Und Ästhetischer Sicht. Vandenhoeck & Ruprecht, Göttingen, pp. 47–55.

Horn, K.-P., 2012. Klinkhardt Lexikon Erziehungswissenschaft KLE, Utb. Julius Klinkhardt, Bad Heilbrunn.

Huber, W., 2004. Manieren als Thema evangelischer Verständigung, in: Die Manieren Und Der Protestantismus. Annäherungen an Ein Weithin Vergessenes Thema. Evangelische Kirche Deutschlands (EKD), Hannover, pp. 7–15.

Imorde, J., 2005. Totentanz, in: Religion in Geschichte Und Gegenwart. Mohr Siebeck, Tübingen, pp. 498–500.

Jenkyns, R., 2005. Westminster Abbey. Harvard University Press, Cambridge, Mass.

Jüngel, E., 1985. Tod, Themen der Theologie. Kreuz Verlag, Stuttgart.

Karger-Kroll, A., 2016. Fragen zur Angemessenheit von Trauerfeiern nach Großkatastrophen. Anmerkungen einer Tagungsbeobachterin, in: Trauerfeiern Nach Großkatastrophen. Theologische Und Sozialwissenschaftliche Zugänge. Benz, Brigitte & Kranemann, Benedikt, Würzburg, pp. 185–194.

Keller, S., 2016. Kirchengebäude in urbanen Gebieten Wahrnehmung – Deutung – Umnutzung in praktisch-theologischer Perspektive, Praktische. ed. De Gruyter, Berlin, Boston.

Kjørup, S., 2009. Semiotik. UTB, Paderborn.

Klie, T., 2010. Fremde Heimat Liturgie. Ästhetik gottesdienstlicher Stücke, Praktische Theologie heute. Kohlhammer, Stuttgart.

Klie, T., 2016. Deutungsmacht riskanter Liturgien. Öffentliche Trauer in theologischer Deutung, in: Trauerfeiern Nach Großkatastrophen. Theologische Und Sozialwissenschaftliche Zugänge. Benz, Brigitte & Kranemann, Benedikt, Würzburg, pp. 104–113.

Klie, T., Kumlehn, M., Kunz, R., Schlag, T., 2015. Praktische Theologie der Bestattung, Praktische Theologie im Wissenschaftsdiskurs. De Gruyter, Berlin/München/Boston.

Kloppers, E., 2013. „Uit dieptes gans verlore...". Die Wirkung von Psalm 130 im Leben der Reformierten in Südafrika. HfK aktuell Nachrichten. SPIRITUS Music. – 2. Heidelberger Summer Sch. zu Musik und Relig. 8, 45–49.

Kloppers, E., 2003. Die erediens as Gesamtkunstwerk. (The church service as an encompassing work of art). Nederduitse Geref. Teol. Tydskr. 80–88.

Kloppers, E., 2017. Where All are Welcome: Leading Worship Rich in Diversity, in: Barentsen, J., van den Heuvel, S., Kessler, V. (ed. (Eds.), Increasing Diversity. Loss of Control or Adaptive Identity Construction? Peeters Publications, Leuven, pp. 177–189.

Klosinski, G., 2005. Krise, in: Auffarth, C. (Ed.), Metzler-Lexikon Religion. Gegenwart – Alltag – Medien. J. B. Metzler, Stuttgart/Weimar, pp. 261–262.

Knoblauch, H., 1999. Religionssoziologie, Sammlung Göschen. De Gruyter, Berlin.

Kongregation für den Gottesdienst und die Sakramentenordnung, 2014. Homiletisches Direktorium. 29. Juni 2014, Verlautbarungen des Apostolischen Stuhls. Sekretariat der Deutschen Bischofskonferenz, Bonn.

Kranemann, B., 2016. Liturgie in der Öffentlichkeit. Trauerfeiern nach Großkatastrophen, in: Trauerfeiern Nach Großkatastrophen. Theologische Und Sozialwissenschaftliche Zugänge. Benz, Brigitte & Kranemann, Benedikt, Würzburg, pp. 21–39.

Kranemann, B., (PThI), P.I., 2015. Liturgie im öffentlichen Raum – eine Herausforderung rituell-liturgischer Bildung, in: Pastoraltheologische Informationen (PThI). Bildung Und Pastoral – Grenzgänge, Passagen, Brückenschläge. pp. 35–48.

Kreuzmair, I., 2017. Demografie der Münchner Bevölkerung 2016 [WWW Document]. Münchner Stat. 1. Quartalsheft, Jahrgang 2017. URL https://www.muenchen.de/.../Mue.Sta_1_17_Demografie_Bevoelk. 2016.pdf (accessed 3.4.19).

Kück, C., Kurzke, H., 2003. Kirchenlied und nationale Identität. Internationale und interkulturelle Beiträge, Mainzer hymnologische Studien. Francke, Tübingen und Basel.

Kümmel, F., Weder, H., Sauter, G., 1986. Hoffnung. Theol. Realenzyklopädie.

Kurzke, H., n.d. Nationalhymnen sind säkularisierte Kirchenlieder, in: Kirchenlied und nationale Identität internationale und interkulturelle Beiträge. Francke, Tübingen und Basel, pp. 1–22.

Kurzke, H., n.d. Kirchenlied und Nationale Identität, in: Kirchenlied und nationale Identität internationale und interkulturelle Beiträge. Francke, Tübingen und Basel, pp. 223–224.

Kuschel, K.-J., 2016. Keine Religion ist eine Insel Vordenker des interreligiösen Dialogs, topos premium. topos plus, Kevelaer.

Kuster, N., 2011. Hoffnung für alle Menschen und Liebe zu jedem Geschöpf. Die universale Vision des Franz von Assisi, in: Bsteh, P., Proksch, B. (Eds.), Das Charisma Des Ursprungs Und Die Religionen: Das Werden Christlicher Orden Im Kontext Der Religionen. LIT Verlag, Münster, p. 373.

Landeskriminalamt Bayern, 2017. Pressemeldung: Ermittlungen zum Münchner Amoklauf abgeschlossen. Staatsanwaltschaft München und Landeskriminalamt stellen Abschlussbericht vor. [WWW Document].
URL http://www.polizei.bayern.de/lka/news/presse/aktuell/index.html/257942

Lange, E., Scholz, R., 1982. Predigen als Beruf. Aufsätze zu Homiletik, Liturgie und Pfarramt. Kaiser, München.

Longin, C., 2016. Ein Jahr nach dem Germanwings-Absturz. Der traurigste Tag im Dorf Le Vernet [WWW Document]. URL http://www.rp-online.de/panorama/le-vernet-hier-liess-andreas-lubitz-die-germanwings-maschine-abstuerzen-aid-1.5858814

Luther, H., 1992. Religion und Alltag: Bausteine zu einer Praktischen Theologie des Subjekts. Radius, Stuttgart.

Luther, H., 2013. Impulse für eine Praktische Theologie der Spätmoderne. Kohlhammer, Stuttgart.

Lutherische Liturgische Konferenz Deutschlands, 2006. Mit anderen feiern – gemeinsam Gottes Nähe suchen eine Orientierungshilfe der Liturgischen Konferenz für christliche Gemeinden zur Gestaltung von religiösen Feiern mit Menschen, die keiner christlichen Kirche angehören. Gütersloher Verlagshaus, Gütersloh.

Mandry, C., 2016. Trauerfeiern nach Großkatastrophen in Deutschland in theologisch-sozialethischer Perspektive, in: Trauerfeiern Nach Großkatastrophen. Theologische Und Sozialwissenschaftliche Zugänge. Benz, Brigitte & Kranemann, Benedikt, Würzburg, pp. 124–139.

Mann, U., 1970. Das Christentum als absolute Religion. Wiss. Buchgesellschaft, Darmstadt.

Martin, G.M., 1984. Predigt als „offenes Kunstwerk"? Zum Dialog zwischen Homiletik und Rezeptionsästhetik, in: Evangelische Theologie. Gütersloher Verlagshaus, Gütersloh, pp. 46–58. https://doi.org/10.14315/evth-1984-0106

Mayer, B., 1992. ἐλπίς / elpis. Exegetisches Wörterbuch zum Neuen Testament.

Mayhew, K., 2000. Complete Anglican Hymns Old & New. Kevin Mayhew, Eastbourne.

Menzel, K., 2019. Kleine Zahlen, weiter Raum. Pfarrberuf in ländlichen Gemeinden Ostdeutschlands. Kohlhammer, Stuttgart.

Meyer-Blanck, M., 1997. Inszenierung des Evangeliums. Vandenhoeck & Ruprecht, Göttingen.

Meyer-Blanck, M., 2006. Predigt und Lesungen im evangelischen Gottesdienst, in: Garhammer, E., Roth, U., Schöttler, H.-G. (Eds.), Kontrapunkte. Don Bosco, München, pp. 150–163.

Meyer-Blanck, M., 1997. Inszenierung des Evangeliums. Ein kurzer Gang durch den Sonntagsgottesdienst nach der Erneuerten Agende. Vandenhoeck & Ruprecht, Göttingen.

Meyer-Blanck, M., 2011. Gottesdienstlehre, Neue theologische Grundrisse. Mohr Siebeck, Tübingen.

Meyer-Blanck, M., 2014. Ritus und Rede. Eine Verhältnisbestimmung auf dem Hintergrund ökumenischer Theologie, in: Deeg, A., Garhammer, E., Kranemann, B., Meyer-Blanck, M. (Eds.), Gottesdienst Und Predigt – Evangelisch Und Katholisch. Neukirchener Verlagsgesellschaft, Neukirchen-Vluyn, pp. 11–39.

Miller-McLemore, B.J., 2013. The Wiley-Blackwell companion to practical theology. Wiley-Blackwell, Chichester.

Moltmann, J., 2005. Theologie der Hoffnung. Untersuchungen zur Begründung und zu den Konsequenzen einer christlichen Eschatologie. Gütersloher Verlagshaus, Gütersloh.

Müller, H.M., 1996. Homiletik eine evangelische Predigtlehre, De-Gruyter-Lehrbuch. de Gruyter, Berlin.

Neijenhuis, J., 2001. Liturgie lernen und lehren Aufsätze zur Liturgiedidaktik, Beiträge zur Liturgie und Spiritualität. Evangelische Verlagsanstalt, Leipzig.

Nicol, M., Deeg, A., 2013. Im Wechselschritt zur Kanzel: Praxisbuch Dramaturgische Homiletik. Vandenhoeck & Ruprecht, Göttingen.

Nieden, H.-J., 2013. Musik und Theologie. Ökumenische Perspektiven, Musik und Religion – Religion und Musik. LIT, Berlin.

Nolting, T., Thießen, A., Nolting, T., 2008. Krisenmanagement in der Mediengesellschaft. Potenziale und Perspektiven der Krisenkommunikation.

Nöth, W., 2000. Handbuch der Semiotik. 2., vollständig neu bearbeitete und erweiterte Auflage. Verlag J.B. Metzler, Stuttgart, Weimar.

Old, H.O., 2007. The reading and preaching of the scriptures in the worship of the Christian Church. Volume 6 – The Modern Age. Eerdmans, Grand Rapids, Michigan; Cambridge, U.K.

Opp, W., 2001. Der Gottesdienst und seine Musik. I. Der Gottesdienst und seine Musik. Merseburger, Kassel.

Pickel, G., 2014. Religion, Religiosität, Religionslosigkeit und religiöse Indifferenz. Religionssoziologische Perspektiven in vereinigten Deutschland, in: Rose, M., Wermke, M. (Eds.), Konfessionslosigkeit Heute. Zwischen Religiosität Und Säkularität. Evangelische Verlagsanstalt, Leipzig, pp. 45–80.

Pickel, G., 2011. Religionssoziologie eine Einführung in zentrale Themenbereiche. VS Verl. für Sozialwissenschaften, Wiesbaden.

Plüss, D., 2007. Gottesdienst als Textinszenierung Perspektiven einer performativen Ästhetik des Gottesdienstes, Christentum und Kultur. Theologischer Verlag Zürich, Zürich.

Pollack, D., Rosta, G., 2015. Religion in der Moderne ein internationaler Vergleich, Schriftenreihe „Religion und Moderne“ Campus-Verlag, Frankfurt.

Pool Re – Terrorism Research and Analysis Centre, 2017. Post Incident Report: Westminster Attack. London.

Post, P., Grimes, R.L., Nugteren, A., Petterson, P., Zondag, H., 2003. Disaster Ritual: Explorations of an emerging ritual repertoire, Liturgia condenda. Peeters, Leuven.

Raschzok, K., 2003. Kirchenbau und Kirchenraum, in: Handbuch Der Liturgik. Liturgiewissenschaft in Theologie Und Praxis Der Kirche. Vandenhoeck & Ruprecht, Göttingen, pp. 391–412.

Ratschow, C.-H., 1999. Die Religionen, in: Mission Im Widerspruch. Neukirchener Verlag, Neukirchen-Vluyn, pp. 300–307.

Ratzmann, W., 2012. Von Hoffnung predigen. Glaubensreden in einem Zeitalter der Katastrophen. Fromm Verlag, Mauritius.

Rose, M., Wermke, M., 2014. Konfessionslosigkeit heute zwischen Religiosität und Säkularität, Studien zur religiösen Bildung. Evangelische Verlagsanstalt, Leipzig.

Roßbach, J., 2015. Werkbeschreibung Gabriel Fauré Requiem op. 48 [WWW Document]. URL http://gemeinden.erzbistum-koeln.de/stifts-chor-bonn/dokumente/werkbeschreibung/Faure_Requiem_48.html

Sander, H.-J., 2016. Das prekäre Gesetz der kleinen Zahl. Dem Heil dienen jenseits von Normalliturgie und Normalglauben, in: Trauerfeiern Nach Großkatastrophen. Theologische Und Sozialwissenschaftliche Zugänge. Benz, Brigitte & Kranemann, Benedikt, Würzburg, pp. 76–88.

Schefold, W., 2012. Krise, in: Klinkhardt Lexikon Erziehungswissenschaft KLE. Julius Klinkhardt, Bad Heilbrunn, pp. 248–249.

Schian, M., 1934. Grundriß der Praktischen Theologie. Dritte Auflage, Sammlung Töpelmann. Alfred Töpelmann, Gießen.

Schieder, R., 2016. Die Inszenierung einer Tragödie. Praktisch-theologische Überlegungen zu einer Trauerfeier im Kölner Dom am 17. April 2015, in: Trauerfeiern Nach Großkatastrophen. Theologische Und Sozialwissenschaftliche Zugänge. Benz, Brigitte & Kranemann, Benedikt, Würzburg, pp. 140–154.

Schleiermacher, F., Frerichs, J., 1983. Die praktische Theologie nach den Grundsätzen der evangelischen Kirche im Zusammenhange dargestellt, aus Schleiermachers handschriftlichem Nachlasse und nachgeschriebenen Vorlesung, Photomecha. ed, Friedrich Schleiermacher's sämmtliche Werke Abth 1, Zur Theologie. De Gruyter, Berlin/New York.

Schmidt-Lauber, H.-C., Meyer-Blanck, M., Bieritz, K.-H., 2003. Handbuch der Liturgik Liturgiewissenschaft in Theologie und Praxis der Kirche. Vandenhoeck & Ruprecht, Göttingen.

Schnurr, G., 1990. Krise. Theol. Realenzyklopädie.

Schröder, B., Domsgen, M., 2014. Kommunikation des Evangeliums. Leitbegriff der Praktischen Theologie, Arbeiten zur praktischen Theologie. EVA, Leipzig.

Schulz, F., 2003. Das Gebet, in: Handbuch Der Liturgik. Liturgiewissenschaft in Theologie Und Praxis Der Kirche. Vandenhoeck & Ruprecht, Göttingen, pp. 742–762.

Schütz, H., 2005. Geistliche Chor-Music Opus 11 (SWV 369-397). Edited by Andrew Thomas Kuster. Michigan.

Schwarz, H., 2002. Die christliche Hoffnung. Grundkurs Eschatologie. Mit zahlreichen Schaubildern. Vandenhoeck & Ruprecht, Göttingen.

Schwertner, S.M.., 2014. Internationales Abkürzungsverzeichnis für Theologie und Grenzgebiete. IATG3. De Gruyter, Berlin, Boston.

Schwier, H., Gall, S., 2008. Predigt hören Befunde und Ergebnisse der Heidelberger Umfrage zur Predigtrezeption, Heidelberger Studien zur Predigtforschung. LIT-Verlag, Berlin.

Smit, D., 2007. Notions of the Public and Doing Theology. Int. J. Public Theol. 1, 431–454.

Steck, W., 2011. Praktische Theologie. Horizonte der Religion, Konturen des neuzeitlichen Christentums, Strukturen der religiösen Lebenswelt. Band II, Theologische Wissenschaft Sammelwerk für Studium und Beruf. Kohlhammer, Stuttgart.

Stifoss-Hannsen, H., Danbolt, L.J., 2016. The Function of Ritual Use after Disasters, in: Trauerfeiern Nach Großkatastrophen. Theologische Und Sozialwissenschaftliche Zugänge. Benz, Brigitte & Kranemann, Benedikt, Würzburg, pp. 40–50.

Stifoss-Hannsen, H., Danbolt, L.J., 2016. The Function of Ritual Use after Disasters. A Practical Theological Perspective, in: Trauerfeiern Nach Großkatastrophen. Theologische Und Sozialwissenschaftliche Zugänge. Benz, Brigitte & Kranemann, Benedikt, Würzburg, pp. 40–50.

Sundermeier, T., 1995. Christliche Riten in nichtchristlichem Kontext, in: Bürgel, R. (Ed.), Raum Und Ritual. Kirchbau Und Gottesdienst in Theologischer Und Ästhetischer Sicht. Vandenhoeck & Ruprecht, Göttingen, pp. 77–92.

Swain, J.P., 2016. Historical dictionary of sacred music, Historical dictionaries of literature and the arts. Rowman & Littlefield, London.

Tavener, J., 2017. 99 Words [WWW Document]. URL https://www.chandos.net/chanimages/Booklets/SIG519.pdf

Taylor, C., 2012. Ein säkulares Zeitalter. Suhrkamp, Berlin.

Taylor, C., 2012. Für eine grundlegende Neubestimmung des Säkularismus, in: Mendieta, E., Van Antwerpen, J. (Eds.), Religion Und Öffentlichkeit. Suhrkamp, Berlin, pp. 53–88.

Taylor, C., 2003. Disaster & Bereavement Liturgies. [WWW Document]. URL http://www.englishcathedrals.co.uk/documents/2013/11/clam-paper-13-disaster-bereavement-liturgies.pdf

Teuffel, J., 2012. Im Angesicht der Katastrophe öffentliche Trauer- und Bittgottesdienste; Elemente, Modelle, Materialien. Gütersloher Verlagshaus, Gütersloh.

The Chapter Office Westminster Abbey, 2017. Westminster Abbey, History [WWW Document]. URL http://www.westminster-abbey.org/our-history

The Episcopal Church, 2008. The Book of Common Prayer and Administration of the Sacraments and Other Rites and Ceremonies of the Church. Together with The Psalter or Psalms of David. Oxford University Press, New York.

Thust, K.C., 2015. Die Lieder des Evangelischen Gesangbuchs. Band 2: Biblische Gesänge und Glaube, Liebe, Hoffnung (EG 270 – 535). Kommentar zur Entstehung, Text und Musik. Bärenreiter, Kassel.

Thust, K.C., 2012. Die Lieder des Evangelischen Gesangbuchs. Band 1: Kirchenjahr und Gottesdienst (EG 1 – 269). Bärenreiter, Kassel.

Turner, V., 1970. The forest of symbols aspects of Ndembu ritual. Cornell University Press, New York.

Turner, V., 2005. Das Ritual Struktur und Anti-Struktur, Campus Bibliothek. Campus Verlag, Frankfurt/ New York.

Ulrich, B., Otto, K., Andrie du, T., Friedrich, B., Michael, M., 1999. Hoffnung, in: RGG4, Religion in Geschichte Und Gegenwart, Vierte Auflage. Brill, pp. 1822–1828.

Unger, M.P., 2010. Historical Dictionary of Choral Music, Historical Dictionaries of Literature and the Arts. Scarecrow Press.

Utzschneider, H., Oswald, W., 2013. Exodus 1–15, Internationaler Exegetischer Kommentar zum Alten Testament (IEKAT). Kohlhammer, Stuttgart.

Vatikan, 1965. Erklärung Nostra Aetate über das Verhältnis der Kirche zu den nichtchristlichen Religionen [WWW Document]. URL http://www.vatican.va/archive/hist_councils/ii_vatican_council/documents/vat-ii_decl_19651028_nostra-aetate_ge.html

Vereinigte Evangelisch-Lutherische Kirche Deutschlands, Evangelische Kirche der Union Kirchenkanzlei, 2009. Evangelisches Gottesdienstbuch. Agende für die Evangelische Kirche der Union und für die Vereinigte Evangelische Lutherische Kirche Deutschlands. Lutherisches Verlagshaus, Berlin.

Vöcking, H., 2010. Nostra aetate und die Muslime. Eine Dokumentation, Schriftenreihe der Georges-Anawati-Stiftung. Herder, Freiburg.

Volbers, J., 2014. Performative Kultur eine Einführung. Springer VS, Wiesbaden.

Vorgrimler, H., 2000. Hoffnung, in: Neues Theologisches Wörterbuch. Herder, Wien, pp. 294–295.

Waldenfels, B., 2016. Antwortregister, Suhrkamp-Taschenbuch Wissenschaft. Suhrkamp, Frankfurt am Main.

Weber, M., 2011. Religion und Gesellschaft gesammelte Aufsätze zur Religionssoziologie. Dörfler, Eggolsheim.

Westermann, C., 1976. קוה / qwh pi. hoffen. Theologisches Handwörterbuch zum Alten Testament. Zwei Bände.

Westermann, C., 2011. Ausgewählte Psalmen. Vandenhoeck & Ruprecht, Göttingen.

Westermann, C., 1953. Das Hoffen im Alten Testament. Eine Begriffsuntersuchung. Sonderausgabe aus: THEOLOGIA VIATORUM 1952. Lettner Verlag, Berlin.

Wikipedia, 2017. Unglück bei der Love Parade 2010 [WWW Document]. URL https://de.wikipedia.org/w/index.php?title=Unglück_bei_der_Loveparade_2010&oldid=165230143

Winter, S., 2013. Liturgie – Gottes Raum. Studien zu einer Theologie aus der lex orandi, Theologie der Liturgie. Pustet, Regensburg.

Winter, S., 2016. "... Oder bleibt nichts?" – Zu Herausforderungen biblisch begründeter Gott-Rede angesichts von Großkatastrophen. Benz, Brigitte; Kranemann, Benedikt, Würzburg, pp. 89–103.

Wohlmuth, J., 1992. Jesu Weg – unser Weg kleine mystagogische Christologie. Echter Verlag, Würzburg.

Wöhrle, S., 2006. Predigtanalyse methodische Ansätze – homiletische Prämissen – didaktische Konsequenzen. Lit, Berlin.

Zaja, M.E., 2010. Trauerfeier 31. Juli 2010 SALVATORKIRCHE DUISBURG [WWW Document]. URL https://zajakonzerte.wordpress.com/tag/bassklarinette/

Zimmerman, F.B., 1963. Henry Purcell, 1659–1695: an analytical catalogue of his music. Macmillan; St. Martin's Press, London, New York.

Zimmermann, J., 2015. Konzentration auf die ‚Kommunikation des Evangeliums'. Die "Praktische Theologie" von Christian Grethlein. Buchbericht und Diskussion. Theol. Beiträge 15–2/3, 173–181.

Zippert, C., Evangelische Kirche von Kurhessen-Waldeck, 2005. Gottesdienst feiern. Begleitbuch zur Agende I, Agende / Evangelische Kirche von Kurhessen-Waldeck 1, Die Gottesdienste an Sonn- und Feiertagen. Evangelischer Medienverbund, Kassel.

Zschoch, H., 2014. Toleranz und Intoleranz – Erbe der Reformation? in: Bieler, A., Wrogemann, H. (Eds.), Was Heißt hier Toleranz? Interdisziplinäre Zugänge, Veröffentlichungen Der Kirchlichen Hochschule Wuppertal Band 15. Neukirchener Theologie, Neukirchen-Vluyn, pp. 51–62.